张立文 著

中国哲学元理

中国人民大学出版社
· 北京 ·

前　言

"节物风光不相待，桑田碧海须臾改。"美满的时光，却不肯把人等待，稠密的桑田，曾几何时变成碧海。时不待人，风物已改。我之所以写这本《中国哲学元理》，是因为自黑格尔以来有哲学家认为"东方思想必须排除在哲学史之外"，"这里找不到哲学知识"。这种以西方哲学为唯一哲学的偏执，一直延续到 21 世纪初德里达时。尽管自 20 世纪以来的百年来有关中国哲学的中外著作不止千部，且都有哲学就是有哲学的哲学史、哲学就是哲学史的哲学观念，但它们仍然被排除在中国的哲学和哲学史之外，只因其不是从西方哲学所谓的哲学模子里出来的。

如果说 philosophy 原初的意义可理解为"爱智慧"，那么世界各民族就都有爱智慧的哲学，都有"真知之爱"的思想之间无声的对话，构成反思[1]思想的思想。中国作为世界四大文明古国之一，一直把生命作为反思的核心话题，人有生命才有思想，思想是生命的体现，思想是精神的言说机制，精神不能离开思想而存在，精神总是思想着的精神，哲学作为各民族、各个时代精神的精华和凝聚，是各个民族反思思想的思想。作为东方哲学代表的中国和印度，都是因在生命遭遇苦难时的忧患而思，忧思[2]而出哲学。人们为救苦救难而建造出度越苦难的价值理想和精神家园；对忧

---

[1] "反思"的英文为 Reflection，德文为 Nachdenken，德语 Nachdenken 可直译为"后思"。"反思"就其词义，与"后思""反省""反映""返回""反射""假象""映现""反复思考"等直接相关，是人类在实践中获得一种自反性的思维能力和活动，是以思想为对象的思维。

[2] 曹操对生命进行忧思时说："对酒当歌，人生几何！譬如朝露，去日苦多。慨当以慷，忧思难忘。"

思进行反思，从而描绘出在世世界的不在世世界之形而上学。即使如此，中国是中国的哲学，西方是西方的哲学，印度是印度的哲学，各有个性、特点和神韵。这里没有唯一的哲学，也没有哪种哲学能独霸哲学的殿堂。

我从事中国哲学教学研究已有 60 年，一直在哲学系（院）的中国哲学史教研室工作。后来，中国哲学史教研室忽然更名为"中国哲学教研室"，这在我的思想上引起了震动，也使我产生思考——为什么要改？中国古代先哲讲"循名责实"，名实相副，仅教授中国哲学史是否与中国哲学的名相符合，这个问题一直在我的脑海中挥之不去，于是我不断请教别人这个问题，但却总觉得没有获得满意的答案。于是，我就在完成《中国哲学范畴发展史（天道篇）》、《中国哲学范畴发展史（人道篇）》和《中国哲学思潮发展史》（上下卷）的基础上，决心写一本《中国哲学元理》。虽殚精竭虑，但仍不知从何处下手。正在此时，我不慎摔倒而骨折，遭遇苦难。然"祸兮福之所倚，福兮祸之所伏"，我试图把祸转成福，将苦难变成忧思。住在德尔康尼骨科医院的一个多月的时间里，我既无冗事，亦无会议，只有思想着的思想是活的，于是我才有时间虚静专一地来忧思中国哲学问题。我向一切来探望我的教授、博士请教。把来看望我的教授、博士转化为关于"中国哲学元理"的学术交流会、研讨会的与会者。① 大家毫无保留地各抒己见，一人提出一个看法，另一人对此提出不同观点。这样反反复复，初步形成一个基本框架，再经不断琢磨，而成本书。自知"丑媳妇难见公婆"，但既然已成这个样子，也只好拿出来见见世面，欢迎大家批评纠谬，把"丑媳妇"打扮得好看一点。

本书在天道、地道、人道中所运用的哲学概念、范畴均见于拙著《中国哲学范畴发展史（天道篇）》《中国哲学范畴发展史（人道篇）》，引用时也采用了其中的一些文字、语句，这一点是需要说明的。

张立文

于中国人民大学孔子研究院

2019 年 12 月 26 日

---

① 参加这一交流会、研讨会的教授、博士名单见后记。

目　录

绪　论[*]

　　中华民族是爱智的民族，她为人类贡献了智能创新的哲学名家和名著。他们是智慧的化身和爱智的追梦人。自从古希腊有了哲学，就以其为唯一的哲学，与其相异的，就不是哲学。他们没有体认"天人合一"的深刻精神意味，以为中国讲求主客混一。然而，从《诗经》到子产、荀子均明于天人之分，主张制天命而用之的主客、天人二分。追求真知、爱智是世界各民族的共性。至于什么是哲学，中外哲学家各说各的，从来没有统一的结论和说法，根据中国哲学的实际，中国哲学是对宇宙、社会、人生之道的道的体贴和名字体系。中国哲学学人孜孜不倦地追求形而上之道，以形而上之道作为天地万物的主体和其之所以存在的根据，"是之谓天地根"。形而上之道是天地万物自然变化的总规律，是最大的价值理想和目标。"道"是中国哲学理论思维的核心概念、范畴，是构成中国哲学元理的逻辑体系架构的元始概念。中国哲学不断地问道、求道、悟道，其实是因社会动乱、战争、苦难产生的忧患意识，有忧患而有反思，即以思想为对象的揭示、辨析、鉴别、选择。这样的思为"忧思"。忧思之思而有中国哲学；希腊哲学"始于惊异"；印度哲学为人解脱苦海无边，而有哲学。当时三地隔绝，而诞生三种不同的哲学理论思维体系，并没有以哪种哲学为唯一哲学。哲学从诞生之初就是多元、多形态的，而无高低之别，亦无是与不是之异。中华民族在千难万劫中忧思而问道，在反复实践中得来"道"的哲学，形成道体理论思维体系和价值体系，它是中华民族的魂与体，是时代精神的精华，是促进人类和平、发展、合作的精神力量。道体理论思维的特色体现为历史与逻辑、实然与必

　　＊　本部分原以《中国哲学之道》为题载于《光明日报·哲学》2020 年 4 月 13 日。《新华文摘》2020 年第 13 期全文转载。

然、万象与道理、问道与道体。和合生生道体，在东方升起，光满寰宇。

何谓中国哲学元理？元，自古以来均训释为"始也""大也"，是为"元始""大始"。"大哉乾元，万物资始"，"至哉坤元，万物资生"，是为万物资始资生。"理"，为治理玉石，有"纹理""条理""治理""道理""准则""原理"等义。概言之，"中国哲学元理"是指关于宇宙、社会、人生元始的、最大的道理、原理。

哲学就是有哲学的哲学史，任何哲学元理，都应是有哲学史的哲学元理，中国哲学元理就是有哲学的哲学史元理。它是一种建立在通晓中华民族五千年哲学理论思维的历史和成就基础上的理论思维。研究中国哲学元理，无疑应建立在哲学史的基础上。帕斯卡尔（B. Pascal）说："人的全部尊严就在于思想。"① 中国哲学思想彰显了人类的尊严和自由、伟大和繁荣。中国哲学思想是爱智精神的言说机制，但爱智精神不能离开哲学思想而存在，精神总是思想着的精神，哲学思想确定人的精神，而人的精神则是时代精神的精华和凝聚。

一、天人与主客

中国的哲学，气傲烟霞，势凌风雨，反思纵横，中得心源，钩深致远，唯变所适。它将中华文明智慧的曙光照射在哲学史上，使东方智慧之爱格外鲜艳灿烂。中华民族是善于思考的民族，是追求爱智的民族，它为人类文化贡献了具有非凡智慧的智者，其中有致广大的学术家，尽精微的思想家，极高明的哲学家，道中庸的政治家，如老子、孔子、墨子、庄子、孟子、孙子、荀子、韩非子、董子、朱子、阳明子、王夫之等伟大的哲学思想名家。中国哲学是"为道屡迁""探赜索隐"的哲学，她为世界哲学增添了光彩夺目的《周易》《道德经》《论语》《孙子兵法》《墨经》《四书章句》《传习录》《正蒙注》等一大批经典创新名著。这些经典名家都是智能的创造者，是智慧的化身。他们是爱智的追梦人，是追问"天之上为何物"的探赜者，是寻求天地万物从哪里来的期望者，是求索"究天人之际，通古今之变"的智能者，是探求"为天地立心""为万世开太平"的创新者。他们都在寻找一个不在场的最大最高的普遍性的存在，这是一种哲学精神。这就是中国文化自信和哲学自信的精、气、神。

---

① 帕斯卡尔. 思想录：论宗教和其他主题的思想. 何兆武，译. 北京：商务印书馆，1985：158.

　　哲学是一门追根究底的学问。传统的西方哲学通常是将感性呈现的东西上升为理性中的东西，即以从现象到本质、具体到抽象、形而下到形而上的本质为根底，这是从柏拉图、亚里士多德到黑格尔的传统形而上学的思维理路。然而，现代西方哲学拒斥传统的形而上学，即反对从当前在场的东西度越到其背后未出场的东西，认为在场的东西与未在场的东西都是现实的东西，并非抽象的永恒本质。海德格尔批评以往无根底的形而上学，试图代以有根底的形而上学。他所说的从显现的东西到隐藏的东西的追问，即是从"有"到"无"的度越。尼采、海德格尔、伽达默尔等人基本上是这种思维理路。

　　一个没有历史记忆的国家，是没有前途的。一个没有理论思维的国家，是没有未来的。中华民族有五千多年的历史记忆和理论思维。其古典哲学思维是以表意语言和象形文字这种特殊的符号为媒体的，"象性"范畴、"实性"范畴和"虚性"范畴两两复合，构成与西方"爱"与"智"二元分裂异趣，具有象外有言、言内有意、爱外有智、智内有爱特性的重重无尽、奥妙无穷的和合精神意境。

　　自从古希腊有了哲学，它就像"幽灵"一样，在世界各国、各民族游荡。人们总是强烈地感觉到它的存在，自觉不自觉地受到它的制约或支配。于是，人们便把各国、各民族的哲学都放置到这个"法庭"上，审判其是不是哲学。在一些对"四书""五经"一知半解，或对"经史子集"望洋兴叹的人看来，中国古典文献中，没有"哲学"这个词。无论是在《汉书·艺文志》，还是晚近的《四库全书》中，都难以发现与亚里士多德的《形而上学》对等的"元物理学"（metaphysics）著作。因而，黑格尔断言"真正的哲学是自西方开始"，"东方的思想必须排除在哲学史以外"，"在这里找不到哲学知识"①。后来，法国后结构主义哲学家德里达（Jacques Derrida）亦认为"中国没有哲学"②。他们之所以认为中国没有哲学，是因为其以为东方是所谓的专制社会，没有意志的自由，而哲学是"理智的形而上学"，它与自由同在。然而，中国在五千多年的社会历史长河中，哲学思想的主流是开放的、自由的。③ 在"民贵君轻""水能载舟，亦能覆舟"思想的指导下，春秋战国时期，哲学思想百家争鸣，百花齐放，

　　① 黑格尔.哲学史讲演录：第1卷.贺麟，王太庆，译.北京：商务印书馆，1981：57-100.
　　② 是哲学，还是思想：王元化与德里达对话.中国图书商报，2001-12-13.
　　③ 向世陵.写给大众的中国哲学.北京：中国人民大学出版社，2004：6-8.中国除个别时期，如清代"文字狱"，通常仍容许思想的自由，重视主体的作用.

畅所欲言，各是其是；汉唐儒、道、玄相互论争，既有道教与佛教的互辩互学，又有玄佛的互纳互用，无论是"六家七宗"，还是佛教各宗派间的自由辩论，都相继不断；宋元明清时，哲学家出入佛道，融突和合儒释道三教，既三教不离不杂，又互批互渗，出现了五彩缤纷、百家齐鸣的自由思想井喷的景象，既有规模达千人之多的各种讲论，亦有小规模学术讨论会（如鹅湖之会），各种哲学观点交流、沟通频繁，或"尊德性"，或"道问学"，或"简易"，或"支离"，主体的意志并没有受到限制，反而得到自由发挥和智能创新。中华民族爱智的和合生生道体与自由同在。

黑格尔等人之所以认为中国没有哲学，是因为东方人主张自然与精神合一及天人一体，这种直接合一，是主体"作为消极的毁灭的东西，沉陷在客观的实体里"，于是"实体（客体）与个体（主体）就漫无区别了"，一个毫无精神意味的境界（天人合一）就出现了，结果"只停留在最浅薄的思想里面"。中国哲学的天人合一被否定。黑格尔主张，真正的哲学是主体既在客体之中，又保持主体自身的特性。受黑格尔的影响，有人亦认为，"中国哲学史以天人合一的思想为主导，缺乏主客二分思想，从而也缺乏与之紧密相连的主体性原则"。"中国哲学史由于重天人合一，把主客看成浑然一体……甚少专门的、明显的关于主体如何认识客体，自我如何认识对象的认识论问题"[①]。

其实，中国的"天人合一"是一种具有奥妙而深邃的精神意味的境界，它是建立在主体自由的、普遍的、无限的中国哲学元理之上的。孟子提出"尽心—知性—知天"的命题，朱熹注："心者，人之神明，所以具众理而应万事者也。"明确地彰显人的主体自由神明的地位，具众理而应万事的普遍的、无限的功能。这里既无主客体混一，亦无使主体"作为消极的毁灭的东西，沉陷在客观天的实体里"。显然，黑格尔并没有认真体认中国的"天人合一"。春秋时，子产就将天人二分，即主客不杂。他批评占星家裨灶把天道的运行变化与人事的吉凶祸福相联系，主张"天道远，人道迩，非所及也"[②]，表现出主体自我人格的觉醒。当人把天作为与自己相对待的客体来考察时，也即把自己作为与客体相对待的主体来思考了。当庄子主张天人一体时，荀子就批评其"蔽于天而不知人"，把主体人沉陷在天（客体）之中。他主张"明于天人之分"，认为若推崇天（客

---

① 张世英. 哲学导论. 3版. 北京：北京大学出版社，2016：383.
② 杨伯峻. 春秋左传注：第4册：昭公十八年. 北京：中华书局，1981：1395.

体）而思慕它，不如主体（人）把客体（天）当作物来畜养而控制它。
"从天而颂之，孰与制天命而用之"①。顺从天（客体）而赞美它，不如人
（主体）掌握天（客体）而利用它。盼望天时而等待天（客体）的恩赐，
不如人（主体）把握季节的变化，而使天（客体）为人（主体）服务。中
国哲学的天与人、客体与主体的关系的精微与独到的诠释，是黑格尔及后
来的西方哲学家所未领悟的。譬如新康德主义者文德尔班（Wilhelm Win-
delband），在其名著《哲学史教程》（*Lehrbuch der Geschichte der Philoso-
phie*）中曾说："在中国人中，早期的道德哲学就超出了道德说教……但是
这些都远离了自成完整体系的欧洲哲学的路线，因而一本教科书无须着手
讨论。"② 这种根深蒂固的西方文化中心论的偏执，把西方哲学推为世界上
唯一的、普遍的哲学，而与此相异的哲学就没有在其哲学史中讨论的价值
和必要了。之所以不值得"讨论"，是由于其认为中国、印度的东方哲学
精神"受到特殊束缚"，如受日常需要的限制，或受神话的、宗教的控制。
换言之，中国哲学长期以天人合一、人伦道德、存天理灭人欲为主导，是
不可能生成希腊式的爱智慧的哲学品格的。

二、中国哲学界说

"五味万殊，而大同于美；曲变虽众，亦大同于和。"③ 天下各国、各
民族的哲学虽像五味一样大不相同，但美美与共而大同；曲的变化犹如社
会的错综复杂，其普遍的共同之处都和谐协调。追求真知、爱智是世界各
民族哲学的共性，非为西方哲学所独霸、独享。至于什么是哲学，中外哲
学家各说其是，是其所是，犹如一百个人有一百个哈姆雷特。由于不同时
代、民族、哲学家所面临冲突危机及对这些冲突危机理解的差分，化解的
方案亦不同，其对概念、范畴的界定存在差异，对哲学的界说也殊异。有
人主张哲学是系统化、理论化的世界观；或认为哲学是爱智；或认为即一
即一切，"存在是不变的一"，人与万物融合为一；或认为哲学是把存在当
作独立于人以外的概念来加以追求的学问；或主张哲学是讲人与世界交融
合一的生活世界的意义的学问。④ 就不同的哲学家而言，文德尔班认为，

---

① 梁启雄. 荀子简释：天论. 北京：古籍出版社，1956：229.
② 文德尔班. 哲学史教程. 罗达仁，译. 北京：商务印书馆，1993：38.
③ 嵇康集校注：声无哀乐论. 戴明扬，校注. 北京：人民文学出版社，1962：216.
④ 张世英. 哲学导论. 3 版. 北京：北京大学出版社，2016：7.

"所谓哲学，按照现在习惯的理解，是对宇宙观和人生观一般问题的科学论述"①；罗素（Bertrand Russell）则认为，"哲学，就我对这个词的理解来说，乃是某种介乎神学与科学之间的东西"②，他以为一切确切的知识都属于科学，一切涉及确切知识之外的教条都属于神学，剩余的那一片"无人之域"，即"思辨的心灵所最感兴趣的一切问题"，就是哲学。

　　"哲学"这个词源于对希腊语 philosophy 的翻译，日本明治初期的启蒙思想家西周将其译为哲学，这个译语是从"希哲学""希贤学"演变而来的。在此之前，中国哲学已独立发展了几千年，它与希腊哲学、印度哲学并育而不相害，三地界隔而无相悖。中国晚清学者黄遵宪首先把"哲学"这个词从日本介绍到中国，并被当时中国学者所接受。谢无量在1916年出版了《中国哲学史》（中华书局），其在"绪言"中说：中国"古有六艺，后有九流，大抵皆哲学范围所摄"。其所谓中国哲学以"儒家之秘要，哲学之统宗"，未度越传统儒家史观。③ 之后有被蔡元培所赞扬的胡适的《中国哲学史大纲》一书于1919年2月由商务印书馆出版。其在"导言"中说："哲学的定义，从来没有一定的，我如今也暂下一个定义：'凡研究人生切要的问题，从根本上着想要寻一个根本的解决，这种学问叫做哲学'。"④ 胡适进而对什么是哲学史，哲学史的目的，哲学史的史料，以及"中国哲学在世界哲学史上的位置"等问题做出了回应，奠定了中国哲学史的规模和范式。继谢、胡之后，冯友兰出版了两卷本的《中国哲学史》，该书从先秦子学时代、汉以后的经学时代，一直写到晚清廖平，可谓中国哲学通史，以补胡适的《中国哲学史大纲》一书只有先秦哲学史之不足。冯友兰在其"绪论"中说："各哲学家对于哲学所下之定义亦各不相同，为方便起见，兹先述普通所认为哲学之内容，即可知哲学之为何物，而哲学一名词之正式的定义，亦无需另举矣。"⑤ 希腊哲学家将哲学分为三大部分：物理学、伦理学、论理学，即宇宙论（对于世界之道理）、人生论（对于人生之道理）、知识论（对于知识之道理）。冯氏讲了希腊哲学的内容，便以希腊哲学为哲学定义。不过当冯友兰听到金岳霖在英国剑桥大学讲"哲学是概念的游戏"时，他说："现在我认识到，这个提法说出了哲

　　① 文德尔班. 哲学史教程. 罗达仁，译. 北京：商务印书馆，1993：7.
　　② 罗素. 西方哲学史. 何兆武，李约瑟，译. 北京：商务印书馆，1976：11.
　　③ 参见拙作：中国哲学的"自己讲"、"讲自己"：论走出中国哲学的危机和超越合法性问题// 彭永捷. 论中国哲学学科合法性危机. 保定：河北大学出版社，2011：2—4。
　　④ 胡适. 中国哲学史大纲. 上海：商务印书馆，1919：1.
　　⑤ 冯友兰. 中国哲学史. 北京：中华书局，1961：1.

学的一种真实性质。试看金岳霖的《论道》，不就是把许多概念摆来摆去吗？岂但《论道》如此，我的哲学体系，当时自称为'新统'者，也是如此。"① 冯友兰同意金岳霖对哲学的规定。牟宗三在关于"中国有没有哲学"的演讲中，给哲学做了界说："什么是哲学？凡是对人性的活动所及，以理智及观念加以反省说明的，便是哲学。"② 他认为任何一个文化体系都有它的哲学，如果承认中国的文化体系，就承认了中国哲学。说中国没有哲学，"便是荒唐的"。

　　哲学界说各个哲学家，各说各的，且各不相同，没有一定之论。中国哲学可依据中国哲学的实际，自己讲中国自己的哲学。中国自古以来有致广大、尽精微的自成系统的哲学理论思维逻辑体系，已经完全突破了希腊语词意义上的形而上学，可以不照着西方哲学之谓哲学讲中国哲学。因为中国的哲学根植于与西方相异的、无断裂的五千年民族文化沃土，智能创造了独具神韵的哲学概念、范畴体系和严密的逻辑结构，智慧的星星之火照耀着先圣先贤的心灵，启迪着他们钩深致远的理论思维的创造，在强劲的中国哲学主体性统摄下海纳百川，促成了对"道体"的觉解和精神的度越，为世界多元哲学形态增光添彩。因此，我把中国的哲学规定为"对宇宙、社会、人生之道的道的体贴和名字体系"，这样就可以以超越希腊哲学和实用主义或新实在论的观点来定义中国哲学，而使中国哲学真正能够自己讲、讲自己，以极高明的中国哲学理论思维屹立于世界哲学之林。

三、道为核心话题

　　"形而上者谓之道，形而下者谓之器。"③ 其中的道是超感官、超经验，无形无象、无声无臭的东西，它是高度抽象性、普遍性、无限性的概念、范畴，与之对待的器是有形有象、有声有臭的东西，它是具有具体性、特殊性、有限性的概念、范畴。道是中国哲学不懈追求真知和智慧的妙凝，是中国哲学理论思维的理性精神的呈现，是主体体贴、领悟、审察、反思天地万物客体的觉解，是先圣先贤不断问道、行道、识道、悟道、得道的升华。道在中国哲学的历史长河中始终流淌着，从不间断。既贯穿于诸子百家、三教九流之中，又浸润于四书五经、经史子集之间。形而上的道作

① 冯友兰. 中国现代哲学史. 广州：广东人民出版社，1999：239.
② 牟宗三. 中国哲学的特质. 台北：三民书局，1962：3.
③ 周易正义：系辞上传//十三经注疏. 阮元，校刻. 北京：中华书局，1980：83.

为天地万物的主体和天地万物之所以存在的根源、根据，是"先天地生""为天下母""是谓天地根"①；又是仰观俯察天地万物的总规则。"道者，万物之所然也，万理之所稽也。"② 道是天地万物自然变化的规律，也是符合万理的道；是最大的价值理想和目标，大学之道，在"止于至善"，至善是事理当然之极的理想和目标。

中国不必重建希腊意义上的形而上学。形而上之道（即"太极""理"）是中国哲学爱智慧的核心话题，其形式极高明而抽象，内涵致广大而丰厚。是中国先圣先贤、学者士子始终探赜的"道不远人"的问题。从殷周到春秋战国，道由道路之道被抽象化为道理与方法、本原与规律、天道与人道、形而上与形而下等概念、范畴、命题。儒家孔子"朝闻道，夕死可矣"，关注人道；老子注重天之道，而道常无名无为，此道已非可名言的道。《易传》融突儒道的道，提出天地人三才之道，并以阴阳、柔刚、仁义为天地人之道的内涵，已具有形而上学的意蕴。先秦百家争鸣所论的道都统摄于三才之道中，既为天地万物所必然发展的规则，又为天地万物之所以存在的根源、根据。

秦汉时，秦统一六国，建立了郡县制的统一的中央集权的国家。结束了周代联邦制的分权诸侯的封建制的国家形式，"一法度，衡石丈尺，车同轨，书同文字"③，亦要求"一道德"，统一思想。董仲舒主张"天之常道，相反之物也，不得两起，故谓之一。一而不二者，天之行也"④，贱二贵一。以道为一，体现了当时的时代精神，构建了适应大一统的天人相应的哲学理论思维模式。

魏晋南北朝时期，秦汉大一统格局被打破，以道为一的模式被否定。"罢黜百家，独尊儒学"转为主体思想自由的"玄远之学"。玄学通过对有与无、本与末、名教与自然的不同观点的论争，出现了新的百家争鸣的态势。何晏、王弼主张以无为本，为贵无派。他们绍承《周易》《老子》《庄子》的"三玄"思想意蕴。何晏认为"夫道者，惟无所有者也"⑤。在天地万物纷繁复杂的背后，有一只无形的手，这就是"无"，也即是"道"。道的大全是无语、无名、无形、无声的。王弼认为，这种道就是无，"道者，

① 任继愈. 老子新译. 上海：上海古籍出版社，1985：113.
② 梁启雄. 韩子浅解：解老. 北京：中华书局，1960：157. 按：稽，"合也，当也，同也"《广雅·释诂》。
③ 司马迁. 史记：秦始皇本纪. 上海：商务印书馆，1932：80.
④ 苏舆. 春秋繁露义证：卷十二：天道无二. 钟哲，点校. 北京：中华书局，1992：345.
⑤ 杨伯峻. 列子集释：仲尼篇. 北京：中华书局，1979：121.

无之称也"①。道无是无不通、无不由，它寂然无体，不可为象。所以道具有贯通万物的特性。王弼主张"道同自然"，而非道同名教。这是其自然无为思想的体现。他虽讲"执一统众之道"，但不执着，认为道是大而亨通，不断更新的。与何晏、王弼的贵无论相对待的是裴頠的"崇有论"。他将无为与有为相兼，在《崇有论》的开章说："夫总混群本，宗极之道也。"② 总括万有世界的最根本、最普遍的是"有"，"有"是世界的本原，"无"不能生"有"，始生者，自生也，是"有"自生万物，这便是宗极之道。

汉时印度佛教传入中国，初期依附于中国道术而为佛道。在印度佛教原典中，"道"的概念较为罕见，魏晋南北朝时儒、释、道三教既论争，又融合，中国僧人的佛学著作中会运用"道"的概念，这是佛教中国化的表现。在佛教般若学、禅学、涅槃学均有所发展的情境下，道安从"法身""如""真际"三方面阐述道："法身"为恒常寂静，一切都忘的恒常的道；"如"为本来如此，恒常存在，无所寄往；"真际"为无所执着，无为而无不为，是万物的真性，是"无上正真道"。道安通过对这三方面的阐述来说明佛教平等无差别的彼岸世界。此时佛教的涅槃之道以不变为性，超脱世俗的束缚，冥灭思虑，弃绝情感，超出轮回报应，以达到涅槃神秘的最高境界。隋唐儒释道三教围绕着道，展开论争。佛教以"道法自然"否定道教以道为"至极最大"。佛教认为，道能通因果，能说明善恶与因果报应，修持与终极目的，今生与来世的联通，从而给人们以似无若有的安慰和寄托。在穷极本原的过程中，既可达权变，又可通晓其根本。法藏以菩提道为最高智慧。禅宗六祖慧能主张明心见性，是通达成佛的道。

道教是中国本土的宗教。葛洪认为，道本无名，是万物的本源。天道无为，任物自然。他讲的长生之道、仙道、松乔之道，都是达到玄道的方法。早期道教的著作《太平经》认为，道是万物之元首，天地万物由道而生，通过元气而发生变化。"夫道者，乃大化之根"。隋唐时，道士皆明重玄之道，发挥《老子》"玄之又玄，众妙之门"的思想，以"重玄为宗"。成玄英的重玄之道认为，人无法逃脱自然之道的控制，人不要把世俗千变万化的事物放在心上，心无忧累则符合"真正平等之道"。而自然、虚通、至静，包含着宇宙、社会、人生自然而然变化的过程。

①　王弼集校释：论语释疑：述而. 楼宇烈，校释. 北京：中华书局，1980：624.
②　裴頠. 崇有论//严可均. 全上古三代秦汉三国六朝文. 北京：中华书局，1958.

儒家为与佛道相抗衡，韩愈力主儒家道统，以恢复儒学的仁义道德之道。柳宗元倡导大中之道，并以三纲五常为内涵，通过复兴儒家仁义之道，树中正，立人极，使天下大治。

自汉至隋唐，儒、释、道三教既冲突，又融合。其间，儒家既批判佛道，又吸收佛道的名言分析、道法自然及终极关切思想。佛教吸收儒家的心性论及伦理思想，而逐渐中国化。道教与佛教既论争，又相互吸纳，促使两教在中国大地上的发展，彰显中国文化的开放性、包容性、自由性、平等性，充分体现了"以他平他谓之和"的中华文明精神。

宋明理学融突和合儒、释、道三家，道论也迈入了一个新的境界。在藩镇割据和五代十国的社会动乱和战争结束后，为重建伦理道德和价值理想，理学家们出入佛道，"尽究其说"。他们"为往圣继绝学"，将隋唐以来三教"兼容并蓄"的文化整合方法落实到"天理"上，开启了理学的新时代。邵雍认为，道是天地万物的本原和天地万物之所以存在的根据。他说天、地、物、人，由道而生、成、形、行，尽管天、地、人、物各不相同，但一于道，都由道出。作为天地人物之本原的道，是无声、无形、无相的，是一种超经验感觉的抽象概念。二程认为，形而上学之道是天地万物的本原；"天之法则谓天道也"，道为自然的法则。道的大本为五伦五常，违背这一点，就是违背道。在二程的哲学理论思维逻辑结构中，道与"太极"和"理"虽在不同语境下有分别，但都属形而上的同等范畴，以阴阳、气为形而下范畴。

朱熹绍承二程思想及诸理学家的学说，而集理体学之大成。他认为道非阴阳，而是所以阴阳的形而上者，"然其所以一阴一阳者，是乃道体之所为也"①。"道体"概念、范畴包含了"本体""本质""本根""根本"的意义。因而道是亘古亘今、常在不灭的存在者，是一个超时空的精神本体。道体虽常在不灭，但道体变化往来不停，"乃道体之本然也"。这是事物的当然之理和人所共同的符合规律的运动。此外，朱熹还论述道与"太极""理""性"的不离不杂的关系，例如：道是宏大，理是精密；道是统名，理是细目；道是公共的理，理是万事万物的理。但道理具有不离的同一性、共性，道是太极，阴阳只是阴阳，而非太极。然而，道在器中，道不外阴阳，阴阳不外道，二者相互包含。

心体学奠基者陆九渊主张"道未有外乎其心者"。以主体心为存在形式的道，是天地万物的根本，这便是与心合一的道，充塞宇宙，无所不

---

① 朱熹. 朱文公文集：答陆子静. 上海：商务印书馆，1919：573.

在。道（心）外无事，事外无道（心），万事万物在我本心之中。它是意念不动的心，天地间的万化、万物、万事、万理皆出于此道（心）。心体学经陈献章、湛若水的发扬，王守仁集其大成，主张心即道，"心体明即道明，更无二"①。无时无处都是此亘古亘今、无始无终的道。与心相通的良知，也与道相联通，"道即是良知"。道心是天地万物之所以存在的主宰与根据。

气体学派的王廷相主张"元气为道之本"，元气是道的本根、根本，离了元气就无所谓道。元气之上无物、无道、无理。罗钦顺认为，理是气的聚散变化的条理，道寓于阴阳之气中。刘宗周试图会通各家学说，主张"道者，气之道，理者，事之理"。有气而后产生数、象、名、物、性、道。"故道其后起"的。气体学的集大成者王夫之说："太和絪缊为太虚……道之本体也"。太和絪缊阴阳二气，生成万事万物，这个资始资生之本体，故谓之道。它赋予道以"物所共由"的规则、规律，它具有客观性和稳定性，是"气化流行于天壤，各有其当然者，曰道"。天地之间，道没有二道。道一也，在天为天道，在人为人道。天道是万物的本原，人道是人必须遵循的道德规范和行为准则。王夫之继承张载思想的精华，他以太虚本体之气为道，阴阳生物之气为大化流行之道，构成天地万物的千变万化。戴震以道为阴阳之气，他批评朱熹以道为形而上的理，这就抽空了道的内涵。他认为，"曰道，指其实体实事之名"②。所谓形而上是指阴阳之气未化生万物的本然状态，形而下是阴阳之气化生成万物的形态。形而上并非形而下的本原或根据。道也是气化不已的过程。气言其体，道言其化。

近代中国，清政府腐朽，屡遭西方列强侵略，被迫割地赔款，人民生活陷入水深火热之中。仁人志士为救国救民，走上了向西方寻求治理国家方法的道路，并对传统的道论哲学思维进行改造。一些人以西方平等思想改造纲常礼教。谭嗣同提出"道通为一""通之象为平等"的思想。康有为以西方资产阶级的自由、平等、天赋人权的观点来改造传统的三纲名教。他认为三纲名教"皆失人道独立之义，而损天赋人权之理者也"，主张"人人有自主之权"，人尽平等，以男女不平等最不合于人道。他们将基督教的博爱与儒家的仁爱相融合，提出"博爱之谓仁"，认为爱是人的本质，是人类之所以存在和发展的根据。另一些人吸收西方自然科学概念和科

---

①　王阳明全集：卷一：传习录上. 上海：国学整理社，1936：10.
②　戴震. 孟子字义疏证：卷下：道. 何文光，整理. 北京：中华书局，1982：12.

学知识来充实道的内涵，如以"以太""电子"等作为道通为一的媒体，并提出"进化之道""生物之道"等新命题，如孙中山讲"夫进化者，自然之道也"①。

自先秦至近代，"道"的概念、范畴在历史的波涛中，或起或落，或高或低，始终奋力前行，而无停息或断裂：在先秦为道路、规则、方法；在秦汉为天人、太一之道；在魏晋南北朝为虚无之道；在隋唐为佛道之道；在宋元为理之道；在明清为心之道、气之道；在近代为人道之道。道是天地万物之所以存在的本原和根据；是事物必然的、普遍的、相对稳定的内在联系，体现事物的根本性质；是天地万物运动变化的过程，因其自身蕴涵着阴阳、有无、动静、理气、道器的对待融合；是政治原则、伦理道德规范。因此，道是中国哲学理论思维的核心概念、范畴，是构成中国哲学元理逻辑体系架构的致广大而尽精微的元始范畴。

四、忧思出哲学

"问渠那得清如许，为有源头活水来"。中国哲学不息地问道、求道、悟道，是对于动乱、战争、大难的忧患。忧患而有反思，反思是对思想的揭示、辨析、鉴别、选择，称其为"忧思"，因忧思之思而有哲学。"作易者，其有忧患乎！"这是中国哲学的元始，它与印度、希腊的哲学相异。印度认为人生就是苦，苦海无边，为解脱苦，而有对大梵天的崇拜，追求"梵我不二""梵我一如"。"梵"是宇宙本源的原理，"我"是个人的精神原理，"梵我一如"，即回到梵界，为解脱人生的苦难而有哲学。古希腊的亚里士多德说："由于惊异，人们才开始哲学思考。"其老师柏拉图也说过："哲学始于惊异。"因这种从无知到知的过程的惊异而有希腊哲学。在当时，中、西、印三地隔绝，由于其内在的因缘际会，而诞生三种不同的哲学理论思维，并没有以哪种哲学为唯一的哲学，其他的哲学就不是哲学。

哲学一诞生就是多元、多样、多形态的，而无高低、优劣之别，从而构成一个姹紫嫣红的世界哲学大观园。中国的哲学从苦难中开启，从忧思中得来。先秦时，礼崩乐坏，各诸侯国为争夺土地和霸权，频繁发动兼并战争，造成大量死亡，血流成河，给人民带来无穷的苦难。这时士的主体身分自由，他们不仅可"周游列国"，而且可与意见不同者（包括君主）

---

① 孙中山全集：第6卷. 北京：中华书局，1985：195.

进行自由辩论，或"取合诸侯"，或体认觉解，面对现实苦难而产生忧思。他们问道、求道，或"朝闻道，夕死可矣"，或"道可道，非恒道"。他们穷究现有的各种知识，探索种种智虑，以说明自己学说的宗旨及其合理性。他们凭借智能进行创造，构建起独具匠心的理论思维体系；他们游说诸侯，以求实践自己的理论主张，化解社会、人生的苦难和危机。于是出现了百家争鸣、百花齐放的哲学大繁荣的情景。

秦始皇统一六国，终结了战国七雄之间的兼并战争。旧貌换新颜，七国在文字方面统一而"书同文"，在伦理道德行为方面融合而"行同伦"，在人们交往活动工具方面联通而"车同轨"。人们以为统一会使人民安居乐业。然而，秦始皇未能觉解"打天下"与"治天下"的区别，严刑峻法，以吏为师，"仁义不施"，很快激起人民的反抗，强秦速亡。人们从先秦战争的苦难中度越出来，又陷入社会动乱与汉楚战争之中，又是一幅杀人盈野、田园荒芜、路有饿殍、生路殆绝的景象。苦难给具有忧思的知识精英以反思的空间。汉武帝举贤良文学之士，"垂问天人之应"和长治久安之策。董仲舒经"三年不窥园"的精心致思，提出了为汉武帝所接受的"罢黜百家，独尊儒术"的建议，在价值观上结束了"今师异道，人异论"的不统一的状况，并构建起"天人感应"的哲学理论形态，既论证了汉王朝存在的合理性，又为其设置了"谴告""怪异""伤败"等以天的权威制约王权的道义警戒线。

东汉末年，经济、政治和意识形态同步走向危机的深渊。黄巾造反，民不聊生；董卓之乱，朝纲败坏；魏、蜀、吴鼎立，三分天下，为统一中国，战争不止。人民又陷入水深火热之中。魏晋时政局不稳，阴谋涌动，生民无几，而人相食，人民的苦难，又激发了忧患之思，促使思想由两汉经学向魏晋玄远之学转变。它以易、老、庄之学为宗，融突儒学，以"有""无"为核心话题，以此来协调本末、自然与名教的论争，化解现实社会价值冲突的危机，以求人生价值理想的实践。玄远是一个开放的、包容的、无限的命题，它不具封闭性、独尊性、有限性，是一种形而上学的根据。然而，玄远一面对现实、社会、生活就不能不面对"有"，"有"与"无"不离不杂，无无亦无有，无有亦无无，融合而不离；无与有对待，相分而不杂。这构成了玄学家智能创造的有无之辩的求道哲学思潮。

南北朝时，南朝有宋、齐、梁、陈，北朝有北魏、东魏、北齐、西魏、北周。王朝迅速更替，每次更替都伴随着谋夺、动乱和战争，生灵涂炭，"路侧有枯骨纵横"①。统治者"穷虐极暴，诛戮朝贤，罕有遗育"②。人民生路殆绝，生死无望，祈求解脱苦难。恰东晋以降，玄佛合流，佛学渐盛，乃至喧宾夺主。梁武帝溺情佛教，几次到同泰寺讲经，并出家。他在《敕舍道事佛》中曰："大经中说道有九十六种，唯佛一道，是于正道；其余九十五种，皆是外道。朕舍外道，以事如来。"③ 遂把儒道等统统打入邪道，唯佛教是正道。他说，虽然老子、周公、孔子是如来弟子，但他们已化为邪，不能革凡入圣，因此他以佛教为国教，结果是"普天信向，家家斋戒，人人忏礼，不务农桑，空谈彼岸"④。佛教作为一种救苦救难的哲学，度越六道轮回，给人们以彼岸世界精神家园的廉价抚慰。佛教在隋唐得到发展，并在与中国传统儒道文化的融突中，逐渐中国化为天台宗、华严宗及深度中国化的禅宗，从而导致佛盛儒衰、佛强道弱的局面。王通谒见隋文帝，陈《太平策》十二篇，忧叹隋的失道及无道，主张以儒家齐家治国平天下的思想，化解社会失道的冲突。不久隋亡。韩愈目睹佛教所造成的无君无父，不忠不孝，伦常失序，道德失范，国家动乱。他一方面力呼恢复以尧、舜、禹、汤、文、武、周公、孔、孟的道统为中华文明的正统，佛教的"法统"非中华之正统，以复兴中华文明；另一方面批评皇帝亲临迎佛骨，劳民伤财，奉佛不仅祚短政虐，治乱寿夭，而且违背忠孝及礼拜的伦常制度。韩愈极谏，《论佛骨表》一上，宪宗大怒，欲杀韩愈，后将其贬至潮州。

唐末藩镇割据，安史之乱，五代十国长期混战，人民苦难，不堪忍受，或卖儿鬻女，或背井离乡，或四处逃亡，社会危机深重，致使纲常失序，道德沦丧，理想失落，精神迷惘，而构成价值和意义的颠覆。"五代之际，君君臣臣、父父子子之道乖，而宗庙、朝廷、人鬼皆失其序，斯可谓乱世者欤！自古未之有也。"⑤ "五代，干戈贼乱之世也，礼乐崩坏，三纲五常之道绝，而先王之制度文章扫地而尽于是矣。"⑥ 人们面对的是一个动乱之世后的礼崩乐坏，三纲五常道乖、宗庙朝廷失序、制度文章扫地的苦难，这种情形激发出有识之士的忧思，他们问道、求道，出入佛道，反

---

① 南史：梁本纪上. 北京：中华书局，1975：167.
② 梁书：武帝本纪上. 北京：中华书局，1973：4.
③ 中国哲学史教学资料汇编选组. 中国哲学史教学资料汇编（魏晋南北朝部分）. 北京：中华书局，1964：473.
④ 南史：郭祖深传. 北京：中华书局，1975：1720.
⑤ 新五代史：第1册：唐废帝家人传. 北京：中华书局，1974：173.
⑥ 新五代史：第1册：晋家人传. 北京：中华书局，1974：188.

求儒学，以便重整伦理纲常、道德规范、行为准则，重建价值理想、终极关切、精神家园等形而上的"天理"价值信仰体系与形而下齐家治国的实践规范体系。宋明的士子们一方面以"国家兴亡，匹夫有责"的历史使命感，自觉担当起化解社会危机、富国强兵、外御强敌、内安民心的"庆历新政"和"熙宁变法"；另一方面肩负起度越以往思想观念、批评佛道，继往圣道统，智能创造新哲学理论思维和新学术形态的重任。他们要以新的价值理想和终极关切，重新构建新的信仰体系和道德体系。他们以"为天地立心"的博大胸怀，以求"万国咸宁""为万世开太平"；以"为生民立命"的泛爱众的人类视野，求厚德载物，生民安居乐业、美满幸福。

宋元明清理学家自命担当，思想创造者主体思想自由，各种不同的思想观点如雨后春笋，在互相疑道、问道、悟道的过程中互相切磋、交流、论辩，形成程朱理体学、陆王心体学、张（载）王（夫之）气体学，胡宏性体学等，将中国的哲学推向高峰，并推致朝鲜半岛、日本、越南等东亚、南亚等国，形成儒家文化圈，或曰汉字文化圈。然而，学习中国儒家学说，并曾以朱子学为其主导思想的日本，在其"脱亚入欧"后，并未仁者爱人，尊师重道，反而侵略中国。"九一八事变"后，日本帝国主义侵占东北三省；接着发生卢沟桥事变，日本发动全面侵略战争，在中华文明大地上奸淫掳掠，野蛮地实行"三光政策"，疯狂地屠杀中国人民，仅"南京大屠杀"中遇难的中国人就达30万人，给中国人民带来深重的苦难，此诚中华民族危急存亡之秋矣。中国各界人民奋起抗日，一大批具有忧国忧民之忧患意识和救国救民之责任意识的仁人志士，积极投入拯救中国命运的斗争中，他们以各种形式求道、问道，孜孜探赜索隐，以求振兴中华民族精神，以抵制和反抗日本军国主义的政治、军事、文化的侵略行径。无论是熊十力的《新唯识论》、冯友兰的《新理学》《新原道》，还是金岳霖的《论道》、马一浮的《泰和、宜山会语》等，都是现代新儒家的哲学。

从先秦至近现代，中华民族每次在遭受深重苦难之后，都会激荡起忧思，进而不懈地问道、求道、悟道。犹王守仁在格竹子之理失败后，便求诸释老；又因触怒太监刘瑾，廷杖阳明，既绝复苏，被谪往贵州龙场驿。在万山丛棘、蛇虺魍魉、蛊毒瘴疠的苦难中，王阳明"忽中夜大悟格物致知之旨"，始知圣人之道，"吾性自足，向之求理于事物者，误也"①。进而否定朱熹求理于事物的路线，肯定了吾性自足，求理于吾心，便是"圣人

---

① 章学诚. 文史通义校注：卷五 内篇五：浙东学术. 叶瑛，校注. 北京：中华书局，1985：526.

之道"。每次中国哲学的智能创新，都由苦难而忧思，进而求道。悟道，从而构建起每个时期体现时代精神的新哲学理论思维体系，形成了中国的哲学一浪高似一浪不断向前的洪流。

五、道体的思维方式

中华民族在千苦万难中，由忧思而问道、求道、悟道，在钩深致远的反复实践中而得来道的哲学，形成道体理论思维体系和价值体系，它是中华民族的魂与体，是时代精神的精华，是促进人类和平、发展、合作的精神力量。道体理论思维的特色体现为历史与逻辑、实然与必然、万象与道理、问道与道体。

历史与逻辑，即道体的历史演化具有逻辑合理性。中国之道在每一阶段的演化是道体范畴在时间中的展开，道的历史从哪里开始，思维逻辑也从哪里开始。即道体是凝聚的、抽象的道的历史，道的历史演化是展开的道体。这种向外展开，同样是向内深入。道体的普遍理念是内在的根据。道的历史发展是道体的生命成长过程。历史与逻辑的一致性，是道体自己构成自己的道路，是逻辑之所以存在，并发挥作用的客观根据。逻辑的力量在于历史的发展。逻辑把积累起来的传统展现出来，使道体根深叶茂，而生生不息。"道"的含义由"道路"，到"天人之道"，到"太一之道"，到"虚无之道"，到"佛道之道"，到"理之道"，到"心之道"，到"气之道"，到"人道之道"，这是道在每个历史时期中的展开，与每个时代的哲学理论思维核心话题相适应，并与这个时代的时代精神的逻辑并行不悖，达到历史与逻辑的融突和合。

实然与必然，即道在演化中真实的确定性与其必然的趋势。实然是无处不在的实际存在的事实，是过去、现在与未来相互联系着的实际存在的事实。其既是人们所耳闻目见亲身感受的事实，如仰观天文，俯察地理，观鸟兽之文，以类万物之情的实然，又如道隐无名、无象、无为，似万物之宗的实然理念、范畴，它往往能够度越时间而实存。无论是实际存在的实然还是抽象范畴存在的实然，都是普遍存在的实然。实然与必然构成不离不杂的关系。实然是被事物内在必然这只手所控制、决定的；必然是指在一定条件下具有不可避免的必然性，是事物联系与发展的合乎规则的确定不移的趋势。必然可以把握事物演变发展的趋向、指向，它是实然事物内外多种因缘融突和合的结果，如外部的苦难之因，激起内部忧思而智能创造道的哲学之果。在实然的发展变化中常常出现错综复杂的不确定的现象，表现为种种偶然性，这就是说实然具有某种偶然性，而必然性趋势就寓于这种偶然性之中，即必然寓于实然之中，通过实然来表现，为自己开辟必然趋势的道路。换言之，实然之道必然趋向道体的转化。

万象与道理，即道在大化流行中所呈现的现象与本质。各人、各国、各民族其人种、语言、肤色、观念、信仰、风俗习惯、道德伦理、思维方式、价值观、审美情趣各具特点，形相万象，无形相万相。万象万相是多元、多样的，从而具有其外在各不相同的、彼此有别的特征。道在其演变发展阶段中亦有不同的人文语境、核心话题、依傍文本，性质各别，以象与相的形式表现出来，也以无象无相的形式隐而不为感官所感知。万象万相出乎意。意即意义、道理、义理，它体现万象万相的性质，构成万象万相之间内在的本质联通。它在其间具有一般的、共同的性质、属性。这种性质、属性构成事物相对稳定的、不显露的本质。本质是万象万相的决定者与其存在的根据。"物之理乃道也"① 作为万象万相本质的道理、义理，通过一定方式在万象万相中表现出来，以说明自己的存在。这就是说，本质、道理、义理寓于万象万相之中，相依不离，相离便无所谓本质、义理、道理，也无所谓万象万相，但又相分不杂，相分才能构成现象与本质、象相与道理，若不分而杂，也就无所谓现象与本质，象相与道理。本质、道理离了现象、象相就流于空疏，本质、道理离了现象、象相就成为无源之水，无本之木，二者联通而不离不杂，融突和合。

问道与道体，道在大化流行中体现为不同的思维方式。"尊德性而道问学"。人类的认知活动永远处于问道、求道、悟道的过程之中，即求真、求智之中。在历史的长河中，人类认知活动的形式多种多样。每一理论思维方式，都是历史的产物。问道的理论思维方式根植于中国历代实践认知方式的土壤之中，是主体在观念上把握客体，通过分析、综合、判断、推理等方式表现出相对稳定的思维样式。这种理性的思维样式是主体认知客体的一种方式，它是思维构成自己的内容与形式相融合的逻辑。"道"的思维方式从"道路"之"道"一路走来，历经各个历史时代，逐渐从感性认知到理性认知，从外物感化为内知，从万象万相体认抽象本质，揭示了道内在的联系、本质和规则及世界观与方法论的道体。道体度越了生存世界、意义世界，是形而上的可能世界。在中国的哲学中对道体就有不同的

---

① 黎靖德. 朱子语类. 王星贤，点校. 北京：中华书局，1986：1496.

体认，或认为没有一个度越天地万物之上不变的道体，"元气即道体"①。有气有虚即有道，气有变化，"道体无一息之停"②；或认为数的"二"（阴阳）与"四"（四象）为道体，"天下之物无不然，则亦足以见道体之本然也"③。"本然"即道体的本来状态；或以为"道体之本然"是亘古亘今、常在不灭的天地万物的根源及形而上的根据。和合生生道体，犹如朝霞般伴随着中国的哲学在东方升起，光满寰宇。

---

① 王廷相集：第三册：雅述上篇. 王孝鱼，点校. 北京：中华书局，1989：848.

② 曾枣庄. 刘琳. 全宋文：第二百九十五册：卷六七二七：详逝者如斯夫章. 上海：上海辞书出版社，2006：225.

③ 曾枣庄. 刘琳. 全宋文：第二百八十八册：卷六五四四：与杨志仁书八. 上海：上海辞书出版社，2006：144.

第一章　中国的哲学[*]

　　依据中国哲学元理逻辑体系的天、地、人和合生生道体，中国哲学可以生发为七大元理：元亨利贞论、体用一源论、理一分殊论、能所相资论、不离不杂论、内圣外王论、融突和合论。中国哲学的七大元理是在特定时空环境内在世哲学家通过思维、思想所构建的，其哲学理论思维是那个时代的哲学家对人与宇宙、社会、人生关系的自我体认的升华；是反思人与宇宙、社会、人生互相关系，超越一般性的诠释而构建的概念、范畴的逻辑；是对人与宇宙、社会、人生的价值、理想、审美的再反思。这是在哲学家理论思维所把握的那个时代的精神，也即哲学的时代精神。中国哲学是在"继往圣之绝学"的哲学理论思维成就的基础上，在世哲学家在其理论思维方式引导下的再反思、再体认，以赋予价值理想、伦理道德、审美旨趣、终极关切新生面、新创造、新品格、新气质。

　　"天地玄黄，宇宙洪荒"，中国先民早已开始寻求智慧。如果说西方人的先祖是吃了上帝不准吃的分别善恶树的果子而有了智慧，那么，中国人则是在"仰观天文，俯察地理，观鸟兽之文，以类万物之情"中有了觉悟，十字打开了人们心灵的混沌，激发出人们对智慧的渴望，使人们开始了对智慧的追求。哲学就是引导人们去热爱和追求智慧，智慧不是先天存有的，是人们在洪荒的"洞穴"中跳出来，从筚路蓝缕的探赜索隐中体贴出一些观念、范畴，渐渐地豁然开朗，而有了澄明的哲学上的突破，于是哲学就把追求智慧作为自己终身的职责和义务。路漫漫兮，上下求索，这是一条荆棘载途的无终点的路，也是一条充满惊涛骇浪之途，然而，哲学的求索总是一代接着一代，永无止息，永在途中。

---

* 本章原以《中国哲学元理》为题载于《探索与争鸣》2019 年第 8 期。

一、爱智之旅

哲学的澄明，照亮了人们通达价值理想的坦途。"观乎天文以察时变，观乎人文以化成天下"①，即观察自然文饰（现象）掌握四时的变化，考察人类社会的礼义道德以教化天下。以文明引导人们的活动，使人们的行止符合道德文饰之美。智慧之爱的哲学从中华文明的沃土中生发、成长起来。然而，几百年来以至现代，究竟是哲学在中国，还是中国的哲学，一直众说纷纭②。若以爱智慧为哲学的共性，那么中西哲学就有相似性。古希腊苏格拉底孜孜不倦地寻找智慧，神谕："人们啊，像苏格拉底这样认识到自己的智慧真正说来是没有什么价值的人，才是最有智慧的。"③ 换言之，认识到自己没有而去追求智慧，这便是有智慧。亚里士多德认为"智慧就是关于某些本原和原因的科学"④。之所以有智慧，乃是因为"人都是由于好奇而开始哲学思考……（一个爱智慧的人，也就是爱奥秘的人，奥秘由奇异构成）。如若人们为了摆脱无知而进行哲学思考，那么，很显然他们是为了知而追求知识，并不以某种实用为目的"⑤。探赜哲学思考的好奇因缘和摆脱无知而去求知的目的，这便是爱智慧。人的求知的智慧本性，就是一种哲学精神。

中国古代的人也是为了求知而进行哲学思考的。《释名·释言语》载："智，知也，无所不知也。"老子说："智慧出，有大伪。"⑥ 在"礼崩乐坏"的春秋时代，在现实社会生活交往活动中，特别是诸侯国内部的争权夺利和诸侯国之间的争霸战争里，智慧与大伪往往成为这种争权和战争的计谋和巧诈。哲学的智慧思考，正是在这种相对相关、相反相成、相生相克的冲突融合而和合中突破的。应如何辨别智慧者与不智慧者？墨子认为："夫无故富贵，面目佼好则使之，岂必智且有慧哉。"⑦ 显然，墨子并不认为"无故富贵"和"面目佼好"是辨别智慧者与不智慧者的标准。若认为

① 周易本义//朱杰人，严佐之，刘永翔. 朱子全书：第 1 册. 上海：上海古籍出版社，2002：95.

② 彭永捷. 论中国哲学学科合法性危机. 保定：河北大学出版社，2011.

③ 苗力田. 古希腊哲学. 北京：中国人民大学出版社，1989：208.

④ 同③496.

⑤ 同③497.

⑥ 任继愈. 老子新译. 上海：上海古籍出版社，1985：98.

⑦ 吴毓江. 墨子校注：卷二：尚贤中. 孙启治，点校. 北京：中华书局，1993：96.

这是有智慧的人，而让这种人治国理政，必定乱家乱国，危害社稷。有智慧的能人是"不党父兄，不偏富贵，不壁颜色"，"君人民，主社稷，治国家，欲修保而勿失"的人。正是在这种智慧与不智慧的冲突中，激发了中国哲人对智慧的不息追求，而对哲学有突破性的思考，因而中国的哲学不容否定。哲学是世界性、普适性的，各民族都有哲学的思考，各民族哲学在互相沟通、对话、交流中，互借互鉴、互学互济，使世界各哲学体系更加姹紫嫣红。中国就在"哲学在中国"与"中国的哲学"的冲突融合中，不断开拓出广域的发展空间。

古希腊与中国先秦的哲学家都在追究哲学的基本问题：天地万物是从哪里来的？泰勒斯（Thalēs）认为，水是万物的本原；赫拉克利特（Heraclitus）认为，世界的本原是一团永恒燃烧的火；巴门尼德（Parmenides of Elea）认为，存在只能和存在紧密连接在一起，万有存在归一；德谟克里特（Democritus）认为，世界的本原是原子；柏拉图认为，事物分有理念而存在；亚里士多德认为，"第一实体之所以比其他事物更是实体，就在于第一实体乃是支撑着其他一切事物的载体，其他事物或被用来表述它们，或依存于它们"①。这就是说，古希腊哲学家都认为世界万物的本原是唯一的、第一的实体，如水、火、原子、理念等。在希伯来文化与希腊文化融合后，基督教文化认为，天地万物、人类是由唯一的、全知全能的上帝创造的。从古希腊到费尔巴哈都认为世界的本原是"一"，这种一元论哲学、第一实体哲学被戴以"普世"哲学本质的桂冠，凡与此不合、相反的都被加以排斥。

中国哲学自先秦以来，关于天地万物从哪里来的回应，与西方殊异。中国主张："夫和实生物，同则不继。以他平他谓之和，故能丰长而物归之，若以同裨同，尽乃弃矣。"② 和怎能生物？"先王以土与金木水火杂，以成百物"③。"杂"，韦昭注："合也"。万物的本原是由多元的、相互矛盾、冲突的事物杂合而成的。在融突和合的过程中，各种有形相的五行是平等的、均等的，并无优劣、主次、亲疏的不平等对待，这样才能实现杂合成万物的目的。杂合成万物的过程，犹如"天地细缊，万物化醇，男女构精，万物化生"④。天地、男女具有阴阳的性质，"天""男"为阳，"地"

---

①　苗力田. 古希腊哲学. 北京：中国人民大学出版社，1989：408.

②　徐元诰. 国语集解：郑语. 王树民，沈长云，点校. 北京：中华书局，2002：470.

③　同②.

④　周易系辞下传//朱杰人，严佐之，刘永翔. 朱子全书：第1册. 上海：上海古籍出版社，2002：141.

"女"为阴，阴阳互相矛盾冲突。天地阴阳交感密切，男女阴阳结合构精，万物就产生了。所以韦昭注"和实生物"为"阴阳和而万物生"。"以同裨同"，犹如以水益水，不发生质变。《周易·革卦》认为"二女同居"，不能生儿育女而不继。尽管中国哲学也讲水火，但与西方以水、火为一元本原不同，中国讲多元的五行杂合化生万物，以"和实生物"化解西方哲学一元本原论，以"同而不继"的多元形相、无形相的相反相成解构二元对立论。于是，中西哲学从源头上就分道扬镳而成为两种理路。假如以西方哲学的理路、标准而观中国哲学，那么中国哲学便不是其所说的哲学；假如以中国哲学的理路、标准而观西方哲学，是否也可以说西方哲学便不是其所说的哲学？世界是多元的，各民族爱智慧的哲学也是五彩缤纷的。我们应该有海纳百川的博大胸怀、有容乃大的载物抱负。只有各民族哲学在互相交流、对话中互补互济，才能促使世界哲学更加充实丰厚、繁荣璀璨。

中国作为世界四大文明古国之一，在五千年文化沃土上为世界哲学贡献了老子、孔子、孟子、庄子、墨子、荀子、董子、朱子、阳明子、王夫之等伟大的哲学思想名家。中华民族有善于奇思妙想、不断开放创新的哲学，为世界哲学增添了《周易》《诗经》《道德经》《论语》《孟子》《墨经》《庄子》《荀子》《淮南子》《春秋繁露》《四书集注》《传习录》等一大批经典创新力作。面对全球人工智能的挑战[①]，我们有责任弘扬中华民族追求和热爱智慧的传统，推进中国哲学的开放创新精神，为人类文化的繁荣，为中国哲学的发展，谱写更加灿烂的篇章。

二、哲学的对象

为了掌握中国哲学，必须明确中国哲学的性质和对象。各民族有各民族哲学存在的形态，世界上并不存在唯一的否定其他哲学存在形态的哲学形态，即使是某一民族的哲学形态，在其发展的不同时期，也会呈现为不同形态。以中国哲学而言，先秦时代"礼崩乐坏"，各诸侯国为争霸，战争不断，杀人盈野，白骨遍地，哲学思议的标的是追求一个没有杀戮、没有战争的和平、安定、统一的生存世界，追求"道德之意"成为其主要的哲学形态；两汉时期，国家统一，为长治久安，哲学思议的是追究

---

① 张立文. 和合学与人工智能：以中国传统和现代哲理思议网络. 北京：人民出版社，2019.

人之所以生存的根据，回应人为什么生存的天人相应及其互相制约的话题，追求"天人感应"成为其主要的哲学形态；魏晋南北朝时期，统治集团之间斗争不息，人们朝不保夕，往往成为权力斗争的牺牲品，为回应人为什么活着，人活着有没有意义，应怎样实现人生价值，人能否实现其人生价值等问题，思议"有无之辩"成为中国哲学的主要哲学形态；隋唐时期，儒、释、道三教互相冲突、融合，人们思议人生从何来，死往何处的灵魂安顿、终极关切话题，追究"性命之原"成为这一时期的主要哲学形态；宋元明清时期，面对唐末藩镇割据和五代动乱，伦理道德遭到严重破坏，价值理想沦丧，其宗旨是构建人格理想上的超凡入圣，社会价值理想上的为万世开太平，因而，追究"理气心性"成为这一时期的主要哲学形态。

随着时代的变迁，人文语境也不断转换，不同时代的哲学家所面对的矛盾冲突不同，其要求化解时代冲突的问题差分，体现时代精神的哲学形态亦殊异。尽管中国哲学包含各不相同的哲学形态，以及哲学家所化解的众多问题和其诸多学说，但中国哲学总归是中国哲学，是有其共同性的，各个时期的不同哲学形态构成整体的逻辑结构，并构成系统的中国哲学史。哲学史必须有主心骨，这个主心骨就是中国哲学自己讲、讲自己的故事，中国的故事。依据各个时期哲学故事的问题、特点，以探赜索隐其共同的本质话题，这就不得不度越各时期各哲学形态与其学说的殊相，而探求其共相，这个共相即是中国哲学之体，或名之曰道体。道是中国哲学最普遍的概念、范畴。由此，中国哲学便可定义为对于宇宙、社会、人生之道的道的体贴与名字体系。

自然之道。《礼记》载：孟春之月，天象为"日在营室，昏参中，旦尾中"。气数为"天气下降，地气上腾，天地和同，草木繁动"①。天象、气数为自然现象，是可见、可感、可知的迹，其所以迹便是道的道。以迹为道，所以迹的道是象数之上之后不可见、不可感知的形而上者。"道也者，至精也，不可为形，不可为名，强为之谓之太一"②。"太一"是所以迹的迹，道的道，是自然之道的象数终极根据。

社会之道。张载讲："大君者，吾父母宗子；其大臣，宗子之家相也。尊高年，所以长其长；慈孤弱，所以幼其幼。圣其合德，贤其秀也。"③ 这

① 吕氏春秋校释：卷一：孟春. 陈奇猷，校释. 上海：学林出版社，1984：2.
② 吕氏春秋校释：卷五：大乐. 陈奇猷，校释. 上海：学林出版社，1984：256.
③ 张载集：正蒙：乾称篇. 章锡琛，点校. 北京：中华书局，1978：62.

是中国宗法社会的迹或道，迹之所以迹，道之所以道，是乃"太和所谓道"的太和。语道者知此，谓之知道，即知其根本道理和道德原则。

人生之道。人生是指人的生命、命运、生活等。生命是人之所以为人的存在的形式，命运是人之所以为人的存在的一种状态，生活是人之所以为人的存在的一种内容和条件。生命诚可贵，水火、草木、禽兽有气有生有知，唯人除此之外又有义，故人为贵。命是一种必然性。"死生有命，富贵在天"。命是人自己不能把握的异己力量，或无可奈何的必然趋势。运是指偶然性的时运、机运、机遇。运是人的生命在创造和赖以存在的情境的互动中所构成的一种生命状态和生命历程的智慧。仁者，爱人，我爱人人，人人爱我。"夫仁者，己欲立而立人，己欲达而达人。"① 要和谐相处，和而不同；要诚实守信，"言忠信，行笃敬"；要严于律己，正心诚意，把人导向明德至善的道路，实现其快乐幸福的价值理想。

道的道，迹的迹，然的然，即万物现象的所以现象者，道的所以道者。陆九渊认为，"形而上者谓之道，又曰一阴一阳谓之道，一阴一阳，已是形而上者"②。也就是说，一阴一阳即是形而上之道。朱熹与之辩曰：一阴一阳仍是形而下者，是形迹的道，而所以一阴一阳者，才是形而上者，即形迹的所以形迹的道，为道的道。朱熹称之为道体。"至于《大传》既曰形而上者谓之道矣，而又曰一阴一阳之谓道，此岂真以阴阳为形而上者哉？正所以见一阴一阳虽属形器，然其所以一阴一阳者，是乃道体之所为也。"③ 道体为所以一阴一阳的道。这是由《周易·系辞》关于"形而上者谓之道，形而下者谓之器"而展开的辩论。这个辩论关系乃形而下者的形而上者，即形而下者存在的根源或根据。

道的道，器的道，朱熹认为，形而上与形而下的关系，即道与器的关系。"凡有形有象者，皆器也；其所以为是器之理者，则道也。"④ 陆九渊则明确表示以阴阳为形器，而不得为道，此尤不敢同意。朱熹则认为，若以阴阳为道，就混淆了形而上的道和形而下的器，二者不分别，正如不辨然与所以然的关系。然者形器，所以然者为形器之所以存在的根据，为器

① 论语集注：雍也//朱杰人，严佐之，刘永翔. 朱子全书：第6册. 上海：上海古籍出版社，2002：260.

② 陆九渊集：卷二：与朱元晦. 钟哲，点校. 北京：中华书局，1980：23.

③ 朱熹. 朱文公文集：答陆子静. 上海：商务印书馆，1919：573.

④ 同③575.

之道。陆九渊之所以以然为所以然，是出于其先立其本心的哲学理论思维逻辑理路："宇宙便是吾心，吾心即是宇宙。"① 宇宙中万事万物即是吾心，吾心之外无另有宇宙的存在。换言之，在吾心之外不存在使吾心得以存在的根据，即吾心为然的所以然者。吾心即然，亦即所以然；即形而上，亦即形而下，这是陆九渊心体学的哲学思辨。

　　道的道，体与用。道体与道用是指本体与作用，或主体与功用。道体相对于主体之外的数量、性质、关系、信息、联网的现象作用，而这现象作用背后的形而上之体，是内的、根源的、根本的，是现象之所本，作用的根据；用指在一定条件下产生的表现形式，是外在的，它依附于体，无体就无所谓用。体是内藏的，看不见，摸不着；用是外显的，看得见，摸得着。体是道的道，是所以然者；用是道之用，是然者、形而下的形器。

　　宇宙、社会、人生之道，是自然现象的终极根据，社会的根本道理和道德规范，是人生止于至善的道路。道的道，是形而下的存在的根据，是形而上，是形器的所以然者，以所以然之道为根源，道用的活水是道体的流出。然形而下与形而上，有形相的器与无形相的道，道体与道用，是不同有异的、冲突矛盾的，虽不杂又不离，不杂是由于事物都具有个性，构成天地万物的多样性、复杂性，不离则体现万事万物的相关性、依存性，即无然也就无所谓所以然，无形而下便无所谓形而上，这便是"体用一源，显微无间"。"至微者，理也；至著者，象也。"② "体用自殊，安得不为二乎。"③ 体用非一为二。就体说，寂然不动；就用言，感而遂通。朱熹以体为体质、骨子、所当然的道理。所谓体用一源，是体用互渗、互涵，即用在体中；有体无用，体为死物；体用无定，相互转化。宇宙、社会、人生之道的道，在一定的时空中，犹如迹与所以迹，然与所以然，体与所以体的关系。

　　道的道的体贴，是指对道的道的细心体会、体悟、反思。程颢说："吾学虽有所受，天理二字，却是自家体贴出来。"④ 天理是他自己体察领会出来的，这一体贴落实了隋唐以来儒、释、道三教"兼容并蓄"的文化思想整合的方法，建构了沿袭至近现代的理学理论体系。程颢之弟程颐在

----

① 陆九渊集：卷二十二：杂说. 钟哲，点校. 北京：中华书局，1980：273.
② 二程集：周易程氏传：易传序. 北京：中华书局，1981.
③ 二程集：河南程氏文集：卷九. 北京：中华书局，1981.
④ 二程集：河南程氏外书：卷十二. 北京：中华书局，1981.

《明道先生墓表》中评价说："道之不明也久矣。先生出，倡圣学以示人，辨异端，辟邪说，开历古之沉迷，圣人之道得先生而后明，为功大矣。"①《宋史·道学传》认为，孟子死后，释道盛行，孔孟之道不行，学不传，程颢得圣人"不传之学"，行"圣人之道"，使其大明于世，成为继往圣之绝学者，因而朱熹赞说："夫以二先生倡明道学于孔孟既没、千载不传之后，可谓盛矣。"② 程颢的体贴，开启了中国传统儒学的新观念、新思维、新方法，转换了隋唐五代以来佛盛儒衰的态势，改变了伦理道德沦丧、价值理想迷惘的格局，彰显了尧、舜、禹、汤、文、武、周公、孔、孟的道统，以抗衡佛教的法统，并将中国哲学思想推至高峰。

"名字体系"。"名"是中国哲学中"名实之辩"的"名"，"名"为"自命"，为天地万物的命名，是思维自由的创造，与"实"相符合，若不符，则必须"正名"。名一般是指模拟实相的称谓，是主体对于认知对象性质、内涵的判断，相当于现代的"概念""范畴"。《墨经》《荀子·正名》均以"循名责实""制名以指实"为思维原则，以"明是非之分，审治乱之纪，明同异之处，察名实之理"为宗旨，对诸家的概念、范畴进行分析研究，综核名实，以与客观实际相符合，并将概念、范畴的内涵和外延的大小深浅分别表达为"达""类""私"，或"共名""别名"等不同层次，揭示了概念、范畴内在矛盾运动的规则。对概念、范畴的"名"的意义的解释被称作"字"。东汉许慎所撰《说文解字》，是一部以六书理论系统地分析字形、解释字义的字典，集汉代学者对文字形音义研究之大成，开以"字"赋"义"之始，影响深远。宋元明清时，一些学者对概念、范畴的意义加以解释，称为"字义"。朱熹弟子程端蒙撰《性理字训》，他据《四书》《四书章句集注》，对30个概念、范畴的意义加以解释。而陈淳撰《北溪字义》，对26个概念、范畴的字义内涵予以诠释。戴震撰《孟子字义疏证》，他选择宋明理学中最重要的8个概念、范畴，并对其意义追根溯源、条分缕析、诠释精详。由此可知，"名字"体系是指哲学概念、范畴意义所构建起来的理论思维体系。

程、陈、戴三人的字训、字义开拓性、创新性地把握中国哲学概念、范畴，构成系统的中国的哲学，而非蔡元培在胡适的《中国哲学史大纲》中所说的《天下篇》《六家要旨》都是平行的，中国哲学要编成系统，只能依傍西方。《四书字义》等已为中国哲学开筚路蓝缕之道，致开物成务

---

① 二程集. 河南程氏文集：卷十一. 北京：中华书局，1981.
② 朱熹. 朱文公文集：程氏遗书后序. 上海：商务印书馆，1919：1387.

之功。明代胡荣说:《北溪字义》"究极根源,推明物理,由一本而万殊,合万殊而一本,毫分缕析,脉络分明……而道之体用,学之始终,因是而可明也"[①]。纲举目张,遍布周密,俾览者可对源流本末了如指掌,并从中窥其大义。一部避免了"平行"之弊而成系统的哲学著作,其本身就是一种智慧。

三、哲学的架构

中国哲学是人对宇宙、社会、人生关系、意义的总体理解和把握,是和合人与自然、人与社会、人与人、人的心灵和文明之间的智慧,是"为天地立心,为生民立命"的智慧,是发现人生意义、心灵崇高、为万世开太平的智慧。中国哲学在五千年中华文明的沃土上生长、发育,是在绍承往圣哲学智慧创造中迈步,在反思思想的思想中觉醒。这里所说的总体理解和把握,是指对人与宇宙、社会、人生关系的系统化、体系化、所适化、创新化的哲学理论思维形态,它是在全球化信息智能时代回应人与自然、社会、人际、心灵、文明之间的冲突而造成的生态、人文、道德、精神、价值危机的化解之道的中国方案,是中华民族以"天地万物本吾一体"的胸怀,"仁民爱物""民胞物与"的心境,以世界"和平、发展、合作、共赢"的精神,追求大同世界的人类命运共同体的和合天下。

中国哲学是中华文明的魂与根、体与本。民族的灵魂,是中华民族之所以能披荆斩棘,迈过一个个难关,而生生不息,永继未来的生命力。无灵魂的民族是无生命的死亡的民族;中华民族的哲学根深叶茂,不怕风吹雨打,青春永驻。若腹空根底浅,墙头草两面倒,就是主体性沦丧的民族;体魄铮铮的中华民族哲学,是各民族互亲互敬、互鉴互学、团结和谐的凝聚力所在。中国哲学是中华文明的根本和核心,是国内外炎黄子孙慎终追远、认祖归宗、落叶归根的向心力、亲和力之所在。中国哲学作为中华文明的魂与根、体与本,统摄各民族文化,被尊崇为人文信仰体系。

中国哲学作为中华民族的人文信仰体系,它与时代精神须臾不离,离则无所谓中国哲学。如果说西方哲学是从古希腊神话中发展而来的,那

[①]　陈淳. 北溪字义:附录二:明胡荣序. 熊国桢,高流水,点校. 北京:中华书局,1983:89.

么，中国哲学则是从占卜中逐渐升华度越而来的。中国殷周之时，人们对于自然界的水旱灾害和内在体质与精神世界的前世、现世、来世，以及生老病死既不理解，亦无力抗拒。于是便萌生了这样一种观念：似乎人的思维、观念、精神、感觉不是人自身的活动，而是一种神秘的先天地寓于这个身体中而人死后离开肉体的灵魂的活动，便以为人世间的一切事情冥冥中受到一种异己的超自然力量，即"天""上帝"的控制和支配。于是凡国家大事、封侯建城、年成丰歉、战争胜败、官吏任免都要通过占卜这一媒体，祈求"上帝"或"天"，以示吉凶休咎，以使人世间的行为活动遵循天意。人们把上古以来大量的卜筮所记录下来的内容，加以分析整理而编纂为《周易》。

颛顼的宗教改革，转"巫术文化"（鬼巫文化）为"绝地天通"，开启了哲学突破前阶段。周公损益夏商礼乐，完成"制礼作乐"，以人文的礼乐文化替代巫术文化。如果说殷人尊神，率民以事神的话，那么，周人尊礼，事鬼敬神而远之，则凸显了中华文明的价值导向、价值判断、追求目标的转变。尽管殷周占筮、祭祀活动均具有沟通神人关系的意义，但二者之别在于：殷人的主旨是求神保佑和执行神旨，周人则为维护礼乐，加强宗族间的亲和力、团聚力，执行"以德配天""敬德保民"，以能祈天永命。这体现在宗教信仰改革上："天""上帝"不再为某一宗族的保护神，而是万民的保护神，"天""上帝"从而既具有度越的神性，又具有关怀民的人性，神性与人性得以融突和合，这是《周易》之功。

中华民族的哲学是在天、君、民互动融合的理性价值的统摄中起步，而非在神人对立中起始的。由天、君、民而推致对于宇宙、社会、人生的价值和意义的追求，它是由自我人生的修身明德的理性体认，推向对社会的敬德保民的意义世界的理性认知，再推向对平天下的自然宇宙的可能世界的理解。作为中华哲学源头的"六经"之一的《易经》，尽管是卜筮之书，但是它是有关宇宙、社会、人生各方面的百科全书式的经典文献。[①]春秋战国时期，礼崩乐坏，诸侯争霸，战事频繁，杀人盈野，血流成河，礼乐征伐自诸侯出，东周联邦式的中央政府的权威旁落，各诸侯国为富国强兵，争当霸主，而寻找指导思想与理论根据，给个性化、自由化的思想、哲学创造营造了互相争鸣、百花齐放的空间，也激发出百家争鸣的哲学火花。道家自然无为，尊阴贵柔；儒家自强不息，尊阳贵刚；墨家兼爱交利，尚贤非攻；法家严刑峻法，以吏为师。各美其美，美美融突。各造

---

① 张立文. 周易与儒道墨. 台北：东大图书公司，1991：1.

思想，以利邦国。有形式如散文诗的《道德经》，有答问如箴言的《论语》，有记录如言行的《墨子》，有智慧如谋胜计的《孙子兵法》，有海阔天空、寓言想象式的《庄子》，有不忍人之心的四德四端的《孟子》等。在创造哲学思想自主度、自由度高涨的潮流中，为"六经"做诠释（传）的风气也随之兴起。于是出现了《易经》六十四卦排序有异而文本基本相同的文本，以及诸家对《易经》不同诠释的"传"的出现。① 通行本《易传》（十翼）据作者考证为春秋至战国时的非一人一时之作②，马王堆帛书《易传》的时代和作者与今本（通行本）同。③ 孔子述而不作，信而好古，他说："加我数年，五十以学易，可以无大过矣。"朱熹注："学易则明乎吉凶消长之理，进退存亡之道，故可以无大过。"④ 司马迁载："孔子晚而喜《易》，序《彖》《系》《象》《说卦》《文言》。读《易》，韦编三绝。"⑤ 孔子五十而学《易》和司马迁说孔子作《易传》，是可信的。然《易传》非一人一时之作，《周易·春官·太卜》载：太卜"掌三易之法，一曰《连山》，二曰《归藏》，三曰《周易》"。《周易》以乾卦为首卦，开启儒家思想；《连山》以艮卦为首卦，开启墨家思想；《归藏》以坤卦为首卦，开启道家思想。⑥《易传》是以儒家思想为主，援道、墨、阴阳等家思想入传的集大成者。

作为中国哲学源头的《周易》（包括《易经》《易传》），之所以为诸家思想的集成者，是因为它为当时所面临的社会冲突与危机提出了化解之道。它以"厚德载物"和"各正性命，保合太和"，化解了东周王朝与各诸侯国之间因冲突而产生离散的危机；以"天地感而万物化生，圣人感人心而天下和平"⑦，化解了各诸侯国之间因大小、强弱、贫富之别而产生战争

① 如《帛书易传》，参见：张立文. 帛书周易注译. 郑州：中州古籍出版社，1992；张立文. 周易帛书今注今译. 台北：学生书局，1991；张立文. 帛书周易注译（修订本）. 郑州：中州古籍出版社，2008. 近年来发现多本楚竹书《周易》，包括《易传》六篇，汉简阜阳双古堆汉墓《周易》，湖北荆州王家台出土秦简《周易》，等等。

② 张立文. 周易思想研究. 武汉：湖北人民出版社，1980：193-281.

③ 张立文. 周易的智慧与诠释//张立文文集：第31辑. 中文版. 首尔：韩国学术情报，2009.

④ 论语集注：述而//朱杰人，严佐之，刘永翔. 朱子全书：第6册. 上海：上海古籍出版社，2002：125.

⑤ 司马迁. 史记：孔子世家. 上海：商务印书馆，1932. 帛书《易传·要》曰："夫子老而好《易》。"

⑥ 张立文. 周易与儒道墨. 台北：东大图书公司. 1991：1-27.

⑦ 周易彖下传//朱杰人，严佐之，刘永翔. 朱子全书：第1册. 上海：上海古籍出版社，2002：98.

的危机；以"君子以反身修德"，"父父、子子、兄兄、弟弟、夫夫、妇妇
而家道正，正家而天下定矣"①，化解了因人与人、家与家、国与国之间冲
突而产生的道德危机；以"君子以遏恶扬善，顺天休命""君子敬以直内，
义以方外，敬义立而德不孤"②"履以和行，谦以制礼"，化解了"臣弑其
君，子弑其父"的礼崩乐坏的危机；以"观天之神道，而四时不忒，圣人
以神道设教，而天下服矣"③，化解了价值理想失落，终极关切迷惘的
危机。

《周易》在化解五大冲突和危机中提出了精准的方案，体现了卓越的智
慧和时代精神，在绍承"六经"，批判性地吸收先秦诸子思想的过程中，以
"天下何思何虑，天下同归而殊途，一致而百虑"④ 为思想指导，构建了
"形而上者谓之道，形而下者谓之器"⑤ 的哲学理论思维体系。作为中国哲
学的源头，《易》之为书，广大悉备，有天道、人道、地道。这是依"穷
理尽性"、"和顺道德"和"顺性命之理"而构建的，"是以立天之道曰阴
与阳，立地之道曰柔与刚，立人之道曰仁与义"⑥，以道统摄天地人，并以
概念、范畴、命题的形式构成中国哲学元理的整体逻辑体系（见图1-1）。

中国哲学尽管各家各派殊途、百虑，但面对时代共同的冲突与危机的
化解课题时，却形成了作为同归和一致哲学思潮的天地人的道论。作为中
国哲学思想理论思维源头的《周易》，其活水随着"六经"的影响不断钩
深致远，不仅儒释道各家据以发挥自己的思想观点，而且历史上的思想
家、哲学家、文学家、宗教家、堪舆家皆以"六经注我"的形式构建自己
的思想体系。春秋时，《周易》曾作为卜筮之书而流传。《左传》载："周
史有以《周易》见陈侯者，陈侯使筮之。"⑦《左传》《国语》共引用、论
述《周易》二十二处，其中有两处今本《周易》不见。《论语·子路篇》载，

① 周易象下传//朱杰人，严佐之，刘永翔. 朱子全书：第1册. 上海：上海古籍出版社，
2002：99.

② 周易文言传//朱杰人，严佐之，刘永翔. 朱子全书：第1册. 上海：上海古籍出版社，
2002：151.

③ 周易象上传//朱杰人，严佐之，刘永翔. 朱子全书：第1册. 上海：上海古籍出版社，
2002：95.

④ 同①139.

⑤ 周易系辞上传//朱杰人，严佐之，刘永翔. 朱子全书：第1册. 上海：上海古籍出版社，
2002：133.

⑥ 周易说卦传//朱杰人，严佐之，刘永翔. 朱子全书：第1册. 上海：上海古籍出版社，
2002：153.

⑦ 杨伯峻. 春秋左传注：第1册：庄公二十二年. 北京：中华书局，1981：222.

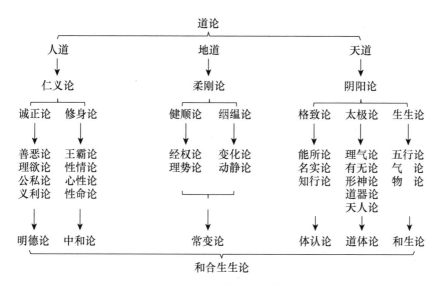

图1-1 中国哲学元理逻辑体系

资料来源：张立文.中国哲学逻辑结构论.北京：中国社会科学出版社，1981：63-65.

孔子引用《恒》卦九三爻辞："不恒其德，或承之羞。"《易传》以义理诠释《周易》，使之哲理化。荀子《非相篇》引用《周易·坤卦》六四爻辞："括囊，无咎无誉"，以批评"腐儒"；《大略篇》曰："《易》之《咸》，见夫妇。"《咸》卦辞曰："咸。亨，利贞，取女吉。"朱熹注："艮以少男下于兑之少女，男先于女，得男女之正，婚姻之时，故其卦为咸，其占亨而利正，取女则吉。"[1] 以儒家伦理道德思想解《易》。《庄子·天下篇》曰："《易》以道阴阳。"然《易经》中并无阴阳连用，《易传》讲阴阳而连用，《天下篇》作者可能已见《易传》。[2]

秦汉时，秦始皇焚书，《易经》作为卜筮之书未遭焚毁。秦统一六国，建立了君相互治的中央统一政权，在思想上要求"一道德"，以服务于一统天下的需要，汉武帝采纳"罢黜百家，独尊儒术"的建议，被认为是儒学化的《易传》，唯变所适地将《易经》与《易传》合编为《周易》，独尊儒术意味着孔子地位的提高，是时以《易传》为孔子所作，合编以后的《周易》被认为是"大道之源"，扬雄则赞曰："六经之大莫如《易》。"他

---

① 周易下经//朱杰人，严佐之，刘永翔.朱子全书：第1册.上海：上海古籍出版社，2002：59.

② 张立文.《周易》的阴阳之道//张立文.中国哲学思潮发展史：上卷.北京：人民出版社，2014：63-83.

模仿《周易》作《太玄》，企图建立一个包罗天道、地道、人道广大悉备的系统。《史记·仲尼弟子列传》、《汉书·艺文志》及《儒林传》中都载有孔子传《易》的谱系，大致有三系：由田何而施仇、孟喜、梁丘贺；由焦赣而京房；由费直而郑玄、荀爽。《易》学各派各有所本和发扬，凡用以解释天文、地理、人事、政治等自然现象和社会现象，与具体学科相结合，而得以广泛流传；凡被立于学宫，成为官方经典；凡以占筮、卦气、象数、卦变、纳甲解《易》；凡以文字、音韵、训诂解《易》。汉兴，诸儒颇修艺文，"而守文之徒，滞固所禀，异端纷纭，互相诡激，遂令经有数家，家有数说，章句多者或乃百余万言，学徒劳而少功，后生疑而莫正"①。其烦琐之弊正如皮锡瑞在《经学历史》中所说："如干既分枝，枝又分枝，枝叶繁滋，浸失其本。"使《易》学发展陷于危机。郑玄"删裁繁诬，刊改漏失，自是学者略知所归"②，对于章句之弊有所改正，对魏晋易学研究有所影响。

魏晋时期，《周易》哲学的研究不因王朝更替而存亡，它像不舍昼夜流动的哲学长河，持续不断地涌动。汉代"独尊儒术"的经学逐渐丧失了其协调、维护社会安定，使百姓安身立命的功能，以及终极关切、凝聚心灵的信仰作用，而私学的兴起，则构成对经学、官学的挑战，其烦琐的名物训诂已不符合名士、太学生"浮华"交会、议论朝政、臧否人物、诸子学复兴的潮流。于是由罢黜百家而转为儒道融突和合，由名物训诂转为思辨的"辨名析理"③。王弼以秋风扫落叶的气势，力排汉《易》，标新立异，开以义理解《易》之风。他以"得意在忘象，得象在忘言"④的理论，以简代繁，重义理而不拘泥于象数，并以老、庄解《易》，附会六十四卦经、传，实乃发挥玄理，使《周易》玄学化。入南北朝，《易》学分南北，南学取王弼，北学取郑玄。梁陈时，郑玄、王弼两家注《易》，均"列于国学"。

隋唐时，王弼《易》学盛行，郑玄《易》学寝微。孔颖达继承王弼的义理之学，采王弼和韩康伯注，作《周易正义》，成为当时的官方定本，影响广泛而深远，《正义卷首》概论以贵无思想释《易》之三名，以有从

---

① 范晔. 后汉书：卷35：郑玄列传. 北京：中华书局，1965.

② 同①.

③ 张立文. 玄学思潮的人文语境//张立文. 中国哲学思潮发展史：上卷. 北京：人民出版社，2014：485-498.

④ 王弼集校释：周易略例：明象. 楼宇烈，校释. 北京：中华书局，1980：609.

无出诠释《易》之三义，及释重卦之人、三代易名、卦爻辞作者、夫子十翼、传易之人等问题。陆德明的《经典释文》博采众议，保存了一些汉《易》的注释，其价值不可忽视。史徵的《周易口诀义》和郭京的《周易举正》诠释了王弼的《周易注》与《略例》。如果说孔颖达的《正义》宗王弼的义理，那么，李鼎祚的《周易集解》则宗汉易之象数。李道平在《周易集解纂疏自序》中说："汉学寝微，于是梓州李君鼎祚恐逸象就湮，乘其时古训未散，取子夏以下三十余家，成《集解》一书，表章汉学，俾古人象数之说，得以绵延至今弗绝。"① 王弼易学既盛，汉易遂亡，后世能考见画卦的本旨，实有赖于此书。

自汉以来，易学就有与释、道相融合的趋势，汉魏伯阳作《参同契》，以明修丹之决。《云笈七签》曰："其说如似解释《周易》，其实假借爻象以论作丹之意。"并借纳甲之法，言坎离水火、龙虎、铝汞之要，以阴阳、五行、昏旦、时刻为进退持行之候，便是易道合流。是时，佛教盛行，建宗立派，李通玄和澄观以《易》合于华严，《易》象所指"艮为文殊，震为贤首，兑为观音"，将"有往有复名修菩萨道"与《复》《泰》两卦消息相契合。《易》之二十四向、八卦方位图等，用于华严之境。《易》象既可与华严法界合观，亦可"共契玄宗"，以会通三教之妙，体现了唐代兼容并蓄的时代精神。

宋明之时无一位思想家、哲学家不重《周易》、不研究《周易》。他们的形上智慧、逻辑结构、思维方法、性命之理、变通之道、日新之德、太极之极、阴阳之变，无不取法于《周易》。宋代在唐末五代动乱后，急需恢复"道统"，重建伦理道德和价值理想。宋明理学家落实了隋唐以来儒释道三教兼容并蓄的文化整合方法，他们出入佛道，尽究其说，对于儒释道三教的哲学理论思维的概念、范畴研究精详。宋代易学大体可分为两种学派：一为象数学派（与图书学派合），一为义理学派。五代宋初的陈抟著《易龙图序》《先天方圆图》《正易心法注》等②，被周敦颐和邵雍阐释：周敦颐讲象，作《太极图》，邵雍讲数，主先天学，周邵为象数学派；张载、二程为义理学派。在北宋"庆历革新"中，李觏的《易论》十三篇和《删定易图序论》，以《周易》非卜筮之作，而重人伦教化，以阴阳二气解八卦之义。欧阳修著《易童子问》发挥《彖》《象》思想，以其为孔子所作，其他《系辞》《文言》等传皆非孔子所作。周敦颐

　① 李道平. 周易集解纂疏. 上海：商务印书馆，1936：2.
　② 刘联群. 陈抟传奇：附《陈抟辑要》. 成都：四川人民出版社，2003：237-257.

撰《太极图说》《通书》，其中，《太极图说》融合天道与人道、形上与形下，叙无极到成男成女的整体逻辑演化过程；《通书》主要诠释《易传》，以叙述自己的观点，使其理学化、象数化。邵雍撰《皇极经世》内外篇，以释《周易》原理，并撰八卦和六十四卦次序图、方位图，及先天、后天之学。

如果说周敦颐被认为是理学宗主，张载与二程则被认为是理学的奠基者。张载著《横渠易说》，以阴阳二气诠释易理，建立以气为核心话题的哲学理论思维体系，而不与佛、老混为一体。气的内涵与特性是"知虚空即气，则有无隐显，神化性命，通一无二，顾聚散、出入、形不形，能推本所从来，则深于易者也"①。是乃发挥"保合太和"的"太和所谓道"，即阴阳所以变易的气道。张载主气体论，程颐主理体论，二者观点有异，故对《周易》诠释亦殊。程颐撰《易传》，朱熹评说："已前解易，多只说象数。自程门以后，人方都作道理说了。"② 以义理解易，尽万物之理。程颐否定了张载以气为形而上的核心话题。"阴阳，气也，气是形而下者，道是形而上者。形而上者则是密也。"其中，"密"指道体或理体。以理为核心话题的哲学理论思维体系的构建，是以《易》学为主旨进行铺陈的。也就是程颐通过分析辨识理与象的关系，否定王弼的"得意忘象"和邵雍的数生象说，而提出"体用一源，显微无间"的命题。"至微者理也，至著者象也。体用一源，显微无间。"③ 理是隐藏的，因而至微；象是显现的，因而至著。隐藏的理体通过显现的象来表现自己的存在，二者融合为"体用一源"，而成为中国哲学的重要元理之一。

理学集大成者朱熹亦是易学的集大成者。他著《周易本义》和《易学启蒙》，并在《周易本义》书前附有《河图》《洛书》《伏羲八卦次序》《伏羲八卦方位》《伏羲六十四卦次序》《伏羲六十四卦方位》《文王八卦次序》《文王八卦方位》《卦变图》共九图。朱熹以义理思维方法为指导，融突义理学派、象数学派、图书学派，而总其成。他认为《易经》为卜筮之书，其作《本义》和《启蒙》的目的就在于据实而求其本义。"所喻读《易》甚善，此书本为卜筮而作，其言皆依象数，以断吉凶"④，这是治《易》的出发点，若对其本义无认知，治《易》会走入迷途。他认为阴阳不离不

---

① 张载集：正蒙：太和篇. 章锡琛，点校. 北京：中华书局，1978：8.
② 黎靖德. 朱子语类. 王星贤，点校. 北京：中华书局，1986：1649.
③ 二程集. 河南程氏遗书：卷十五. 北京：中华书局，1981.
④ 朱熹. 朱文公文集：答刘君房. 上海：商务印书馆，1919：1095.

杂，相分相合，然阴阳只是阴阳，所以阴阳者，道也。形而上之道即为太极。人人有一太极，物物有一太极，阴阳、五行、万物根于太极、理，又寓于阴阳、五行、万物之中。朱熹认为理、太极、道本身是不动的，因为它是万事万物之所以然的形而上者，但蕴涵形而下的理。他在《周易》字义的解读上与汉人异。《乾》的卦辞曰："元亨利贞。"唐孔颖达所著《周易正义》引《子夏传》曰："元，始也；亨，通也；利，和也，贞，正也。"《本义》训："元大也，亨通也，利宜也，贞正而固也"。乃依其理学思想来诠释。

　　陆九渊无易学专著，只在《杂著》中有《易说》一篇，他以心体学解《易》："道塞宇宙，非有所隐遁，在天曰阴阳，在地曰柔刚，在人曰仁义。故仁义者，人之本心也。"①道充塞宇宙，宇宙即是吾心，本心是我所固有的，非外铄的，心即理。他主张"一阴一阳之谓道"，阴阳即是道，而非程颐、朱熹讲所以阴阳者，道也。因此在理气、道器、动静等关系上，陆九渊与程朱异。王守仁发扬陆九渊"心即理"的思想，他虽无易学专著，但在被贬贵州龙场驿后，在万山丛中与蛇虺魍魉蛊毒居，夜中忽悟格物致知之旨，"知圣人之道吾性自足，向之求理于事物者误也。乃以默记'五经'之言证之，莫不吻合"②。《五经臆说十三条》中第一条"元年春王正月"，以元为始，引《易》中"大哉乾元，天之始也。至哉坤元，地之始也"。天下一国之元在王与君，元在天为生物之仁，在人为心，心生而有用止于君与国，强调心的主导作用。第四条引《易》中天地感而万物化生，"圣人感人心而天下和平"③。第五条，释《恒》卦辞："恒，所以亨而无咎，而必利于贞者，非恒之外复有所谓贞也，久于其道而已"④。他并不否定象，"恒之为卦，上震为雷，下巽为风，雷动风行，簸扬奋厉，翕张而交作，若天下之至变也。而所以为风为雷者，则有一定而不可易之理，是乃天下之至恒也"⑤。以象释恒，激励人在酬酢万变中，要卓然自立，体悟雷风为恒之象，常久而不已。第六条释《遁》卦，"阴渐长而阳退遁也。《彖》言得此卦者，能遁而退避则亨"⑥。之所以在阳消之时尚能亨，是因为四阳尚盛，九五居尊位，然六二处下位应五，君子在位，小人新进，尚

---

① 陆九渊集：卷一：与赵监. 钟哲，点校. 北京：中华书局，1980：9.
② 王阳明全集：卷三十二：年谱一. 上海：国学整理社，1936：615.
③ 王阳明全集：卷二十六：五经臆说十三条. 上海：国学整理社，1936：476.
④ 同③477.
⑤ 同③477.
⑥ 同③477.

能顺应于君子，未敢放肆，这显然隐喻时势。第七、八条释《晋》卦的《彖》《象》。《彖》曰："晋，进也。明出地上。"《象》曰："明出地上，晋，君子以自昭明德。"阳明释曰："日之体本无不明也，故谓之大明……心之德本无不明也，故谓之明德，有时而不明者，蔽于私也。去其私，无不明矣。"①人要自己觉解，去私之弊，以正自守，则可以获吉利。《五经億说》是假借释《周易》而针砭时政之弊，以明心德的良知。与程朱以理体学解易相对待，陆王以心体学解易。

王夫之承张载的气体学而集其大成，与程朱、陆王鼎足而三。王夫之有关《周易》的专著有《周易考异》《周易稗疏》《周易外传》《周易内传》《周易大象解》《周易内传发例》等，既有对《周易》经传文字的校刊和训诂，更有对《周易》经传据其气体学的观点所做的卓越解读。《周易内传》既不同意朱熹以《周易》为卜筮之书的观点，也不赞成陆王的以心体论解易，而以张载气体论为正学。②不仅总结以往易学哲学，而且构建了自己的哲学理论思维体系。他以"乾坤并建以为大始"，认为乾坤无主辅、先后之别，乾坤为体，其他六十二卦为用，并将体用关系作为诠释《周易》的出发点。他认为舍体无用，舍用无体。道器交与为体，而非程朱将其做上下、本末、体用、虚实之别，"道以阴阳为体，阴阳以道为体，交与为体"③。道器相涵相因，道中有器，器中有道，犹"体用相函者也……体以致用，用以备体"④。犹如性以发情，情以完性，道中有器，器中有道。对于形而上的道与形而下的器，程朱、陆王认为是有形象与无形象的分别，唯有气能融合有无、虚实，形而上之气能寓于形而下的形器之中。王夫之则认为"太极"是气的一种存在状态，是阴阳之气、有极无极、有始有生与无始无生的融突和合⑤，圆融无碍。由道器关系而推致理气关系，理气交充互涵。"夫理以充气，而气以充理。理气交充而互相待。"⑥理气相依，互相为体。王夫之易学，在批判总结以往易学思想的过程中，对中国哲学中的概念、范畴都有论述诠释。

《周易》以源头言为卜筮之书。在百家争鸣中，其敞开胸怀吸收各家

---

①　王阳明全集：卷二十六：五经億说十三条．上海：国学整理社，1936：477–478.

②　张立文．正学与开新：王船山哲学思想．北京：人民出版社，2001.

③　周易外传//船山全书：第1册．长沙：岳麓书社，1988：903.

④　同③1023.

⑤　周易内传发例//船山全书：第1册．长沙：岳麓书社，1988：659–660；周易内传//船山全书：第1册．长沙：岳麓书社，1988：561–562.

⑥　同③947.

思想而义理化、哲思化，被超拔为哲学思维之书。以活水言，《周易》在焚书中逃过一劫，顺流而下，成为六经之首，士子们科考的教科书，堪舆风水、算命之书，儒释道三教融合的经典，被中国几乎所有思想家、哲学家、艺术家吮吸乳质的营养品，追求哲学智慧、价值理想、终极关切的资源。因此，在其每一流经的途中，都在探赜索隐而海纳百川，在钩深致远中有容乃大。《周易》成为广大悉备的中国哲学的缩本。所以，中国哲学元理以《周易》的天、地、人三道为元，考究思议、反思智慧，化解形上迷失、价值失落、原理缺失；以文化自信、哲学自信、话语自信和爱智的激情，构建中国哲学元理，以澄明中国的哲学，展现了人类哲学理论思维生生不息的逻辑。

四、哲学的元理

哲学不是无源之水、无根之木。虽有人将其视为玄之又玄、奥妙之门的玄虚，但它其实是"心善渊，与善仁，言善信，正善治，事善能，动善时"① 的追求宇宙奥妙的深思，其探讨社会矛盾的化解，寻找人生意义的渴望，求索人类言行的诚信，关切全球治理的美美与共。这就是爱智之所以爱哲学的原因。

要把爱智的爱转化为中国哲学元理的建构是一种愿景，但热爱中国的哲学的人们，总期盼化"哲学在中国"为"中国的哲学"，为此，中国学人近代以来不断付出汗水和心血，撰写了丰富多彩的论著。自从各大学哲学系（院）"中国哲学史教研室"改为"中国哲学教研室"以后，围绕着为什么要改、改的意义何在、它将引向哪里等问题学界展开了诸多讨论。我的心里总是放不下、甩不开这些问题。然而，要构建中国哲学元理，不仅经纬万端，而且荆棘载途。这就要以平常心、清静心从学问思辨笃行做起，也要有不息心、载物心，以打破砂锅问到底的精神起始。于是我全面、系统地梳理、分析、诠释中国哲学概念、范畴，撰写了《中国哲学范畴发展史（天道篇）》《中国哲学范畴发展史（人道篇）》，并从概念、范畴的互相联系中，揭示其逻辑结构，阐述中国哲学概念、范畴的演变规律、中介环节、性质特点、思维方式、文化背景，对中国有没有自己独特的哲学思维，别具风格的哲学概念、范畴，严整的哲学概念、范畴的逻辑力量和逻辑体系等问题，做出了精准的回应。

---

① 任继愈. 老子新译. 上海：上海古籍出版社，1985：77.

随着社会的快速发展，价值观念、思维方式、审美情趣、人文语境都为道屡迁，特别是作为中国哲学创新标志的三大"游戏规则"①的发现、和合学哲学理论思维体系的建构，提升了中国哲学"自己讲、讲自己"的自觉、自尊和自信，度越了"照着讲""接着讲""对着讲"，而按照中国哲学自己的特性、品格、神韵、思维的实际，自己讲自己的哲学，这是中国哲学自己解放自己的觉醒。"讲自己"就是中国哲学自己讲述自己对时代精神核心话题的体贴，讲述中国哲学自己对"话题本身"的重新发现，讲述中国哲学自己对每个时代所面临的错综复杂的冲突危机的艺术化解，讲述中国哲学自己对安身立命、价值理想和精神家园的至诚追求，这是古希腊德尔菲神庙的箴言"认识你自己"的逻辑延伸，即直面中国哲学的自然、社会、生命智慧的"本来面目"，澄明中国哲学理论思维的创生。

在中华文明五千年的爱智的觉解中，中国哲学的创生始终生生不息。先秦元创期的"道德之意"的话题，是祈求一个没有战争杀戮的和平、安定、统一的世界；秦汉奠基期的"天人相应"话题，是追究人之所以生存的根源、根据，回应人为什么生存的天人感应及其互相制约；魏晋发展期的"有无之辩"话题，是回应人为什么活着，如何实现人生的价值和意义；隋唐深化期的"性情之原"话题，是追究人生从何处来，死到何处去的灵魂安顿、终极关切问题；宋元明清造极期的"理气心性"话题，为回应精神迷失、道德沦丧、价值失落、理想危机，其宗旨是构建人格理想的超凡入圣，社会价值理想的为万世开太平，营造安身立命的温馨的精神家园。在和合学思想的指导下，我撰写了《中国哲学思潮发展史》，全面系统、深入体贴、言尽其意地梳理、诠释了中国哲学思潮的伟大成就。

通过撰写两本"发展史"和对其他哲学家哲学思想的研究，我对中国哲学有了一点肤浅的体贴和觉解，这刺激我开始尝试撰写中国的爱智哲学。由于无可资借鉴的前人研究成果，我便依据中国哲学元理逻辑体系的天、地、人和合生生道体，而发展为中国哲学原理：元亨利贞论、体用一源论、理一分殊论、能所相资论、不离不杂论、内圣外王论、融突和合论。

---

① 中国哲学创新三大"游戏规则"：一是核心话题的转向，是哲学创新、价值观念创生的话语标志；二是诠释文本的转换，是在世结构的选择，是理论思维的创生，是中国哲学创新的继承性的昭示和哲学学派创立的文献标志；三是人文语境的转移，是指一定时代的自然生态、社会政治、经济文化、规章制度、伦理道德、价值观念、理论思维、风俗习惯、宗教信仰的思议环境。

元亨利贞论。天地万物是从哪里来的，是如何来的？有形相与无形相如何存在？作为外延最大、内涵最小的"存在"是一个最抽象也最空疏的概念。① 然天地万物无论是物质的，还是精神的，都是具有某种规定性的内容与形式的存在。这种特定性、特殊性的存在存在于无规定性、普遍性之中。在"元亨利贞"中，"元"为"元始""创生"；"亨"为"通""通达"；"利"为"适宜""和谐有利"；"贞"为"正而坚固"。朱熹认为，元亨利贞是天地万物从生物之始到生物之成的发展过程，亦是自然界春夏秋冬的四时演化，于伦理道德为仁礼义智四德。它是众善之长、众美所会、得其分之和，众事之干。回应天地万物如何来，其存在有形相、无形相的内涵、形式，于无规定性中又有规定性。元亨利贞是既度越又内在的规定性。

体用一源论。在中国哲学逻辑结构中，体用范畴是虚体范畴，它是无规定的规定性，与代数学的原理公式有某些相似之处，只要把其他中国哲学概念、范畴代入体用范畴，就可由体用范畴已有的规定性，而推演出诸范畴的规定性，它犹如联通各纽结（网点）或分子的化学键，把诸多范畴按一定哲学体系的内在逻辑，排列成一定的逻辑结构系统。就其演变的历程而言，体用是从单一概念到有分有合，再到体用一源的。在中国哲学逻辑结构系统中，体用是本质与现象、本体与作用、实体与属性的融突和合，而达"体用一源，显微无间"②。至著的象和至微的理，至微之体与至著的用，是即微即著，即体即用，无有间隔的。

理一分殊论。中国人善于问天问地，沿着"天地之上为何物"的思维理路，追寻宇宙、社会、人生现象背后的那个"物"。朱熹认为："未有天地之先，毕竟也只是理。有此理，便有此天地；若无此理，便亦无天地，无人无物，都无该载了。"③理是一切现象之所以存在的那个根据，该载的理如何有此天地人物？"有理，便有气流行，发育万物。"理与气是什么关系？朱熹答："伊川说得好，曰：'理一分殊'。合天地万物而言，只是一个理，及在人，则又各自有一个理。"④合而言，统天地万物形而上根据、根源只是一个理，即理一，它是先在的；"有是理后生是气"，天下没有无理的气，也没有无气的理，理气互涵互包，互赖互依；分而言，天地万物

---

① 孙正聿. 哲学通论. 上海：复旦大学出版社，2007：145.
② 二程集. 周易程氏易传. 易传序. 北京：中华书局，1981.
③ 黎靖德. 朱子语类. 王星贤，点校. 北京：中华书局，1986：1.
④ 同③2.

各自有一个理，这个理是"理一"分殊到天地人物的理。分殊到天地人物中的理，是"理一"的全体，而不是部分。朱熹曾说，太极即是一个理字。本只是一个理，"如月在天，只一而已，及散在江湖，则随处而见，不可谓月已分也"①。借佛教"月印万川"来说明"理一分殊"，这不是整体与部分、全部与局部、普遍与特殊的关系，而是天上的月亮全部无缺地印在每一河川之内。

能所相资论。天地万物变化无常，是非真假难分。但人类为了生存，必须与天地万物打交道，以维持生命的需要，与自然、社会、他人交流、沟通，以维护生命的存在。人类在多元多样的实践活动中，积累了经验，逐渐觉解到自然、天地万物是异在于人类的东西，于是人有了主体性的自觉，通过实践，主体人既把自己与天地万物分离，使天地万物成为人类主体实践中的对象，又把主体实践中的对象转变为内在于主体的映象，人便具有了认知能力。主体的认知能力决定了主体能否分辨真假，即能否再现真对象，这是检验真假之知的标准。在中国哲学中，这便是名与实、知与行、能与所的是否相资的问题。"能"是主体认知能力，"所"指认知的对象。先秦管子把"所知"作为认知对象，"所以知"为之所以能认知客体对象的认知主体。一直到王夫之，其凝聚体用、思位、己物、内外等关系，系统论述了认知主体与认知客体对象的关系，使能所相资统摄了知行相资、名实相资，构成中国哲学天道论中格致论的体认论。

不离不杂论。如果说生生论的和生论的元亨利贞论，太极论的道体论的体用一源论，理一分殊论和格致论中体认论的能所相资论，是属于天道的阴阳论，那么，不离不杂论则是属于地道的柔刚论。柔与刚相对相关，无柔亦无所谓刚，无刚亦无所谓柔，而导致柔刚不离不杂原理。就朱熹哲学的理气关系而观，他认为理与气相依不离，"理未尝离乎气"②。理不离气，气不离理，理气相依不离，之所以不离，是理寓于气，"天下未有无理之气，亦未有无气之理"③。气化成万物的形象，而理寓于其中。"既有理，便有气；既有气，则理又在乎气之中"④。理与气互包互涵，相离不得，因为理不会凝结造作，必依气而凝结造作万物；理是一个"净洁空阔

---

① 黎靖德. 朱子语类. 王星贤，点校. 北京：中华书局，1986：2409.
② 同①3.
③ 同①2.
④ 同①2374.

的世界"，必须有一个安顿、挂搭的落脚处，"无是气，则是理亦无挂搭处"①。气成为理安顿、挂搭的担当者或载体。朱熹又认为，理与气相分不杂。从形而上和形而下看，"理形而上者，气形而下者"②，有形而上和形而下之分；从性质上言，"气则为金木水火，理则为仁义礼智"③，气是具实体性的物质，理是伦理道德性概念；从谁生谁以观，"有是理后生是气"，"有是理便有是气，但理是本"④。理与气既有先后、本末之别，又蕴涵着理生气的意思。理与气不可混杂而不分。不离不杂是中国哲学的普遍元理之一。

内圣外王论。由天道、地道而于人道，"为天地立心"，无人亦无所谓天地，天地本无心，是人赋予心而有价值和意义。人赋予什么心？这就首先涉及人之为人的话题，即立人之道曰仁与义的道德的修身养性问题。修身的终极标的是超凡入圣。在中国传统哲学中，内圣外王几乎是所有哲学家、思想家共同倡导的最高理想人格。孔子讲"修己以安人"，即加强内在道德修养和从事外在立德、立功、立言的实践。《大学》首章提出三纲领、八条目。朱熹注："明德者，人之所得乎天，而虚灵不昧，以具众理而应万事者也……故学者当因其所发而遂明之，以复其初也。"⑤人要恢复其道德初心，以达到内圣与外王的圆融。如何明明德，以止于至善，其逻辑次序是格物、致知、诚意、正心、修身、齐家、治国、平天下八条目。修身以上属内圣之事，齐家以下属外王之事。人人自明其明德，革旧换新，去掉气禀、人欲之蔽，而作新人，以尽乎天理的极致，在"自天子以至于庶人，一是皆以修身为本"的情境下，而实践齐家、治国、平天下的外王事功，以达内圣外王的境界。

融突和合论。如果说内圣外王是修身的中和论，那么融突和合则是诚正的明德论。社会、人生在具体的历史时空内不断变更，纷纭错综，对千变万化的社会、人生究竟的追问，面临千差万别的矛盾、冲突的紧张，从而唤醒人们去反思化解的方案，寻找肯定的答案。因为社会、人生矛盾、冲突的紧张、激化，会对社会、人生造成莫大的伤害，中华民族的先贤先圣以其卓越的智慧，度越各种具体事件，去思议一种普遍的原则、原理，

---

① 黎靖德. 朱子语类. 王星贤，点校. 北京：中华书局，1986：3.

② 同①.

③ 同①.

④ 同①2.

⑤ 大学章句//朱杰人，严佐之，刘永翔. 朱子全书：第6册. 上海：上海古籍出版社，2002：16.

而使社会、人生通向真善美的大道。在思议义与利的紧张、冲突时，主张"夫义所以生利也，祥所以事神也，仁所以保民也。不义则利不阜，不祥则福不降，不仁则民不至。古之明王不失此三德者，故能光有天下，而和宁百姓，令闻不忘"①。义、祥、仁三种道德就可以光大天下，和谐、安宁百姓，义以生利，不义则利不丰厚。义利相生相依，互即互涵，《周易·文言传》在阐发元亨利贞四德时曰："利者，义之和也"，"利物足以和义"②。使万物各得其所利，则义无不和。《左传·襄公九年》在诠释《随》卦卦辞"元亨利贞"时，引《周易·文言传》中的"利，义之和也"③。义利融突和合。墨子主张"兼相爱，交相利"。义利互相包含，利是兼相爱行为活动的标准，是爱利万民的上利天，中利鬼，下利人的义利融合的价值展示，重利即是贵义，顺义而行，天下国家百姓即获大利，因而后期墨家以其严密的逻辑语言，对义做了规定："义，利也。"《经说·上》将其诠释为"志以天下为芬，而能能利之，不必用"④。义是利本身，志在各守其分，即立志要把天下众人的事当作自己分内的事，才能兼利天下，而不居功自用。融突和合是外王事功各类概念、范畴之间冲突、矛盾化解的普遍原则和方法，亦是和谐弥合内圣各种概念、范畴之间差分、危机的普遍原则和方法。唯有融突和合才能化解各种内外的冲突。由差分而产生矛盾，由矛盾而产生冲突，冲突的激化，就会危害民族国家生命财产的安全，因此必须思议协调冲突的方法，这便是融合，由融合而达和平、合作，即和合的境界。

五、哲学的特性

中国哲学的七大元理，是特定时空环境内在世哲学家通过思维、思想所构建起来的，其哲学理论思维是那个时代哲学家对人与宇宙、社会、人生关系的自我体认的升华；是那个时代哲学家反思人与宇宙、社会、人生互相关系而度越一般性的诠释而构建的概念、范畴的逻辑；是哲学用以反思人与宇宙、社会、人生的价值、理想、审美的再反思。这是在世哲学家

---

① 徐元诰. 国语集解：周语中. 王树民，沈长云，点校. 北京：中华书局，2002：46.

② 周易文言传//朱杰人，严佐之，刘永翔. 朱子全书：第1册. 上海：上海古籍出版社，2002：146.

③ 杨伯峻. 春秋左传注：第3册：襄公九年. 北京：中华书局，1981：965.

④ 吴毓江. 墨子校注：卷十：经说上. 孙启治，点校. 北京：中华书局，1993：469.

理论思维所把握的那个时代的精神，也即哲学的时代精神的精华。时代总是一定时空内的时代，离了时空就无时代，哲学的时代精神亦是特定时空内的时代精神。

中国哲学是在"继往圣之绝学"哲学理论思维成就的基础上，在世哲学家在中国哲学理论思维方式引导下对传统哲学的再反思、再体认，以赋予价值理想、伦理道德、审美旨趣、终极关切新生面、新创造、新品格、新气质。

在当今信息智能时代，人类面临新旧汇聚、错综复杂的挑战。这是在一定时空内在世环境下出场的现象或理念。在世的环境是在世时空内所出场的东西，随着时空内在世环境的更替、变化、发展，就会度越其有限时空内出场的东西，包括理论思维概念范畴的有限性，人们在改变在场有限的环境中以自己的智能创造度越在场，度越有限，度越传统哲学的概念范畴的逻辑框架，依据中国哲学"自己讲、讲自己"的原理，创新中国哲学，并把这种哲学称为和合学哲学。

和合学哲学的包容性。包容意味着开放，哲学的追求智慧是永无止境的，是永远开放包容的。开放才能遨游于无边无际的天地之间，才能载物于有象有迹的东西之中，开放是打开一切的门户和有限，除去"槛儿"，而趋向无限。包容是将汹涌而来的无限的东西，经消化而吸收包容进来，成为和合学哲学的营养。和合学哲学的开放包容是由其特性决定的，其哲学本质是"爱智"，追求智慧，而不是"智者"，即自命不凡的已拥有智慧者，所谓智慧者会封闭自己，唯我独尊，罢黜百家争鸣，只许一家独鸣，一花独放，对于敢于"鸣"或"放"的另家另花，便予以制裁。这便扼杀了开放包容。和合学哲学永远在追求爱智的途中，在开放包容的路上迈步。这是和合生存世界发展繁荣所必须做出的选择。

和合学哲学的反思性。反思是把思想反过来而思，反思的对象是思想，作为反思对象的思想，是整体的、普遍的思想，是人对于宇宙、社会、人生之道的道的思想。由于各个时期时空环境的差分，回答时代之问亦不同，人所面临的生存问题、意义问题、可能问题的变化，反思的核心话题亦异趣。反思的思想要在宇宙、社会、人生之间有一定的张力，才能回答道之所以道，这是检验和合学哲学理论思维与宇宙、社会、人生实践冲突融合而和合的有效方法，也是审查和合学哲学能否给宇宙、社会、人生实践提供鸢飞戾天的空间，使和合学哲学青春活力永驻的有效方法。和合学哲学虽来自人对宇宙、社会、人生之道的道的体贴，但不是其翻版，而是来自它又度越它，度越它又寓于它，这既是中国哲学反思思维的特质，亦是和合学哲学理论思维的特质。在和合学哲学的反思思维中，就蕴涵着否定性的批判思维，这是哲学究根究底的思维所决定的，其能真正使和合学哲学青春活力永驻。

和合学哲学的创新性。反思是追根究底地思，是以思想的思想而反思的思想，是批判地对待以往的结论、原理和构成其思想的"前提"进行再反思的工作。唯有如此，才能在前人思想的肩膀上起步，才能为思想哲学的创新夯实基础。创新是一切哲学理论思维的生命，苟日新，日日新，又日新，"日新之谓盛德"。唯有不断创新，才能与时偕行，才能最大化地获得，才能"内得于己，外得于人"，才能度越旧思想、旧观念、旧方法、旧体系，因为哲学思想也同历史一样，既有其时代的局限性，也有其创造者的思想局限性，"为道屡迁，变动不居，周流六虚，上下无常，刚柔相易，不可为典要，唯变所适"[1]。因此，在新的历史思想时空要以新思想、新观念、新方法、新价值、新理想构建哲学理论思维体系。新哲学理论思维体系的重建，是哲学理论思维自身内在逻辑发展的进程，也需要哲学创新者耐得住孤独和寂寞，进行"三年不窥园"式的勤奋思议，定、静、安、虑、得式的探赜索隐，"致广大而尽精微"式的学问思辨，"尊德性而道问学"式的诚信笃行，以颜渊"一箪食，一瓢饮，在陋巷，人不堪其忧，回也不改其乐"的求道精神，孜孜求索信息智能的理论思维前提和基础、理论思维根据和化解之道，如此才能造就唯变所适的哲学理论思维创新的创造者，才能重建哲学理论思维新的哲学概念、范畴理论体系。营造哲学理论思维体系的新大厦，必须夯实地基，不能在空地废墟上建造。老子说："合抱之木，生于毫末；九层之台，起于累土。"[2] 合抱的大树，是由细小的萌芽发育来的，九层的高台是由一堆堆泥土垒成的，和合学哲学理论思维体系的大楼是由创新汇聚而成的。

和合学哲学的自尊性。和合学哲学的实践活动，是创造有价值的意义世界的活动，它把人类理解、把握世界的种种方式和价值，理解为构成意义世界的基本方式，因而以理论思维形式构成文化自信、哲学自信、话语自信的自我觉解，又即是对意义世界的自觉和创造。这种自觉和创造是和合学哲学自尊性的前提，犹如青天碧海的心境而自由创造，无限发挥和合学哲学的精要，宇宙、社会、人生的矛盾、冲突、危机都在其融突和合之

---

① 周易系辞下传//朱杰人，严佐之，刘永翔. 朱子全书：第1册. 上海：上海古籍出版社，2002：143.

② 任继愈. 老子新译. 上海：上海古籍出版社，1985：200.

中，而充分展示其哲学的自信。它像一道玄奥无匹、饱含和合深义的路径，由之展开一条哲学自尊的大道。由哲学的自尊而有哲学的自信，由哲学的自信而有哲学的自尊，二者相辅相成，相得益彰。自尊与"天不变，道亦不变"异，是建立在变动不居而唯变所适的不断创新基础上的；自信与悲观失望、唉声叹气别，是建立在中华民族五千年来先圣先贤追求爱智辉煌成果的平台上的。自尊是由和合学哲学的"体用一源""理一分殊"兴起的情感的自然流露，自信是被和合学哲学的"元亨利贞""内圣外王"精微原理所激起的情怀的心气扩展。自尊、自信是对中华民族自身哲学的热爱和不断追求，是中华民族和合学哲学再复兴的无限愿景，是求索自然奥秘、洞察社会融突、体贴人生境界，以展示理想的可能世界。

和合学哲学的审美性。作为反思思想之道的道的和合学哲学的审美，根植于人类实践创造性活动的存在方式之中，审美的反思既度越又内在，越是开放包容，就越有"飞龙在天"的自由，有自尊、有创新。中国从先秦以来就以"礼乐文化"自尊，孔子所说的"游于艺"，不仅仅蕴涵着技艺，而且意蕴着在熟习这种技艺的过程中获得一种审美的感受和精神愉悦，即审美艺术的享受。朱熹注曰："游者，玩物适情之谓。"①"游"是审美主体与审美对象之间无拘束地、自由地交往、玩耍，而获得适情的快感的审美活动。然孔子"游于艺"的终极目标是"志于道"，通过"据德""依仁"，"日用之间，无少间隙，而涵泳从容，忽不自知其入于圣贤之域矣"。由此达到圣贤境域的路径与审美活动是一致的，其间并无功利性的冲突，却有道德性的浸润。和合学哲学的审美，是以审美情感为核心，以审美活动关系为纽带，以审美的概念、范畴为框架，构成和合学哲学审美体系的。审美的生存情感为：心境，审美生态学；心理，审美心理学。审美的意义情感为：心性，审美人格学；心命，审美教育学。审美的可能情感为：心道，审美哲学；心和，审美境界学。这六个审美学科，是围绕和合审美活动关系而展开的张力，又是其关系的融突和合的存在方式。和合学哲学美学的审美是追求真善美的和合境界，其存在的方式和流行的态势是无待的、自由的，是艺术创造和心灵境界的生命活动。

和合学哲学的高远性。和合学哲学的审美情感活动，在追究真善美的融突和合中，追究人在宇宙、社会、人生中存在的奥秘，求解人在创造性活动中创造现代的真善美的境域。这是一个上扣天穹，下载万物，以崇高

---

① 论语集注：述而//朱杰人，严佐之，刘永翔. 朱子全书：第6册. 上海：上海古籍出版社，2002：121.

博大的气魄，高远堂皇的心态，"判天地之美，析万物之理"。这是一个充满哲理思想气质的话题，高明的识度，逻辑性地展现和合学哲学高远的价值理想，就像燃烧着五光十色的光和热，不懈地追求"认识你自己"的哲学智慧，终极关切的精神家园。为了如此，必须思想如皎洁的月亮，时远时近，时缺时圆，新颖而精警，慎思而明辨，唯有智者胸怀广阔，在天地万象千变间，骨子里和平、合作、发展却是天人相与不变的魅力。仁民爱物、悲天悯人情感的体现，乃是"追求真理的勇气，相信精神的力量"。

和合学哲学的高远，是勇立潮头的气度，异想天开的识度。它不是凡人只想今天的事，愚人只记昨天的事，而是智者见其远，觉其旷，思其深，求其道。勇立潮头，不免遭到风急浪高的冲击，惊涛拍岸的危险，须得见、觉、思、求的探赜，远、旷、深、道的索隐，冲击才显英雄本色，危险才现坚忍不拔，探赜方悟自力更生，索隐方体自强不息，冲突才有鲜活的故事，矛盾促使事业的进步，钩深促使家国的繁荣，致远寻求天下的太平。这是和合学哲学时时对人类命运的沉思、刻刻对人类未来的憧憬的人文情怀，是"观乎天文以察时变，观乎人文以化成天下"的历史使命。

"明月几时有，把酒问青天。不知天上宫阙，今夕是何年。"为探求宇宙、社会、人生的价值和意义，而寻找一个支撑点和核心话题，便形成追根溯源的和合学哲学。和合学哲学以真拥抱天地万物现实的生存世界，以善拥抱以修身养性为本的意义世界，以美拥抱美美与共艺术的可能世界。和合生生道体永远在激情的追求途中。

第二章　元亨利贞[*]

中国哲学经典《周易》提出，元亨利贞是中国哲学回答天地万物资始资生的基本思维形态，是回应天地万物从哪里来的基本话题。任何事物都在时空的人文语境中演化，离了一定的时空，就离了生物之道。和实生物，聚散气化。从思维视阈以观天地万物的生死、荣枯的运动变化，表现为凝聚性与离散性——人生为气聚，人死为气散，并体现为多种形式——聚极而散，聚散有气，聚散为理等。本体不因运动变化而损益，但拥有聚与散这两种运动形式，聚而显、生、荣、形，散而微、死、槁、神。差分而对待，对待而互相转化。天地万物资始资生以后，天地万物以及人之间的关系的基本方式是什么？这就与水金木火土五行的相生、相克、相对相关。五行的多样性、差异性在杂合的过程中，便产生相生、相胜的融突话题。五行在与阴阳相融合、杂合的过程中，便将天地万物以及人生各种现象从纵向和横向都统摄在五行之中，并对中国传统政治、经济、文化、思想、哲学、历史、艺术、宗教、地理、堪舆、星相等产生重大影响。

人该如何把握、体贴天地万事万物呢？那蓝天白云、风霜雪雨、草木禽兽、河海山丘，无论在全球的哪个地方，都与人的眼耳鼻舌身相对相关，构成一个共同相似的感觉，而升华为对世界普遍性的存在与之所以存在的基本方式的反思。这就是"以思想的本身为内容，力求思想自觉其为思想"①。作为把握世界反思的哲学思维的基本方式，中国哲学的反思是把体贴天地万物的资始及其如何资始作为探赜的课题。

---

* 本章原以《元亨利贞——中国哲学元理之一》为题载于《中州学刊》2020年第1期。
① 黑格尔. 小逻辑. 北京：商务印书馆，1980：38.

一、元亨利贞解

中国哲学元典《周易》提出，"元亨利贞"是中国哲学资始资生的基本思维形态，是天地万物从哪里来的基本话题。

元，见于甲骨文和金文。① 《说文解字》："元，始也。从一，从兀。"高鸿缙在《中国字例》中认为："元，兀一字，意为人之首也。"《尔雅·释诂下》载："元，首也。"《左传·僖公三十三年》载："狄人归其元，面如生。"杜预注："元，首也。"② 其中，"首"指人头。《广韵·元韵》载："元，大也。"《诗经》载："元戎十乘，以先启行。"《毛诗正义》曰："元，大也。"③ 李鼎祚《周易集解》、孔颖达《周易正义》于《乾》卦卦辞均引《子夏传》："元，始也。"万物物得生存而为元始。然对于《周易·坤卦》六五爻辞中的"黄裳元吉"孔颖达作疏："元，大也，以其德能如此，故得大吉也。"④ 元，凡始凡大，凡长凡善，均为"元"之含义。朱熹所撰《周易本义》释《乾》卦卦辞："元，大也。"《周易象上传》："大哉乾元，万物资始，乃统天。"朱熹注曰："元，大也，始也。乾元，天德之大始，故万物之生皆资之以为始也。又为四德之首，而贯乎天德之始终，故曰统天。"⑤ 万物的产生都借资赖以为端始。元亨利贞四德，元为首，故能统领天。万物有始有成，《坤卦·象传》："至哉坤元，万物资生，乃顺承天。"孔颖达疏："万物资地而生，初禀其气谓之始，成形谓之生。"⑥《乾》《坤》两卦的《象传》，为万物的资始资生，即万物开始成形。

"亨"，不见于甲骨文和金文。《广韵·庚韵》："亨，通也。"《广雅·释诂》："亨，通也。"孔颖达的《周易正义》和李鼎祚的《周易集解》都引《子夏传》曰："亨，通也。"《坤·象传》："含弘光大，品物咸亨。"孔颖达疏："包含以厚，光著盛大，故品类之物，皆得亨通。"⑦ 以上均训亨为通。

---

① 甲骨文见于《殷墟书契前编》4·32·4，《殷契粹编》1303；金文见于《师虎簋》《蔡侯尊》《吴王夫差剑》等。

② 杨伯峻. 春秋左传注：第1册：僖公三十三年. 北京：中华书局，1981：501.

③ 毛诗正义//十三经注疏. 阮元，校刻. 北京：中华书局，1980：425.

④ 周易正义//十三经注疏. 阮元，校刻. 北京：中华书局，1980：18.

⑤ 周易本义//朱杰人，严佐之，刘永翔. 朱子全书：第1册. 上海：上海古籍出版社，2002：90.

⑥ 同④.

⑦ 同④.

《正字通·二部》："亨，即古享字。"《周易·大有》九三爻辞："公用亨于天子。"陆德明释文："用亨，京云：献也。"朱熹注："亨，《春秋传》作'享'，谓朝献也。古者'亨通'之'亨'、'享献'之'享'、'烹饪'之'烹'皆作'亨'字。"① 由上可知，"亨""享""烹"古均为"亨"，后演为"享""烹"等。《尔雅·释诂下》："享，献也。"《字汇·二部》："享，祭也。"《尚书·泰誓下》："郊社不修，宗庙不享。"孔颖达疏："正义曰：不修谓不扫治也，不享谓不祭祀也。"② 由上可知，"享"有"奉献""祭祀"之义。

"利"，有见于甲骨金文。③《说文解字》曰："利，铦也。从刀；和然后利，从和省。《易》曰：'利者，义之和也。'"有"锋利"之义。《玉篇·刀部》："利，剡也。"《周易·系辞上》："二人同心，其利断金。"孔颖达疏："二人若同齐其心，其鐵利能断截于金。"④《子夏传》："利，和也。"《广雅·释诂三》："利，和也。"王念孙《疏证》："《说文》引《乾·文言》：'利者，义之和也，'荀爽注云：'阴阳相和，各得其宜，然后利。'《乾·象传》又云：'保合太和，乃利贞。'《周语》云：'人民和利。'《表记》：'有忠利之教'，《后汉书·章帝纪》：利作和，是利与和同义。""利"又有"顺利""吉利"的意思。《广韵·至韵》："利，吉也。"如人们常说的大吉大利。《周易·乾卦》九五爻辞："飞龙在天，利见大人。"李道平纂疏："郑氏（玄）所谓五于三才为天道也。《文言》虞（翻）注云：日出照物，物皆相见，故飞龙在天，利见大人也。"⑤ 见大人大吉大利，因而"利"又引申为"善""优良""美好"之义。《玉篇·刀部》："利，善也。"《汉书》载："十一月，徙齐楚大族昭氏、屈氏、景氏、怀氏、田氏五姓关中，与利田宅。"颜师古注："利谓便好也。"⑥ 把齐楚五姓大族迁往关中，给予好田好宅。与利田宅，为五姓喜爱。《荀子》："不赂贵者之权势，不利传辟者之辞。"梁启雄按："传，当为便，形近而讹。"⑦ 即"不用财物买通富贵

① 周易本义//朱杰人，严佐之，刘永翔. 朱子全书：第 1 册. 上海：上海古籍出版社，2002：44.

② 尚书正义//十三经注疏. 阮元，校刻. 北京：中华书局，1980：182.

③ 甲骨文见于《殷契粹编》673，《殷契佚存》457，《殷墟书契后编》下，18·8；金文见于《师遽方彝》《侯马盟书》等。

④ 周易正义//十三经注疏. 阮元，校刻. 北京：中华书局，1980：79.

⑤ 李道平. 周易集解纂疏. 上海：商务印书馆，1936：5.

⑥ 班固. 汉书：第 1 册. 卷 1 下：高帝纪下. 北京：中华书局，1962：66-67.

⑦ 梁启雄. 荀子简释：正名. 北京：古籍出版社，1956：319.

者的权势，不喜爱身边人讨好的言辞"之义。

"贞"，有见于甲骨金文。① 《说文解字》曰："贞，卜问也。从卜，贝以为贽。一曰鼎省声，京房所说。"郭沫若的《卜辞通纂考释》中载："古乃假鼎为贞，后益之以卜而成鼎（贞）字，以鼎为声。"即"卜问""占卜"之义。《周礼》载："季冬，陈玉，以贞来岁之美恶。"郑玄注："问事之正曰贞，问岁之美恶，谓问于龟。"② 《大卜》："凡国大贞。卜立君，卜大封。"郑玄注引郑司农云："贞，问也，国有大疑，问于蓍龟。贞为正。"《广雅·释诂一》："贞，正也。"《尚书·太甲下》："一人元良，万邦以贞。"孔安国传："贞，正也。言常念虑道德，则得道德；念为善政，则成善政；一人天子，天子有大善，则天下得其正。"③ 天子一人善良，天下各国均能贞正，念虑道德、善政就能得到和获得道德和善政，这就需要坚定不移的意志和操守。《释名·释言语》曰："贞，定也，精定不动惑也。"《周易·系辞下》曰："吉凶者，贞胜者也。"韩康伯注："贞者，正也、一也……老子曰：王侯得一以为天下贞，万变虽殊，可以执一御也。"孔颖达疏："正义曰：贞，正也。言吉之与凶，皆由所动不能守一而生吉凶，唯守一贞正，而能克胜此吉凶，谓但能贞正，则免此吉凶之累也。"④ 即若能体悟少必有老，老必有死，能体知自然发展的道理，就无须忧累于死，便可以执一。由此又衍生出贞女不更二夫，饿死事小、失节事大的所谓"贞节""名节"等，反又限制了人的自由、平等。

元亨利贞，就单字的字义有不同的诠释，但在《周易》范围内，基本上可按《子夏传》解："元，始也；亨，通也；利，和也；贞，正也。言乾禀纯阳之性，故能首出庶物，各得元始、开通、和谐、贞固，不失其宜，是以君子法乾而行四德，故曰元亨利贞矣。"⑤ 朱熹在《周易本义》中解元亨利贞则稍异：元，大也。亨，通也。利，宜也。贞，正而固也。⑥虽异而可圆通。

元亨利贞圆融物质性形相与精神性无形相存在的基本方式的概念范畴

① 甲骨文见于《殷墟书契菁华》1·1，《殷墟书契续编》5·16·4，《殷墟书契前编》8·7·1；金文见于《散盘》。

② 周礼注疏//十三经注疏. 阮元，校刻. 北京：中华书局，1980：776.

③ 尚书正义//十三经注疏. 阮元，校刻. 北京：中华书局，1980：165.

④ 周易正义//十三经注疏. 阮元，校刻. 北京：中华书局，1980：86.

⑤ 李鼎祚. 周易集解. 上海：商务印书馆，1936：1.

⑥ 乾卦//朱杰人，严佐之，刘永翔. 朱子全书：第1册. 上海：上海古籍出版社，2002：30.

系统，并探索天地万物存在时人类生活的重大意义，反思人类实践活动为"天地立心"的思维价值。既内化为心，又外化为行，认知自我是一种"自觉自为的存在物"。人有这种自我意识，才能依自觉自为的思维观点、方式，而"六经注我"式地自己讲中国的哲学，这是中国哲学之所以能不懈反思，又不断创新的动力所在。

朱熹在反思《周易·文言传》的"元者，善之长也。亨者，嘉之会也。利者，义之和也。贞者，事之干也"时，别出心裁地将之诠释为："元者，生物之始，天地之德，莫先于此，故于时为春，于人则为仁，而众善之长也。亨者，生物之通，物至于此，莫不嘉美，故于时为夏，于人则为礼，而众美之会也。利者，生物之遂，物各得宜，不相妨害，故于时为秋，于人则为义，而得其分之和也。贞者，生物之成，实理具备，随在各足，故于时为冬，于人则为知，而为众事之干。"[1] 春天，"阳春白日风花香，时和气清卉含英"，为生物的开始，人类应以仁爱之心爱护万物的生长，是为天地之德性和体仁正己以化物为众善之长；夏天，"纷纷红紫已成尘，布谷声中夏令新"，标志着春天气之始、四时之始、王者受命之始，正月政教之始已经开始，便进入夏天，以乾通坤，阴阳交和，万物通泰，运天地万物而合乎礼，万物苗壮成长，无不嘉美而运会；秋天，"一年好景君须记，正是橙黄橘绿时"，表征生物成熟，物物各正性命，各得其宜，不相妨害，和谐相处，而合乎义，适宜，正义；冬天，"春风来不远，只在屋东头"，生物成功，物物一太极，人人一太极，人物实理具备，各自充足，于人为智慧，分辨是非善恶，是各种事物的主体，犹树身的主干，为众多枝叶所依附。

元亨利贞由朱熹铺陈出一种气氛和意蕴。万物化生的逻辑序列为：生物之始—生物之通—生物之遂—生物之成；自然性变化为：春—夏—秋—冬；社会性道德为：仁—礼—义—智。这些序列构成了整体互相圆融、无碍、联通的画卷。

其一，任何事物都在时空的人文语境中演化，离了一定的时空，就离了生物之道。形相与无形相都要经历一定的语境，换言之，都占有一定的时间和空间，这是形相与无形相事物存在的基本形式。时间具有延续性，如过去、现在、未来，过去就是过去，它不能倒回来，即"时不再来"。

---

[1] 文言传//朱杰人，严佐之，刘永翔. 朱子全书：第1册. 上海：上海古籍出版社，2002：146. 程颐在《周易程氏传》中载："元者万物之始，亨者万物之长，利者万物之遂，贞者万物之成。"参见：二程集. 北京：中华书局，1981。

时不再来，机不可失，说明时间的相对性，是在一定时代中的相对性，是相对性的时代，而不是绝对的时间。空间具有时代的广延性，有形相与无形相又能存在于一定的空间之内，表示相互存在的关系，如体积、形态、位置、次序等。时空的延续性和广延性的融合，构成其春夏秋冬的特质、形态及存在的方式。

其二，时空的延续性和广延性融合，打开生物无穷无尽的进程，即由生物之始、之通、之遂到之成的追寻。生物有始有终，有生有死，有少有老，有盛有衰，这是生物不能度越的规则。人作为生物的一种，与天地万物本吾一体，与生物生活于一体之中，息息相关，亦无法度越这生物的规则。再者，由生物之始到之成的追寻能否圆满实现，并非已成的现实，而是荆棘载途，在整体的动态过程中，如在无底的深渊中追求温馨的寓所，而需要修身养性，以崇高的道德，才能完成生物的一生，结出红花和硕果。

其三，人之为人，是具有道德的。荀子认为，水火、草木、禽兽有气、有生、有知，而没有道德性的义，唯有人不仅具有气、生、知，而且具有义，这是人与水火、草木、禽兽相区别的本质特征。这就是说，人之为人是有道德的存在者，于是，一个丧失了道德的人，便会被称为"禽兽不如"者。若不守正道德，其事业必至于失败，为官必至于腐败，为国必至于亡国。为人与为德同在，人以守正道德为出发点、基点，判断、评价是非善恶，离了道德评价标准，就无所谓是非、善恶。然而，道德评价标准随时空的变迁亦有差分，但变中有不变不易者，如天道四时守正不变，故以四时配道德性的仁义礼智四德和恻隐、羞恶、辞让、是非四心，赋予四德四心以经久性、永恒性。无处无境、无时无刻皆应守正四德四心，遵守慎独原则。

其四，道德若作为一种社会意识形态，则涵盖政治、法律、宗教、哲学、艺术等，这是从广义的道德而言；从狭义的道德而言，其是与政治、法律、宗教、哲学、艺术并列的一种意识形态的形式。朱熹以道德性的四德四心作为体认宇宙、社会、人生的原则，诠释的对象，评价的标准，审美的价值，人格的重塑，情操的提升的根本和依据。若"以仁为体"，则政治、法律、宗教、哲学、艺术"无一物不在所爱之中"，足以使各学科凡跃在渊、飞龙在天。

其五，万物各得其宜，互不妨害，融突和合，和谐相处，就能致中和，位天地，育万物，就能铺陈出一个"众善之长""众美之会""得分其和""众事之干"的画面，绘出一个美好的境界。

元亨利贞以其缜密的逻辑演化形式，而展开对于宇宙、社会、人生话题的论述，然而无论是自然、社会，还是人生，都以其不同形式存在于时空之内。时间是其生命存在的尺度，自然中的草木荣衰，社会中的朝代存亡，人类生命的寿夭，都借寓于时间之内。若将时间抽象为春夏秋冬，只不过是时间分成阶段而已，使时间稍具精确性，时间的性质并不变。一切活动（包括生命活动）都离不开时间，时间营造了宇宙、社会、人生的生命价值，也给宇宙、社会、人生以广袤的发展空间。在发展同一时空内，人类的生命活动与禽兽的生命活动有本质的差别，禽兽的生命活动及其特性是自然赋予的，具有先天的规定性；人类的生命活动转化成自己的意志和意识的对象，并在有意识的实践中改变对象世界，改变政治、法律、宗教、哲学、艺术等及人类自身。

二、和实生物

元亨利贞的乾元和坤元，是万物资始资生之道，并以天地之道明乾坤意义。"道也者，不可须臾离也。"道不离人，也不离物，可离则非道。所谓不离，是指道以其智能投射、渗润到人与物中，超拔人与物，赋予人与物以道的品性、规则、范式，使其遵照道的品性、规则、范式而动，为人为物。道作为统摄天、地、人三才的"形而上者"，是一种反思思想的思想，不能不反思日常眼所见、耳所闻、体所感的千差万别的万物从哪里来的，于是便反思"道之为物"，把物作为道思议的起始，并追究物究竟是如何化生的，从而提出具有中国特色、风格、气魄、神韵的"和实生物"的命题。

和如何生物？转变为物，便是生不断连续的过程。"生"见于甲骨金文。《说文解字》曰："生，进也。象草木生出土上。"段玉裁注："下象土，上象出。"徐灏注笺："《广韵》曰：生，出也。生与出同义，故皆训为进。"生有"生长""生育""发生"等义，具有动态性、变异性、连接性、生命性、继承性、活动性。天道阴阳论的生生论是指孳息不绝，进进不已。《尚书》载："往哉生生，今予将试以汝迁，永建乃家。"[1] 自汤至盘庚，凡五次迁都，民不欲徙。盘庚告民迁都可生生不绝，安家乐业。《周易·系辞》曰："生生之谓易。"孔颖达《正义》中曰："生生，不绝之辞，

---

① 尚书正义//十三经注疏. 阮元，校刻. 北京：中华书局，1980：171.

阴阳变转，后生次于前生，万物恒生，谓之易也。"① 佛教讲如来说法，万万恒沙，菩萨轮转，生生世世，生生不息。生什么？大千世界，万象纷纭，草木禽兽，水火山泽，都是产生、发生的一种物的现象，物不依赖人的感觉而存在，这是用物的客观实在性来说物象本身，然物象又被人的感觉所复写、摄影、反映、感受，这是就物象与人的意识相关联而言的物感，物与意识相分又相合，构成了人的认识的矛盾运动。

和之生物，"物"是什么？"物"见于甲骨文。②《说文解字》曰："物，万物也。牛为大物，天地之数，起于牵牛，故从牛，勿声。"王国维的《释物》中称："卜辞云：'丁酉卜，即贞，后祖乙古十牛。四月。'又云：'贞，后祖乙古物。四月。'……前云'古十牛'，后云'古物'，则'物'亦牛名。"③ 王国维批评许慎《说文解字》其说甚迂曲，古者谓杂帛为物，盖由"物"本杂色牛之名，因而名庶物的万有不齐。孔广居的《说文疑疑》说："物者，牲畜之品类也……推而广之，凡天地间形色血气之相类者，俱谓之物。又推而广之，凡天地间一切大小精粗刚柔动静之相类者，亦谓之物。故品类亦曰品物，庶类亦曰庶物。""物"在传统文化中为天地间一切物象的总称或一切物体的总和。

在中国哲学理论思维几千年的演变中，像考古发现不断积叠的地层有不同的性质、特点，不同的发展、创新，"物"在不同的历史阶段也有相异的内涵，构成丰富多彩的形式，这是人的智能赋予的成果。在中国哲学理论思维逻辑结构中，随着时代的发展，"物"的内涵从唯变所适中，渐渐丰富、充实、引申，而成为中国哲学中被反思的质料性、客观性、动态性、道理性、事理性、精神性的概念。

物是各种不同体积、性质、形相、状态的多样性物体的概念，能被人的感觉所感知。朱熹说："天道流行，造化发育，凡有声、色、貌、象而盈于天地之间者，皆物也。既有是物，则其所以为是物者，莫不各有当然之则，而自不容已，是皆得于天之所赋，而非人之所能为也。"④ 这是朱熹对物的界说，"物"是有声音、颜色、容貌、形象，听得着、看得见，能为人所感知，而充满于天地之间的物体，它在天道自然流行中所化育，而

---

① 周易正义//十三经注疏. 阮元，校刻. 北京：中华书局，1980：78.
② 甲骨文见于《殷墟文字类编》，《殷墟文字类编·后编》上卷。
③ 王国维遗书. 上海：上海古籍书店，1983：13.
④ 大学或问：卷下//朱杰人，严佐之，刘永翔. 朱子全书：第6册. 上海：上海古籍出版社，2002：526.

不是人所能为的，即不以人的能力和意志为转移。

　　"物"是事，指人们在政治、经济、文化、生活等方面的行为、践履活动。《国语》载："择臣取谏工，而讲以多物，务和同也。"韦昭注："物，事也。"① 选择谏官，要比较多方面的事。"物"意蕴事物，"物，谓事物也"②。如果说朱熹的"物"是指穷极事物之理，以分辨是非，决定践行与否，那么，王守仁则否定朱熹的物是理体学借以显现自己的外在形式，而认为心体学之意即是物。"物者，事也。凡意之所发，必有其事，意所在之事，谓之物"③。"格物"的"格"为正，正其不正，以归于正。格物就是去不正的恶念，即迁恶为善。意之所发所在，便是物。"如意在于事亲，即事亲便是一物；意在于事君，即事君便是一物；意在于仁民爱物，即仁民爱物便是一物；意在于视听言动，即视听言动便是一物。所以某说无心外之理，无心外之物。"④ 侍奉亲人和侍奉君主的道德伦理，仁爱人民和爱护万物的事情以及视听言动活动，都是自我意识的心的活动呈现，这心意识的活动尚未显现为外在的实践，还只是内在心意识的活动，只有内在心意识活动外化为事实的行为实践，才具有客观的价值和意义。

　　"物"是概念的表示。"天地与其所产焉，物也。"⑤ 物是天地间无数具体事物构成的无限系列的总名，因而物是一个称谓概念。"物莫非指，而指非指。天下无指，物无可以谓物。非指者，天下无物，可谓指乎？"⑥ 天地万物无不是一个概念的表现，概念与其表现的物相异，物既非指，指亦非指。天下没有现成的概念，天地万物就无法称谓了。若天下没有其称谓的物，而物怎可说有其自己的概念？概念本来是天下所没有的，而物是天下所实有的。天下虽没有物的概念，但天地万物却不可说不是由概念来表示的，既然没有不可用概念表示的物，万物就无不有一个与其相应的概念。"天下无指者，物不可谓无指也。不可谓无指者，非有非指也。非有非指者，物莫非指。指非非指也。指与物非指也。"⑦ 概念虽是天下所没有的，但不能说天下万物没有它们自己的称谓，这是因为没有不可用概念表示的物，物是特定概念的表示。然《墨经》以物为达名。名为概念。"说

---

① 徐元诰. 国语集解：郑语. 王树民，沈长云，点校. 北京：中华书局，2002：472.

② 黎靖德. 朱子语类. 王星贤，点校. 北京：中华书局，1986：284.

③ 王阳明全集：卷二十六：大学问. 上海：国学整理社，1936：473.

④ 王阳明全集：卷一：传习录上. 上海：国学整理社，1936：4.

⑤ 谭戒甫. 公孙龙子形名发微：指物论. 北京：中华书局，1963：18.

⑥ 同⑤19.

⑦ 同⑤52.

名。物，达也。"① "达名"，即《荀子·正名》所说的"大共名"。天下万物众多，将其统摄概括起来，统称为"物"，即今逻辑学所说的类概念。

物为自虚即空。僧肇以为，世间万物，物质的、精神的现象，都是不真的、虚空的。其所以不真，是因其无自性。"万象虽殊，而不能自异。不能自异，故知象非真象；象非真象。故则虽象而非象。"② 万物的差异是人强加的，其本身无所谓差异，所以说万物没有自性，这与郭象强调"物各有性"的思维相对。这是因为郭象为其独化论寻求理论基础，僧肇为其不真空论寻找理论支撑。"圣人之于物也，即万物之自虚，岂待宰割以求通哉。"③ 万物本性自虚空虚，非待分析而后才空。"以其即万物之自虚，不假虚而虚物也。"④ 万物都是不真的，都是虚假的称号、概念。圣人（佛）能以不变应千化，以不惑经万惑，就在于他知道万物自虚，并非由人说其虚假才虚假，这是万物本身虚假不真，即"空"。佛教以万物为因缘和合，故无自性空。"众因缘生法，我说即是无（空），亦为是假名，亦是中道义。"⑤ 因缘和合所产生的物质的、精神的万物，都是由诸条件而生的，没有独立自性，我（佛）说即是空，万物（诸法）虽空，但显现着各种形相，这就是"假"。空和假是事物本来如此，又不相离而合乎中道，这就是"中"。"空""假""中"同时具足，三即一，一即三，即空、即假、即中，三谛圆融。天台宗否定事物真实自性。唯识宗认为天下万物都离不开识，一切现象都由第八识的阿赖耶识所变现，故称"万法唯识"。禅宗慧能的得法偈为"菩提本无树，明镜亦非台，佛性常清净，何处有尘埃"⑥。菩提、明镜，一切事物都为空无，每个人的佛性本来是清净的，什么地方能染尘埃？佛教虽设立现象界的事和物的存有，但认为其是一种假相，是因缘和合所生，因而又否定事物的真实和真实存在。

物为道之所生。"有物者，道也。道非有而有，非物而物，混沌不分，而能生成庶品。"⑦ 不是有能生有，也不是物能生物，混沌不分，不混而

① 吴毓江. 墨子校注：卷十（上）：经说上. 孙启治，点校. 北京：中华书局，1993：479.
② 中国哲学史教学资料汇编编选组. 中国哲学史教学资料汇编（魏晋南北朝部分）. 北京：中华书局，1964：400.
③ 同②401.
④ 同②402.
⑤ 大正藏：卷30：中论·观四谛品偈.
⑥ 慧能. 坛经校释. 郭朋，校释. 北京：中华书局，1983：16.
⑦ 中国哲学史教学资料汇编编选组. 中国哲学史教学资料汇编（隋唐部分）. 北京：中华书局，1965：310.

混，不成而成，虽混而成，虽成而混，而成庶类万物，即以物来开显道的形态、品貌、性质。"言至道之为物也，不有而有，虽有不有，不无而无，虽无不无，有无不定，故言恍惚。"① 道是非有非无，即有即无，有无恍惚混沌的东西。道已度越了具体的、个别的有与无，说其为有，它不是有，说其为无，它不是无。犹说其为黑狗非狗，说其不是狗，它又是一只狗，即有即无，黑狗即狗。"所以言物者，欲明道不离物，物不离道，道外无物，物外无道，用即道物，体即为道。"② 道与物相依不离，离道无物，离物无道，互为体用。从道体而言，物由道生，道外无物；从道用而言，道生物，物外无道。道生物，道是本是体；物从道生，物是末是用。体用、本末这种不离不杂的关系，是中国哲学理论思维的特色。"物"由非无非有中，渐次成为抽象的哲学概念，既抽象而离物，又不抽象而在物。

物犹道。宋明理学家融突和合儒释道三家关于"物"的理论思维，从讲道以物的非有非无的恍惚中孕育而出，他们试图摆脱物质世界的多样复杂性，追求现象界背后的统一性本体，周敦颐在《太极图说》中构建了从无极而太极到万物化生的多阶段、多层次、多环节的逻辑结构系统。王安石"荆公新学"，横扫汉唐以来注疏、考据、训诂之学，以义理解经。《三经新义》为其变法奠定理论基础，其在《道德经注》中构建了"道（天、气、太极）—阴阳—五行—万物"的逻辑结构，在这个逻辑结构的演化中，由于"变化""损益""体用""本末"等概念的连接、转换，而使其逻辑结构系统化、有序化。他吸收老子道的能动性，而排斥道先天的神秘性；取《洪范篇》五行思想资源，弃其天命论思想，而开一代思想之新风。邵雍把王安石的道的逻辑演化的程序颠倒过来："道为天地之本，天地为万物之本。以天地观万物，则万物为万物；以道观天地，则天地亦为万物。"③ 尽管天地万物多样复杂，性质各异，但"天地人物则异也，其于道一也"④。他以道观、物观、天地观，从各种不同视角来观察、体认天地万物的差异，终于悟出"道一"为其统一性的本体，这是对于一切差异性而基于形而上者之谓道的自觉。

---

① 中国哲学史教学资料汇编编选组. 中国哲学史教学资料汇编（隋唐部分）. 北京：中华书局，1965：312.

② 同①.

③ 邵雍. 皇极经世书. 黄畿，注. 卫绍生，校理. 郑州：中州古籍出版社，1992：253.

④ 同③279.

张载是从物与物相联系中体认物的内涵的。"物无孤立之理，非同异、屈伸、终始以发明之，则虽物非物也。"① 物都处在时空的相互对待联系、互为条件中，才形成万物，若割断这种相连相依，则虽物非物。万物之间的同与异、屈与伸、有形与无形相感应而成物；没有物与物之间的相互感应，虽说是物，实非是物，任何物之间的感应都必须以时空为自己运动、联系的存有形式。张载对物的生成流程易化了周敦颐与王安石的化生中介环节，凸显物物之间的动态性、联通性。李光地释曰："如阴非阳则无始，阳非阴则无终。故非有同异者有无相感，则事不见其成。事不见其成，则虽有物而无物之用矣。"② 万物都在相待相依中而成。

物为理为心。物的概念内涵随时代变迁，其内在逻辑价值经充实、丰富、引申，而开出新生面。程颐说："物犹理也。犹曰穷其理而已也。穷其理，然后足以致之，不穷则不能致也。"③ "物犹理也"④，物中包含着理，因为每个事物都具有理，所以格物就为穷理。青年王守仁笃信程朱的格物穷理。"一草一木皆涵至理，官署中多竹，即取竹格之，沉思其理不得，遂遇疾。"⑤ 竹子的理没有格出来，自己反而病了。物中有理，并非物就是理。若以物即理，就把形而上之理与形而下之物混淆了，这是程颐所反对的。朱熹发扬张载、程颐的思想，"合天地万物而言，只是一个理，及在人，则又各自有一个"⑥。有这个理，便有这个天地。如果没有这个先天地的理，就没有天地，没有人和万物。有了天地万物以后，理便寓于天地万物之中。从这个意义上说，物为理。

程、朱"格物穷理"，是向外在的物、事上求索理；陆九渊和王守仁是"心即理"，是向内心求索理。陆九渊假孟子"万物皆备于我"，而发为"此心此理，我固有之，所谓万物皆备于我，昔之圣贤先得我心之所同然者耳"⑦。此心与理，非外物赐予，而是我固有的；并把"我"解为我心，而非我身。我心即其立乎其大的本心，以心为其哲学理论思维的形而上者。王守仁阐发陆九渊的心即理为良知说，主心外无理，心外无物，"物

① 张载集：正蒙：动物篇. 章锡琛，点校. 北京：中华书局，1978：19.
② 林乐昌. 正蒙合校集释（上）. 北京：中华书局，2012：273.
③ 二程集：河南程氏遗书：卷二十五. 北京：中华书局，1981.
④ 二程集：河南程氏粹言：卷一. 北京：中华书局，1981.
⑤ 王阳明全集：卷三十二：年谱. 上海：国学整理社，1936：611.
⑥ 黎靖德. 朱子语类. 王星贤，点校. 北京：中华书局，1986：2.
⑦ 陆九渊集：卷一：与侄孙濬. 钟哲，点校. 北京：中华书局，1980：13.

者，事也。凡意之所发，必有其事，意所在之事，谓之物"①。主体意识在于事亲、事君，事亲、事君便是一物，心意的活动即是物。物在心意便无自身的独立性、客观性，却强调了主体性。

方以智与程、朱、陆、王异趣，他在《物理小识自序》中说："盈天地间皆物也，人受其中以生……所见所用，无非事也，事一物也。""深而言性命，性命一物也。通观天地，天地一物也。"② 物是离人的主体意识的客观存在，为人的所见所用。批判舍物言理言心。王夫之认为，所谓理是客观事物变化的规律、规则，"理者，物之固然，事之所以然也"③。理作为万事万物的所当然的规则，是不能脱离事物的，离了事物，规则也就不存在了。

人们生活在天地之间，实践活动不离天地。人的衣食住行用，无时无刻不与物打交道，人若离物、无物，便一刻也不能生存。物是人生存的基本需要，因此，中国先贤中的哲学家、思想家首先在与物的交往、对话中，对物产生各种不同的、精到的体认：或以为是有形相的多样性物体；或以为是概念表示的形式；或以为物自虚即空；或以为物为道之所生，物犹道；或以为物为理为心。凡此种种，形式各异，看似矛盾，相待相斥，但互鉴互学，互渗互济，各个哲学学派及其哲学家、思想家都在相互切磋对话、交感相应中使物的概念、范畴得以完善，而成为中国的哲学中独具特色的概念、范畴。物作为概念、范畴，其本身已度越具体而成为抽象的概念，而又存于不同形态、性质的形相、无形相之中。

既明中国哲学的"物"的内涵，便要进而追求"物"的概念、范畴是怎样产生的，换言之，即天地万物是从哪里来的。对此哲学基本问题的回答，中西殊异。中国古代哲学思想家认为"和实生物，同则不继"。"和"是如何生万物的呢？"先王以土与金木水火杂，以成万物"④，即是由多元的、相对相关、相生相克的五行杂合而化生万物的。"天地絪缊，万物化醇，男女构精，万物化生"⑤，即交密而厚凝成万物，犹如男女结婚，生儿育女。万物是天地、男女差分对待而又和谐共存、事物融突和合而生的。

①　王阳明全集：卷二十六：大学问. 上海：国学整理社，1936：473.

②　中国科学院哲学研究所中国哲学史组. 中国哲学史资料选辑：清代之部. 北京：中华书局，1962：73—74.

③　王夫之. 张子正蒙注：卷五：至当篇. 章锡琛，校点. 北京：古籍出版社，1956：143.

④　徐元诰. 国语集解. 郑语. 王树民，沈长云，点校. 北京：中华书局，2002：470."杂"，韦昭注："合也"。

⑤　系辞下//朱杰人，严佐之，刘永翔. 朱子全书：第1册. 上海：上海古籍出版社，2002：141.

万物都是在和与同、天与地、男与女等互相依赖的对待中存在、发育、生物的。独和而五行不生，独男独女、独天独地均不会生物，犹如独阴独阳不生，只有阴阳与天地参，互相交错融合方可生物。"天地合和，生之大经。"① 天象征阳，地象征阴，"阴阳合和而万物生"②。中国古代哲学家在反思天地万物来源的基本课题上，均思议由多元事物、形相、无形相融突和合而生，以多元与西方哲学家以一元形相、无形相生物大异其趣——从泰勒斯、赫拉克利特、亚里士多德到费尔巴哈都以一元的第一性本体作为天地万物产生的最后根据，犹如唯一的上帝创世纪，并由此导致非此即彼的二元对抗性、斗争性、独断性。中国哲学多元融突和合，而导致多元包容性、和谐性、海纳性。由此，中西哲学理论思维从源头上便分道扬镳了。

若以多元有形相的融突和合化生天地万物，那么必有以无形相的无化生天地万物。"天下万物生于有，有生于无"③。王弼注："有之所始，以无为本。将欲全有，必反于无也。"④ 有的端始是无，以无为本，因此无形无名是万物所以然者的宗主。道常无名，道隐无名，道常无为。换言之，以无为道，道为无。"道之为物也，不有而有，虽有不有，不无而无，虽无不无，有无不定，故言恍惚。所以言物者，欲明道不离物，物不离道，道外无物，物外无道，用即道物，体即物道。"⑤ 成玄英以双遣双非的思维方法，非有非无，非无非有。从用上看，道生物。从体上观，物由道生，物就是道。道生物，道是本，物从道生，物是道。道能生物，道是本，物以道生，物是末。道生物，犹母生子的关系。天地万物是由无形相的无或道而化生的。

佛教与道家、道教异，不是外在的无形相的无或道，而是内在的心或识。佛教主张"万物唯识""一切唯心""识心见性"。唯识宗认为宇宙万有，无非唯识所变，是心意识上映现的影像，能变现宇宙万象的是识中第八识，即阿赖耶识，其义为无没，汉译为"藏识"，具有"能藏""所藏""执藏"三种意义。此识又名为"本识""种子识""现识""它识""所知依""异熟识""无垢识"等。一切根本器界、精神物质，都是阿赖耶识所

---

① 吕氏春秋校释：卷十三：有始. 陈奇猷，校释. 上海：学林出版社，1984：657.

② 刘文典. 淮南鸿烈集解：卷三：天文训. 冯逸，乔华，点校. 北京：中华书局，1989：112.

③ 任继愈. 老子新译. 上海：上海古籍出版社，1985：148.

④ 王弼集校释：老子道德经注. 楼宇烈，校释. 北京：中华书局，1980：110.

⑤ 中国哲学史教学资料汇编编选组. 中国哲学史教学资料汇编（隋唐部分）. 北京：中华书局，1965：312.

变现。而所变现森罗万有，都只是假号、假名，并无自性、实体，故知万物非真。天台宗认为"众因缘所生法，我说即是无（空），亦为是假名，亦是中道义"①。"法"是梵语意译，指一切物质、精神的东西，在此是"道理"之义。由于是因缘和合而生，无独立自性，因此佛说即是"空"，事物（诸法）虽空，却显为形相，此为"假"，"空""假"是事物本来如此，二者又不相离而合乎"中"道。"空""假""中"三层义理同时具足，是为"三谛圆融"，或"一心三观"。

宋明理学家，融合圆融儒、释、道三家思想，对天地从哪里来的思考的深度更多元、思维更严密。周敦颐的《太极图说》构建了从无极太极到万物化生的逻辑系统。王安石将《老子》与《洪范篇》的思想相融合，构建了"道（天、气、太极）—阴阳—五行—万物化生"的逻辑流程次序。张载、二程简化了周敦颐、王安石和道家、道教的烦琐气息，张载认为"物之初生，气日至而滋息"②。二程认为"万物之始，皆气化"③。在万物产生以后，万物中蕴涵着理，"物犹理也"。朱熹借鉴张、程思想，而讲"五行阴阳，七者滚合，便是生物底材料"④。七者如何滚合生物，"万物之生，似磨中撒出，有粗有细，自是不齐"⑤。细的轻的上升为天，粗的重的下降为地。

与从周敦颐到朱熹都为向外求索，以超越主体意识的概念、范畴构建化生万物的逻辑结构不同，陆九渊和王守仁转而向内心世界求索。陆九渊借孟子的"万物皆备于我"命题，将"我"诠释为"此吾之本心也"⑥，即心生万物。王守仁继承陆九渊的衣钵，认为"意所在之事，谓之物"⑦。物是一种心意识的发动，意发于事亲、事君，仁民爱物便是一物，所以说无心外之物，即物由心生。王廷相批评陆王心意识生万物，认为气生万物，王夫之亦然，"人物之生，皆絪缊一气之伸聚"⑧，阴阳之气，相互交感密切，而化生万物。

自先秦以来，中国哲学家、思想家都追究天地万物从哪里来的问题，

① 大正藏：卷30：中论·观四谛品偈.
② 张载集：正蒙：动物篇. 章锡琛，点校. 北京：中华书局，1978：19.
③ 二程集. 河南程氏遗书：卷五. 北京：中华书局，1981.
④ 黎靖德. 朱子语类. 王星贤，点校. 北京：中华书局，1986：2368.
⑤ 同④8.
⑥ 陆九渊集：卷一：与曾宅之. 钟哲，点校. 北京：中华书局，1980：5.
⑦ 王阳明全集：卷二十六：大学问. 上海：国学整理社，1936：473.
⑧ 王夫之. 张子正蒙注：卷一：太和篇. 章锡琛，校点. 北京：古籍出版社，1956：25.

与西方哲学相似而分殊，从先秦以至明清都以多元事物融突和合化生万物，以化解西方哲学一元本体论；或以道与物、道与心、心与理、有与无、气与物、心与物、和与同等相待相关、相济相渗、相承相释中多物、多元、多样相互圆融以解构存在一元论，因为中国哲学化生之物，其本身亦蕴涵多样性、差异性，这就是中西哲学从源头上便成两个路向。若以西方哲学的路向、标准来观中国哲学，中国哲学便不是其所说的哲学；若以中国哲学的路向、标准来观西方哲学，则西方哲学并不是所谓的哲学。世界是多元的，各民族皆以其特有的方式追求智慧，亦各有其所爱的智慧，因而，世界四大文明古国都有其爱智慧的哲学，不能以一种哲学排斥、否定其他民族哲学。

三、聚散气化

元亨利贞作为人、物生命存在的基本形式和演化进程的逻辑顺序，体认、把握千变万化的大千世界中的人物及各种现象的生死、荣枯的运动形态、形式，既有独立存在的多样性，亦有作为本质特征的共同性。从思维视域以观生死、荣枯的运动形态，便表现为凝聚性和离散性。

聚与散的运动造就了人与物多种形态、形式的存在和变化。所谓凝聚性，是指事物、人与人之间存在着聚合的指向和功能。《说文解字》曰："聚，会也。""聚"有会合、集合的意思。《周易·系辞上》载："方以类聚，物以群分。"朱熹注曰："方谓事情所向，言事物善恶各以类分。"[1] 由于事物人与人之间存在着所指向的聚合，而使同质或不同质的形相、无形相构成一共同的整体。《国语》载：骊姬假君命杀太子申生，又要杀重耳、夷吾，重耳逃避于狄，夷吾亦想逃亡到狄，冀芮说："且夫偕出偕入难，聚居异情恶，不若走梁。"韦昭注："聚，共也。异情，谓各欲求入为君，于义恶也。"[2] 聚合使各种不同形态的形相、无形相人、事物，按一定的逻辑顺序或聚合方式构成整体和新事物，而发挥各事物的功能，这种聚合成新事物的功能，较原各形相、无形相前聚合的功能，不知要大多少倍，这是一种事物之间的凝聚力和吸引力。在这种力的作用下，人与人、民族、宗教之间形成各种群体、集团，以至整体社会，发挥着群体功能，而超越

---

① 周易系辞上传//朱杰人，严佐之，刘永翔. 朱子全书：第1册. 上海：上海古籍出版社，2002：123.

② 徐元诰. 国语集解：晋语二. 王树民，沈长云，点校. 北京：中华书局，2002：282.

个体。

所谓离散性，是指事物、人与人之间存在着一种离散的趋势和功能。《说文解字》载："散，杂肉也。"王筠句读："散字从肉，故说曰杂肉，实是散碎通用之字"。林义光的《文源》认为："散为杂，无杂肉之义……本义当为分散之散。"《周易·说卦传》中说："雷以动之，风以散之。"荀爽曰："震卦用事，天地和合，万物萌动也。"李鼎祚曰："万物上达，布散田野。"① "散"有"散发""打开""散落""散心"等意思。荀子曰："不隆礼，虽察辩，散儒也"。杨倞注："散，谓不自检束，《庄子》曰：以不材木为散木。"② 散儒为不自检束，不尊崇礼法，虽明察善辩，但为不合格的儒生。现代物理学证明物体、分子、电荷、磁极、原子，以及基本粒子内部都存在离散现象，由于事物之间存在离散性，而使各事物具有相对稳定的质的规定性。正是事物的凝聚性与离散性这两种力量的作用，构成了事物的矛盾运动。在中国哲学理论思维中，便构成气运动的基本形态，表示气与人、物之间生死等的联通。

"气"（氣），《说文解字》载："馈客刍米也。从米，气声。"段玉裁注："按从食而气为声，盖晚出俗字，在假气为氣之后。"引申为"云气""节气""气息""气味""生气""气势""志气""意气""风气"等意思，既与自然现象物体联通，又与主体人的精神状态、健康情况相关。春秋时，聚散与气的联系是单一的。战国时，庄子既将聚散范畴连用，又将其与人的生死联通。《庄子》载："人之生，气之聚也；聚则为生，散则为死。若死生为徒，吾又何患！故万物一也。"③ 聚散往来，变化无定，人的生死随聚散往来变化，互为终始，万物联通为一。由于人的认知、审美观的差分，各以所生与死，犹各以所美为神奇，各以所恶为臭腐，这表明物无美恶，只因各人的审美情感、旨趣及认知的差分而有美恶、神奇、腐臭，所谓"臭腐神奇，神奇臭腐，而是非美恶，何有定焉，是知天下万物，同一和气耳"④，即"通天下一气耳"。王充接着庄子讲：人"死而形体朽，精气散，犹囊橐穿败……精气散亡，何能复有体，而人得见之乎"⑤。他认为"气之生人，犹水之为冰也。水凝为冰，气凝为人；冰释为水，人死复神"⑥。气凝

---

① 李道平. 周易集解纂疏. 上海：商务印书馆，1936：475.
② 梁启雄. 荀子简释：劝学篇. 北京：古籍出版社，1956：11.
③ 郭庆藩. 庄子集释：知北游. 王孝鱼，整理. 北京：中华书局，1961：733.
④ 同③734.
⑤ 黄晖. 论衡校释：卷二十：论死. 上海：商务印书馆，1938.
⑥ 同⑤.

聚为人，犹水凝聚为冰，人死则精气散亡。气之聚散运动，是人之生死的标志。

如果说孔子、老子、《左传》、《国语》和孟子论聚散是分离单一概念，且未与气直接相连论述人的生死，《庄子》、王充的聚散概念则以其运动形式与气相连，说明人的生死与气的聚散相融突，且在这一过程中出现了多种形式。

聚集而散的形式。晋韩康伯在注《周易·系辞上》"精气为物，游魂为变"时曰："精气缊缊，聚而成物，聚极则散，而游魂为变也。游魂，言其游散也。尽聚散之理，则能知变化之道，无幽而不通也。"① 他依王弼的贵无思想，论述聚极而散，散极而聚，物极必反的气之聚散生死的状态。他与郭象主张"死生出入，皆欻然自尔"的独化有别，主张穷尽聚散生死的道理，没有不相通的。

神灭不灭的形式。神不灭论是佛教因果报应论的基础。有人诘难慧远说："既化而为生，又化而为死；既聚而为始，又散而为终。"② 气聚有生有灵，气散人死灯灭。气聚成人，是生命的开始，气散人死，是生命的终结。慧远认为，人形尽神不灭。"形有靡而神不化，以不化乘化，其变无穷……论者不寻无方生死之说，而惑聚散于一化，不思神道有妙物之灵，而谓精粗同尽，不亦悲乎！"③ 诘难者所谓方生方死之说，是被气的聚、散、生、死的变化所迷惑，以为精气即神，粗气与形同归于尽灭，而不知形尽而神不灭的道理。范缜与曹思文辩论神灭不灭时说："人之生也，资气于天，禀形于地；是以形销于下，气灭于上。"④ 人生资气禀形于天；人死形体销于地，气灭于上，人死神灭。

聚散有气的形式。聚散是顺事物之理而变化运动的一种形态。张载说："天地之气，虽聚散、攻取百涂，然其为理也，顺而不妄。气之为物，散入无形，适得吾体，聚为有象，不失吾常。"⑤ 气不能不聚而为万物，万物不能不散而为太虚。"太虚无形，气之本体，其聚其散，变化之客形耳"⑥，"气之本体"是指气的本来状态，并非无形的太虚之外另有其"本体"。聚散是太虚之气所具有的两种变化形态。气（太虚）聚则为物，物

---

① 王弼集校释：周易注：系辞上. 楼宇烈，校释. 北京：中华书局，1980：540.

② 全上古三代秦汉三国六朝文：沙门不敬三者论：形尽神不灭. 北京：中华书局，1958：4788.

③ 同②4789.

④ 全上古三代秦汉三国六朝文：答曹思文难神灭论. 北京：中华书局，1958：6422.

⑤ 张载集：正蒙：太和篇. 章锡琛，点校. 北京：中华书局，1978：7.

⑥ 同⑤.

散则为气（太虚）。这构成了张载哲学理论思维的内在逻辑。聚散是联通气（太虚）与物的中介环节。聚改变了气的无形太虚的本来状态，而成为有形相、可见的物；散则改变了客体实在有形相、可见的状态，而成为无形相、太虚的气的本来状态。"气聚则离明得施而有形，气不聚则离明不得施而无形。方其聚也，安得不谓之客，方其散也，安得遽谓之无"①。就气聚为有形相万物说，万物是气在聚散运动中所表现出的暂时状态（客形），便需返回气的本来形态；就气为无形相太虚来说，则必须通过聚散来构建其哲学理论思维体系。这已度越了简易的气的聚散与人的生死的关系，气已成为人的生死聚散的所以然的根据。

王夫之弘扬了张载的思想，他说："气之聚散，物之死生，出而来，入而往，皆理势之自然，不能已止者也。"② 气的聚散，人物的死生，出入往来，是自然而然有规则的趋势，这种客观的理势，是不依人据之为常，挥之而散，挽之而留的。"气之往来在呼吸，自稚至壮，呼吸盛而日聚，自壮至老，呼吸衰而日散。"③ 动物呼吸为聚散运动，从少到壮到老，呼吸由盛而聚，由衰而散。植物与动物出地上不同，而根于地，"阳降而阴升，则聚而荣；阳升而阴降，则散而槁"④，以阴阳升降为聚散运动形态。聚散的载体有异，则聚散运动的表现的存在形态亦有差分，但抽象的概念，是自足无损益的。"气自足也，聚散变化，而其本体不为之损益。"⑤ 本体不因运动变化而损益，但聚与散作为两种运动的形态，聚而显、生、荣、形，散而微、死、槁、神，差分而对待；对待而相互转化，聚而散，散而聚；相互转化，而互相不离融合。"聚散相荡，聚则成而荡其散者之弱，散则游而荡其聚者之滞也。升降相求，阴必求阳，阳必求阴，以成生化也。"⑥ 聚散互相推动，聚成推进散弱，散通推动聚滞，互动互推互补，构成互相依赖不分的整体聚散结构。

聚散为理的形式。程朱基于其理体论而与张载、王夫之气体论分野。二程说："至如梦寐皆无形，只是有此理。若言涉于形声之类，则是气也。物生则气聚，死则散而归尽。"⑦ 理无形，物生而寓于物中，气为形声，万

---

① 张载集：正蒙：太和篇. 章锡琛, 点校. 北京：中华书局, 1978：8.
② 王夫之. 张子正蒙注：卷一：太和. 章锡琛, 校点. 北京：古籍出版社, 1956：5.
③ 王夫之. 张子正蒙注：卷三：动物篇. 章锡琛, 校点. 北京：古籍出版社, 1956：71.
④ 同③.
⑤ 同②3.
⑥ 王夫之. 张子正蒙注：卷一：参两篇. 章锡琛, 校点. 北京：古籍出版社, 1956：33.
⑦ 二程集：河南程氏遗书：卷二下. 北京：中华书局, 1981.

物的生死是气的聚散。"物生者气聚也，物死者气散也。"① 当聚散充当气与物生死媒介的两种存在形式时，由气转化为物，物又"归尽"。二程所说归尽，与张载所说物散而回归气（太虚）异，二程认为其不能回归本原之理："凡物既散则尽，未有能复归本原之地也。"② 朱熹扬弃张载、二程的理学思想，而集理学之大成。朱熹说："夫聚散者，气也。若理，则只泊在气上。"③ 气有聚散运动变化的状态，理不可讲聚散，但理泊在气上而聚散运动。"气聚则生，气散则死"④。人所以生，是精气的凝聚，精气尽时，魂气归于天，形魄归于地而死。朱熹进而认为，聚散生死互为因果，而又互相转化。他的聚散生死之说，是其理气关系不离不杂内在理路的展开。

四、相生相克

"和实生物""聚散生死"，探索了天地人物从哪里来、怎样来，如何生死、何能生死等诸多话题。然天地人物既生之后，人物之间的关系究竟如何？其存在的基本方式是什么？基本趋向又是什么？这就与五行相生相克联通。五行在生物的运行中，具有的性质、作用、影响，以及与诸多万有联通中的关系等，均需要做出回答。

五行的"五"见于甲骨文。⑤《说文解字》曰："五，五行也。从二。阴阳在天地间交午也。"段玉裁注："水火木金土，相克相生，阴阳交午也。""行"见于甲骨金文。⑥《说文解字》曰："行，人之步趋也，从彳，从亍。"有"行走""行伍""行业""商行""行动""行程"等意思。五行一般是指与人们日常生活接触最多、最频繁、最简单的事物，也是人们维持生命存在最起码、最必需、最直接的生活资料。中国古代传说中的燧人氏、伏羲氏、神农氏都与水火木金土有关。《尚书·甘誓》载："有扈氏威侮五行，怠弃三正。"后世注家都以五行为金木水火土。《尚书·洪范》讲五行，与《甘誓》同。《国语·郑语》在记载郑桓公与史伯的对话时讲到如

---

① 二程集. 河南程氏粹言：卷二：人物篇. 北京：中华书局，1981.
② 二程集. 河南程氏粹言：卷二：心性篇. 北京：中华书局，1981.
③ 黎靖德. 朱子语类. 王星贤，点校. 北京：中华书局，1986：38.
④ 同③36.
⑤ 甲骨文见于《铁云藏龟》247·2，《殷墟粹编》1149；金文见于《侯马盟书》.
⑥ 甲骨文见于《殷墟文字甲编》574，《殷墟书契后编》下2·12；金文见于《侯马盟书》等。

何和实生物，史伯说："先王以土与金木水火杂，以成百物。"① 史伯把五行作为抽象的哲学命题，用理论思维形式说明万物与五行的内在关系，认为五行是天地万物生成的基本资料。换言之，具有多样性、差异性的五行质料经杂合成百物，这说明这五种质料是构成天地万物的根本。

五行在杂合的过程中，其自身会发生多种形式的变化，于是便提出五行相生相胜的融突的主张。这是人们对大千世界五行间关系的体认。一般认为五行相生相胜说是邹衍提出的。其实，《左传》中便已有这种思想。昭公三十一年十二月日食，史墨对赵简子说："庚午之日，日始有谪，火胜金，故弗克。"② 即庚午那一天，太阳开始有灾，火胜金，吴国攻入楚国郢都，但不会最后胜利，火克金。哀公九年，吴国攻郑国，晋国赵鞅为救郑国而占卜，灼龟之兆是水流向火。史墨说："炎帝为火师，姜姓其后也。水胜火，伐姜则可。"③ 即姜姓是火师炎帝之后，水胜火，可以攻打姜姓。战国末年，邹衍总结以往五行生克论。在《史记·孟荀列传》中附有《邹衍传》，据载，他著书"十余万言"，均已佚。在别书所引有"邹子终始五德，从所不胜。木德继之，金德次之，火德次之，水德次之"④。虞土，夏木，殷金，周火。"邹子曰：'五德之次，从所不胜。'故虞土、夏木、殷金、周火。"⑤ 朝代的更替受五德终始的制约。

董仲舒在融突和合先秦儒、道、名、法、阴阳家思想，构建新儒学后，撰写了《五行相生》《五行相胜》《五行顺逆》等篇。"五行者，五官也，比相生而间相胜也。"⑥ 东方为木，司农之官，木生火；南方为火，官司营，火生土；中央为土，官司徒，土生金；西方为金，官司寇，金生水；北方为水，官司农，水生木，是为五行相生的理路。⑦ 五行相胜的理路是，木为农，农为民，不顺如叛，则命司徒诛其率正，曰金胜木；火，有邪谗荧惑其君，执法诛之，执法者为水，曰水胜火；土为君的官，君太奢侈，过度失礼，民叛君穷，曰木胜土；金即司徒，司徒弱，不能使土

---

① 徐元诰. 国语集解：郑语. 王树民，沈长云，点校. 北京：中华书局，2002：470.

② 杨伯峻. 春秋左传注：第4册：昭公三十一年. 北京：中华书局，1981：1514.

③ 同②1653.

④ 中国哲学史教学资料汇编编选组. 中国哲学史教学资料汇编（先秦部分）. 北京：中华书局，1962：340.

⑤ 刘文典. 淮南鸿烈集解：卷十一：齐俗训. 冯逸，乔华，点校. 北京：中华书局，1989：358.

⑥ 苏舆. 春秋繁露义证：卷十三：五行相生. 钟哲，点校. 北京：中华书局，1992：362.

⑦ 同⑥361-366.

众，司马诛之，曰火胜金；水为执法司寇，执法附党不平，则司营诛之，曰土胜水。① 五行相生相胜，关系官员是否忠于职守，亦关系其能否遵照自然时节规律办事。如木为生之性，劝农事，勿夺农时，则树林华美，反之纵恣、淫乐、夺民时、民财，茂林枯等。这便是五行的顺逆运动形式。

朱熹将五行与阴阳相融合，构建了源于理而究于诚的五行结构，他说："天地生物，五行独先，何事而非五行，七者滚合，便是生物底材料。"② 生物的材料，朱熹也称之为质料。阴阳五行之气，滚在天地中，精英之气为人，渣滓之气为物。于是阴阳五行的滚合、杂合，与五行的相生相克便成为天地万物的元理，整个天地万物都被统摄在其中，如：自然现象的五方、五材、五味、五事、五色、五星；社会现象的五官、五臣、五常；人身的五脏、五腑、五体、五窍；人的情感意识的五志、五声等，这是一个既从宏观到微观，又从纵向到横向的结构系统。它对中国传统政治、经济、文化、哲学、历史、艺术、宗教信仰、地理堪舆、星相等有很大的影响。

元亨利贞涵盖了自然、社会、人类生命的大化流行，生生不息。这个有生命的人类宇宙自然世界，不是神的恩赐，而是由多样的形相、无形相的融突和合而成的，如阴阳五行七者滚合，和而生物。滚合的过程就是在大化流行的过程中，在凝聚与离散的作用下，构成人、物的生与死这两种形态，草木的荣与枯，社会的兴与衰，国家的富强与贫弱等现象。聚散所成就的各种多元世界现象之间，既矛盾又融合，既差分又合一，既相生又相克，这种"既……又……"的关系的紧张，给"大化流行""生生不息"以无穷的活水，促使宇宙、社会、人生多样性光辉灿烂，美美与共。

---

① 苏舆. 春秋繁露义证：卷十三：五行相生. 钟哲，点校. 北京：中华书局，1992：366-371.

② 周敦颐. 周子全书：卷一：太极图说解. 上海：商务印书馆，1937：12.

第三章 体用一源论*

　　宇宙、社会、人生是由什么支撑的？千变万化的万象是如何归一的？天地万物的终极根源、根据是什么？人应如何把握天地万物的资始资生？要回答这些问题就需要进入道体的体用一源元理的求索。体用思维在中国哲学概念、范畴逻辑结构中已度越一家一派的范围，而敞开胸怀，成为儒释道及诸子用来诠释自己哲学的概念、范畴。程颐提出"体用一源"命题，后人对此加以发挥，并进入天人关系的探求，体现为天度越人，又寓于人；交感联通，尽心知天；相分制用，参赞化育；交而相胜，还而相用；天道人性，天人合一。中国哲学的和合生生道体是追寻天地万物存在本原的终极根与底，是对思想的思想终极解释的反思，是对世界终极价值追求的形而上者，由此展开了对形而上与形而下的探讨，体现为无形有待，不生有名；有本无体，本末体用；相分不离，和合道体。形而上之道与形而下之器的思维形式，是天地然与所以然、迹与所以迹、共相与殊相、道体与现象、本源与属性、精义入神与礼仪实践的关系。在近代中西文化哲学会通的人文语境下，有学者主张中本西末、中体西用、中内西外等。

　　"八垓可接于咫步，万象无逃于寸眸。"敞开思维的时空，反思眼耳鼻舌身所接收到的世界万象，天地赋予万物之灵去追求智慧，探索究天人之际、研源头活水的职责，激起人们"思如渴骥勇奔泉"的哲学爱智的奇异热情。宇宙、社会、人生是由什么支撑的？千变万化的万象是如何统一的？天地万物的终极的根源、根据是什么？人如何把握天地万物的资始资生？天地万物在时空中发展变化的依据是什么？要回答这些问题就必须进

＊ 本章原以《体用一源论——中国哲学元理》为题载于《学术月刊》2020年第4期。

69

入道体的体用一源元理的求索。

一、体用一源释

体用一源是中国哲学探求道体的重要元理，中国哲学以善思的觉解、卓越的智慧、智能的创造，发现了体用一源。"至微者理也，至著者象也。体用一源，显微无间。"① 微妙的理为体，显著的象为用，二者没有间隔，而出自同一源头。

"体"，无见于甲骨文，见于金文《中山王壶》。《说文解字》曰："体，总十二属也。"段玉裁注曰："首之属有三：曰顶、曰面、曰颐。身之属三：曰肩、曰脊、曰臀。手之属三：曰厷、曰臂、曰手。足之属三：曰股、曰胫、曰足。""体"之义继而引申为"表现""体现"。《系辞下》载："阴阳合德，而刚柔有体，以体天地之撰。"孔颖达疏："天地之内，万物之象，非刚则柔，或以刚柔体象天地之数也。"② 即以刚柔体现天地的象数。虽万物有刚柔性质的区别，但阴阳合德，有其一体的本性、本质。《古今韵会举要》曰："体，质也。"《吕氏春秋》载："人与天地也同，万物之形虽异，其情一体也。"高诱注："体，性也。情皆好生，故曰一体。"③ "体"为"性质""本性""本质"之义。万物的形体千差万别，但其性质、本质、本性为一，即共同的。"一体"的准则、标准是一体的、共同的。《管子》载："君明、相信、五官肃、士廉、农愚、商工愿，则上下体，而外内别也。"尹知章注："上下各得其体也。"④ "君明""相信""五官肃"为上为内，"士廉""农愚""商工愿"为下为外，其衡量、评价的准则是一体的，必须效法。《淮南鸿烈》载："帝者体太一，王者法阴阳，霸者则四时，君者用六律。"高诱注曰："体，法也。太一，天之刑神也。"⑤ 帝要效法太一神，对此，需要予以体贴、体谅。《篇海类编·身体类·骨部》载："体，体贴。"《中庸》认为，凡为天下有国家九经，其中要"敬大臣也，体群臣也"。朱熹注："体，谓设以身处其地而察其心也。"⑥ 即要设身处地地体

---

① 二程集：周易程氏传. 北京：中华书局，1981.
② 周易正义//十三经注疏. 阮元，校刻. 北京：中华书局，1980：89.
③ 吕氏春秋校释：卷二：情欲. 陈奇猷，校释. 上海：学林出版社，1984：85，91.
④ 黎翔凤. 管子校注：卷十：君臣上. 北京：中华书局，2004：550.
⑤ 刘文典. 淮南鸿烈集解：卷八：本经训. 冯逸，乔华，点校. 北京：中华书局，1989：258.
⑥ 中庸章句//朱杰人，严佐之，刘永翔. 朱子全书：第 6 册. 上海：上海古籍出版社，2002：46.

察、体恤、体贴其心情。"体"为人的身体、形体，及从有形相而抽象出来的无形相的"体现""本性""本质""本体""主体""准则""标准""效法""体贴""容纳""连接"等义。"体用一源"的"体"是无形相的概念、范畴，是抽象的哲学理论思维命题，已度越了有形体的"身体"的"体"。

"用"见于甲骨文和金文。① 《说文解字》曰："用，可施行也。从卜，从中。"《周易·乾卦》初九爻辞载："潜龙勿用"，勿可施用。《左传》载，晋侯、秦伯包围郑国，佚之狐对郑伯说，如果派遣烛之武去见秦君，秦军一定会退走，郑伯去找烛之武。烛之武说：臣下老了，无能为力了。郑伯说："吾不能早用子，今急而求子，是寡人之过也。然郑亡，子亦有不利焉。"② 其中，"用子"为"任用"烛之武之意。经烛之武的陈说，秦军退兵，郑国免于灭亡。"用"又有"采纳""采用"之义。《左传》载：晋国人担心秦国任用士会，士会辞谢秦伯，绕朝赠之以策书，说："子无谓秦无人，吾谋适不用也。"③ 即"您别说秦国没有人，只是我的计谋正好不被采纳罢了"。"用"在这里表示"采纳"的意思，亦即计谋能否被"施行""运用""使用"。《孙子》载："故善用兵者，避其锐气，击其惰归，此治气者也。"张预注："凡人之气，初来新至则勇锐，陈久人倦则衰。故善用兵者，当其锐盛，则坚守以避之，待其惰归，则出兵以击之。此所谓善治己之气，以夺人之气者也。"④ 这是军事用兵的智慧。对具体事件的处理、处置，虽与用兵异，但所用价值却有相似之处。司马迁在《报任安书》中说："人固有一死，或重于泰山，或轻于鸿毛，用之所趋异也。"即人死要死得有意义，而不要死得没有价值，这是人对生死的不同价值观。这里所说的"用"的"施行""使用""任用""运用""采用""处理""功用"等意思都属于某一事物、人才的使用层面，是人物运用的实在方面。在中国哲学中，"用"又度越实在，而成为抽象的哲学思维的概念、范畴，成为与"体""质"相对的虚性概念、范畴。范缜在《神灭论》的答问中说："形者神之质，神者形之用，是则形称其质，神言其用，形之与神，不得相异也。"⑤ 其认为形体是精神的实体、本质，神是形体的作用、功用。形

---

① 甲骨文见于《殷墟书契前编》4·6·4、5·35·1；金文见于《戊寅鼎》《商尊》《中山王壶》《江小仲鼎》。

② 杨伯峻. 春秋左传注：第1册：僖公三十年. 北京：中华书局，1981：479-480.

③ 杨伯峻. 春秋左传注：第2册：文公十三年. 北京：中华书局，1981：596.

④ 曹操，等. 十一家注孙子. 郭化若，译. 北京：中华书局，1962：121-122.

⑤ 中国哲学史教学资料汇编编选组. 中国哲学史教学资料汇编（魏晋南北朝部分）. 北京：中华书局，1964：480.

体与精神、本质与作用、生与死没有分别，人死形体亡精神灭，不存在人亡神不灭的状态，犹"皮之不存，毛将焉附"，批判了神不灭论和因果报应论。

"体用一源"中的"一"，见于甲骨文和金文。① 《说文解字》曰："一，惟初太始，道立于一，造分天地，化成万物。"段玉裁注："一之形于六书为指事。"徐灏笺："造字之初，先有数而后有文。一二三三，画如其数，是为指事，亦为象事也。"一为数的开始。"一"，即"相同""一样"，如一视同仁。《玉篇·一部》："一，同也。"《诗经》载："其仪一兮，心如结兮。"毛亨传："言执义一则用心固。"孔颖达疏："其于子也，平均如一，盖相传为然。"② 《尚书》载："人心惟危，道心惟微，惟精惟一，允执厥中。"孔颖达疏："将欲明道，必须精心。将欲安民，必须一意。"③ 即要专心一意，不能三心二意。"一"在这里指"专一""纯一"，纯正而不污无杂。《周易》载："日月之道，贞明者也。天下之动，贞夫一者也。"孔颖达疏："日月照临若不以贞正，有二之心，则照不普及，不为明也。……天地日月之外，天下万事之动，皆正乎纯一也。"④ 管子说："水一则人心正，水清则民心易，一则欲不污，民心易则行无邪。"尹知章注："一，谓不杂，人心既一，故欲不污秽。易直则无邪也。"⑤ 人心纯正而不杂不邪，圣人教化人世间，是民心变化，向善而没有邪恶的行为。人心统一，"平四海，分九州，同好恶，一风俗"⑥，即使不同的风俗习惯划一，均齐；划一、均齐而能协同。《尚书》载："尔尚一乃心力，其克有勋。"孔颖达疏："汝等庶几同心尽力，以从我命，其必能有大功勋，不可懈惰。"⑦ 在哲学上，一既是数之始，亦是万物之始。老子讲："道生一，一生二，二生三，三生万物。"⑧ 一是什么？韩非说："道无双，故曰一。"⑨ 即道没有两个，所以，以道为一。庄子说："泰初有无，无有无名；一之所起，有一而未形。物得以生，谓之德。"成玄英疏："一者道也，有一之

① 甲骨文见于《殷墟书契前编》4·47·6，《殷墟佚存》434；金文见于《盂鼎》《毛公鼎》《侯马盟书》。

② 毛诗正义//十三经注疏. 阮元，校刻. 北京：中华书局，1980：385.

③ 尚书正义//十三经注疏. 阮元，校刻. 北京：中华书局，1980：136.

④ 周易正义//十三经注疏. 阮元，校刻. 北京：中华书局，1980：86.

⑤ 黎翔凤. 管子校注：卷十四：水地篇. 北京：中华书局，2004：832.

⑥ 王利器. 新语校注：卷下：明诫. 北京：中华书局，1986：157.

⑦ 同③137.

⑧ 任继愈. 老子新译. 上海：上海古籍出版社，1985：152.

⑨ 梁启雄. 韩非浅解：扬权. 北京：中华书局，1960：52.

名而无万物之状。"① 开天辟地的太初，没有存在，也没有名称，有了一，但没有形，是无形相，然后物得以产生。换言之，一是万物的根源，为源头活水。

"体用一源"的"源"不见于甲骨文和金文。《广韵·元韵》："源，水原曰源。"即水流开始出现的地方。《国语》载："伐木不自其本，必复生；塞水不自其源，必复流；灭祸不自其基，必复乱。""基"，韦昭注："基，始也。"② 伐木必断其根源，塞水必堵其源头，灭祸必从开始时就预防。若不如此，木复生，水复流，祸复乱。于是有"发源""根源""来源"的意思。荀子说："百姓时和，事业得叙者，货之源也；等赋府库者，货之流也。"杨倞曰："时和，得天之和气，谓岁丰也。事业得叙，耕稼得其次序，上不夺农时也。等赋，以差等制赋。货、财皆钱谷通名。别而言之，则粟米布帛曰财，钱布龟贝曰货也。"③ 天时和顺，耕作适时，这是财货的源；按照等级征收赋税，这是财货的流。韩非说："道者，万物之始，是非之纪也。是以明君守始以知万物之源，治纪以知善败之端。"梁启雄解："道指万事万物的总体，所以它是万物的根本，又是'是'和'非'的综理或纲纪。《老子》注：'始者，道本也。'《礼记》注：'始犹根也。'又注：'纪，总要也。'《周语》注：'纪，综理也。'"④ "源"在这里指万物的"源始""源头""根源"等，亦有"探求"之义。《南史》载："一人之鉴易限，天下之才难源，以易限之鉴，镜难源之才，使国罔遗贤，野无滞器，其可得乎?"⑤ 一人的鉴别、识别是受限的，天下的人才是难于探求的，如果以受限的识别去探求人才，国家的贤人没有不被遗忘的。"源"从有形象的水源，到无形相的"根源""根本"等，是"源"这一概念的抽象化、普世化。

"心穷万物之源，情通古今之变。"体用一源作为哲学思维元理的"名字"结构，其清晰的含义不是一般词语、语言所能表述明白的，但又不能不由语句、语言来表述，除此之外很难想象其他表述方式。其名字结构如下：

其一，身体是生命的活动体，是生命的载体。人们经常说：身体是革

① 郭庆藩. 庄子集释：天地. 王孝鱼，整理. 北京：中华书局，1961：424-425.
② 徐元诰. 国语集解：晋语一. 王树民，沈长云，点校. 北京：中华书局，2002：256.
③ 梁启雄. 荀子简释：富国. 北京：古籍出版社，1956：133.
④ 梁启雄. 韩非浅解：主道. 北京：中华书局，1960：28.
⑤ 南史：谢庄传. 北京：中华书局，1975：555.

命的本钱，当然也是人生的本钱。身体患病，不仅不能工作，而且需要别人照顾，浪费别人的精力且耽误别人的工作，也浪费国家的金钱；精神患病，魂不守舍，疑神疑鬼，必定早亡。古人讲："精盈则气盛，气盛则神全，神全则身健，身健则病少。""精"是人的身体和维持生命活动、思维活动的基本质料，"气"是身体里流动着的气血或营养精微的质料，"神"是人的精神状态。所以说："人有三宝，精、气、神。"人的身体只有如此施行，才是维持、周全生命的根本、根源。

其二，本质的体现。本质是事物的根本性质，是构成事物普遍的、必然的和相对稳定的内在联系。本质就事物的根本性质而言，是其特殊本质；就其他事物而言，是彼此区别的根本标志。本质是事物内部所包含的一系列必然性、规则性的融合，是自然规律的概括，亦是社会伦理、道德规范的升华，更是生命价值的度越。如在道体器用、理体气用中，"道体""理体"是本质，"器用""气用"是道体、理体的体现，表现为现象的一种状态。"器用""气用"是"道体""理体"的外在联系和表面特征及表现。这种外在联系和表面特征及表现，一般而言是个别的、片面的殊相，本质是共相，是在事物内部隐藏而不显露的。本质的表现形式是多样的、易逝的，本质则是相对稳定的、寂静的。在本质不易的情况下，其体现的形式是多元的，其形相是被人的眼耳鼻舌身所能感受、感知的。本质是视而不见，听而不闻的。本质通过其体现出来的一定形态表明自己的存在。

其三，本性的体贴。本性是人物根本的性状，"性"的本字为"生"，后演变为"性"。阮元在《性命古训》中说："性字从心从生，先有生字，商周古人选此字，已谐声，声亦意也。"《说文解字》曰："性，从心，生声。""本性"既指人的自然本性，亦指"性相近"之外的"习相远"的受社会环境习染、陶冶而形成的仁义礼智、道德理性，这是对人的"食色性也"的生理、自然本性的度越。体贴本性有善有恶，这是对人的行为活动施行道德判断、道德评价的结果。简言之，善是指个人、群体、民族、国家的行为活动，符合一定社会的伦理道德，它体现为对他者（人、社会、国家、民族、宗教）有益，是正能量价值的行为活动，如"夫仁者，己欲立而立人，己欲达而达人"的恕道。恶的行为活动则与此相反相背，是己立使人不立，己达使人不达，限制、制裁他者（人、社会、国家、民族、宗教）的立与达，甚至搞霸凌主义，唯我独立独达。

其四，性质的体察。性质是一种事物区别于他种事物所具有的根本属性，它因含有某种成分、元素、基因而产生不同的性质。先天的性质具有遗传性、自然性，与事物的基因相关；后天的性质与社会的政治、经济、文化、宗教、风俗、习惯等相关，从而产生不同的性灵，即人的精神、性格、情感的差分。《人物志》载："是故观人察质，必先察其平淡，而后求其聪明。聪明者，阴阳之精。阴阳清和，则中睿外明。"① 即体察人的性质，要先看其是否平淡，然后再看其是否聪明。聪明是阴阳之气的精华，阴阳之气若清明和谐，便内具睿智，外能明达，其人就具有平淡与聪明和合之美的性质。诸葛亮讲："夫知人之性，莫难察焉。美恶既殊，情貌不一，有温良而为诈者，有外恭而内欺者，有外勇而内怯者，有尽力而不忠者。"② 即其认为体察人的品性是很难的，因为善恶、情貌的差分，内外的不一致，有表现得温良、谦恭、勇敢、卖尽力，而实则伪诈、欺骗、懦弱、不忠等，并提出知人的七种方法。

其五，根源的探求。事物最重要的是来源，如水之来源，树的根，若水无源、木无根，便会水干木枯。这是事物存在的前提条件和基础，是事物之所以存在的根据。有根有源是事物的生命所在，亦是事物之所以生生不息的原因。对事物的根源的探求，是度越事物一切现象之后的形而上的追究。西方对形上学有各种不同的见解，或以形上学为本体，从古希腊到康德，本体概念逐渐流行，意指不可思议、不可进入、永恒不变的存在，犹如"上帝"，其是天地万物千变万化的根源，是创世纪的主宰，其本身是非创造的、自在的、最高的存在，即本体。中国哲学尽管亦用"本体"这个词，但与西方所使用的"本体"异趣，如张载讲的"气之本体"，是指气的本来状态。《周易》讲："形而上者谓之道，形而下者谓之器。"所以在《中国哲学元论》中不称"本体"而称其为"道体"，或曰形上学道体。张岱年先生认为："宇宙中之最究竟者，古代哲学中之谓为本根。董仲舒又以元为宇宙最究竟之名称。"③ 以"道体"为根源，即天地万物的纷纭繁陈，万象联通所自出的源头，是统众而至于贞元纯一、专一的道体。它兼涵万有的至极的究竟者。宋明理学家的理体学者以"理也者，形而上之道也"为至极的究竟者。

此五层面为体用一源的价值意义。当时代呼唤一种新哲学理论思维体系的诞生时，其应回到源头、出发点上寻找灵感，才能在更高深、更广大的层次上"极高明而道中庸"地反思实现，考究未来，开拓出中国哲学的

① 刘劭. 人物志：九征. 王玫，评注. 北京：红旗出版社，1996：13.
② 诸葛亮集：卷四：知人性. 北京：中华书局，1960：78.
③ 张岱年. 中国哲学大纲. 北京：中国社会科学出版社，1982：6.

新生面。

二、至微与至著

体用的概念、范畴在时间的长河中生生不息地演化，源源不断地相续。它在古今之变中，不仅显现出强大的生命力，而且具有动态的开放系统。体用在"五经"和孔老的著作中均为单体概念。[①] 在中国哲学概念范畴系统结构中，较早提出体用对待概念的是荀子。他说："万物同宇而异体，无宜而有用为人，数也。人伦并处，同求而异道，同欲而异知，生也。"[②] 此"体"为"形体"之"体"，"用"为"功用""作用"。人要体认万物异体而有用的同求、同欲的道理。梁启雄解释说："知道者何？其明察足以知道，其力行足以体道之谓也。"[③] 体有"体会""体察""体悟"等意思。"体道"的"体"非"形体"之"体"，而是度越具体现象、事物的，具有特定含义的概念。

体用概念、范畴逻辑发展的趋向是逐渐贴近体用的哲学思维理论。《黄帝内经·素问》载：东南中央西北五方，由于其生风、热、湿、燥、寒。岐伯在回答黄帝问时说：东方在体为筋，其用为动；南方在体为脉，其用为躁；中央在体为肉，其用为化；西方在体为皮毛，其用为固；北方在体为骨，其用为藏。[④] 其中将"体""用"对举，节气不同，其体用亦异，不过都以"体"为"身体""形体"，"用"为"功用""作用"，身体随天气四季而变化。如东方具体表现为在天应在风，在地应在木，在人体应在筋，在气应在柔和，在脏应在肝。其性为温暖，其德为平和，其功用为动等。它以阴阳五行学说解释人体内外变化，及其对人体及万物生化的作用。司马谈曰："道家无为，又曰无不为，其实易行，其辞难知，其术以虚无为本，以因循为用。"《正义》曰："无为者，守清净也；无不为者，生育万物也；各守其分，故易行也；幽深微妙，故难知也；任自然也。"[⑤] 其中将"本""用"对举。魏伯阳在《周易参同契》中说："春夏据内体，从子到辰巳；秋冬当外用，自午讫戌亥。"其中将"内体"与"外用"对

① 参见拙著：张立文. 中国哲学范畴发展史：天道篇. 北京：中国人民大学出版社，1988：625-626。

② 梁启雄. 荀子简释：富国. 北京：古籍出版社，1956：118. 断句依王先谦《荀子集解》本。

③ 梁启雄. 荀子简释：解蔽. 北京：古籍出版社，1956：295.

④ 谢华. 黄帝内经：素问. 北京：中医古籍出版社，2000：262-263.

⑤ 司马迁. 史记：太史公自序. 上海：商务印书馆，1932：59.

举。在体用概念联通中，形式多样，并渐次规范化。

将体用确定成为中国哲学理论思维范畴体系，应推魏晋玄学。王弼在论证其以无为本的哲学理论思维时，以体用范畴的规定性去规定无与有，并作为无与有、本与末、一与多、动与静、常与变、意与言等范畴的中介，把无与有和诸范畴联通起来，构成以无为本的哲学理论思维体系。王弼借注《老子》而发挥体用。他说："万物虽贵，以无为用，不能舍无以为体也。舍无以为体，则失其大矣。"① 即万物虽珍贵，但以无为本体，不能离开无以为用，万物皆是无的作用的表现。在《老子》一书中，并未用体用范畴来说明无与有，王弼用体用范畴来论证无与有的关系，既用体用的规定来规定无与有关系的性质、地位，又论证有无不离不杂，以无为用，必是因以无为体，离体的用，是无源头与根据的；有之所以有用，是无的所以然。"故冲而用之又复不盈，其为无穷亦已极矣。形虽大，不能累其体；事虽殷，不能充其量。"② "冲而用之"，即以无为用，形虽大，不能系累或束缚无体，天地万物形虽广大，只是无的作用和表现，无以自身为存在的根据又内在于万物，无兼体用，体用不二。无的体用，即是道的体用，韩康伯说："道者何？无之称也，无不通也，无不由也。况之曰道，寂然无体，不可为象，必有之用极，而无之功显，故至乎神无方而易无体，而道可见矣。"③ 道即无，它可通可由而无象，但以无为体，而有用极，道体（无体）通过用，而显示其功能、功用。体用不离，无体无用，无用亦无体。体用不二，即意蕴体用一源的思想。

隋唐时，儒释道三教兼容并蓄，相互论体用。孔颖达说：道器即无有，"故以无言之，存乎道体；以有言之，存乎器用"④。形而上之道是无，是体，形而下之器是功用，是表现，以体用的规定性来规定道器、有无、形而上下的范畴，是对体用概念、范畴的丰富与发展。李鼎祚撰《周易集解》注引崔憬在《周易探玄》中的话："凡天地万物，皆有形质。就形质之中，有体有用。体者，即形质也；用者，即形质上之妙用也。言有妙理之用以扶其体，则是道也；其体比用，若器之于物，则是体为形之下，谓之为器也。"⑤ 有形质的天地万物中有体有用，体为形质，用为形质之上的

---

①　王弼集校释：老子道德经注. 楼宇烈，校释. 北京：中华书局，1980：94.

②　同①11.

③　王弼集校释：系辞注. 楼宇烈，校释. 北京：中华书局，1980：541.

④　周易正义//十三经注疏. 阮元，校刻. 北京：中华书局，1980：541.

⑤　李道平. 周易集解纂疏. 上海：商务印书馆，1936：416.

妙用。用以扶体，体以比用。譬如动物以形躯为体为器，以灵识为用为道；植物以枝干为器为体，以生性为道为用。从中可窥见从郭象的质用对举到范缜的形质神用，再到崔憬的形质为体，形质的妙用为用的转化过程。形而上下便解为形质中的上下，形质中有体有用，体用不二。"有能言体而不及用者，不知二者之不可斯须离也。离之外矣，是世之所大患也。"① 柳宗元认为，佛法以"般若"为尚（上），佛经莫极乎"涅槃"，学佛入佛要取法于经，不能妄取空语，流荡舛误，颠倒真实，陷己陷人，因此体用不可离，离是世间的大患。

儒家讲体用，佛教亦讲体用。北宋晁说之认为，究体用所自出，本乎释氏。恰说明佛教在中国化的过程中，儒释道三教融突和合，三教同话语。天台宗慧思说："今云体用无二者，非如揽众尘之别用，成泥团之一体，但以世谛之中，一一事相，即是真谛全体，故云体用无二。"② 他以体用喻真谛与世谛，体的作用是产生现象界，现象界是体的完全的显现，本体亦完全显现在每个现象中。真谛统摄世谛中一切事相得尽，世谛中的一一事相亦统摄世谛中一切事相皆尽。体与用互摄圆融，即体即用，体用一如无二。天台宗的创立者智颉对体用进行了规定："体者训礼。礼，法也。各亲其亲，各子其子，君臣撙节，若无礼者，则非法也。出世法体，亦复如是。善、恶、凡、圣、菩萨、佛，一切不出法性，正指实相以为正体也。"③ 他试图将儒家君臣父子之礼与佛教的出世法，以及儒家伦理道德、价值理想中的超凡入圣与佛教的菩萨、佛相圆通，为实相正体，并训用为"用者，力用也"④。从体导起用，体用一如。

三论宗的创始者吉藏撰《中论疏》《百论疏》《十二门论疏》，故名三论宗。他认为一切事物是因缘和合而生，是无自性的，诸法性空。他对五种体用论进行了分析：一是有为体，空为用。体是理之异名，有为体即有为理。今以空断结，明知空是理，而非有为理。二是以空为体，有是其用。若空有俱为谛，何得偏用一空为体。三是二谛各自有体。若是应有两理，有与空各自有理，二者不能相即。四是二谛虽是一体，以义约之为异。如此，便当一为有体，或当一为空体。五是二谛以中道为体。如是，便有时亦作体用相即。吉藏通过批判五种体用说，以明其思想。不过他用

① 柳宗元集：卷25：送琛上人南游序. 北京：中华书局，1979.
② 石峻，等. 中国佛教思想资料选编：第1卷：大乘止观法门. 北京：中华书局，1981：402.
③ 石峻，等. 中国佛教思想资料选编：第2卷：妙法莲华经玄义. 北京：中华书局，1983：49.
④ 同③50.

双遣双非的方法，认为"假有假无是用假，非有非无是体假，有无是用中，非有非无是体中。复言，有无非有非无，皆是用中用假，非二非不二，亦是体假体中，合有四假四中，方是圆假圆中耳"①。在有与无的颠倒反复中说明非体非用，即体即用。

天台宗主体用不二，体用一如；华严宗则主体用各别，又主体用双融。华严宗的基本教义和理论，到法藏时才完备。法藏说："大缘起中，诸缘相望，要须体用各别，不相和杂，方成缘起。"② 因体用各别，诸缘各各守自一，于是在大因缘和合中，体用对待而别，而有"体强用弱""用强体弱""体用俱强""体用俱弱"四种不同形式，以表体用不相混杂，犹如因果、智境相对，体用相对，没有一法体用不具的。这是从体用相别而言的，从体用双融观，诸缘起法要用力交涉，全体融合，方成缘起，其圆通有：一是以体无不用故，举体全用。二是以用无不体故，即唯有相即，无相入。三是归体之用不碍用，全用之体不失体，是即无碍双存，亦入亦即，自在俱观。四是全用之体体泯，全体之用用亡，非即非入，圆融一味。五是合前四句，同一缘起无碍俱存。六是泯前五句，绝待离言，冥同性海。此上三门，于初异体门显义理竟。七是同体相入义。一能摄多，多便入一，一入多摄，反上应知。八是同体相即义，谓前一缘所具多一，亦有有体无体义，故亦相即。九是俱融无碍义，谓亦同前，体用双融，即入自在。十是同异圆融义，谓以前九门总合为一大缘起故，致令多种义门同时具足。③ 本体与本体、本体与现象、现象与现象、现象与本体都是相融和合的。从体用俱融无碍以观其理事说，便与理事无碍，事事无碍相圆通。法藏以法界缘起为构建其四法界的理论平台，法界蕴涵理与事，缘起为诸因缘条件和合而起。本体理是无差分的，千差万别的现象是以理体为根据，是理体的表现。既然事物是理的显现，那么事就是理，理就是事，理事无碍。法藏既讲理体事用，又讲体用无碍。他在《体用开合门》中说："观体用者，谓了达尘无生无性一味，是体；智照理时，不碍事相宛然，是用。事虽宛然，恒无所有，是故用即体也。如会百川以归于海。理虽一味，恒自随缘，是故体即用也。如举大海以明百川。由理事互融，故

---

① 石峻，等. 中国佛教思想资料选编：第 2 卷：大乘玄论. 北京：中华书局，1983：315.

② 石峻，等. 中国佛教思想资料选编：第 2 卷：华严经探玄记. 北京：中华书局，1983：283.

③ 同②285.

体用自在。"① 体即用，用即体，体用无碍相融，相入相即。

禅宗是中国化的佛教，由慧能创立，之前只有禅学，而无禅宗。其学主张"明心见性"，即直指人心，见性成佛。慧能说："定惠体一不二，即定是惠体，即惠是定用，即惠之时定在惠，即定之时惠在定。"② 即静静地思虑修定和智慧。静与修是定，虑和思是慧。定相当于止，慧相当于观。修定是智慧的本体，智慧是修定的功用。他举例说："定慧犹如何等？如灯光。有灯即有光，无灯即无光，灯是光之体，光是灯之用，名即有二，体无两般。此定慧法，亦复如是。"③ 灯是体，光是灯的功用，定与慧犹如灯与光，定体慧用。名有定慧，灯光有二，本体作用一如无两。

道教在理论思维上融合佛教思想，成玄英构建了"重玄之道"的学说。因道教奉老子为教主，据其"玄之又玄，众妙之门"而为重玄，对此他在《老子义疏》中有述。《道教义枢》中曰："太玄者，重玄为宗，老君所说，故道君序诀云'玄玄道宗'。"其所谓道，"夫道者何也？虚无之系，造化之根，神明之本，天地之源"④。道是天地的源头、万物之根源，它无形无声，万象以之生，五音以之成，生生成成，古今不移。"所以言物者，欲明道不离物，物不离道，道外无物，物外无道，用即道物，体即物道。"⑤ 既明道物不离，又明道外无物。从其作用、功用而言，道体现于物，即道以物体现自身的功用；从其体而言，道是万物产生的本体、根据，道与物不一不异，而异而一，不一而一，而物而道；一而不一，非道非物。道生物，道就是物；物由道生，而一于道，道即物。"明即体即用，俄尔之间，盖非赊远也。夫玄道窈冥，真宗微妙。故俄而用，则非有无而无，用而体，则有无非有无也。是以有无不定，体用无恒，谁能决定无耶，谁能决定有耶？此又就有无之用明非有非无之体者也。"⑥ 即体即用，即本即迹。本体与迹用相即，突然间本体发生功用，非有无可以说是有无；迹用不离本体，有无又不是有无。非有非无，即有即无；非体非用，即体即用。既以道为物的派生者，物为道的派生者，便是道为体，物为用的关系。

道士王玄览，注《道德经》二卷，他叹长生之道无可共修，于是坐起

---

① 石峻，等. 中国佛教思想资料选编：第2卷：华严经义海百门. 北京：中华书局，1983：127.

② 慧能. 坛经校释. 郭朋，校释. 北京：中华书局，1983：26.

③ 同②30.

④ 中国哲学史教学资料汇编选编组. 中国哲学史教学资料汇编（隋唐部分）. 北京：中华书局，1965：306.

⑤ 同④312.

⑥ 郭庆藩. 庄子集释：齐物论疏. 王孝鱼，整理. 北京：中华书局，1961：80-81.

行住，唯道是务，道教与佛教的经典，悉遍披讨。他主张，万物禀道而生，万物有变异，道无变异。如众生有生灭，道无生灭。道中有众生，众生中有道。体认此道，便能"识体是常是清净，识用是变是众生，众生修变求不变，修用以归体，自是变用识相死，非是清净真体死"①。道体是恒常的清净的，功用是变化的，是众生。众生要通过静修转变为不变，即静修功用以归于道体，变的功用是生死，清净道体是不死不灭。

道士司马承祯吸收北朝寇谦之道教思想，并兼采佛教戒律，融南北道教和佛教，因而他不重神仙方术，而重教理研习。他认为宗教修炼主要在修心，修心要主静，即收心离境，从而进入虚无而与道合，"至道故之，中寂所有，神用无方。心体亦然，源其心体，以道为本，但为心神被染，蒙蔽渐深，流浪日久，遂与道隔"②。心体以道为本根，心体即道体，由于心神被污染，唯有净除心垢，开释神本为修道；修道与道体和合，名为归根，守根不离，是为静安。静安便进入形如槁木，心若死灰，无感无求，寂泊之至的状态之中。无心于定，而无所不定，便曰泰定。"夫心之为物，即体非有，随用非无"③。体非有，用非无，非有非无，非体非用，即有即无，即体即用。

体用思维已度越一家一派的范围，而成为各家各派用来诠释自己哲学的概念、范畴，充分发挥了其虚性范畴的功能。其各自以"六经注我"的方法，以体用既有的规定性来规定自家的概念、范畴的规定性，并在各家各派互相论辩、对话、交流中，互学互鉴，互渗互收，使体用概念、范畴的内涵更深刻、外延更广大。

邵雍采纳佛道关于体用不离不杂，即体即用、非体非用的思维方法。他说："声色气味者，万物之体也。目耳鼻口者，万人之用也。体无定用，惟变是用；用无定体，惟化是体。体用交，而人物之道于是备矣。"④ 人道、物道，备于变化之中，所以体无定体，用无定用，体无定用，用无定体，体用变化，互为体用，开体用一源之端绪。

张载从气体论讲体用，"神，天德，化，天道。德其体，道其用，一于气而已"⑤。神与化是天的德与道，是天的自然本性。二者的分别是德体

---

①　中国哲学史教学资料汇编编选组. 中国哲学史教学资料汇编（隋唐部分）. 北京：中华书局，1965：328.

②　同①332.

③　同①337.

④　邵雍. 皇极经世书. 黄畿，注. 卫绍生，校理. 郑州：中州古籍出版社，1992：250.

⑤　张载集：正蒙：神化篇. 章锡琛，点校. 北京：中华书局，1978：15.

与道用。神是就天地所包含的阴阳两端彼此交感、不可预测说的；化是就阴阳两端相互排斥、相互作用而发生运动变化讲的。神是气的能动的特性，是事物变化的内在根据；化是气变化运动的整个过程。神体化用，神化体用都一于气，气是终极的根源。换言之，体用是气的一体两面，有无、隐显不离，从而他批判老子"有生于无"的弊端，认为其弊就在于"体用殊绝"。

在邵雍和张载的思想中虽意蕴着体用一源的意思，但无明确表述。程颐在《易传序》中提出："至微者理也，至著者象也。体用一源，显微无间。"① 至微的理为体，至著的象是理的显现，是用，理体象用一源无间，其源头、来源是一个。源头、来源为一，但其分流而有异。"大本言其体，达道言其用，乌得混而一之乎？"② 这是对《中庸》中"中也者，天下之大本也；和也者，天下之达道也"一句的诠释。大本达道体用自殊，不能混一。《中庸》是讲喜怒哀乐未发已发而言中和，"心一也，有指体而言者，寂然不动是也，有指用而言者，感而遂通天下之故是也"③。未发已发其人为一心，若分离体用，便为不动之体与遂通之用之差分。其思维方式是体用既一源又二分。如果说邵、张、程体用一源二分是一个实体的一源与分为两个实体之间的关系，那么王安石则认为体用是一个实体事物在内部逻辑上分为"道有体有用，体者元气之不动，用者冲气运行于天地之间……盖冲气为元气之所生，既至虚而一，则如或不盈"④。道分体用，体为元气，是不动的；用为冲气，能运行于天地之间。元气之体生冲气之用，体用动静，生与被生，都一于道，元气冲气亦一于道。

朱熹为理体学的集大成者，他对体用概念、范畴进行了全面而深刻的论述。对体与用分别进行了规定。体是道的本然之体，是不可见的无体之体的体质；道之体是道的根骨；体是所当然的道理，是所以然的根据。用是体之作用、功用，表现于事物；用是体之所以流行和显现的方式。⑤ 程颐所说的"体用一源，显微无间"，朱熹认为实乃"知体用之一原，显微之无间，而独得乎尧、舜、禹、汤、文、武、周公、孔子之所传矣"⑥。这种追根溯源，使其成为古圣贤所说的箴言，而非程颐所说的话，大大提升

---

① 二程集：周易程氏传. 北京：中华书局，1981.
② 二程集：河南程氏粹言：卷一：论道篇. 北京：中华书局，1981.
③ 同②1183.
④ 中国科学院哲学研究所中国哲学史组. 中国哲学史资料选辑：宋元明之部. 北京：中华书局，1962：149.
⑤ 张立文. 中国哲学范畴发展史：天道篇. 北京：中国人民大学出版社，1988：636-638.
⑥ 朱熹. 朱文公文集：壬午应诏封事. 上海：商务印书馆，1919：161.

超拔了此话的地位和价值。孔子之后，就不得其传了。"其体用之一源，显微之无间，秦汉以下，诚未有臻斯理者"①。到了宋代二程时，才得以传圣人圣言，使其光耀于世。

　　什么是"体用一源，显微无间"？朱熹仔细玩味《易传序》后说："盖自理而言，则即体而用在其中，所谓一原也；自象而言，则即显而微不能外，所谓无间也。其文理密察，有条不紊乃如此。"②从理的体讲，用在其中，为一源；自象来讲用，微不外显，为无间。体用互渗互涵，你中有我，我中有你。他进一步解释说："其曰体用一源者，以至微之理言之，则冲漠无朕，而万象昭然已具也；其曰显微无间者，以至著之象言之，则即事即物，而此理无乎不在也。言理，则先体而后用。盖举体而用之理已具，是所以为一源也；言事，则先显而后微，盖即事而理之体可见，是所以为无间也。"③体用一源，理事互渗，举体用具，言事理在，即体即用，即理即事，体用一如，理事非二。然朱熹坚持其理体论的理为天地万物的本源、根据的哲学思维，所以讲先体后用，先理后事，这是以理言；若以事言，则是先显后微，先用后体。言的角度不同，则先后亦异。不能无精粗先后的分别，这便是体立而后用行，不嫌于有此而后有彼。然又说不分先后，"有体则有用，有用则有体，不可分先后说"④。看似有矛盾，实乃从体用相依不离说，不离必有分，无分就无所谓离。这是因为其相对而无定。"自心而言，则心为体，敬和为用；以敬对和而言，则敬为体，和为用。大抵体用无尽时，只管凭地移将去……体用无定，这处体用在这里，那处体用在那里"⑤。体用并非固定不变，而是依不同对象、切入点不同以及主体、主语不同而转移的，构成层层深入的序列。譬如以太极为体。太极是体，两仪是用；以四象言，则两仪是体，四象是用；以八卦言，四象又是体，八卦是用。体用具有无定的相对性、动态性，突破了体用固定不变论。但此亦有一定限度，如身是体，动作是用；天是体，万物资始是用；地是体，万物资生是用，这是有定的，有定蕴涵无定，无定蕴涵有定。换言之，无定也定，体用一源，定也无定，显微无间。朱熹还在体用的道体论、社会人事理论、具体事物

　　① 朱熹. 朱文公文集：隆兴府学濂溪先生祠记. 上海：商务印书馆，1919：1438.
　　② 朱熹. 朱文公文集：答汪尚书. 上海：商务印书馆，1919：470.
　　③ 周敦颐. 周子全书：卷二：太极图说. 上海：商务印书馆，1937：34.
　　④ 黎靖德. 朱子语类. 王星贤，点校. 北京：中华书局，1986：1946.
　　⑤ 同④519-520.

方面展开论述，使体用概念、范畴的内涵大大地拓展并全面而系统地得到丰富。

朱熹的体用既一源，又分显微，既有定，又无定，遭到王守仁的批判。他认为"体用一源，显微无间"是一而无二。譬如心与动静的关系，"心不可以动静为体用，动静时也。即体而言，用在体，即用而言，体在用，是谓体用一源。若说静可以见其体，动可以见其用，却不妨"①。静动体用，即体即用，体用相依不离。之所以不二，是在"良知"。"体即良知之体，用即良知之用，宁复有超然于体用之外者乎。"② 王守仁心体学主心外无理，心外无物，心外无事。体用在良知之中，之外无体用。人们误以为心之静为体，心之动为用，这就与程朱无别了。王守仁在《答陆原静书》中讲："所谓'动亦定，静亦定'，体用一源者也。"③ 动静均定，见程颢的《定性书》。其意虽说真正的定，是没有动静对待的，无体用动静之别，这便是体用一源。

体用思维形式在各家各派往来解释、对话中，形成流动的历史；在纵向、横向与诸多思维概念、范畴的交往中，获得丰硕的成果；在中西、象理的论辩中，使体用理论思维具有现代性价值。人们在生产、社会、生活的诸多实践中开始对有形相的、可感的事物有了体的概念，对该事物的实际作用、功用形成用的概念。"埏埴以为器，当其无，有器之用。凿户牖以为室，当其无，有室之用"④。器皿为体，器皿中有空间，才有盛物的作用、功用；造房屋开门窗，房屋中有空间，才有住人的作用、功用。器皿、房屋与其功用，不断地反映到人们的思想中，便逐渐形成事物有体有用的概念。

体用的概念、范畴随人文语境的流动而流动。司马谈在概括黄老道家学术时，提出以虚无为本，因循为用的本用对举，切近体用。王弼既讲无体有用，道体物用，又讲体用不二，赋予哲学思维概念、范畴的意义。郭象的质用对举，又被范缜用来论证神灭论，在批判神不灭论中显示了特有的理论威力。

佛道重视运用体用概念，天台宗以真谛为体，以世谛为用，体用圆融互摄。华严宗以理体事用，亦讲体用双融。禅宗以定体慧用，亦讲定慧双

---

① 王阳明全集：卷一：传习录上. 上海：国学整理社，1936：21.
② 王阳明全集：卷二：答陆原静书. 上海：国学整理社，1936：41.
③ 同②42.
④ 任继愈. 老子新译. 上海：上海古籍出版社，1985：82—83.

修。佛教的思维模式基本上体用一如不二。道教成玄英主张道体物用，体用相即，司马承祯主心体慧用，即体即用。各宗各派各依其思想体系运用体用概念，使体用概念在"致广大"的领域中得以发展。

对体用概念、范畴的理论思维全面而深刻地进行诠释是在宋元明清之时，或以气兼体用，神是气的能动之体，化是气的运动之用；或主体用一源，显微无间；或以道兼体用，体静用动；或主理体气用，体用对待融合；或以心兼体用，心与理一源无间；或主气体理用，道体器用，体用互涵，相依不离，以至有明体适用的实体实用与虚体无用之争，从而结出了"体用一源"思维形式的硕果。

三、立心与立命

人永远在认识自己的途中，认识什么？古往今来，其说纷纭，见仁见智，各以其是。我在《新人学导论》中为了与忽视人的创造性、意识性、能动性、主体性、实践性的恩斯特·卡西尔（Ernst Cassirer）的人"为符号的动物"[1] 的主张相区别，而把人定义为"人是会自我创造的和合存在"，以把握人独特的本质。人为了生命、生活，会与自然、社会、人际发生千丝万缕的联系，这些联系可能是一些具体事件或现象。当人度越自然、社会、人际千丝万缕的具体而抽象为人与天地（包括自然、社会、人际）的普遍性时，就开启了哲学思维。《周易》以广大悉备和顺性命之理的最高最大的普遍性问题，提出天地人三才之道。人在天地之中，顶天立地。甲骨文人字象人侧面站立形。[2] 人既顶天立地，就会与天发生关系，《说文解字》曰："天，颠也"。王国维在《观堂集林·释天》中说："古文天字本象人形"[3]。章炳麟在《小学答问》中说："天即颠耳。颠为顶，亦为额"。他认为，"天"指人的额部。古人把天与人的额相比拟，能思的人与被思的天因而相联通。

何谓天，众说齐陈。凡以天为物质、主宰、命运、自然、义理之天，为五义；凡以天为天地、自然、皇天、天命、天道、天理之天，为六义。

---

① 恩斯特·卡西尔. 人论. 甘阳，译. 上海：上海译文出版社，1985：34，35.

② 甲骨文见于《殷墟书契后编》上 17·7，《铁云藏龟》191·1，《戬寿堂所藏殷墟文字》41·6；金文见于《令簋》《散盘》等。

③ 甲骨文见于《殷墟文字甲编》3690，《殷墟文字乙编》1538；金文见于《天鼎》《颂鼎》《大丰簋》。

我曾将其概括为三义：自然（天空、天地、天然之天）、神（皇天、天命之天）、义理（天道、天理之天）三位一体。正如朱熹所说的"僴问：'经传中天字'。曰：'要人自看得分晓，也有说苍苍者，也有说主宰者，也有单训理时'。"① 从总体来看，"天"是指客体宇宙自然、造物主，或伦理道德、原则规范，是与能思主体相对待的概念，而有天与人、客与主的形式。

天度越人，又寓于人。在当今全球化信息时代，人与天地自然环境的冲突越来越严峻，在生态危机日趋严重的情境下，人与天地自然应如何相处？卢卡奇（Lukács György）认为，人不能自外于自然而存在，自然也不能自外于人的活动；人影响自然，客体被主体左右。这就是说人与自然的关系具有一般的社会性。1972 年，联合国召开人类环境会议，并通过《人类环境宣言》，指出："人类既是他的环境的创造物，又是他的环境的塑造者，环境给予人以维持生存的东西，并给他提供了在智力、道德、社会和精神等方面获得发展的机会。……保护和改善人类环境是关系到全世界各国人民的幸福和经济发展的重要问题，也是全世界各国人民的迫切希望和各国政府的责任。"② 然而，宣言尽管如此，人与天地自然环境，人这个能思主体与被思客体之间的冲突、危机仍然日趋紧张。

为了协调、和谐这种紧张关系，中国古代已关注并重视天与人、主与客的结构形式，在先秦百家争鸣的论辩中，见仁见智，精妙齐陈，并影响深远。若能借鉴其高明的智慧，于今将有所裨益。当人把天地自然作为与自己相对待的客体来反思时，其也把自己作为与天地自然客体相对待的主体来反思，依据在历史流动中各家各派不同反思的纵横省察，大致表现为以下几种形式。

交感联通，尽心知天。人与天地自然、主体与客体的界定是混沌的，随着人的实践活动和经验知识的积累，人逐渐从天地自然中分化出来，感觉到天地自然是一种外超越的异在非我，人与天地自然、主体我与客体天地自然出现二重化现象。殷周在王权神授的语境下，天能否保佑与王权能否永祈天命，就成为头等大事。周公认为"天命靡常"，只有"敬德保民"，才能"以德配天"，而永祈天命，国家才能长治久安。儒家孔子、孟子和道家老子、庄子虽殊途，却同归。既认为天与人、主体与客体之间应敬而远之，又存在交感相依的现象。"昊天不傭，降此鞠讻。昊天不惠，

---

① 黎靖德. 朱子语类. 王星贤，点校. 北京：中华书局，1986：5.

② 董云虎，刘武萍. 世界人权约法总览. 成都：四川人民出版社，1990：960-964.

降此大戾。"① 疑天、怨天思想的产生，是对天不信仰感的增长。孔子讲："天何言哉，四时行焉，百物生焉，天何言哉?"② 四时的运行，万物的化生，天没有说什么，天没有主宰。这开启了天的信仰向人的自信转化的趋势。天被剥去了至高无上的、神圣不可侵犯的外衣，还原为外在于人的异己的自然性，人若掌握了这种自然性，便是由"畏天命"而转为"知天命"，人便可与天达到一种和谐。孟子把这种自然性视为"莫之为而为者，天也"③。如果说孔子是天神向人回归，客体向主体靠拢，那么，孟子则是人与自然、主体与客体的交感联通。"尽其心者，知其性也；知其性，则知天矣。"④ 即要对人本有的四德四端、良知良能进行发挥和穷尽，不使伦理道德、价值理念、本心有所放失，道德实践主体要自觉地存心—养性—事天；体现为人的自我意识锲而不舍地觉解，顺着人的道德本质、本性与天相联通。这种交感联通具有内在的根据，及由内向外推致的逻辑路径。要求人自我尽心、存心、求放心，以便知天、事天，取得二者的和谐。

儒道两家有异，儒讲刚强，道讲柔顺，儒贵阳，道贵阴，二者相反而相吸，互渗互补，互学互鉴。道家的天人联通与儒家的尽心知天相比，别具风格和旨趣。老子说："人法地，地法天，天法道，道法自然。"⑤ 自然若作自然而然训，那么，天、地、人效法道而一于道。也可说天、地、人效法于自然而一于自然而然，在道的无声无臭、无主宰、有自主的平台上，构成了人与天、客体与主体的和谐，这种和谐同儒家把人作为有为体与天取得交感联通有别，道家认为人是作为无为体而与天获得自然而然的和谐。庄子沿着老子开拓的理路，讲复性归真，把天人、主客关系比喻为"牛马四足，是谓天；落马首，穿牛鼻，是谓人"。成玄英疏："夫牛马禀于天，自然有四脚，非关人事，故谓之天。羁勒马头，贯穿牛鼻，出自人意，故谓之人。……欲显天人之一道，故托牛马之二兽也。"⑥ 牛马有四足，这是自然之天所具有的，穿牛鼻，络马首，并非牛马的自然天性，而

---

① 毛诗正义//十三经注疏. 阮元, 校刻. 北京：中华书局，1980：441.

② 论语集注：阳货//朱杰人，严佐之，刘永翔. 朱子全书：第6册. 上海：上海古籍出版社，2002：224.

③ 孟子集注：万章上//朱杰人，严佐之，刘永翔. 朱子全书：第6册. 上海：上海古籍出版社，2002：376.

④ 孟子集注：尽心上//朱杰人，严佐之，刘永翔. 朱子全书：第6册. 上海：上海古籍出版社，2002：425.

⑤ 任继愈. 老子新译. 上海：上海古籍出版社，1985：114.

⑥ 郭庆藩. 庄子集释：秋水. 王孝鱼，整理. 北京：中华书局，1961：590-591.

是人意的作为。天人关系是牛马自然天性与人为、客体与主体的关系。它
们之间虽差分矛盾，但可达到高度交感融合的境界。牛马有其天性，从发
生学而言，人本身亦有其天性，是自然物。"吾身非吾有也，孰有之哉？
曰：'是天地之委形也；生非汝有，是天地之委和也；性命非汝有，是天
地之委顺也；孙子非汝有，是天地之委蜕也。'"其中"委"为结聚，
"蜕"为蝉蜕。成玄英疏："夫天地阴阳，结聚刚柔和顺之气，成汝身形性
命者也。"① 人的身体、生命、性命、子孙均非自我就有，而是天地自然、
阴阳刚柔之气的结聚、蝉蜕而有，天与人、客体与主体原是和顺之气交感
而有，并达致高度的和合。"天地与我并生，而万物与我为一。"② 自然之
天与我（人）、万物与我、客体与主体并生而一，交融协调，和谐圆融，
达到一种人与自然之天以至万物神游的境界。"昔者庄周梦为胡蝶，栩栩
然胡蝶也。自喻适志与！不知周也。俄然觉，则蘧蘧然周也。不知周之梦
为胡蝶与？胡蝶之梦为周与"③。万物之天与我合一，庄周梦为蝴蝶，蝴蝶
梦为周，二者合一，栩栩而适其心，悦豫适情，享受着人与自然之天、自
我与万物一体的情趣，度越了人世的贵贱、贫富、生死，人融于自然，自
然融于自我，达到人天和合的最佳境界。

相分制用，参赞化育。天与人、主与客的话题，是中国哲学反思不息
的课题。春秋时郑国子产对占星家裨灶以"有星孛于大辰"预言郑国必将
发生大火的事进行评论："天道远，人道迩，非所及也。"④ 天理幽远，人
理切近，两不相关。这是对天的主宰性、权威性的一种否定，开"国将
兴，听于民"的民为邦本思想的端绪。孔子干脆罕言天道。孟子发挥天赋
德性思想，意蕴"天人合一"的尽心事天。荀子则背其道，他兼采道家重
天的自然性和儒家重人的价值而发挥人的主导性、能动性，提出"明于天
人之分"和"制天命而用之"⑤ 的主张。他认为，能明白天人的分别的是
最高明的人，顺从和赞美天，哪里比得上掌握、控制自然之天的变化的规
则而利用它呢？这种"分"与"用"，使人从自然之天中超拔出来，赋予
人以独立的人格，明确天与人各有职分，天不能干预人，人不与天争职。
天有一定的常规，地有一定的法则，人有一定的行为规范。"强本而节用，

① 郭庆藩. 庄子集释：知北游. 王孝鱼，整理. 北京：中华书局，1961：739.
② 郭庆藩. 庄子集释：齐物论. 王孝鱼，整理. 北京：中华书局，1961：79.
③ 同②112.
④ 杨伯峻. 春秋左传注：第4册：昭公十八年. 北京：中华书局，1981：1395.
⑤ 梁启雄. 荀子简释：天论. 北京：古籍出版社，1956：220，229.

则天不能贫；养备而动时，则天不能病；循道而不贰，则天不能祸。故水旱不能使之饥，寒暑不能使之疾，妖怪不能使之凶。"① 只要发挥人自己的主体性、积极性，节用、动时、不贰，而加强农业生产，供养衣食等生活资料，治理自然之天，就不会发生饥荒、自然灾害和异常情况，人人便都可安居乐业。这就要求天与人必须遵循各自的"天职"。"不为而成，不求而得，夫是之谓天职。如是者，虽深，其人不加虑焉；虽大，不加能焉；虽精，不加察焉。夫是之谓不与天争职。"② 自然的天产生人物，是不为、不求，是自然现象，而非有意志的天的创造，自然之天与人互不干预、主宰对方，均遵守各自的职分，互不争职，不超越自己的职分。荀子把这种天与人的关系称为"参"。"天有其时，地有其财，人有其治，夫是之谓能参。"③ 天时的变化，地利的资源，人对自然之天和社会的治理，互相参与、配合，相向而行。人与自然之天，主体与客体在互相参与中创造财富，如果"舍其所以参"，就是损害天与人、主体与客体在互相配合中的和谐。这是一种在"明于天人之分"的基础上，天与人、客体与主体相参与的天人合一。"唯天下至诚，为能尽其性；能尽其性，则能尽人之性；能尽人之性，则能尽物之性；能尽物之性，则可以赞天地之化育；可以赞天地之化育，则可以与天地参矣。"④ 由至诚的尽人物之性而内超越的外在化为外超越之实践，由实践而通达赞颂天地的化育，达致天与人、客与主的相配合的和合境域。"夫大人者，与天地合其德，与日月合其明，与四时合其序，与鬼神合其吉凶。"⑤ 人与天地、日月、四时自然之天，以及鬼神相配合，而能合其德性、光明、秩序与吉凶，而达天人、主客和合的境界。由相分而不争职，到相参而赞化育，这是中国天人、主客关系的特点。

交而相胜，还而相用。从董仲舒的天是人的曾祖父而有天人感应论。韩愈依据其时的天与人的紧张关系，而讲天与人的相互感应关系，以引起人们对自然之天与人口问题的关注。韩愈认为，天与人、客与主的紧张表现为：一是人破坏天地自然环境犹如害虫攻穴祸害稻谷、树木，人垦原

① 梁启雄. 荀子简释：天论. 北京：古籍出版社，1956：220.

② 同①221.

③ 同①222.

④ 中庸章句//朱杰人，严佐之，刘永翔. 朱子全书：第6册. 上海：上海古籍出版社，2002：50.

⑤ 周易文言传//朱杰人，严佐之，刘永翔. 朱子全书：第1册. 上海：上海古籍出版社，2002：150.

田、伐山林、凿井、造坟、建城郭、筑台榭、观游、疏沟洫、挖陂池等等，其祸害天地自然，比害虫的祸害大千百倍，呼吁要保护天地自然环境，开世界环保思想的先声。二是减少人口增长。"吾意有能残斯人使日薄岁削，祸元气阴阳者滋少，是则有功于天地者也；繁而息之者，天地之仇也。"① 如果人口不断地繁殖，这便是与天为仇敌，开世界上计划生育之端绪。就此两点而言，韩愈有先见的智慧。柳宗元以天地、元气、阴阳不能赏功罚恶而批评韩愈的智慧正见、正思。

刘禹锡对韩愈思想中天人、主客的顺向感应和逆向感应有所体知；所以，接着韩柳之辩，他创作《天论》三篇，以极其辩。他说："天，有形之大者也；人，动物之尤者也。天之能，人固不能也；人之能，天亦有所不能也。故余曰：天与人交相胜耳。其说曰：天之道在生植，其用在强弱；人之道在法制，其用在是非。"② 天人各有其能，谁也不能代替谁。简言之，天的所能在生万物，人的所能在治理万物。是为交互相胜，天与人都具有其特殊的能力，使天与人、客体与主体处于二元对待之中，但二元之间又具有合二为一的相互联通的交互作用。刘禹锡说："吾固曰：万物之所以为无穷者，交相胜而已矣，还相用而已矣。天与人、万物之尤者耳。"③ 把柳宗元天人不相预的二元对待、相分关系，发展为既对待相分、相胜，又互相依存、相用。在天与人、主与客的交相胜还相用而与体用范畴的联系方面，"为体也不妨乎物，而为用也恒资乎有，必依于物而后形焉"④。譬如房屋高厚的体内空间为用；器皿其规矩之形为体，其内的空为用。房屋、器皿为物体，而其功用依附于有形的物质。天与人、客体与主体犹如体用，体用既有别，又相依而用。

天道人性，天人合一。天人合一被诸多近现代学者推为中国哲学的精神。人与天、主体与客体的关系，经历天人交感联通、相分制用、交相胜还相用等探赜索隐，而登堂天人合一。天人合一这个命题究竟见于谁？张载说："儒者则因明致诚，因诚至明，故天人合一，致学而可以成圣，得天而未始遗人，《易》所谓不遗、不流、不过者也。"⑤ 以人明白善德而达致诚，因有诚就能明白善德。因明诚、因诚明，天道人性合一，即使人能

---

① 柳宗元集：卷16：天说. 北京：中华书局，1979.
② 刘禹锡集：卷五：天论上.《刘禹锡集》整理组，点校. 北京：中华书局，1990：67-68.
③ 刘禹锡集：卷五：天论中.《刘禹锡集》整理组，点校. 北京：中华书局，1990：71.
④ 同③.
⑤ 张载集：正蒙：乾称篇. 章锡琛，点校. 北京：中华书局，1978：65.

"不勉而中，不思而得，从容中道"，达到与先天的德性高度合一。但王夫之在评论周敦颐时说："然濂溪周子首为太极图说，以究天人合一之原，所以明夫人之生也。"① 似认为周敦颐首讲天人合一。然作为一个哲学命题，周敦颐并没有明确完整地提出天人合一说。哲学的重要特征是追求事物背后的根据和本原，天人合一作为对天人与主客根源的追寻，人们对其的研究思考可谓乐此不疲。程颢和程颐认为"天人本无二，不必言合"②，即天人本来就合一，不必要说合，又说："故有道有理，天人一也，更不分别。"③ 也就是说，道即理，天与人、主与客本可同一。朱熹融突和合张载、二程等人的天人关系思想，认为天与人、主与客既有分，又有合。他说："人在天地中间，虽只是一理，然天人所为，各自有分，人做得底，却有天做不得底。如天能生物，而耕种必用人……裁成辅相，须是人做，非赞助而何？"④ 天人有分，如荀子讲的天人各有职分，职分不同其所从事的工作和作用亦不同，如水虽有润物的天性，但灌溉必用人，天人、主客裁成辅相，才能赞天地的化育。天人、主客有分，才有合；无分，就无所谓合。"天即人，人即天。人之始生，得于天也；既生此人，则天又在人矣。"⑤ 为什么讲"天即人，人即天"？这是因为"天人本只一理"⑥。人得天而生，天通过人来体现其生的作用和意义。天人、主客裁成而分，辅相而为一理，也就是说，天即人。

如果说张、程、朱气体学、理体学以人为类或群体的话，那么以陆九渊、王守仁为代表的心体学者则认为人是指自我。陆九渊讲，宇宙便是吾心，吾心即是宇宙。自我与宇宙之天、主体与外在客体都是吾心的体现。陆九渊在解释孟子尽心知性知天时说："心只是一个心，某之心，吾友之心，上而千百载圣贤之心，下而千百载复有一圣贤，其心亦只如此。心之体甚大，若能尽我之心，便与天同。"⑦ 即你心我心，千百年上下圣贤之心，只有一个心，若能穷尽我的心，便可以与天同。我心与天心，同为一个心，天人一体。王守仁说："大人之能以天地万物为一体也，非意之也，

①　王夫之. 张子正蒙注：卷九：乾称篇上. 章锡琛，校点. 北京：古籍出版社，1956：265.

②　二程集：河南程氏遗书：卷六. 北京：中华书局，1981.

③　二程集：河南程氏遗书：卷二上. 北京：中华书局，1981.

④　黎靖德. 朱子语类. 王星贤，点校. 北京：中华书局，1986：1570.

⑤　同④387.

⑥　同④387.

⑦　陆九渊集：卷三十五：语录下. 钟哲，点校. 北京：中华书局，1980：444.

其心之仁本若是。其与天地万物而为一也。岂惟大人，虽小人之心亦莫不然。"① 即是说主体人与客体天地万物一体。然朱熹说："盖天地万物，本吾一体，吾之心正，则天地之心亦正矣；吾之气顺，则天地之气亦顺矣，故其效验至于如此。"② 尽管两人的出发点不同，朱是从理体学出发，王是从心体学立论，但朱、王关于天人一体的认知一致，这是两人所追求的终极境域，是无所区别的。王守仁说："人者天地万物之心也；心者天地万物之主也。心即天。言心，则天地万物皆举之矣，而又亲切简易，故不若言人之为学，求尽乎心而已。"③ 这是王守仁对离天人为二的批评而明确心即天。因为他认为心外无物，心外无事，万物即在其心中。换言之，心外无天，故言心即天，主体心与客体天本为一体。

王夫之既不同于理体学天人合一论，又不同于心体学天人合一论，而主张气体学的天人既分又合。"理，天也；意欲，人也。理不行于意欲之中，意欲有时而逾乎理，天人异用也。"④ 主体人的意欲与客体天有分而异用，以人知天，体天于人。他从所以然的体说为理，以知天，从事物所闻见而言的用，以知人。"通学识之知于德性之所喻而体用一源，则其明自诚而明也"⑤。天人、主客体用一源。因而，他说："一天人，惟知昼夜，通阴阳，体之不二。"⑥ "在人在天，其究一也。"⑦ 有分故有合，因其体一，通阴阳之气，所以天人、主客不二。

中国古代是一个农业发达的社会，民以食为天，特别注重不误农时，在靠天吃饭的情境下，对天与人的切身关系、主体与客体（天）有致广大而尽精微的探索。从尽心知性知天，体认天人、主客的感应，交感联通关系。人在生产、生活实践中，体认到天与人、主与客有差别，各有其职分，但又可以参与而互相化育，且人能控制天，使之为人所用。人在天外，天是人所用的对象，天为人的被认知者，人是天的认知者，人对天具有主导意义。人既在天外，又在天中，既相分又相合，交相胜，还相用，构成既冲突又融合的模式，最终达到天道人性天人合一的主客和合，天与

① 王阳明全集：卷二十六：大学问. 上海：国学整理社，1936：470.
② 中庸章句//朱杰人，严佐之，刘永翔. 朱子全书：第6册. 上海：上海古籍出版社，2002：33.
③ 王阳明全集：卷六：答季明德. 上海：国学整理社，1936：41.
④ 王夫之. 张子正蒙注：卷三：诚明篇. 章锡琛，校点. 北京：古籍出版社，1956：80.
⑤ 同④.
⑥ 张子正蒙注//船山全书：第12册. 长沙：岳麓书社，1996：369.
⑦ 同⑥366.

人、主与客命运共同的境界。

四、形而上与形而下

哲学是一种追根溯源的思想的反思活动，在当今西方本体论危机与变革的情境下，中国哲学的和合生生道体是追寻世界（天地万物）存在本原的终极根与底，是对认知的认知、思想的思想的终极解释的反思，是对意义世界的终极价值的追求。和合生生道体的道，是统摄天地万物存在终极本原根据、认知思想的终极解释、终极价值的追求的形而上者。"是故形而上者谓之道，形而下者谓之器。"① 形而上的道一般是指事物的根本性质，它构成事物基本质料的内在联系，是事物必然的、普遍的、相对稳定的内在关系，它既度越事物，又在事物之中，它无形无感，为物物者非物、生生者不生的根本本质。器是事物本质的外部表现，是事物的外部联系，具有表象特性，是人的眼耳鼻舌身所感知的色声香味触，如日月星辰、山川草木、人物禽兽，"此皆形而下之器"。然在这形而下之器中，有一个道理，此便是形而上之道。此其一。

其二，形而上之道是事物一定的规则、法则。规则、法则是事物本身所固有的本质的、必然的、稳定的联系，体现事物本身固有的、内在的根本性质和发展运动进程。这种运动进程具有必然的、确定不移的趋势和相对稳定的联系及根本的秩序，具有客观性、普遍性、必然性、有秩性。

其三，形而上之道是天地万物存在的终极的根据和终极价值，是度越于一般自然、社会现象之外、之上，看不见、摸不着的，只有靠理性思维才能体知。因此，古代哲学把形而上之道规定为无形、无象。相对形而上之道的形而下之器，是其表象或体现，是可感知形之于外的各种事物现象。由于各哲学家的哲学理论思维有异，所以有以"道体器用"，有以"器体道用"。但无论如何，形上之道与形下之器不离不杂。

其四，形而上之道是指治国理政的原则、指导思想、伦理道德规范，是内圣之道。形而下之器相对于形而上之道是指社会制度、规章的各种实现的措施、实践的各种活动。尽管实现的措施、实践的活动是在形而上之道的指导下进行的，但随着社会、器的发展变化，"器既变，道安得独不

---

① 周易系辞上传//朱杰人，严佐之，刘永翔. 朱子全书：第1册. 上海：上海古籍出版社，2002：135.

变"，形而上之道随形而下之器而变。形而上之道既变又不变。"三年无改
于父之道，可谓孝矣。"① 孝事父母的道德规范是不变的。

形而上的道与形而下的器，在中国哲学理论思维中有四种形态。

形上形下，道器内外。形而上与形而下的道器论为中国哲学的形上
学的和合生生道体奠定了坚实的基础。天地间有形相、无形相的人物思
想的变化是无穷尽的，中国古代哲人以其智能创造，从形形色色的无穷
中概括形而上与形而下的道器命题，其过程也较为曲折复杂。道教学者葛
洪说：玄是自然之始祖，万殊之大宗，因而主张玄道。"夫玄道者，得之
乎内，守之者外，用之者神，忘之者器，此思玄道之要言也。"② 得内守
外，忘形而下之器，而追求形而上的玄道。孔颖达受得内守外思想影响，
他说："是道在形之上，形在道之下。故自形外已上者谓之道也；自形内
而下者谓之器也。形虽处道器两畔之际，形在器，不在道也。既有形质可
为器用，故云形而下者谓之器也。"③ 道是无体的名称，形是有质的称谓，
有形质的事物因道而立，犹如有生于无一样。先道而后有形，即先道而后有
器。道与器在形的两端，自形外而上为道，自形内而下为器。形在器中，有
形质便有器用。形即器而非道，道是度越有形质、器用的一般，器是有形
质、有功用的具体。道具有形上学的意蕴，成为有形质之器的根源或根据。

无形有待，不生有名。张载是关学的创始者，理学的奠基者。他说：
"形而上者是无形体者，故形而上者谓之道也；形而下者是有形体者，故
形而下者谓之器。无形迹者即道也，如大德敦化是也；有形迹者即器也，
见于事实即礼义是也。"④ 形而上的道是无形体的，形而下的器是有形体
的。道与器、有形体与无形体构成互相对待的关系，无形体而有形体，有
形体才有无形体，交互对待，这是有无形体之所以存在的条件，进而有形
迹与无形迹，即迹与所以迹的道体与礼仪，以陈述形而上下的关系。道是
形而上超经验、超感觉的无形迹，是有形迹可感觉、经验的有形迹的形而
下的所以然者。无形迹的犹如道德教化，有形迹的礼仪活动，是在一定伦
理道德指导下的外在表现。在朱熹的哲学逻辑结构中，道、理、太极均属
其哲学的最高的形而上概念、范畴。"太极，形而上之道也；阴阳，形而

① 论语集注：学而//朱杰人，严佐之，刘永翔. 朱子全书：第6册. 上海：上海古籍出版社，2002：72.
② 抱朴子内篇校释：卷一：畅玄. 王明，校释. 北京：中华书局，1980：2.
③ 周易正义//十三经注疏. 阮元，校刻. 北京：中华书局，1980：83.
④ 张载集：横渠易说：系辞上. 章锡琛，点校. 北京：中华书局，1978：207.

下之器也"①。"可见底是器，不可见底是道。理是道，物是器。"② 这就是说"太极""道""理"是朱熹在不同语境下所使用的同一概念、范畴。在朱熹的哲学思维中，理是一个"无情意""无计度""无造作"的形而上者，是独立固存的，它自身不生，生生者不生，但强为之名曰道、曰理、曰太极。

有体无体，本末体用。形而下的器是有形体的，形而上的道是无形体的。朱熹认为，包括自然现象和社会现象在内的天地万物，都可以分为物自身与物理两个层面。"衣食动作只是物，物之理乃道也。将物便唤做道，则不可。"③ 食衣是物，是有形体的，是形而下者，而衣、食中都蕴涵着一个道理，是形而上者。衣食是有形体的，而物理则是没有形体的概念、道理。当有人问朱熹"不当以太极阴阳分道器"时，他回答说："阴阳太极，不可谓有二理必矣。然太极无象，而阴阳有气，则亦安得无上、下之殊哉？此其所以为道器之别也。"④ 太极、道、理无形象、无形体；阴阳之气构成有形象、有形体，这便是其形而上下的差分。形而上为本为体，形而下为末为用。

《论语》讲："君子务本，本立而道生。"中国哲学各家都重本。《庄子·天下篇》讲关尹、老聃"以本为精，以物为粗"。成玄英疏："本，无也。物，有也。用无为妙道道为精，用有为事物为粗。"⑤ 本犹形而上者的道体，物犹形而下者的器用。王符说："凡治国之大体，莫善于抑末而务本，莫不善于离本而饰末。夫为国者以富民为本，以正学为基。"⑥ 抑末务本。王弼将老子思想概括为"崇本息末"。"守母以存其子，崇本以举其末……舍其母而用其子，弃其本而适其末，名则有所分，形则有所止。"⑦ 本在无为，母在无名，弃本舍母，而适其子。母为本，子为末，不舍本以逐末。名为有其分位的局限，有形的物有其局限性。然人往往舍本逐末，"俗人不能识其太初之本，而修其流淫之末"⑧。即人不能体识最初善本，而学流淫于末流。人若淡默恬愉，不染不移太初的善本，养心以无欲，颐神以粹

① 周敦颐. 周子全书：卷一：太极图说. 上海：商务印书馆，1937：7.
② 黎靖德. 朱子语类. 王星贤，点校. 北京：中华书局，1986：579.
③ 同②1496.
④ 同①34.
⑤ 郭庆藩. 庄子集释：天下篇. 王孝鱼，整理. 北京：中华书局，1961：1093.
⑥ 王符. 潜夫论笺. 汪继培，笺. 彭铎，校正. 北京：中华书局，1979：14.
⑦ 王弼集校释. 老子道德经注. 楼宇烈，校释. 北京：中华书局，1980：95.
⑧ 抱朴子内篇校释：卷九：道意. 王明，校释. 北京：中华书局，1980：155.

素，收心以正，便请福自来。不禳祸而祸去。

佛教吉藏的核心思想是因缘和合缘起论。他写道："初家明有为体，空为用，何故尔？明世谛是有，行者析有入空，无有因空入有，故有是其本，空为其末。"① 体是理的异名，既言有为体是即有为理，今圣人明知空是理，即空为体，有为末。法藏在《体用开合门》中说："明本末者，谓尘空无性，是本；尘相差别，是末。末即非末，以相无不尽故；本亦非本，以不碍缘成故。即以非本为本，虽空而恒有；以非末为末，虽有而恒空。当知末即随缘，本即据体。今体为用本，用依体起。"② 体用本末因缘和合，无自性，即空是本是体，有形相为末为用。以非本为本，非末为末，空而恒有，有而恒空。末为随因缘和合，本是体，体是用的根本、根据，用依据体而生起。因此他主张"本末相资，主伴圆备"③。换言之，体用相资，体用本末圆备。

王安石在论议老子思想时说："道有本有末。本者，万物之所以生也；末者，万物之所以成也。本者出之自然，故不假乎人之力，而万物以生也；末者涉乎形器，故待人力而后万物以成也。"④ 道的本末是万物所以生和成，道既是生成万物的终极根据，又以自身分本末生成，而不以道器分本末。所以王安石认为，本出于自然，不假人力，然末是形而下之器，需待人力以成万物，不假人力不可成万物，强调人为的作用。朱熹从理体论立论，认为"有是理便有是气，但理是本"⑤，要从理上说气。陆九渊出于其"心即理"的哲学思维，认为道不分本末，"知道则末即是本，枝即是叶"⑥。道即本即末，本末圆融。若论体用，应本为体，末为用；本为形而上的道体，末为形而下的器用。

相分不离，和合道体。程朱从理体论出发，以形而上下的思维形式来概括理与气、道与器、太极与阴阳的概念、范畴的相分对待关系。理作为度越时空的"净洁空阔的世界"的观念存在，是形而上者，"气""器""阴阳"是形而下者。形而上下形式下的各相分对待关系，是然与所以然

---

① 石峻，等. 中国佛教思想资料选编：第2卷：大乘玄论. 北京：中华书局，1983：313.

② 石峻，等. 中国佛教思想资料选编：第2卷：华严经义海百门. 北京：中华书局，1983：127.

③ 石峻，等. 中国佛教思想资料选编：第2卷：华严经探玄记. 北京：中华书局，1983：273.

④ 王临川全集：卷68：老子. 上海：国学整理社，1935：431.

⑤ 黎靖德. 朱子语类. 王星贤，点校. 北京：中华书局，1986：3.

⑥ 陆九渊集：卷三十五：语录下. 钟哲，点校. 北京：中华书局，1980：435.

的思维形式。朱熹说："洒扫应对之事，其然也，形而下者也；洒扫应对之理，所以然也，形而上者也。自形而下者而言，则洒扫应对之与精义入神，本末精粗，不可同日而语矣。自夫形而上者言之，则初未尝以其事之不同，而有余于不足于彼也。"① 具体事件是形而下的然，理为形而上的所以然。洒扫应对与精义入神有本末精粗的差别，不可混淆。洒扫应对之所以为洒扫应对，是由于其所以然之理。然以所以然为根据，所以然为形而上之道体，然为形而下之器用。形而上下、本末、精粗、然与所以然相分不杂，但又相资不离。"设若以'有形、无形'言之，便是物与理相间断了，所以谓'截得分明'者，只是上下之间，分别得一个界止分明。器亦道，道亦器，有分别而不相离也。"② 形而上下，理气决是二物，截得分明，但又互不相离。道亦器，器亦道，之所以不离，是因为"形以上底虚，浑是道理；形以下底实，便是器"③。形而上的虚的道理，若不落实到形而下的实，虚的道理就无存在的意义，因此，必须上下、虚实辅相不离。

王夫之是气体论的集大成者。他以为形而上与形而下，是相待相成，互渗互补的。"形而下，即形之已成乎物而可见可循者也。形而上之道隐矣，乃必有其形，而后前乎所以成之者之良能著，后乎所以用之者之功效定，故谓之形而上，而不离乎形。"④ 形而下是形成具体可见可循的物，形而上是隐藏的，是前乎形而下之先验的良能，是形而下之功效的所以然者。他在解释《周易·系辞传》的"形而上者谓之道，形而下者谓之器"时说："'谓之'者，从其谓而立之名也。'上下'者，初无界定，从乎所拟议而施之谓也。然则上下无殊畛，而道器无异体，明矣。"⑤ 形而上下、道器其初并没有确定的界限，道器亦没有不同的体，是乃形而上下、道器的融突和合体。

形而上与形而下、道与器的四种形态，是天地万物然与所以然、迹与所以迹、共相与殊相、形相与无形相、道体与现象、本质与属性、体与用、精义入神与礼仪实践等关系。其间分而为二，而又上下无殊畛，无异体。分而为二有矛盾，有冲突，无殊畛异体合二为一，此即融突和合，而

①　论语或问//朱杰人，严佐之，刘永翔. 朱子全书：第 6 册. 上海：上海古籍出版社，2002：906.

②　黎靖德. 朱子语类. 王星贤，点校. 北京：中华书局，1986：1935.

③　同②.

④　周易内传//船山全书：第 1 册. 长沙：岳麓书社，1988：568.

⑤　同④1027.

为生生道体。

五、中西体用

近代中国为列强的坚船利炮所冲击，为侵略者的铁蹄所驱突，中国人以"国家兴亡，匹夫有责"的悲愿，肩负"周虽旧邦，其命维新"的担当。早期改革派为使中国富强，而接续中国传统本末、体用、道器、形而上下讲。在中西文化哲学会通的人文语境下，郑观应讲："故善学者必先明本末，更明所谓大本末而后可。以西学言之，如格致制造等学其本也（各国最重格致之学，英国格致会颇多，获益甚大，讲求格致新法者约十万人），语言文字其末也。合而言之，则中学其本也，西学其末也。主以中学，辅以西学，知其缓急，审其变通，操纵刚柔，洞达政体，教学之效，其在兹乎。"① 其主张以中学为本，以吸收整合西方学术思想、制度、科技为末，本末兼赅。中西互学互鉴，应是"我师彼法，必须守经固本；彼师我道，亦知王者法天。彼此洞识阴阳造化之几，形上形下之旨，无分畛域，永息兵戈，庶几一道同风之盛，不难复见于今日"②。他希望无分形而上下道器界限，使二者互相会通，永息战争，安居乐业。"斯乃道器兼赅，不难合四海为一家。"③ 道器、本末兼赅，推致体用兼赅。何启、胡礼垣说："末不离本，用不离体。"④ 有是体，便有是用。譬如其体有羽翼，其用为冲天，体用和合。

接着程朱理体学派讲的是张之洞，其目睹清王朝的腐败，主权丧失，国势衰弱，岌岌可危。"今日之世变，岂特春秋所未有，抑秦汉以至元明所未有也。"⑤ 他与洋务派认为，中国之所以不富强是由于器械的落后，于是提出学习制造西方的坚船利炮、开矿、修铁路、发展商业，以及学习外语、国际公法等，主张"中学为内学，西学为外学；中学治身心，西学应世事……如其心圣人之心，行圣人之行，以孝弟忠信为德，以尊主庇民为政，虽朝运汽机，夕驰铁路，无害为圣人之徒也"⑥。这里点明了"中学为

---

① 郑观应. 盛世危言. 王贻梁，评注. 郑州：中州古籍出版社，1988：76.

② 同①58—59.

③ 同①58.

④ 新政真诠：何启、胡礼垣集. 沈阳：辽宁人民出版社，1994：7.

⑤ 张之洞，何启，胡礼垣. 劝学篇·劝学篇书后. 冯天瑜，肖川，评注. 武汉：湖北人民出版社，1991：20.

⑥ 同⑤209.

体，西学为用”的实质内涵。中学为体，主要是指“孔门之学”，圣人之学，为根柢，为祖宗，西学为末节，为补缺，为我所用。

严复则与张之洞等相左，他对中西之学进行了比较，使人在警钟声中觉醒，并对张之洞等人的“中体西用”说进行批判。“体用者，即一物而言之也。有牛之体，则有负重之用；有马之体，则有致远之用。未闻以牛为体，以马为用者也。中西学之为异也，如其种人之面目然，不可强谓似也，故中学有中学之体用，西学有西学之体用，分之则并立，合之则两亡。”① 体用一源，不可分割。“中体西用”在逻辑上是不合理的。不能以牛体而有马用，马体而有牛用。只能是牛有牛的体用，马有马的体用；中学有中学的体用，西学有西学的体用，这才是合逻辑的。孙中山认为，在自然科学发展的基础上，总括宇宙现象，人们往往把物质与精神绝对分离，“而不知二者，本合为一。在中国学者亦恒言有体有用。何谓体？即物质，何谓用？即精神”②。譬如人的五官百骸为体，属于物质，其能言语动作为用，犹人的精神活动，“二者相辅，不可分离”，精神与物质相辅体用。

体用之概念、范畴各人依据自己的体认、领悟，在对其的诠释、论辩中，构成流动的历史，有纵向、横向联通，有内外、上下、本末展开，有道器、天人、有无、形神交感，见仁见智，丰富多彩。对天地万物所以然根据的索隐，对人的生命生存世界存在的探赜，对人的意义世界价值的寻求，对价值理想的可能世界的追究，构成和合生生道体的全景画卷。

---

① 王栻. 严复集：第三册：与《外交报》主人书. 北京：中华书局，1986：559.
② 孙中山全集：第 3 册：军人精神教育. 上海：三民公司，1927：299.

第四章　理一分殊论*

理一分殊是中国哲学探赜道体的重要思维方式之一，是儒学和诸子之学彰显中国特性的重要标志。天地万物既有其殊相，以与其他事物相区别，亦有其共相，而能万有联通，即所谓物以类聚；既讲道一分殊，亦讲理一分殊。在中国哲学理论思维逻辑结构中，有相当于存在，无相当于非在。它体现为天地何来，有无相生；无形无名，有形有名；在与不在，非无非有；有无内外，儒释虚实。中国哲学在于追求自然、社会万象背后的形而上之理，并以此为度越形而下万殊之气的所以然者。理与气的概念、范畴在其流动中，海纳各个时期及外来优秀思维，不断产生新生面、新气象、新意蕴，而成为宋明理学思潮的核心话题。它体现为庖丁解牛，依乎天理；物理可知，穷理尽性；辨名析理，理事法界；理气相依，共相殊相。由理一分殊而导致一与多原理和有限与无限原理。一为多而存在，多为一而存在。无限度越有限，有限包容无限。由理一而呈现为人类命运共同体，由分殊而体现致广大的群星璀璨。

"五味万殊，而大同于美；曲变虽众，亦大同于和。"① 五种味道虽有万种分别，但其同一之处是吃起来都很美；曲的变化众多，其相同之处是都很和谐协调。理虽一，但其分万殊。理一分殊作为中国哲学特有的思维方式，是主体把握客体的理性体认方式，是由诸多方面、不同质料构成的思维活动的复杂系统，是在接连不断的实践活动中形成的思维结构，是一种相对定型、稳定的思维样式，是主体把握客体，主体通向客体的中介、

---

* 本章原以《理一分殊论——中国哲学元理》为题载于《社会科学战线》2020 年第 2 期。

① 嵇康集校注．声无哀乐论．戴明扬，校注．北京：人民文学出版社，1962：216.

桥梁，而具有典型性、普适性、广大性，潜移默化地指向人们的实践活动。

一、理一分殊解

理一分殊是中国哲学探索道体时的重要思维方式。程颐在评张载的《西铭》[①] 时说："《西铭》之为书，推理以存义，扩前圣所未发，与孟子性善养气之论同功，岂墨氏之比哉？《西铭》明理一而分殊，墨氏则二本而无分。"[②] 说明理一而分殊的思维方式与墨氏二本无分的异趣。朱熹就学于李侗，李侗对朱熹说："吾儒之学，所以异于异端者，理一而分殊也。理不患其不一，所难者分殊耳。"[③] 李侗把"理一分殊"的思维原则作为儒学与异端区分的标志。朱熹在《西铭》后有一段论述。"论曰：天地之间，理一而已。然乾道成男，坤道成女，二气交感，化生万物，则其大小之分，亲疏之等，至于十百千万而不能齐也。不有圣贤者出，孰能合其异而反其同哉。《西铭》之作，意盖如此。程子以为明理一而分殊，可谓一言以蔽之矣。……一统而万殊，则虽天下一家、中国一人，而不流于兼爱之弊；万殊而一贯，则虽亲疏异情、贵贱异等，而不梏于为我之私，此《西铭》之大指也。"[④] 譬如以乾为父，坤为母，男女构精，化生万物，有生之类，无物不然，这便是理一，而人物的诞生，各亲其亲、子其子，千万不同，其分而殊。又譬如民吾同胞，长长幼幼为理一；然长长幼幼各不相同，是为分殊。孟子讲"亲亲而仁民，仁民而爱物"，为理一；其分不同，故所施不能无差等，为分殊。

"理一分殊"的"理"，无见于甲骨文和金文。《说文解字》曰："理，治玉也。"即治理玉石。"王乃使玉人理其璞而得宝焉，遂命曰：'和氏之璧。'"[⑤] 楚人和氏得玉璞于楚山中，献给楚厉王，玉人相之为石，刖和氏左足。厉王死后，和氏将玉璞献给武王，玉人相之又曰石，刖其右足。和

① 《西铭》为《正蒙·乾称篇》一段文字。朱熹说张载"尝于学堂双牖左书砭愚，右书订顽。伊川先生曰：'是启争端，改曰东铭、西铭。'二铭虽同出于一时之作，然其词义之所指，气象之所及，浅深广狭，判然不同，是以程门专以西铭开示学者。"（张载. 张子全书. 上海：商务印书馆，1935：1）

② 二程集：答杨时论西铭书. 北京：中华书局，1981.

③ 黄宗羲，全祖望. 宋元学案：卷三十九：豫章学案. 北京：中华书局，1986：1291.

④ 张载. 张子全书. 上海：商务印书馆，1935：8.

⑤ 梁启雄. 韩子浅解：和氏. 北京：中华书局，1960：99.

氏抱璞而哭于楚山之下三日三夜，文王使玉人治理其璞而得宝玉，这便是和氏璧。未经治理之玉即为璞。《广雅·释诂三》："理，治也。"《广韵·止韵》："理，料理。"《系辞下》曰："理财正辞，禁民为非，曰义。"崔憬注："夫财货，人所贪爱，不以义理之，则必有败也。"① 人贪爱货财，见利忘义，必须以义治理，使其近于义。《字汇·玉部》曰："理，正也。"即"理"为"整理""修整"之义。嵇康说："劲刷理鬓，醇醴发颜，仅乃得之。"李善注："《通俗文》曰：'所以理发，谓之刷也。'"② "理"之义由"治理""整理"，引申为"医治"。抱朴子说："淳于能解颅以理脑，元化能刳腹以浣胃。"③ 即淳于能解开人的头骨以医治脑病，元化能剖开人的肚子洗胃。疾病对人来说都是不好的事，因而又引申为惩治恶事恶人。《后汉书》载："臣闻兴化致教，必由进善。康国宁人，莫大理恶。"④ 即蔡茂指出，现在贵戚杀人不判死罪，伤人不依法论罪，刑戮弃而不用，罪恶便得不到惩治。"理"便又有了"法纪"之义。"先王寄理于竹帛，其道顺，故后世服。"⑤ 即先王把法纪公布于竹帛，使后世遵守法纪。"理"亦指法官。《玉篇·玉部》："理，治狱官也。"《管子·小匡》："弦子旗为理。"尹知章注："理，狱官。"法官执行法纪，都需要辨别善恶，进行区分、审辨。荀子讲："相地而衰政，理道之远近而致贡。"杨倞注："相，视也。衰，差也。"王念孙注："《小雅·信南山传》：'理，分地理也。'"⑥ 即审辨土地的好坏作为收税的凭据，区分路途的远近交送贡物。"理"也有"申述""申辩"的意思。《唐律疏议》载："诸邀车驾，及挝登闻鼓，若上表以身事自理诉而不实者，杖八十。"⑦ 即故意增减情状，有所隐避诈妄者，从上书不实论处。

　　"理"的另一方面意义是"纹理""条理""道理""准则""原理"等。《广韵·止韵》载："理，文也。"荀子说："形、体、色、理，以目异；声、音、清、浊、调、竽、奇声，以耳异。"这里的"理"为"纹理"之义。形、体、色、纹理的不同，要用眼睛来区别。荀子又说："井井兮其

① 李道平. 周易集解纂疏. 上海：商务印书馆，1936：422.
② 嵇康集校注：养生论. 戴明扬，校注. 北京：人民文学出版社，1962：145.
③ 抱朴子内篇校释：卷五：至理. 王明，校释. 北京：中华书局，1980：101.
④ 范晔. 后汉书：卷26：蔡茂传. 北京：中华书局，1965.
⑤ 梁启雄. 韩子浅解：安危. 北京：中华书局，1960：212.
⑥ 梁启雄. 荀子简释：王制. 北京：古籍出版社，1956：107.
⑦ 斗讼：邀车驾挝鼓诉事//长孙无忌，等. 唐律疏议：卷24. 上海：商务印书馆，1929：9.

有理也。严严兮其能敬己也。"杨倞注："理，条理也。"① "理"之有"道理"之义。《广雅·释诂三》："理，道也。"《系辞》载："易简而天下之理得矣。天下之理得，而成位乎其中矣。"韩康伯注："天下之理莫不由于易简而各得顺其分位也。"孔颖达疏："正义曰：此则赞明圣人能行天地易简之化，则天下万事之理，并得其宜矣。"② 这里的"理"为"道理""原则"之义。在中国哲学中，程颐、朱熹等理体论者，以理为天地万物终极的根源、根据，伦理道德最高的原则、规范。

理一分殊的"一"，有"全满""相同""纯一""单独""统一""均平""协同""自身""本原"等义。详见第三章中对"体用一源"的论述。

理一分殊的"分"，见于甲骨文和金文。③《说文解字》曰："分，别也。从八、从刀，刀以分别物也。"分别即把事物分开。《尚书》载："庶绩咸熙，分北三苗。"孔安国传："分北流之，不令相从。"④ 舜命令群臣之后，经三年考其功绩，经三考九年，黜陟幽明，明者升，暗者退之。三苗复不从教化，当黜，其群臣有善有恶，舜复分北流其三苗，善留恶去而分。"分"又有"分出""分派"之义。"孔墨之后，儒分为八，墨离为三，取舍相反不同，而皆自谓真孔墨。"⑤ 分而在别。《玉篇·八部》："分，隔也。"《系辞上》载："方以类聚，物以群分，吉凶生矣。"韩康伯注："方有类，物有群，则有同有异，有聚有分也。顺其所同则吉，乖其所趣则凶。"⑥ 方为同聚，物谓物色群党共在一处，而与他物相分别。若顺其所共则吉，乖戾所趣则凶。有同异，有聚分，便各有分担。《国语》载："靡笄之役，韩献子将斩人，郤献子驾，将救之。至则既斩之矣，郤献子请以徇。其仆曰：'子不将救之乎？'献子曰：'敢不分谤乎！'"韦昭注："言欲与韩子分谤共非也。"⑦ 韩献子为司马，将斩人，郤献子以为罪在可赦，但既已斩人，郤献子欲与韩献子共同分担毁谤之言。这种分担有一方给予他者的意蕴。《左传》载："楚子使然丹简上国之兵于宗丘，且抚其民，分贫，

① 梁启雄. 荀子简释：儒效. 北京：古籍出版社，1956：88.
② 孔颖达. 周易正义：卷七：系辞上. 北京：中华书局，1980：76.
③ 甲骨文见于《铁云藏龟》38·4，《殷契粹编》119；金文见于《鬲攸从鼎》《大梁鼎》。
④ 孔颖达. 尚书正义：卷三：舜典. 北京：中华书局，1980：132.
⑤ 梁启雄. 韩子浅解：显学. 北京：中华书局，1960：492.
⑥ 同②.
⑦ 徐元诰. 国语集解：晋语五. 王树民，沈长云，点校. 北京：中华书局，2002：381－382.

振穷。"杜预注:"分,与也。振,救也。"① 即楚王派然丹在宗丘选拔检阅西部地区的武装,并安抚当地百姓,施舍贫贱,救济穷困。《玉篇·八部》载:"分,施也,赋也,与也。"阐释了"分"的意义。

徐灏在《说文解字注笺·八部》中说:"分,分物谓之分,平声;言其所分曰分,去声。此方言轻重之分。"《左传》载:"昔我先王熊绎与吕伋、王孙牟、燮父、禽父并事康王,四国皆有分,我独无有。"杜预注:"四国,齐、晋、鲁、卫。分,珍宝之器。"② 定公四年传,鲁、卫、晋三国之分,齐之分未闻而无有分。"分"又有"职分"之义,《墨子》载:"王公大人,蚤朝晏退,听狱治政,此其分事也。"③ 即是说王公大人职位分内的事。王公大人,也是其名分。《荀子》载:"中庸民不待政而化,分未定也则有昭缪。"杨倞曰:"缪,读为穆。"④ 父昭子穆。古代宗庙排列次序,祖庙在正中,后代中父辈的庙在左,为"昭",子辈的庙在右,为"缪",以分别上下次序。在名分尚未确定之前,应像昭缪先出上下次序,不问其世族。"分均则不偏,势齐则不一,众齐则不使。"杨倞注:"分均,谓贵贱敌也。"⑤ 如果名分、身份相等,就无法统属了,权势相等就不能统一集中了,地位相等就谁也不能支使谁了,这是在为名分等级次序辩护。名分等级次序,这是中国古代社会的制度,也是根本原则。荀子说:"况夫先王之道,仁义之统,《诗》、《书》、《礼》、《乐》之分乎!"⑥ 何况先王以仁义道德为统绪,以诗书礼乐为根本原则。名分、身份也是一种缘分、机遇、命运。白居易在《履道西门》中曰:"豪华肥壮虽无分,饱暖安闲即有馀。"虽然没有什么了不起的缘分和机遇,但还是能够吃饱穿暖的。"分"既有"分别""分开""分散""分解""分配"等义,亦有"身份""职分""缘分""情分""原则"等义,使"分"具有多义性、广用性,也带来不确定性、混沌性。

理一分殊的"殊",不见于甲骨文和金文。《说文解字》载:"殊,死也。从歹,朱声。汉令曰:'蛮夷长有罪,当殊之。'"段玉裁注:"凡汉诏云殊死者,皆谓死罪也。死罪者,首身分离,故曰殊死。"《庄子》载:"今世殊死者相枕也,桁杨者相推也,刑戮者相望也。"成玄英疏:"殊者,决

---

① 杨伯峻. 春秋左传注:第4册:昭公十四年. 北京:中华书局,1981:1365.
② 杨伯峻. 春秋左传注:第4册:昭公十二年. 北京:中华书局,1981:1339.
③ 吴毓江. 墨子校注:卷八:非乐上. 孙启治,点校. 北京:中华书局,1993:382.
④ 梁启雄. 荀子简释:王制. 北京:古籍出版社,1956:99.
⑤ 同④101-102.
⑥ 梁启雄. 荀子简释:荣辱. 北京:古籍出版社,1956:44.

定当死也。桁杨者，械也，夹脚及颈，皆名桁杨。六国之时及衰周之世，良由圣迹，黥劓五刑，遂使桁杨盈衢，殊死者相枕，残兀满路。相推相望，明其多也。"① "殊死"即为断定要死，是为断绝。《广雅·释诂一》载："殊，断也。"又《释诂四》："殊，绝也。"段玉裁在《说文解字注·歹部》中载："殊，一曰断。各本无此四字，依《左传》释文补。断与死本无二义，许以字从歹，故以死为。'正义'，凡物之断，为别一义。"《左传》载："武城人塞其前，断其后之木而弗殊。"杨伯峻注："此谓砍伐树木而不使断绝。"② 邾人在翼地筑城，取道离姑回去，武城人出兵挡住去路，又把退路两旁的树木加以砍伐而不使它折断。邾军经此，武城人推倒树木，消灭邾军。《管子》载："官而衣食之，殊身而后止，此之谓养疾。"尹知章注："谓官给之衣食。殊，犹离也。疾离身而后止其养。"③ 离犹身首相离，异处。《玉篇·歹部》载："殊，《苍颉》云：'殊，异也。'"《系辞下》载："天下同归而殊途，一致而百虑。"孔颖达疏："言天下万事终则同归于一，但初时殊异其途，路也。"④ 殊又有"不同""区别"之义。《字汇·歹部》："殊，别也。"《太史公自序》载："法家不别亲疏，不殊贵贱，一断于法。"⑤ 即不分别亲疏、贵贱，均依法处置。此外，殊有"特殊"之义。王充曰："夫圣犹贤也，人之殊者谓之圣，则圣贤差小大之称，非绝殊之名也。"⑥ "圣贤"是对人中的特殊的人的称谓。"圣人"是超过一般的人。《后汉书》载："母氏年殊七十，及弟棠等，远在绝域，不知死生。"李贤注："殊，犹过也。"⑦ 古人以"人生七十古来稀"，超过七十便更为少有了。

理一天上来，分殊地中出。理一分殊是中国哲学思维的重要元理，它源远流长，丰厚多姿，构成"截然分析而必相对待"的分析系统，而非不重分析，而重"玄同"⑧。若无"名字"的分析，就难以构成中国哲学思维体系。理一分殊哲学思维方式敞开自我，既以生存世界、意义世界、可能

① 郭庆藩. 庄子集释：在宥. 王孝鱼，整理. 北京：中华书局，1961：377.
② 杨伯峻. 春秋左传注：第4册：昭公二十三年. 北京：中华书局，1981：1441.
③ 黎翔凤. 管子校注：卷十八：入国. 北京：中华书局，2004：1034.
④ 孔颖达. 周易正义：卷八：系辞下. 北京：中华书局，1980：87.
⑤ 司马迁. 史记：太史公自序. 上海：商务印书馆，1932：58.
⑥ 黄晖. 论衡校释：卷二十六：实知篇. 上海：商务印书馆，1938.
⑦ 范晔. 后汉书：卷34：梁竦传. 北京：中华书局，1965.
⑧ 刘述先. 儒家思想与现代化：刘述先新儒学论著辑要. 北京：中国广播电视出版社，1992：522.

世界为对象，在形相、无形相的融突和合中构成属人的世界的思想，又以反思思想的思想为对象，从思想自身和思想与思想之间的矛盾入手，内在地实践变革，构成反思思想的思想，使哲学理论思维得以发展。

其一，治理的开出。自然、社会、人生各种现象复杂、多变，都需要治理，使无序转为有序。"理"的本义是"治玉"，治玉即依据玉的纹理，使璞成为美玉。自然界经治理，而成宜居的环境，而成绿水青山的美境；社会经治国理政，而成使人安居乐业的地方；人经治理，而成有高尚伦理道德的君子；世界经治理，而成和平、发展、合作、共赢的命运共同体。一个国家只有经过治理，才能使政治、经济、文化、科技、制度、宗教、军事发挥正能量，走上正确的轨道，而和谐发展。治理宇宙、社会、人生，需要有一定的规章制度；惩恶扬善改造社会、人事，需要法纪；创造智能社会、智能人生，需要有一颗为人类谋幸福的心。若能人人讲仁爱、守诚信、崇正义、重民本、尚和合、求大同，社会、国家、世界就能成为真、善、美的人类命运共同体的世界。治理的开出和实施，亦要"观乎天文，以察时变；观乎人文，以化成天下"。"和氏璧"的遭遇，要察时变，宇宙、社会、人生的幸福和谐要有教化。

其二，理学的建构。宋元明清理学是在北宋面临国家、社会、人生等诸多冲突和危机之中，与在化解其冲突和危机中智能创生的。思想家、哲学家在反思隋唐以来儒衰道盛、儒弱佛强的过程中，强烈地唤起了儒学的生命智慧，在北宋"佑文"文化政策的新学风下，冲破儒家经典文本的神圣光环，批判章句训诂之学，转为"六经注我"的义理之学。他们在融突和合儒、释、道三教的基础上，出入佛道，返归儒学，追究宇宙、社会、人生的"所当然"与"所以然"，程颢的"吾学虽有所受，天理二字却是自家体贴出来"①，构建了以天理概念、范畴为核心话题的理学哲学思维体系，开理学崇尚理性的新学风、新思维。程颐评说："周公没，圣人之道不行，孟轲死，圣人之学不传。……先生［指程颢］出，倡圣学以示人，辨异端，辟邪说，开历古之沉迷，圣人之道得先生而后明，为功大矣。"②圣人之学的道统，在孟子以后就断了，程颢接续道统，使圣人之学复明于世。二程理体学经杨时等"道南学派"的承传，至朱熹集理体学之大成。朱熹以理为核心话题，理具有形上学的存在价值。"未有天地之先，毕竟也只是理。有此理，便有此天地；若无此理，便亦无天地，无人无物，都

---

① 二程集. 河南程氏外书：卷十二. 北京：中华书局，1981.
② 二程集. 河南程氏文集：卷一. 北京：中华书局，1981.

无该载了!"① 理是先天地、先人物，在天地之上的绝对存在者，是天地万物的终极根据。"且如万一山河大地都陷了，毕竟理却只在这里。"② 理是度越山河大地、人物的绝对不灭的"净洁空阔的世界"。它是无形迹亦不会造作的精神世界。

其三，原则的协同。原则是人们在实践活动中言与行所依据的法则或根本标准。它是依据在实践中的客观实际需要，而制定的人们言行活动的规则，是宇宙、社会、人生在其发展过程中的一种本质的、必然的、稳定的、联系的投射。因而，原则具有客体性，又寓于主体性之中。事物的本质往往隐藏在显露的现象背后，又往往处在共时性联系转变为历时性联系之中，但本质是构成事物诸多因素的内在联系，表现为各事物之间相互联系又区别的根本性质。原则具有必然性，天地万物，多姿多彩，现象纷呈，在此之中有一种一以贯之的原理，在以其无形之手，指引着事物的发展变化按一定的原理、原则运动，而不离一定必然性的轨道。原则只要具备一定的条件，就能循环往复地起作用。原则的本质性、必然性、稳定性的协同运作，使原则的实施变得更为完美。

其四，身份的面具。自古以降，任何社会均存在贫富贵贱的差分，生活于其中的人们亦随之扮演不同的角色，被戴上不同的面具，以表示不同的身份。这种不同身份，有的是自己不能左右的，如出身于高贵的、富裕的家庭，如《红楼梦》中的贾宝玉，或诞生于贫民窟之人。有的虽出身高贵或富裕，但后来家道败落了，而成为贫民，身份亦随之而变，面具亦变；有虽出身贫贱，但依靠自己的勤奋，而富裕起来的，人的地位变了，于是面具亦换了。有人以此为时运、命运。"命"是有一定必然性的，如死生有命；"运"却具有偶然性，若能察时变，握缘分，便能否极泰来，改变身份。因此，人生在世，千变万化，永远处在"周虽旧邦，其命维新"之中，随时维新，才能永葆青春。

其五，特殊的度越。特殊与普遍、殊相与共相、个性与共性往往是相对而言的。这种关系，在每个领域、每件事物及其运动过程中都会表现出来，体现事物的差异性、多样性。事物的特殊性、殊相、个性是事物之所以彼此相区别的标志，是认知事物之所以有不同作用的方法，是体认各种事物之所以有不同价值和意义的方式，是探求事物，以及事物与事物之间不协调、矛盾的化解方案，是寻找各种事物在不同形式的运动中不显著的

---

① 黎靖德. 朱子语类. 王星贤，点校. 北京：中华书局，1986：1.
② 同①4.

共相与共性，在寻求共相、共性中更能体认殊相、个性的价值。事物特殊性的本质，是引导、支配事物运动发展的主要作用因素。中国哲学理论思维要求度越特殊、殊相、个性，探赜事物在运动过程中的普遍性、共相、共性。在全球化、信息智能时代，全球互联、万物联通、合作共赢、命运同体等之所以可能，就在于其事物运动中普遍地、共相地存在着的共性。

当代呼唤理一分殊五层面内涵与时偕行，以适应人类生存世界、意义世界、可能世界在不断发展中的需要，这是理一分殊再生时所面临的抉择。中国哲学的概念、范畴、命题唯有苟日新、日日新，才能在共时性中发挥作用，在历时性中诞生新生命。

二、共相与殊相

形形色色的哲学观，都是以自己殊相的理解去诠释人类生存和发展的价值，并彰显天地万物存在的根据的一种思维方式。理一分殊的思维方式有益于把握人的存在方式以及人与天地万物之间的关系。理一分殊纵向的源流及横向的超越，具有深刻性和合理性。《说文解字》载："一，惟初太极，道立于一，造分天地，化成万物。"这便是道一化万，或曰道一分殊。老子说："道生一，一生二，二生三，三生万物。"① 即由道一而二、三、万物的分殊思维形式。《系辞上》载："易有太极，是生两仪，两仪生四象，四象生八卦。"朱熹注："太极者，其理也；两仪者，始为一画，以分阴阳；四象者，次为二画，以分太少（按即太阴太阳、少阴少阳）；八卦者，次为三画而三才之象始备。"② 太极为理、为道、为一，由两仪、四象、八卦，即由一分殊为八。周武王克殷，访问箕子，箕子以洪范陈之。洪范九畴，"初一曰五行，次二曰敬用五事，次三曰农用八政，次四曰协用五纪，次五曰建用皇极，次六曰乂用三德，次七曰明用稽疑，次八曰念用庶征，次九曰向用五福，威用六极。"③ 即洪范分九个范畴，而每个范畴又分数个概念或实事，涉及政治、制度、农事、寿命、道德、伦理、信仰等各层面。由一而分殊为九，由九各分殊为多。作为治国理政之大法，其是多方面的、多层次的。

---

① 任继愈. 老子新译. 上海：上海古籍出版社，1985：152.

② 系辞上传//朱杰人，严佐之，刘永翔. 朱子全书：第 1 册. 上海：上海古籍出版社，2002：133.

③ 尚书正义//十三经注疏. 阮元，校刻. 北京：中华书局，1980：188.

春秋战国时，百家争鸣，孔子说："参乎，吾道一以贯之。"曾子曰："唯。"朱熹注曰："盖至诚无息者，道之体也，万殊之所以一本也；万物各得其所者，道之用也，一本之所以万殊也。以此观之，一以贯之之实可见矣。"① 从道体而言，之所以分为万殊在于一本；从万物各得其所而言，一本而分殊为万。"若曰吾之所谓道者，虽有精粗、大小、内外、本末之殊，然其所以为道者，则一而已矣。"② 万殊之不同，万物的形态、内外本末的形式分殊，其所以然如此而道一（理一）。庄子继承老子，他认为"厉与西施，恢诡谲怪，道通为一"。厉丑西施美，成玄英注："夫纵横美恶，物见所以为万殊；恢谲奇异，世情用之为颠倒。故有是非可不可，迷执其分。今以玄道观之，本来无二，是以妍丑之状万殊，自得之情惟一，故曰道通为一也。"③ 人物千差万别，万殊现象呈现于世，但以重玄之道来看，道通为一。韩非说："凡理者，方圆、短长、粗靡、坚脆之分也，故理定而后物可得道也。"④ 理体现为各种不同的、万殊的形态，万物万殊才体现了其所以然的理一，蕴涵理一分殊之义。

秦汉隋唐时，《淮南子》载："道曰规，始于一，一而不生，故分而为阴阳，阴阳合和而万物生，故曰'一生二，二生三，三生万物'。"⑤ 接着老子的道一分殊的思想，天地万物的化生是阴阳的和合。天地合阴阳之气，阴阳专精为四时，四时之散精为万物，即阴阳的合和为道一和四时的离散分殊为万物。陆贾说："天生万物，以地养之，圣人成之。功德参合，而道术生焉。故曰：张日月，列星辰，序四时，调阴阳，布气治性，次置五行，春生夏长，秋收冬藏。"⑥ 天地人互相参合，而一于道，所以分殊为日月、星辰、四时、阴阳等。《黄帝内经》载："是明道也，此天地之阴阳也。夫数之可数者，人中之阴阳也；然所合，数之可得者也。夫阴阳者，数之可十，推之可百，数之可千，推之可万。"⑦ 道一蕴涵天、地、人中的阴阳。阴阳可数可推百万，可推即可分殊。《抱朴子》载："道也者，所以

① 论语集注：里仁//朱杰人，严佐之，刘永翔. 朱子全书：第6册. 上海：上海古籍出版社，2002：95-96.
② 论语或问：里仁//朱杰人，严佐之，刘永翔. 朱子全书：第6册. 上海：上海古籍出版社，2002：688.
③ 郭庆藩. 庄子集释：齐物论. 王孝鱼，整理. 北京：中华书局，1961：70-71.
④ 梁启雄. 韩子浅解：解老. 北京：中华书局，1960：159.
⑤ 刘文典. 淮南鸿烈集解：卷三：天文训. 冯逸，乔华，点校. 北京：中华书局，1989：112.
⑥ 王利器. 新语校注：卷上：道基. 北京：中华书局，1986：1-2.
⑦ 谢华. 黄帝内经：素问. 北京：中医古籍出版社，2000：261.

陶冶百氏，范铸二仪，胞胎万类，酝酿彝伦者也。"① 道分万殊。陆贾讲的是从宇宙论意义上的分殊；《素问》讲的是从宇宙中存在五种不同气色影响人物的生化的分殊；葛洪从玄道，即玄一之道立论，陶冶百姓，经阴阳二仪，胞胎万殊。三者对道一分殊有不同的观点。王弼注老子《道德经》曰："万物万形，其归一也。何由致一？由于无也。由无乃一，一可谓无？……既谓之一，犹乃至三。"② 归一致道，道生一，一生二，二生三，三生万物，万物万殊，"执一统众"。王弼接着老子讲，道是无，天下万物生于有，有生于无。"道生一"，经二、三，而生万殊的万物。"物皆各得此一以成。"隋代医学家杨上善接着《老子》《易传》的思想，在《太素·知针石篇》中说："从道生一，谓之朴也。一分为二，谓天地也。从二生三，谓阴阳和气也。从三以生万物，分为九野、四时、日月乃至万物。"对道生一，由一而万物的化生过程进行了系统的诠释，使道一万殊的思维形式逻辑转换为"理一万殊"的思维形式。

道一分殊源于《老子》以道（无）为哲学理论思维的最高的、终极的根源、根据的思想。宋明时，构建了融突和合儒释道思维精华的新儒学的理学哲学理论思维体系。道一分殊话题转变为理一分殊的核心话题。"理一分殊"话题首见于程颐的《答杨时论〈西铭〉书》，但张载在《西铭》中没有讲"理一分殊"。"理一分殊"显然是程颐根据其理体学的观点对《西铭》思想的智能创造。《西铭》指出"民胞物与"思想，杨时误以为是墨子的兼爱思想，故评之有言体不及用之弊。二程思想经道南学派的传授，到朱熹集理体学之大成，其"理"也即"道""太极"，所以"道一分殊"顺理而为"理一分殊"。朱熹说："伊川说得好，曰：'理一分殊。'合天地万物而言，只是一个理；及在人，则又各自有一个理。"③ 即接着程颐"理一分殊"的话题对张载的《西铭》进行创造性的诠释。首先，朱熹将《西铭》与杨朱墨子加以分别，"言理一而不言分殊，则为墨氏兼爱；言分殊而不言理一，则为杨氏为我。所以言分殊，而见理一底自在那里；言理一，而分殊底亦在，不相夹杂"④。孟子曾批评杨墨为无君无父，而朱熹追究其错误的理论思维，是杨墨各执一偏，不能圆融理一与分殊，不理解理一分殊的相辅相成的关系。其次，朱熹认为《西铭》通体是理一分殊。

---

① 抱朴子内篇校释：卷十：明本. 王明，校释. 北京：中华书局，1980：168.
② 王弼集校释：老子道德经注. 楼宇烈，校释. 北京：中华书局，1980：117.
③ 黎靖德. 朱子语类. 王星贤，点校. 北京：中华书局，1986：2.
④ 同③2521.

《西铭》通体是一个"理一分殊"，一句是一个"理一分殊"。"《西铭》要句句见理一分殊。"① 有人说其间只有五六句是讲理一分殊的。朱熹反驳说："据某看时，'乾称父，坤称母'，直至'存吾顺事，没吾宁也'，句句皆是'理一分殊'。……逐句浑沦看，便见理一，当中横截断看，便见分殊。"② 譬如"乾称父，坤称母"，便是理一而分殊；"予兹藐焉，混然中处"便是分殊而理一；"民吾同胞，物吾与也"，又是理一而分殊。从头至尾，句句是理一分殊。再次，朱熹认为，理一分殊"各自有等级差别"。《西铭》大纲是理一而分自尔殊。"自天地言之，其中固自有分别；自万殊观之，其中亦自有分别。不可认是一理了，只滚做一看，这里各自有等级差别。且如人之一家，自有等级之别。"③ 譬如"民吾同胞"，与自家兄弟同胞又自差别。有父、有母、有宗子、有家相等分别。杨时疑其为兼爱，是没有深晓《西铭》有其深意，因而未体悟有等级差别。也不能像谢艮斋那样，以"在上之人当理会理一，在下之人当理会分殊"④，这样就将理一分殊当作两节看了。最后，朱熹认为，理一分殊要从视域而言，"这有两种看：这是一直看下，更须横截看。若只恁地看，怕浅了"⑤。譬如说"乾称父，坤称母"，只说一个"称"字，便有所分别。这里有直说的意思，也有横截说的意思。等而下之，以至为大君、为宗子、为大臣家相，若理为一，其分未尝不殊。朱熹从此四方面对《西铭》中的理一分殊进行了系统深刻的、卓越的诠释，并结合仁义伦理道德，探赜仁义思维形式的仁。仁是发出来的，发出而不乱便是义。仁爱如爱亲、爱兄弟、爱亲戚、爱乡里、爱宗族，推而至爱天下国家，只是一个爱的流出，其中便有许多差等。又如敬，敬长、敬贤，亦有许多分别，既理一又分殊，二者融突和合。

后人曾对《西铭》逐句进行解释，而阐发"理一分殊"的思想。张伯行在释"乾称父，坤称母，予兹藐焉，乃混然中处"时说："天下古今只有一理，而其分万殊。然理一分殊之道，人人皆得而尽之。"罗泽南解："读《西铭》须晓得一个推字。逐句由自家之父母兄弟推到天地民物上去，便有个理一分殊在。"⑥ 下截说吾的父母，上截说天地，天地亦吾的父母，

---

① 黎靖德. 朱子语类. 王星贤，点校. 北京：中华书局，1986：2522.
② 同①.
③ 同①2524.
④ 同①2528.
⑤ 同①2525.
⑥ 林乐昌. 正蒙合校集释（下）. 北京：中华书局，2012：884-885.

这就是一个理一分殊。罗泽南对"天地之塞,吾其体;天地之帅,吾其性"曰:"吾之体,与人之体,与万物之体,各一其体,分之殊也。究皆禀此天地之气,则理一矣。"① 又曰:"'民吾同胞,物吾与',由分之殊者,推其理之一耳。民胞之中也有个理一分殊。"② 曹端曾赞扬朱熹对《西铭》理一分殊的阐发,他说:"《西铭》大意明理一分殊,文公注之,明且备矣。"③ 各人都阐明、发扬理一分殊,突显其在中国哲学理论思维上的价值。

三、在与非在

自先秦到宋元明清,在诸多人来人往的交流、对话、探究中,从道一分殊到理一分殊,构成了理一分殊流动的历史。理一分殊作为中国哲学理论思维道体的重要元理,它唯变所适地体现了中国哲学的精神,展示中国哲学理论思维的特有之处。

苍苍太空,浩浩大地,既虚无缥缈,又万象杂陈。若以前者为无,则后者为有。黑格尔认为有(纯有)只是一种直接的单纯存在,无(纯无)是自身的单纯同一。他认为有与无都是毫无规定性的。在中国哲学理论的思维系统中,有相当于存在,无相当于不存在。作为一种概念、范畴,不存在也是一种存在。无是体,有是用;无是理、道、太极,有是气、器、阴阳。前者是形而上者,是形而下者之所以存在的根源、根据;后者是形而下者,是体现、表示前者的价值和功能。

"无"见于甲骨文和金文。④《说文解字》:"无,亡也。从亡,无声。"《玉篇·亡部》载:"无,不有也。"即无与有相对待。"有"见于甲骨文和金文。⑤《说文解字》载:"有,不宜有也。《春秋传》曰:'日月有食之。'从月又声。"林义光的《文源》中载:"按:有非不宜有之义。有,持有也。古从又持肉,不从月。"《玉篇·有部》:"有,不无也。"《正字通·月部》:"有,对无之称。"段玉裁的《说文解字注》认为,无是逃亡而今丧失不见而未有。林义光在《文源》中认为,无所见,便是无。这里段、林

---

① 林乐昌. 正蒙合校集释(下). 北京:中华书局,2012:887.

② 同①888.

③ 同①911.

④ 甲骨文见于《殷墟书契前编》7·35·2;金文见于《盂鼎》《侯马盟书》。

⑤ 甲骨文见于《殷墟粹编》13,《殷墟文字甲编》1289;金文见于《盂鼎》《墙盘》。

两解，都以感觉经验为判断有无的依据，其实无所见与所失，就无之概念、范畴来观并无影响。徐灏在《说文解字注笺》中认为，段玉裁的解释未达其本义，"本无其物，亦谓之无"。按全文的字形来观，"无"有拥蔽无所见谓无的意思，亦有本无其物的意思，因而引申为虚无的无。《一切经音义》转引《声类》曰："无，虚无也。"本不存在。有，是指有物体，《广雅·释诂》："有，质也。"即有物质。

在中国哲学理论思维逻辑结构中，理一是隐而不见的无，分殊的万象是可见的有。大千世界，天地人物终极的来源、根据是无还是有？仁者见之为仁，智者见之为智，大体有以下几种形式。

天地何来，有无相生。可感知的东西瞬息万变，今是而昨非，但其理念不变，由此推出一个最基本的理念存在。在中国哲学理念中，有与无都是存在。古希腊人有一个信念：无中不能生有，世界都是有的变化。有就是有，无就是无。这与中国古代哲学思维是相反的。老子说："天下万物生于有，有生于无。"①《老子道德经河上公章句》曰："天下万物皆从天地生，天地有形位，故言生于有也。天地神明，蚑飞蠕动，皆从道生，道无形，故言生于无也。"② 他将无释为道，道无形无名，所以说有生于无。王弼训释为"天下之物，皆以有为生。有之所始，以无为本。将欲全有，必反于无也"③。天下万物所以化生的逻辑过程是从有到无的过程，无是万物之所以化生的端始、元始、根源。老子对无的天地万物根源的发现，得自两方面启发：一是来自对客体实在的观察。"三十辐共一毂，当其无，有车之用；埏埴以为器，当其无，有器之用；凿户牖以为室，当其无，有室之用。"④ 也来自自身日常生活的经验。二是从婴儿生产中得到启发，"谷神不死，是谓玄牝，玄牝之门，是谓天地根"⑤。冯友兰、任继愈都认为"牝"是一切动物的母性生殖器，"玄牝"象征幽深的、看不见的生产万物的生殖器，这是天地万物的根据。裴頠对以崇尚虚无、以无为本的思想进行批判。"頠深患时俗放荡，不尊儒术。"⑥ 他认为时人口谈浮虚，不遵礼法。于是他著《崇有》《贵无》二论，以矫虚诞之弊，主张天地万物的根源是有，而非无。他说："夫至无者无以能生，故始生者自生也。自生而

---

① 任继愈. 老子新译. 上海：上海古籍出版社，1985：148.

② 老子道德经河上公章句：去用第四十. 王卡，点校. 北京：中华书局，1993：162.

③ 王弼集校释：老子道德经注. 楼宇烈，校释. 北京：中华书局，1980：110.

④ 同①82-83.

⑤ 同①72.

⑥ 房玄龄，等. 晋书：卷35：裴頠传. 北京：中华书局，1974：1044.

必体有，则有遗而生亏矣。生以有为已分，则虚无是有之所谓遗者也。故养既化之有，非无用之所能全也；理既有之众，非无为之所能循也。……由此而观，济有者皆有也，虚无奚益于已有之群生哉。"① 无不能生有，天地万物的始生，是自生，自生必有生的根源、依据，这便是"体有"。若以无生有，有受到损失，治理已经存在的群众，不是无为所能做到的，成就有的均是有，虚无奚能助益群生。如果追究万物的有始无始，最终仍是有端始论。裴頠不求此，而讲始生者自生，自生的有就是其最终的根据。万有不能以无作为自己存在的根据。在天地万物从哪里来的这一问题上，或认为从无而来，或认为从有而来，构成了具有中国哲学特色有无相生的思维形式。

无形无名，有形有名。老子说："道，可道，非常道；名，可名，非常名。无名，天地之始；有名，万物之母。故常无，欲以观其妙，常有，欲以观其徼。此二者同出而异名。同谓之玄，玄之又玄，众妙之门。"② 可言说的道，不是恒常的道；可说出的名，不是恒常的名。无名是天地的本始，有名是万物的根源，所以要从常无去体悟道的奥妙，从常有去体会道的端倪。无与有二者同一来源而名称不同，都很幽深，幽深而幽深，这是一切变化的总门。恒常的道是度越了可见可说的道，恒常的名是度越了可称可说的名，所以其道其名非经验性、感觉性的有名有形，而是恒常性的无形无名。王弼解释说："凡有皆始于无，故未形无名之时，则为万物之始。及其有形有名之时，则长之、育之、亭之、毒之，为其母也。言道以无形无名始成万物，[万物] 以始以成而不知其所以 [然]，玄之又玄也。"③ 王弼接着老子讲，认为万物的原始，是无形无名的，是讲道以无形无名生成万物，及其有形有名而成物，便得到道的生长、养育，所以道是万物之母。"物之所以生，功之所以成，必生乎无形，由乎无名。无形无名者，万物之宗也。"④ 无形无名，是万物所以生、所以成的所以然者，是万物的宗主；有形有名，是万物宗主显现出来的各种形态的事物。如果说天地何来，有无相生，是明天地万物所以生的终极根源、根据的话，那么无形无名、有形有名，则是天地万物之所以生的根据和万物生成后所呈现、彰显的形态、形式，二者相辅相成。

---

① 房玄龄，等. 晋书：卷 35：裴頠传. 北京：中华书局，1974：1046-1047.
② 任继愈. 老子新译. 上海：上海古籍出版社，1985：61-62.
③ 王弼集校释：老子道德经注. 楼宇烈，校释. 北京：中华书局，1980：1.
④ 王弼集校释：老子指略. 楼宇烈，校释. 北京：中华书局，1980：195.

在与不在，非无非有。在佛教般若空宗流行的情境下，僧肇认为诸多般若学说，并没有正确化解万物与宗极（本体）的关系，而是以离万物存在的方式去追求超越的"宗极"。他在《不真空论》①中既批判了"六家七宗"中的本无、心无、即色三家思想，又回应了从何晏、王弼到裴頠、郭象的玄学有无、存在与不存在的话题。他认为论辩空无、物有的在与不在，必须确立一个"宗极"，即最高目标和本体。他说："夫至虚无生者，盖是般若玄鉴之妙趣，有物之宗极者也。"②以般若观照微妙的地方，是至虚无生的。无生是讲缘集诸法、非自非他、无生无灭，是物有的绝对虚无的存在。以此来观照般若学三家：心无家，其"得在于神静，失在物虚"。其得失既没有无心于万物，也没有万物未尝生的话题；本无家"情尚于无，多触言以宾无，故非有，有即无；非无，无亦无"。崇尚无，以无为本，把非有非无都说成无。僧肇认为，般若空宗的本旨，不是以无为本来否定万有世界存在的价值。假如把非有说成绝无此有，非无说成绝无彼无，就不符合本旨；即色家"明色不自色，故虽色而非色也"。僧肇认为，各种现象无自性，都是虚假不真的。色即是空，不待因缘和合成物才讲空，无须否定色而求空。一切事物都由因缘和合而生起，不无而有；一切事物都由因缘拆散而坏灭，不有而无。真有与真无不待因缘和合而有与无，即存在与不存在，是常有、常无；待因缘和合与拆散的有与无，是假有、假无。就现象界而言，现象是存在的，非无；现象界是不真的，非有。非有非无，都是不真。《中观》云："物无彼此。"一切事物存在从宗极上说，是无彼此之分的，彼此之分是人强名之的。

道教的成玄英在义疏老子《道德经》时说："妙本非有，应迹非无，非有非无，而无而有，有无不定，故言惚恍。"③本体道非无，即有，非有，即无。非无非有，即无即有。"言至道之为物也，不有而有，虽有不有，不无而无，虽无不无，有无不定，故言恍惚。"④就至道的道体而言，不有而本有，不无而本无；就至道所彰显的各种现象而言，虽有而不真有，虽无而不真无。有无不定，即有即无，即无即有。

---

① 元康《肇论疏》云："诸法虚假，故曰不真，虚假不真，所以是空耳。"

② 中国哲学史教学资料汇编编写组. 中国哲学史教学资料汇编（魏晋南北朝部分）. 北京：中华书局，1964：400.

③ 中国哲学史教学资料汇编编写组. 中国哲学史教学资料汇编（隋唐部分）. 北京：中华书局，1965：311.

④ 同③312.

有无内外，儒释虚实。张载曾"访诸释老，累年究极其说，知无所得，反而求之六经"①。入释、老，而又出释、老，辟释氏以心为法，以空为真；老子以无为为道，主张立气破空，立有破无。他说："知虚空即气，则有无、隐显、神化、性命通一无二。"② 虚空即气，气聚有形叫作有，不聚无形叫作无，都是气在运动变化中所呈现的不同形态，有无等，都通一于气，这是对张载气体论哲学理论思维的贯彻。因此，他认为"有无一，内外合"③。天地万物存在的终极根源是气，气有阴阳，屈伸相感无穷。"虽无穷，其实湛然；虽无数，其实一而已。阴阳之气，散则万殊，人莫知其一也；合则混然，人不见其殊也。"④ 无穷无数，湛然为一气，其散万殊，不知其为一气的阴阳的分殊，其合便不知其分殊之万，开出气一分殊的新生面。朱熹与张载的气一分殊异，而辟理一分殊之新境。朱熹反对老子有生于无，"《易》不言有无，老子言有生于无，便不是"⑤。有人问，佛教说空，老子说无，二者有何不同？朱熹回答说："空是兼有无之名。道家说半截有，半截无。"佛教都是无，"大而万事万物，细而百骸九窍，一齐都归于无。终日吃饭，却道不曾咬着一粒米；满身着衣，却道不曾挂一条丝"⑥。道家说无说有，只是把有无作两截看了。在有无、虚实话题上，儒佛有根本的区别。"儒释言性异处，只是释言空，儒言实；释言无，儒言有。"⑦ 以有无、虚实为儒释差分的标志。佛教所谓"敬以直内"，只是空的，更无一物，却不会"方外"。圣人所谓"敬以直内"，则湛然、虚明，万理俱足，方能"义以方外"。王廷相承张载的气体论，批评老子有与无的观点。他说："道体不可言无，生有有无。天地未判，元气混涵，清虚无间，造化之元机也。有虚即有气，虚不离气，气不离虚，无所始，无所终之妙也。"⑧ 阴阳二气感化，群象显没，天地万物所由以生。有形的是气化，无形的亦是气，道寓于其中。

有无的概念、范畴在中国哲学理论思维流动的历史中，具有不可或缺的重要价值。它贯通中国哲学的始终，在各家各派学术论争中，不断换新

① 张载集：附录：宋史张载传. 章锡琛，点校. 北京：中华书局，1978：385-386.
② 张载集：正蒙：太和篇. 章锡琛，点校. 北京：中华书局，1978：8.
③ 张载集：正蒙：乾称篇. 章锡琛，点校. 北京：中华书局，1978：63.
④ 同③66.
⑤ 黎靖德. 朱子语类. 王星贤，点校. 北京：中华书局. 1986：2998.
⑥ 同⑤3012.
⑦ 同⑤3015.
⑧ 王廷相集：第三册：慎言：道体篇. 王孝鱼，点校. 北京：中华书局，1989：751.

颜。从中国哲学思维的源头上，儒道就开出两条路向。太卜掌三易之法，《周易》以《乾》卦为首卦，崇阳贵刚（男一阳爻），《归藏》以《坤》卦为首卦，崇阴贵柔（女--阴爻），而发为儒道两家。儒以承尧舜禹汤文武周公孔孟之道统，道以承黄老之道统。魏晋时，何晏、王弼祖述老庄，天地万物以无为本，立贵无派；裴頠祖述尧舜，立崇有派，并吸引佛教来参与有无论争，而成时代思潮。有无之争既对待，又融合，在其流动发展的过程中，有无从道体意义上，与《道器》《体用》《本末》《动静》《一多》《理物》《常变》《言意》等概念、范畴相联通；从社会政治意义上，与有为与无为、名教与自然、内圣与外王、义内与方外等概念、范畴相交感，构成有无理论思维体系之网。或以道、理为"体""本""一"，或以无、有为"体""本""一"，构成道、理或无、有为"一"，器、用、末、物为分殊的"多"，而成"理一分殊"的一种思维形式。

四、辨名与穷理

中国古人沿着追问"天地之上为何物"的思维理路，探求宇宙、社会、人生万象背后形而上之理，并以此形而上之理为度越形而下万殊之气的所以然者。理气的概念、范畴在中国哲学理论思维流动的历程中，汲取各个时代的思维精华，不断开出新生面、新气象、新意蕴，并成为宋明理学思潮的核心话题。

"理"不见于甲骨文和金文，甚至不见于《易经》《尚书》《论语》《老子》。其本意是治理玉器。《说文系传校勘记》引徐锴曰："物之脉理惟玉最密，故从玉。"玉有脉理，依脉理而治，就为理。

"气"见于甲骨文和金文。[①]《说文解字》曰："气，云气也。象形。"段玉裁注："象云起之貌。""气"的繁体字作"氣"，《说文解字》载："氣，馈客刍米也。从米，气声。《春秋传》曰：'齐人来气诸侯。'"王鸣盛在《蛾术编》中说："案：气字隶变，以气代氣。""餼"段玉裁注："按：从食而氣为声，盖晚出俗字，在假氣为气之后。"高翔麟经典异字释："气为古氣字，氣为古餼字。"氣为古代赠送人的粮食或饲料；气则为气体的通称。张载说："所谓气也者，非待其蒸郁凝聚，接于目而后知之。"[②]犹

---

① 甲骨文见于《殷墟书契前编》7·36·2，《殷墟粹编》524；金文见于《大丰簋》《齐侯壶》《行气铭》。

② 张载集：正蒙：神化篇. 章锡琛，点校. 北京：中华书局，1978：16.

冬天人呼出的气，遇冷而见白色的气体，是指自然界的冷热阴晴等现象。《左传》曰："天有六气……六气曰阴、阳、风、雨、晦、明也。"① 即六种气候的现象。《玉篇·气部》曰："气，候也。……又年有二十四气。"《黄帝内经》载："五日谓之候，三候谓之气，六气谓之时，四时谓之岁，而各从其主治焉。"② 即各随其五行的配合而分别当旺，五行随时间的变化而递相承袭。在中医上，气指人体内流动着的富有营养、能使各器官正常发挥机能的精微的物质。气与血相待，气为阳，是动力，血为阴，为物质基础。《黄帝内经》又载："上焦开发，宣五谷味，熏肤、充身、泽毛，若雾露之溉，是谓气。"③ 五谷所化的精微的气，从上焦散布，熏蒸于皮肤，充养周身，滋润毛发，好像雾露一样溉养万物，这就叫作气。人之禀气充实而坚强，虚劣而缓弱。禀气充实，人的精神就有气势。《左传》载："夫战，勇气也。一鼓作气，再而衰，三而竭。彼竭我盈，故克之。"④ 作战靠勇气，第一通鼓振作勇气，第二、三通鼓就衰竭了。彼方气竭而我方气势旺盛，所以能战胜对方。气势盛，而气力充足。《史记》载："夫去柳叶百步而射之，百发而百中之，不以善息，少焉气衰力倦，弓拨矢钩，一发不中者，百发尽息。"⑤ 即说养由基在离柳叶百步远处而射，百发百中，但却不休息，待到气力衰竭，若有一发不中，便前功尽弃了。气不仅指人的气力，也指人的意气、意志、感情。《荀子》曰："有争气者，勿与辩也。"⑥ 如果有人以意气从事，无理而争，则不与之辩论；亦指人的气象、气质。"今观儒臣自有一般气象，武臣自有一般气象，贵戚自有一般气象。不成生来便如此？只是习也。……所以涵养气质，薰陶德性。"⑦ 各人的地位、名分不同，气质也不同，这是后天涵养、熏陶的结果。"气"又指人的气数、命运。"问：'上古人多寿，后世不及古，何也？莫是气否？'曰：'气便是命也。'"⑧ "气"具有多元含义，在文学上是指作者的才性、气质，由此而形成作品的风格，或主张文以气为主，或主张以意为主、气为辅。在哲学上或主"天地合气，万物自生"，"太虚不能无气，气不能不聚为万

① 杨伯峻. 春秋左传注：第4册：昭公元年. 北京：中华书局，1981：1222.
② 谢华. 黄帝内经：素问. 北京：中医古籍出版社，2000：38.
③ 谢华. 黄帝内经：灵枢. 北京：中医古籍出版社，2000：585.
④ 杨伯峻. 春秋左传注：第1册：庄公十年. 北京：中华书局，1981：183.
⑤ 司马迁. 史记：周本纪. 上海：商务印书馆，1932：27.
⑥ 梁启雄. 荀子简释：劝学. 北京：古籍出版社，1956：11.
⑦ 二程集：河南程氏遗书：卷十八. 北京：中华书局，1981.
⑧ 同⑦.

物"的气体论者；或主理为形而上之道、生物之本，气为形而下之器、生物之具；或主浩然之气的主体精神。构成理与气的逻辑思维关系，便形成理一分殊的思维形式，亦形成气一分殊形式，以及心一分殊形式。

庖丁解牛，依乎天理。《庄子》载：庖丁为文惠君宰牛，他的手、肩、足、膝所触及、倚着、踩到、抵住的，划然响音，进刀割解发出哗啦响声，没有不符合音律的，合乎《桑林》乐章的舞步，合乎《经首》乐章的韵律。文惠君说，"好极了！你的技艺竟达到如此境界！"（"庖丁为文惠君解牛，手之所触，肩之所倚，足之所履，膝之所倚，砉然响然，奏刀騞然，莫不中音，合于《桑林》之舞，乃中《经首》之会。文惠君曰：'嘻，善哉！技盖至此乎？'"①）庖丁说，我爱好道，已超过技术的境界，开始解牛时我看见的是整头牛，三年后我看到的已不是整牛，到现在，我以神遇而不以目视，以心神去运用刀。我顺着牛身上自然的纹理，劈开筋肉的间隙，导向骨节的空隙，照着牛的自然结构进刀，在连经络的地方尚且不曾拿刀碰过，何况那大骨头。（"依乎天理，批大郤，导大窾，因其固然，技经肯綮之未尝，而况大軱乎！"）我这把刀已用了十九年，所解的牛有几千头，刀口与新磨的刀一样锋利。这是因为我依牛的天然的纹理解牛的缘故。成玄英疏："依天然之腠理，终不横截以伤牛。亦犹养生之妙道，依自然之涯分，必不贪生以夭折也。"② 技术之妙，游刃于空，体道之人，运至忘之妙智，游虚空之物境，境智相冥，至不一不异的境界。依乎天理为事物自身存在的具有一定指向的规则，而达万物之理。"万物有成理而不说，圣人者，原天地之美而达万物之理。"③ 人们只能依照天地万物固有的规则去掌握它。此理，有自然而然的规则的意思。"去知与故，循天之理。"郭象注："天理自然，知故无为乎其间。"成玄英疏："内去心知，外忘事故，如混沌之无为，顺自然之妙理也。"④ 天理自然无为，不受内在、外在的心意和事故影响和支配，遵循自然之天理运动中的逻辑规则，人只能顺从天理，以天理为依归，这样便有忽视主体人的作用之缺陷，因此，荀子批评庄子"蔽于天而不知人"，可谓中其肯綮。

物理可知，穷理尽性。管子也认为要依据事物的客观规则行事。他认为心在身体中居于君的地位，九窍各有职司，如百官的分职，"心处其道，

① 郭庆藩. 庄子集释：养生主. 王孝鱼, 整理. 北京：中华书局, 1961：117-118.
② 同①119-120.
③ 郭庆藩. 庄子集释：知北游. 王孝鱼, 整理. 北京：中华书局, 1961：735.
④ 郭庆藩. 庄子集释：刻意. 王孝鱼, 整理. 北京：中华书局, 1961：539-540.

九窍循理"①。心君常能顺道，九窍所司，各循理而相应。物固有形，形固有名。"殊形异执，不与万物异理。"② 物形万殊，其理则一，犹理一分殊。这使理度越了具体事物的特称，而具有抽象的一般性的内涵。当理作为自然规则被思维反思时，规则的承担者便是不可或缺的了。管子认为这个承担者，应是阴阳二气。"是故阴阳者，天地之大理也。四时者，阴阳之大径也。"③ 阴阳之间相互作用，体现了天地间运动的基本规则，四时即为阴阳的运行。管子又将理与礼、义等道德规范相联通，而与儒家相近。"义者，谓各处其宜也。礼者，因人之情，缘义之理，而为之节文者也。故礼者，谓有理也。理也者，明分以论义之意也。故礼出乎义，义出乎理，理因乎宜者也。"④ 义是普遍适宜，礼则因人的亲疏、贵贱的情感而差分，而有礼仪的节文，体现了理的秩序、规则，以符合伦理道德的需要。

荀子以其智慧的理论思维，致广大的视域，概括先秦各家思想的得失，评价各家哲学的见蔽。他认为理是天地间事物的有序和规则。"疏观万物而知其情，参稽治乱而通其度，经纬天地而材官万物，制割大理而宇宙里矣。"杨倞注："里，当为理。"⑤ 通观万物而掌握其实际情况，考察社会治乱而通晓其限度，治理天地而利用万物，掌握自然和社会的全面道理，而使整个宇宙得到治理，达到治理自然、社会的自由。然而，自然、社会现象是复杂多样的，既有共同的规则，亦有特殊的规则，百事异理，要学尽其理。宇宙、社会、人生之理是可知、可识的。"凡以知，人之性也；可以知，物之理也。以所以知人之性，求可以知物之理。"⑥ 人的本性具有认识事物的主体能力，"物之理"即事物自身具有客观规则，是可以被认识的。人们以能认识事物的本性，去探求本可以被认识的事物规则，强调人类认知的能动性，物理是可知的，这是人的本性。

可知的物之理应如何穷尽？《说卦传》曰："观变于阴阳而立卦，发挥于刚柔而生爻，和顺于道德而理于义，穷理尽性以至于命。"李道平疏："立卦本于阴阳，故引下文'立天之道曰阴阳'以明之"；"爻有刚柔，故引下文'立地之道曰柔与刚'以明之"。"坤为义。义者利之和；坤，顺也，故'和顺谓坤'。乾为道为德，故'道德谓乾'，以坤顺乾，

---

① 黎翔凤. 管子校注：卷十三：心术上. 北京：中华书局，2004：759.

② 同①764.

③ 黎翔凤. 管子校注：卷十四：四时. 北京：中华书局，2004：838.

④ 同①770.

⑤ 梁启雄. 荀子简释：解蔽. 北京：古籍出版社，1956：296.

⑥ 同⑤304.

故曰'和顺于道德'。"虞翻注曰："以乾推坤，谓之'穷理'，以坤变乾，谓之'尽性'。性尽理穷，故'至于命'。"①虽解释《周易》卦爻的生立，意在发挥立天、立地、立人之道，外在的天道、地道与内在人道互相贯通，构成整体的三才之道。所谓理义，属于主体人道的道德观念，把道德与理义相联通，有和协顺成圣人之道，以及治理人伦的理义。内在的道德理义的推展有两种趋势：一是从主体推致客体，穷究万物深奥的道理，此理为事物的本性、性质。后来宋明理学家把穷理作为其重要的内容。二是向主体的深层推致，尽究主体所禀的性，指人的社会性的仁义道德等。

辨名析理，理事法界。先秦百家争鸣，思想相异，秦汉大一统，思想上要求统一。宇宙、社会、人生千头万绪，都需要进行辨别，以使名实相副。《吕氏春秋》载："故辨而不当理则伪，知而不当理则诈，诈伪之民，先王之所诛也。理也者，是非之宗也。"②即言论是表达意思的，言意相背离，国家就会乱。因此需要辨别清楚。辨别要以理为标准，辨别不符合理是伪的，即不真的；智不符合理为诈，即欺骗。理是辨别是非的根本。循理犹如执法，"胜理以治国则法立，法立则天下服矣"③。立法的前提在于理胜，无理也就无所谓立法，有法也不会遵守。因可"循名究理"，"审察名理"。《黄老帛书》的《名理》："审察名理冬（终）始，是胃（谓）厩（究）理。"能举曲直终始，便能循名究理，是指概念、范畴、推理等逻辑思维形式。只有遵循逻辑思维形式，才能获得正确的认知。王衍认为，"裴仆射善谈名理，混混有雅致"④。善名理、尚玄远是魏晋的时尚，其主旨是讲名分之理，必须名实相副。"名分之理"随着品鉴人物才性时尚的兴起，转向"辨名析理"。"若夫天地气化，盈虚损益，道之理也。法制正事，事之理也。礼教宜适，义之理也。人情枢机，情之理也。"刘昞注："以道化人，与时消息。以法理人，务在宪制。以理教人，进止得宜。观物之情，在于言语。"⑤质性平淡，心思详密，能通自然，为道理之家；质性警悟贯通，权求谋略机敏快捷，能应对烦乱多变的政务，为事理之家；天性素质和顺平稳，能论礼仪教化，明辨是非得失，为义理之家；质性机

① 李道平. 周易集解纂疏. 上海：商务印书馆，1936：472-273.
② 吕氏春秋校释：卷十八：离谓. 陈奇猷，校释. 上海：学林出版社，1984：1177-1178.
③ 吕氏春秋校释：卷五：试音. 陈奇猷，校释. 上海：学林出版社，1984：272.
④ 余嘉锡. 世说新语笺疏：卷上之上：言语. 北京：中华书局，2015：92.
⑤ 刘劭. 人物志：材理. 王玫，评注. 北京：红旗出版社，1996：54.

巧通达，推究事物实情本意，能适应性情的变化，为情理之家，这是辨名析理的彰显。刘劭形式上是辨别和品评人物抽象标准，实际上具有"因任而授官，循名而责实"的现实政治意义，提倡名实相副。王弼从名与实、一般与个别的关系上阐发名理。"夫不能辩名，则不可与言理；不能定名，则不可与论实也。……校实定名，以观绝圣，可无惑矣。"① 只有辩名和定名，才能讲理与实；唯有订正其实与定名，才不会被迷惑。在名、实、理三者中，实是辨名识理的基本条件，辨名首先需要名实相副，由此才能析理。

隋唐时期，佛教、道教、儒教三教融突和合，共同创造了时代的哲学思潮。佛教无论是在创宗立派、体系构建，还是在理论精密、思维创新等方面，都独占鳌头，特别是在中国化的过程中，具有特殊价值和意义。佛教各宗都善于对名相进行分析。天台宗倡"三谛圆融""一念三千""无情有性"；唯识宗主万法唯识、百法八识；华严宗讲"无尽缘起"、六相、十玄门、四法界。华严宗以心性证悟的本体与现象、个别与一般、共相与殊相、整体与部分、三世与十世、广大与狭小、隐秘与显露等，既互相对待、分别，又相即相入、彼此相容、自在安立、圆融无碍。于是，华严宗把世间总摄为四类，称四重法界。② 一为事法界。"事"即事物，"法"即诸法，"界"即分界。诸法各有自体，而分界又别，称法界。森罗万象的事物为因缘和合而生起，每一事物都包含着教义、理事、境智、行位、因果、依正、体用、人法、顺逆、感应等内容。相即相入，圆融无碍。二是理法界。诸法体性是理，指真如的法性、理性、实相、实际，这是事物共同的体性。尽管有无尽的差分，但无穷的事法都是同一体性、法性、实相。三是理事无碍法界。理性与事物、体性与诸法，犹水即波、波即水，一而不二，一体相依。理无形相，全在相中。理事无碍，即理事相融：理遍于事门，事遍于理门，依理成事门，事能显理事，以理夺事门，事能隐理门，真理即事门，事法即理门、真理非事门、事法非法门。四是事事无碍法界。万事万物都处于相即相入、圆融无碍的缘起之中。理如事门、事如理门、事含理事无碍门、通局无碍门、广狭无碍门、遍容无碍门、摄入无碍门、交涉无碍门、相在无碍门、普融无碍门。事事无碍法界既是四法界的归依，亦是修持的最高境界。

理气相依，共相殊相。张载和二程为宋明理学的奠基者。二程从佛教

① 王弼集校释：老子指略. 楼宇烈，校释. 北京：中华书局，1980：199.
② 大藏经：卷45：华严法界玄境.

华严宗四法界理论思维中激发出理这一最高核心话题。《遗书》载："问：'某尝读《华严经》，第一真空绝相观，第二事理无碍观，第三事事无碍观，譬如境灯之类，包含万象，无有穷尽。此理如何？'曰：'只为释氏要周遮，一言以蔽之，不过曰万理归于一理也。'"① 程颐以"理事无碍法界"中把"一一事中，理皆全遍"的万理归于一理，倒过来，又把万理作为一理的显现，意蕴一理与万象的关系，似为理一分殊万象。二程把理与气联通，"有理则有气，有气则有数，鬼神者数也，数者气之用也"②。形成理—气—数的思维逻辑结构系统。理为天地万物的根源、根据。理是度越于天地万物而存在的共相观念。"万物皆只是一个天理"，是独一无二的，圆满自足的。理本身无形体，假形器殊相而显现；理是天地万物必然的所以然；理为事物的规则，伦理道德的规范。朱熹发扬张载和二程的哲学理论思维。他在赋予气以凝聚、造作、细缊的内涵外，又把气作为理的挂搭处、附着处。但与张载异，朱熹不同意以气为天地万物的形而上本源，这是把形而下当作形而上了；也不同意万物散而为太虚之气，朱熹以万物散复归于理，而不是气。然王廷相、吴廷翰批评程朱以理为天地万物根据的观念。吴廷翰说："理即气之条理，用即气之妙用。"③ 气度越理，而成为形而上之气，理是形而上之气的妙用。颠倒程、朱的理气关系，即形而上下的颠倒。"盖一气之始，混沌而已。无气之名，又安有理之名乎？及其分而为两仪，为四象，为五行、四时、人物、男女、古今，以至于万变万化，秩然井然，各有条理，所谓脉络分明是已。"④ 一气的所分，万变万化，从阴阳两仪，到男女人物等，各有条理，是为气一分殊的意蕴。王夫之为气体学的集大成者，他说："一气之中，二端既肇，摩之荡之而变化无穷。"⑤ 一气和合体中，阴阳二气开始发生，便产生互相摩擦冲突、互相动荡作用，而推动世界事物的无穷变化。"然则万殊之生，因乎一气，二气之合，行乎万殊。"⑥ 由一气而生万殊，即气一分殊的表述。

吴廷翰、王夫之等气体学学者提出与程朱相对的气一分殊说，而程朱则仍然坚持其理一分殊说，这是以理为终极的天地万物的根源和根据。尽管朱熹认为理与气相依不离，相分不杂，但从理上看，"有是理，便有是

---

① 二程集：河南程氏遗书：卷十八. 北京：中华书局，1981.
② 二程集：河南程氏粹言：卷二. 北京：中华书局，1981.
③ 吴廷翰. 吴廷翰集：吉斋漫录. 容肇祖，点校. 北京：中华书局，1984：8.
④ 同③6-7.
⑤ 张子正蒙注//船山全书：第12册. 长沙：岳麓书社，1996：42.
⑥ 同⑤38.

气，但理是本"①。"以本体言之，则有是理，然后有是气。"② 本，本体，相当于本质、根据，为理；与本相对的便为末，表现为气。从逻辑先后说："但推上去时，却如理在先，气在后相似。"③ "有此理，便有此气流行发育。"④ 从逻辑次序看，先者具有"主导""主要"的含义，于是便导致谁生谁的问题。"太极生阴阳，理生气也。"⑤ "有是理，后生是气。"⑥ 尽管理需通过气的造作成万物，然理却存在生物的潜能，即能指导、指引气的造作生物，理在挂搭、附着、顿放气的时候，便实施了指导、指引的作用。"无此气，则此理如何顿放"⑦，"无是气，则是理亦无挂搭处"⑧。气是理的挂搭、顿放的承担者、载体，而使理不落入佛老空无的地位。理气融合而造作万物以后，理便寓于万物之中，万物与理的关系，犹如理一与万物的关系，这便是理一分殊，它犹如"月印万川"。朱熹说："如水中月，须是有此水，方映得那天上月，若无此水，终无此月也。"⑨ 即天上只有一个月亮，犹如理一，映在千千万万的江湖大海之中，在千千万万个湖海之中，都有一个月亮，这个月亮与天上的月亮完全一样，丝毫不差，即是天上月亮的全部，而不是分有部分。它不是通常所说的个别与一般、殊相与共相的关系，而是一与多的关系。此"一"不是实体，不是死物，而是虚体，是有生命的活物；实体有不可入性，虚体则能海纳百川；死物生命停息，活物则生生不息。理一，蕴涵阴阳二气，道一，蕴涵天地人三才。正因为理一是活生生的，所以能不断分殊，分殊的万物可映出理一的本相、本质。无分殊的万物，理一就无能彰显，便失去其价值和存在意义。理一是净洁空阔的世界，是无限的虚体，有是有限的形相、无形相，是万物和现象。理一分殊的中国哲学理论思维元理，是理"一"与分殊"多"的相对相融、相分相合；是无与有的相待相辅、相别相依，是无限与有限的关系。黑格尔曾把无限分为"真无限"与"坏无限"，或称理性的无限与知性的无限。真无限是否定之否定，是某物与别物、有限与无限

---

① 黎靖德. 朱子语类. 王星贤，点校. 北京：中华书局，1986：3.
② 孟子或问//朱杰人，严佐之，刘永翔. 朱子全书：第 6 册. 上海：上海古籍出版社，2002：934.
③ 同①.
④ 同①1.
⑤ 周敦颐. 周子全书：卷一：太极图说. 上海：商务印书馆，1937：7.
⑥ 同①2.
⑦ 同①64.
⑧ 同①.
⑨ 同①1430.

的融合，是一个至大无外的整体，是无限的自由原则，坏无限总有外在的有限物限制其自由。① 与其相对待，有真有限与坏有限之差异。真有限没有离开有限性范围而达到无限，坏有限是对有限的简单否定与扬弃。这就是理一分殊原理所导致的一多原理与有限无限原理。一为多而存在，多为一而存在；无限度越有限，有限包容无限。

自先秦道一分殊，而后宋明而有气一分殊、理一分殊，亦有心一分殊，呈现多样性形态，由其多样而显致广大而尽精微的中国哲学理论思维元理的深刻和严密、丰厚和精奥。在信息智能时代，互联网、物联网、大数据、云计算构成联通世界以至太空的人类命运共同体的理一，又存在各国、各民族、各种族、各宗教和平、发展、合作、共赢的分殊。理一分殊元理具有普适性的理论价值和现实意义。

---

① 张世英. 哲学导论. 3版. 北京：北京大学出版社，2016：57-58.

第五章　能所相资论[*]

　　能所相资是中国哲学认知主体体认客体对象的重要元理。先秦诸子曾以所以知与所知分别认知主体与客体，即主体认知能力与客体认知对象。能知是人所具有的本性，行为的实践是主体能知作用于客体对象的行为活动。能知体现为知行难易，不行而知；听言观行，良知良能；知行符验，知行合一；定慧相济，知先行后。人类在实践活动中，认知与实践互发互进，他把自身超拔为为天地立心的认知世界和改进世界的主体，而把天地万物当作认知和改进的客体对象，这就造成主体世界和客体世界的二重化。认知与实践的二重化，亦使概念与实在二重化。哲学概念是爱智慧的结晶。概念与它所表现的实在及它们之间的指称关系，在中国哲学理论思维中表现为名实关系。名实是中国哲学理论思维中的重要体认论范畴，它体现为按实定名，以名举实；指物有无，共名别名；循名责实，名物言意；名实相副，进德修业。能所相资彰显了中国哲学认知主体与认知客体在统摄认知与实践、概念与实在、格物与致知中的价值和意义，构建了中国哲学体认论的逻辑体系。

　　"近水知鱼性，近山识鸟音"。对鱼性、鸟音的认知的实践经验多了，就能更透彻地体认事物的本质、本性。正如"帆海者不知山，驾陆者不知水"，没有实践经验，就不能认识该事物，人们不能只靠书本知识，"纸上得来终觉浅，绝知此事要躬行"。人对从书本上学来的知识终究体认不深，要想真切地认识客观事物，就要亲自去实践。因此，荀子说："不登高山，

---

* 本章原以《能所相资论——中国哲学元理》为题载于《河北学刊》2020 年第 5 期。

不知天之高也；不临深溪，不知地之厚也。"① 要亲临其境并自己进行实践，才能真正体会天高地厚，体认事物的本真。

一、能所相资解

能所相资论是中国哲学体认道体的重要元理。以往认为中国哲学重天人合一，把主客看作一体而不分，所以注重人是如何生活于世界之内的人生问题，甚少提出专门的、明显的关于主体如何认识客体、自我如何认识对象的体认论问题，也不重视宇宙论。这是一种偏见、囿见。体认能所相资，也许可解此蔽。

能所相资的"能"，无见于甲骨文，有见于金文。②《说文解字》载："能，熊属足似鹿，从肉，㠯声。能兽坚中，故称贤能，而强壮称能杰也。"徐灏注笺："能，古熊字……假借为贤能之能，后为借义所专，遂以火光之熊为兽名之能，久而昧其本义矣。"能有"才能""技能"之义。《玉篇·能部》载："能，多技艺也。"《广韵·代韵》载："能，技能。"吴起为魏将，善用兵，所以能治理西河以外地方。王错在魏武侯面前诬陷吴起，于是魏武侯召回吴起。吴起至岸门停车望西河而泣，其仆对吴起说，你视天下如抛弃的鞋履，为什么望西河而哭泣？吴起说：你不知道。武侯知我尽力为之，而西河可以称王。（"子不识。君知我而使我毕能西河可以王。"高诱注："识，知也。能，力也。尽力为之，可以致君于王也。"③）现在魏武侯听从王错的话诬陷于我，西河不久便会为秦国所攻取，所以我在此哭泣。吴起离开魏国来到楚国，任楚悼王相。《史记》载："吾非敢自爱，恐能薄，不能完父兄子弟，此大事，愿更相推择可者。"张守节正义："能，才能也。高祖谦言才能薄劣，不能完全其众。"④"能"在这里指有才能的人，汉高祖刘邦自谦才能不够，荀子说："论德使能而官施之者，圣王之道也，儒之所谨守也。"⑤ 即选拔有道德的人和使用有才能的人，给予官职，这是圣王的原则，应严格地遵守。《广雅·释诂》："能，任也。""能"指可以胜任其职责。孟子说："'我能为君辟土地，充府库。'今之所

① 梁启雄. 荀子简释：劝学. 北京：古籍出版社，1956：2.
② 金文见于《毛公鼎》《能匋尊》《沈子簋》。
③ 吕氏春秋校释：卷十一：长见. 陈奇猷，校释. 上海：学林出版社，1984：605，612.
④ 司马迁. 史记：高祖本纪. 上海：商务印书馆，1932：34.
⑤ 梁启雄. 荀子简释：王霸. 北京：古籍出版社，1956：147.

谓良臣，古之所谓民贼也。"① 即能够为国君开辟土地，使府库充实的人，在战国时期的兼并战争中，被称为良臣，而在尧舜时代就是民贼。时移世异，人的观念亦发生变化，价值亦异。"能"指善于、长于某种能力。荀子说："假舟楫者，非能水也，而绝江河。君子生非异也，善假于物也。"杨倞注："绝，过也。"② 假借于船桨而过江之人，并不是因其水性好。君子的本性与别人并没有不同，只不过善于借助和利用客观事物而已。《诗经》载："柔远能迩，以定我王。"郑玄笺："能犹伽也，迩，近也。安远方之国，顺伽其近者，当以此定我国家，为王之功，言我者同姓亲也。"③ 亲善和谐互相间的关系，使远的变为亲近，以安定我国。荀子说："所以知之在人者谓之知，知有所合谓之智。所以能之在人者谓之能，能有所合谓之能。"④ 人固有的认识客观事物的能力叫作知，人的认识能力和客观事物相接触后产生的认识叫作智。人固有的掌握才能的能力叫作能，能在客观世界实践后所形成的能力叫作才能。这即是说，人具有认识客体对象的能力。

能所相资的"所"，不见于甲骨文，而见于金文。⑤《说文解字》载："所，伐木声也。从斤，户声。"段玉裁注："伐木声乃此字本义。用为处所者，假借为处字也。""所"有"处所""地方"之义。玄应在《一切经音义》卷二中引《三苍》："所，处也。"《吕氏春秋》载："赵简子曰：'厥也爱我，铎也不爱我。厥之谏我也，必于无人之所。铎之谏我也，喜质我于人中，必使我丑。'"高诱注："厥，赵厥，赵简子家臣也。铎，尹铎，亦家臣也。《传》曰：'季孙之爱我，疾疹也。孟孙之恶我，药石也。美疹不如恶石'，此之谓也。所，处也。质，正。"⑥《晏子春秋》载："先其难乎而后幸，得之时其所也，失之非其罪也，可谓保其身矣。"⑦ 叔向问晏子。人怎样保身？晏子回答，明哲保身。得的时候为适宜，失的时候不是其罪。因之，"所"有"时"的意思。《墨子》载："其欲蚤处家者，有所二十年处家。其欲晚处家者，有所四十年处家。"王念孙云："文十三年

---

① 孟子集注：告子章句下//朱杰人，严佐之，刘永翔. 朱子全书：第6册. 上海：上海古籍出版社，2002：420.

② 梁启雄. 荀子简释：劝学. 北京：古籍出版社，1956：3.

③ 毛诗正义//十三经注疏. 阮元，校刻. 北京：中华书局，1980：548.

④ 梁启雄. 荀子简释：正名. 北京：古籍出版社，1956：310.

⑤ 金文见于《庚壶》《侯马盟书》。

⑥ 吕氏春秋校释：卷二十：达郁. 陈奇猷，校释. 上海：学林出版社，1984：1375，1387.

⑦ 吴则虞. 晏子春秋集释：上册：卷四：内篇问下. 北京：中华书局，1962：288.

《公羊传》注云：'所犹时也。'"① 欲早成家的，有 20 岁时成家的，晚有 40 岁时成家的。这在古代都是可以的，王引之在《经传释词》卷 9 中曰："所，犹可也。"《墨子》载："故百工从事，皆有法所度。"② 百工以规矩为法仪，以定方圆，所以说百工从事工作，都可以有法度。百工有其地位、位置。《左传》载：季武子让公鉏做马正主持土地的军赋，公鉏怨恨不肯做。闵子马对他说：您别这样，祸与福没有门，在于人所召唤。做儿子的担心的是不孝，不担心没有地位。（"为人子者，患不孝，不患无所。"③ "所，犹言地位。"）恭敬地对待父亲的命令，事情怎么会固定不变呢？于是公鉏恭敬地对待父亲，谨慎地执行职位。公鉏因此致富，又做了鲁公的左宰。《周亚夫传》载："此非不足君所乎？"孟康说："设饡无箸者，此非不足满于君所乎？嫌恨之也。"颜师古说："帝言赐君食，而不设箸，此由我意于君有不足乎？"④ 杨树达说："所者，意也。""所"在中国哲学思维中为客体对象，"处所""地位"都是客体实在。

能所相资的"相"，见于甲骨文和金文。⑤《说文解字》载："相，省视也。从木，《易》曰：'地可观者莫可观于木'。《诗》曰：'相鼠有皮'。"段玉裁注："此引《易》说从目木之意也。目所视多矣，而从木者地上可观者莫如木也……此引经说字形之例。"徐灏笺："戴氏侗曰：'相，度才也。工师用木，必相视其长短、曲直、阴阳、刚柔之所宜也。相之取义始于此会意。'"工师相木，相互度量，便产生互相、交互的作用。《广韵·阳韵》载："相，共供也。"《系辞传》曰："圣人设卦观象，系辞焉而明吉凶，刚柔相推而生变化。"⑥ 即刚与柔相互推致而发生刚柔交互变化。《庄子》载："三人相视而笑，莫逆于心，遂相与为友。"成玄英疏："得意忘言，故相视而笑；智冥于境，故莫逆于心，方外道同，遂相与为友也。"⑦ 三人心相契，所以交互为友。"相"有"相视""省视""察看"之义。《尚书》曰："相时恔民，犹胥顾于箴言。"⑧ 看看这些小人吧，他们尚且知道顾及规劝的话。"相"又有"辅助"之义。《周易》曰："天地交，泰，后

① 吴毓江. 墨子校注：卷六：节用上. 孙启治，点校. 北京：中华书局，1993：248，252.
② 吴毓江. 墨子校注：卷一：法仪. 孙启治，点校. 北京：中华书局，1993：29.
③ 杨伯峻. 春秋左传注：第 3 册，襄公二十三年. 北京：中华书局，1981：1079.
④ 班固. 汉书：卷四十：周亚夫传. 北京：中华书局，1962.
⑤ 甲骨文见于《殷墟书契前编》5·25·5，《殷墟文字乙编》4057；金文见于《相侯簋》。
⑥ 周易正义//十三经注疏. 阮元，校刻. 北京：中华书局，1980：76.
⑦ 郭庆藩. 庄子集释：大宗师. 王孝鱼，整理. 北京：中华书局，1961：264，265.
⑧ 尚书正义//十三经注疏. 阮元，校刻. 北京：中华书局，1980：169.

以财成天地之道，辅相天地之宜，以左右民。"孔颖达疏："由物皆通泰，则上下失节后君也于此之时，君当剪财成就天地之道，辅相天地之宜者，相，助也。当辅助天地所生之宜。"① 天地互助交合，象征君后以资财来裁成天地的功用，适宜辅助天地的安排，中和左右的民情，辅助治理天下之事。《小尔雅·广诂》中曰："相，治也。"《尚书》载："相我受民，和我庶狱庶慎，时则勿有间之。"孔安国传："能治我所受天民，和平我众狱众慎之事。"孔颖达疏："相，训助也，助君所以治民事，故相为治。"② 辅助我们治理好臣民，并帮助我们公平而正确地处理好政治之事，但不要取而代之。辅相治理天下之事是错综复杂的，需要教导、指引，"相"又有"指导"之义。《尔雅·释诂下》曰："相，导也。"郭璞注："谓教导之。"《国语》载："问谁相礼，则华元、驷䰙。"韦昭注："相，相导也。"③ 教导礼仪和司仪赞礼的人。《左传》载："王以巩伯宴，而私贿之使相告之曰：'非礼也，勿籍。'""相，去声，赞礼者。"④ 周天子和巩伯饮食，私下送给他财礼，让相礼者告诉他说：这是不合乎礼制的，不要记载在史册上。勿籍，这是其选择，"相"又有"选择"之义。《周礼》载："凡相笴，欲生而搏。"郑玄注："相犹择也，生谓无瑕蠹也。"⑤ 凡选择箭杆，必须是无异色、无蠹孔的。"相"也有"占视"的意思。《尚书》曰："成王在丰，欲宅洛邑，使召公先相宅。"孔安国传："相所居而卜之。"武王死，成王即位，周公摄王政七年，将归政成王，所以经营洛邑。召公恐成王不遵周公之意或将惰于政事，而作《召诰》。殷周时，凡国之大事，必通过占卜以断吉凶、休咎。成王从丰迁至洛邑，派召公去占卜，这是当时的例行程序。

能所相资的"资"，无见于甲骨文和金文。《说文解字》载："资，货也。从贝，次声。""资"为货物、钱财的总称，如《周易·旅》载："旅即次，怀其资，得童仆，贞。"⑥ 即旅客寄住在旅店，怀藏着货币，买得奴仆，占问吉凶。李鼎祚的《周易集解》引《九家易》曰："即，就；次，

① 周易正义//十三经注疏. 阮元, 校刻. 北京：中华书局, 1980：28.
② 尚书正义//十三经注疏. 阮元, 校刻. 北京：中华书局, 1980：232.
③ 徐元诰. 国语集解：楚语上. 王树民, 沈长云, 点校. 北京：中华书局, 2002：494. 华元为宋卿，华御韦之子，驷为郑穆公之子.
④ 杨伯峻. 春秋左传注：第2册：成公二年. 北京：中华书局, 1981：810.
⑤ 周礼注疏//十三经注疏. 阮元, 校刻. 北京：中华书局, 1980：924.
⑥ 张立文. 帛书周易注译（修订本）. 郑州：中州古籍出版社, 2008：362-364.

舍；资，财也。"① 资财、钱财是积蓄起来的，因而"资"有"积蓄"之义。段玉裁在《说文解字注·贝部》中曰："资，资者，积也。"《韩非子》载："身以积精为德，家以资财为德，乡国天下皆以民为德。"② 身全之谓德，是积蓄精神而得来的；家以积蓄财富而得来；家国天下以积蓄民富为德。国富民有钱财，便可取用，因而"资"有"取用"之义。《广雅·释诂一》："资，取也。"《周易》载："大哉乾元，万物资始。"孔颖达疏："万象之物，皆资取乾元，而各得始生。"③ 王安石说："富其家者资之国，富其国者资之天下，欲富天下则资之天地。"④ 如何富家、富国、富天下，是资取于国、天下和天地，各有所资取。有了钱财、资财而富有，便可供给其用，因而"资"有"供给"之义。《篇海类编·珍宝类·贝部》载："资，给也。"《战国策》曰："王资臣万金而游，听之韩魏，入其社稷之臣于秦，即韩、魏从。韩、魏从，而天下可图也。"⑤ 即顿弱对秦始皇说："韩国是天下的咽喉要地，魏国是天下的胸腹中心，大王您给我一万金去游说，听凭我到韩、魏去，让那里治理国家的大臣到秦国来，这就可以让韩、魏两国听从秦国。只要这两国听从秦国，就可以夺取天下了。"秦始皇果然给顿弱一万金，任他到东部游说韩国、魏国，到北部游说燕国和赵国，用反间计杀了李牧，最后齐、燕、赵、韩、魏都到秦国朝拜。这是顿弱游说的结果。秦始皇为统一六国，而供给顿弱，这种供给也是一种资助、帮助的形式。《集韵·脂韵》载："资，助也。"《庄子》载："意而子见许由。许由曰：'尧何以资汝？'"郭象注："资者，给济之谓也。"成玄英疏："意而，古之贤人。资，给济之谓也。"⑥ 《韩非子》载："资其轻者，辅其弱者，此谓庙攻。"太田方在《韩非子翼毳》中曰："资轻辅弱者，谓如文王资费仲也。"⑦ 给济轻者，帮助弱者，这叫作庙攻。可以利用财货以给济与人，因而"资"又有"用"之义。《广雅·释诂四》："资，用也。"《礼记》载："君将适他，臣如致金玉货贝于君，则曰：致马资于有司。"郑玄注："适他，行朝会也。资，犹用也。赠送也。"孔

① 李道平. 周易集解纂疏. 上海：商务印书馆，1936：329.
② 梁启雄. 韩子浅解：解老. 北京：中华书局，1960：166.
③ 周易正义//十三经注疏. 阮元，校刻. 北京：中华书局，1980：14.
④ 王临川全集：卷75：与马运判书. 上海：国学整理社，1935：479.
⑤ 王守谦. 战国策全译：秦策四. 喻芳葵，王凤春，等译注. 贵州：贵州人民出版社，1992：182.
⑥ 郭庆藩. 庄子集释：大宗师. 王孝鱼，整理. 北京：中华书局，1961：278.
⑦ 梁启雄. 韩子浅解：内储说下六微. 北京：中华书局，1960：250.

颖达疏:"臣不敢言将物与君,但恐君行有车马,路中或须资给,故云此物以充马资,物不可付马,故云致马资于有司,有司谓主典君物者也。"① 君主到他国参加朝会,路上所应用之物一定很完备。臣送君财物,说为补充马资之用。"资"又有"具备""具有"之义。《三国志》载,诸葛亮答书关羽曰:"孟起兼资文武,雄烈过人,一世之杰。"② 关羽听说孟起(马超)来降,修书问诸葛亮马超是何种人才,诸葛亮答书说马超是文武兼具的人才。马超凭借其文武之才,大受刘备的重用。《篇海类编·珍宝类·贝部》:"资,凭。"《淮南鸿烈》载:"夫七尺之桡而制船之左右者,以水为资。"③ 桡为船棹,是一种划船工具,桡使船前进凭借的是水。马超凭借文武兼备的素质、禀赋而得到诸葛亮的赞扬和器重。《荀子》载:"今人之性,生而离其朴,离其资,必失而丧之。"杨倞注:"朴,质也。资,材也。"④ 如果人的本性生来就脱离它固有的禀赋、素质,那就一定会丧失本性。由此来看,即知人性本恶。"资"亦训为粮食。《左传》载:"吾子淹久于敝邑,唯是脯资饩牵竭矣。"杜预注:"资,粮也。生曰饩,牵为牛羊豕。"⑤ 杞子从郑国派人告诉秦国说:郑人让我掌管北门的钥匙,如果发兵前来,郑国是可以攻下的。秦穆公派兵攻郑国,到滑国时,被郑国商人弦高碰到。弦高说:寡君听说您行军经过敝邑,谨来犒赏您的随从。郑穆公派皇武子去探望杞子说:大夫们久住这里,敝邑的干肉、粮食、牲口都耗尽了。于是杞子逃到了齐国。作为商人的弦高是贩卖货物的。《周礼》载:"通四方之珍异以资之,谓之商旅。"郑玄注:"商旅贩卖之客也。"⑥ 杞子本叫秦军偷偷地前来,爱国的弦高无意中发现秦军,他说是郑国君主派遣他来慰问秦军的,秦军知偷袭不成,灭滑国而回军。

概念是人类把握世界的基本方式,是构成人们体认世界图景、思维、方式、价值规范的基本形式,能所相资这一命题,其含义有如下几个方面。

其一,"能"与普遍的名词的名不同,普通的名词与实相对待,名实

① 礼记正义//十三经注疏. 阮元,校刻. 北京:中华书局,1980:1511.
② 陈寿. 三国志:蜀志:关羽传. 陈乃乾,校点. 北京:中华书局,1959:940.
③ 刘文典. 淮南鸿烈集解:卷九:主术训. 冯逸,乔华,点校. 北京:中华书局,1989:305.
④ 梁启雄. 荀子简释:性恶. 北京:古籍出版社,1956:329.
⑤ 春秋左传正义//十三经注疏. 阮元,校刻. 北京:中华书局,1980:1833.
⑥ 周礼注疏//十三经注疏. 阮元,校刻. 北京:中华书局,1980:905.

相副；"能"作为概念，既不摹状、形容其形相，也不是存有的物相、事相，而是无相之相，无能之能；能是无形相的能，是道、理、太极、法，是听不见、摸不着的能。而"才能""能够""能量"都是凭某一形相的一名来说的，它不是普通的所谓东西和事体。① 天地万物存有的情境、条件、内容、系统、形式等都是能的结构；日月星辰、四时运行的自然存相是和谐有序的能的形式；人心身、家庭、社会、国家，世界存相的和善、和睦是能的形态；礼乐典章、价值规范、伦理道德、风俗习惯协调合理是能的方式，构成能的亲善兼备的应当而理想的生活愿景。

其二，凡物大至天地万物，小至蝼蚁细菌，都有所处的地方和其生活的处所。譬如桌子被安放在房间的地上，或露天的地上，但睡觉的床，一般不会被安置在露天的处所，不同的事物都有其适宜安放的地方。桌子有方的、圆的、长方形的，又有各种材料做的桌面，有楠木的、酸枝木的、黄檀木的、大理石的等等，因此，"桌子"是一个概念，如果说"白马非马"，那么也可以说圆桌不是桌子。这是就有形相事物而言，即使是无形相的概念也要有地方安顿。所以朱熹在论述理与气的关系时，说气是理的安顿、挂搭、附着处。因为他把理看作形而上者，把气看作形而下者，上安顿于下。每个人也需要安顿，如安家、落实工作单位，以及落实各种不同职称、职位、地位等等。这些安顿、挂搭、落实的地方、处所，都蕴涵着客体，是所安的对象，换言之，是主体能知的客体对象。

其三，桌子是一般的存在，当我们感知这存在的桌子时，我们就与桌子产生了交互的关系。如果工匠要做木质的桌子，就需要相木，当其第一眼看见木材时，就对木材的现象有了感知，犹如王阳明看见岩中的花树自开自落，进而省视木材的干湿、曲直、长短、硬软等，就以理性把握到了木材的本质。木材的现象与本质构成感性与理性的观念，由此使木材与其他事物区别开来。对木材有了这样的体认以后，就可以根据做桌子的需要，对木材的不同部位进行选择，进而进行加工处理，并辅助以各种资料而成真实而美好的桌子，为人们所使用。

其四，木材、桌子都是一种货物，也是一种财产、资产，唯有把木材给予工匠，工匠凭借其设计，将木材加工成人们所需要的物件，让人们取用，这样，工匠的创造才能使木材服务于人们生活的世界。工匠加工木材，取用工具和各种辅助资料，犹庖丁解牛那样，依照木材的自然纹理进行处理，这样制造出的各种用具就很美观、耐用。在从事篾工、木工时，

---

① 金岳霖. 论道. 北京：商务印书馆，1985：19-21.

人的主体与竹子、木材这些客体发生关系，在人与木材、竹子，主体与客体在实践中，人逐渐感知木材、竹子的现象，进而把握木材、竹子的本质。当把竹篾破成非常薄时，就需要神知，从而才能破竹节而不断，以备编竹席之用。主体的常识经验、理论、观点在体认客体与实践中得到完善。

其五，能作为能知的主体与所知的客体在实践中发生交互作用。"心之官则思"。能思则能知，这是作为万物之灵的人的自然禀赋和素质。人的禀赋和素质只有在实践中才能得以充分发挥。实践无疑是以人为主体，以客体为对象的实践活动。人作为能知的主体在实践中把主体人的目的、知识、能力对象化为存在，创造为人化的对象世界，犹"为天地立心"的对象世界。人的主体性以实践的自主性与创造性为其表现形式，主体的自主性要摒弃其主观性与片面性，创造性要以"日新之谓盛德"。实践使能知主体与所知客体共同构成人类体认论的网络。

二、主体与客体

能知主体与所知客体由横向超越而相通。现实的客体千差万别，而现实的主体又何尝不是彼此不同。人类唯有通过实践活动，消除其差异，抽取其共性，去其冲突性，取其融合性，才能得到"能""所"概念。主体的自然能知潜能在社会文化的熏陶、培养下，经实践活动妙凝而成，是自然素质和社会因素的总和。主体的认识能力与所认识的客体对象的交互、交感联通，构成了中国哲学理论思维认识的重要元理。

殷周时，"能"与"所"都为单一概念，大体上具有"才能""能力""能够""和睦"等义。《周易》载："鼎有实，我仇有疾，不我能即，吉。"[1] 鼎中装满了食物，我的仇人得了病，不能够来吃我的食物，则吉祥。又载："旅琐琐，斯其所，取灾。"[2] 这是说旅人在寄居的住所整理钱财，有声发出，反而闯祸。"所"为处所。无"能""所"概念的"能知"与"所知"的意思。

春秋时，"所"称"所知"，《左传》载："君命寡人同恤社稷之难，今向诸使者，曰：'师未及国'，非寡人之所敢知也。"[3] 其中，"所敢知"，即

---

① 张立文. 帛书周易注译（修订版）. 郑州：中州古籍出版社，2008：389.
② 同①361.
③ 杨伯峻. 春秋左传注：第1册. 隐公五年. 北京：中华书局，1981：47.

"所知"。这是说，郑国带领周天子的军队和邾国军队会合，攻打宋国，进了外城，宋人用国君名义向鲁国求救，鲁隐公听到军队已进入宋国外城，打算出兵救援宋国，便询问使者说：军队到了哪里？使者欺骗他说：还没到国都。隐公怒，停止出兵。他对使者说：君王命令寡人为宋国危难忧虑，现在使者说军队没有到国都，这就不是寡人所知道的了。"所知"是"能知"的对象，即鲁隐公所要知道郑军究竟到了哪里，但这里并没有体认能知与所知的意识。

《管子》的《心术》以"所以知"与"所知"来区别主体能知与客体对象，"人皆欲知，而莫索之其所以知，知，彼也。其所以知，此也。不修之此，焉能知彼。修之此，莫能虚矣"①。有此然后知彼，"彼"意蕴所以知的客体对象；"此"意蕴主体的所知的能力，这样"所以知"就相当于"能"，即能知，"所知"相当于"所"。以彼与此说明主体的能知与客体的所知。

后期墨家对主体认知能力与客体认知对象进行了分疏。《墨经》载："知，材也。""说知材。知也者，所以知也，而不必知，若明。"② 知训为材，是指主体人的才能，是获取知识的主体自身所具有的体认能力。梁启超说："知识之第一要件，须有能知之官能，此官能，所特以知也。然有之未必遂能知，例如目，所以见也，然有目未必即见。"③ 主体具有所恃以知的能力，但未必真的获得了对客体对象的认知，犹如眼睛不一定能看明白对象物。"知，接也。""说知。知也者，以其知遇物，而能貌之。若见。"④ 知识必须接触客体实在。知识是主体认识能力和客体实在相接触，并把客体实在的形貌反映出来，这如用眼睛的明见的本能看见客体实在的形貌一样。"知其所以不知，说在以名取。""说智。杂所智与所不智而问之，则必曰：'是所智也，是所不智也。'取去俱能之，而两智之也。"⑤ "知"与"智"通。知为智能，能知必有所知，也有所不知。作为识知客体对象的所，有的是主体所能认知的，有的是主体所不能认知的。认知主体对前者取，对后者去，若具备这两种认知能力，便是高级的认知能力。"闻所不知若所知，则两知之，说在告。"《经说》解释说："说。闻在外

---

① 黎翔凤. 管子校注：卷十三：心术上. 北京：中华书局，2004：767.
② 吴毓江. 墨子校注：卷十（上）：经说上. 孙启治，点校. 北京：中华书局，1993：468.
③ 梁启超. 墨经校释. 上海：中华书局，1936：3-4.
④ 同②469.
⑤ 同②538.

者，室中所不知也。或曰在室者之色若是其色，是所不智若所智也。"① 室内、室外的客体实在，有的已被主体所认知，有的未被认知，从已认知的去推知未认知的，即运用推理方法，以所知推知所不知，所不知便转化为所知，以达到"是所不知若所知"的境域。《墨经》已把认知主体与所知客体分别明白，认为中国哲学主体与客体不分，犹"天人合一"，是一种囿见。

墨子以所知推致所不知，已蕴涵能所相资之意。庄子讲能知与所知。"故知止其所不知，至矣。孰知不言之辩，不道之道？若有能知，此之谓天府"。郭象注："所不知者，皆性分之外也，故止于所知之内而至也。"② 主体人认知其所不知道，就到了认知的极点。"能知"是指认知主体具有认知能力，这是本然的潜在府库。庄子亦把"能知"简称为"知"，把认知客体对象称为"所知"。"一知其所知，而心未尝死者乎！"成玄英疏："一知，智也。所知，境也。能知之智照所知之境，境智冥会，能所无差，故知与不知，通而为一。"③ "一知"是主体能知与客体对象接触后所获得的智慧，所知是被能知之智照明的客体对象，能知之智和所知对象的和合而无差分，知与不知便道通为一，能所相资无差。

荀子进而阐述能知与所知的话题。"所以知之在人者谓之知，知有所合谓之智。所以能之在人者谓之能，能有所合谓之能。"④ 主体人固有的认知客体对象的能力为知，主体认知能力与客体实在相接触联通所产生的认知叫作智慧，主体所具有才能的能力叫作能，主体才能的能力与客体对象接触联通后所形成的能力为才能。这种所合便是能所相资的状态。

汉唐时，中国传统哲学体认论的主体与客体、所以知与所知、"能"与"所"概念范畴，在同印度传来的佛教理论中的"能缘"与"所缘"、"能知"与"所知"等相融突，使中国传统"能"与"所"、主体与客体理论在开放包容中丰富发展。《淮南子》载："凡学者能明于天人之分，通于治乱之本，澄心清意以存之，见其终始，可谓知略矣。"⑤ "能明"是指认知主体具有体认天人之分的能力，这种体认能力通过澄心清意的修养活动，而获得对天人之分客体对象的认知。郭象认为，知天人之所为者，皆

① 吴毓江. 墨子校注：卷十（下）：经说下. 孙启治，点校. 北京：中华书局，1993：541-542.
② 郭庆藩. 庄子集释：齐物论. 王孝鱼，整理. 北京：中华书局，1961：83，88.
③ 郭庆藩. 庄子集释：德充符. 王孝鱼，整理. 北京：中华书局，1961：193，196.
④ 荀子新注：正名. 北京：中华书局，1979：367.
⑤ 刘文典. 淮南鸿烈集解：卷二十：泰族训. 冯逸，乔华，点校. 北京：中华书局，1989：691.

自然而然，主体认知的所知与所不知是相对的。主体认知能力不同，所知亦异。"人之所知不必同，而所为不敢异……知人之所知者有极，故用而不荡也。故所知不以无涯自困，则一体之中，知与不知，暗相与会而俱全矣，斯以其所知养所不知者也。"① 此人之所知，彼人之所不知，反之亦然，眼睛感知色，即以色为所知，但不能知声，声为所不知。成玄英疏："夫知必对境，非境不当。境既生灭不定，知亦待夺无常。"② 主体知识，认知必与客体对象（境）相结合，客体对象（境）生灭不定的变化，主体认知也随之而变，使主体与客体、知与境相融合的能所相资。

印度佛教于汉时传入中国，在印度部派佛学时，上座部的《舍利佛毗昙》中，把十二处分为两大类：以感觉［眼处、耳处、鼻处、舌处、身处、思维（意处）］为内六处，或称六根，是认知的能；与六根相对的色、声、香、味、触、法为外六处，或称六境，是认知的所。陈那在《观所缘论》中提出"所缘"和"能缘"的概念。六根的认知能力与六境的认知对象的和合，便产生六识：眼识、耳识、鼻识、舌识、身识、意识。识即能了识别，构成人的认识活动的实践过程。僧肇师从鸠摩罗什，他撰《般若无知论》呈与罗什，鸠摩罗什说："吾解不谢子，辞当相挹。"即我理解不比你差，但文辞不及你。该文论述了"能"与"所"及二者间关系。"般若即能知也，五阴即所知也。所知即缘也。夫知与所知，相与而有，相与而无。相与而无，故物莫之有；相与而有，故物莫之无。物莫之无，故为缘之所起；物莫之有，故则缘所不能生。"③ "般若"是梵语的音译，汉译为"智慧"。它是一种超知识、超经验的灵智，是洞照性空，成佛的宗教智慧，也可说是体悟万物性空的直觉的能力。这种能力不是后天的，而是本来就具有的。僧肇基于此而喻之为"能知"，即为认知主体的体悟万物性空的直觉能力。五阴又译为"五蕴"，它的内涵是一切因缘和合的事物的总称，即色蕴、受蕴、想蕴、行蕴、识蕴，蕴有"积聚""类别""集合体"之义。五蕴相当于物质世界、精神情感世界的领受、取相、造作、了别等。僧肇以物质世界和精神世界作为客体认知对象的所知。万物的有与无、知与无知都由因缘而起。能知与所知，即认知主体的认知能力与认知客体对象的关系，既相对待而有，又相对待而无。净源在《肇论中吴集解》中诠释说："能知有取，所知有相，则相与而有；能知无缘，所知无

① 郭庆藩. 庄子集释：大宗师注. 王孝鱼，整理. 北京：中华书局，1961：225.
② 同①226.
③ 石峻，等. 中国佛教思想资料选编：第1卷：般若无知论. 北京：中华书局，1981：149.

相，则相与而无。"能知与所知相互而生，为因缘生。"缘所不能生，故照缘而非知；为缘之所起，故知缘相因而生。是以知与无知，生于所知矣。何者？夫智以知所知，取相故名知。"① 相生既然是因缘和合，有条件而成，就不是真实的。"取相"是认知主体知其对象，普通的知的客体对象有相可取，故名知。真智的对象是真谛，真谛无相可取，故不能知。"所以然者，夫所知非所知，所知生于知。所知既生知，知亦生所知，所知既相生，相生即缘法，缘法故非真，非真故非真谛也。"② 真谛是离缘的真实本体，不以条件构成，便无形相。般若观照真谛也就无以取相，亦不是一般认知对象。能知与所知交互相生，犹言能所相资。

张湛的《列子注》融合佛道，接引能所概念。"智者不知而自知者也。忘智故无所知，用智则无所能。知体神而独运，忘情而任理，则寂然玄照者也。"③ 智者的认知能力是自己具有的，忘掉智慧而无所知的客体对象，用智慧亦无主体认知的能力。"不能知众人之所知，不能为众人之所能。"④ 既否定为众人所认知的客体对象，又否定主体的认知能力，以无所能，无所知而忘情，以任自然，就能以寂然的玄妙来关照。张湛将众人的所知与所能予以否定，但论述了所能主体之知与所知客体之知的关系，为能所相资的另一种形式。

宋明时，人们对能所相资元理进行展开，做更加深入的论述。王夫之曾批评，"朱子所云：'非以一心求一心，只求底便是已收之心。'亦觉与释氏'无能'、'无所'，'最初一念，即证菩提'，'因地果生'之说无以别"⑤，认为朱熹与佛教都混淆了主体认知能力与客体认知对象。其实朱熹并没有混淆。他在作《大学》格物补传时说："所谓致知在格物者，言欲致吾之知，在即物而穷其理也。盖人心之灵莫不有知，而天下之物莫不有理，惟于理有未穷，故其知有不尽也。"⑥ 人作为万物之灵的心主体，具有认知的能力。理与气融合而产生人、物，理便寓于人、物之中，具有认知能力的能知主体，能知主体格客体对象的物，而穷尽客体物中之理。这就是"知在我，理在物"。我与物之别，就是认知主体与认知客体对象之分，

---

① 石峻，等. 中国佛教思想资料选编：第1卷：般若无知论. 北京：中华书局，1981：149.

② 同①.

③ 杨伯峻. 列子集释：仲尼篇. 北京：中华书局，1979：114.

④ 同③135.

⑤ 孟子//船山全书：第6册. 长沙：岳麓书社，1991：1082.

⑥ 大学章句//朱杰人，严佐之，刘永翔. 朱子全书：第6册. 上海：上海古籍出版社，2002：20.

就是主宾之辨。"知者，吾心之知；理者，事物之理。以此知彼，自有主宾之辨，不当以此字训彼字也。"① 主为认知主体，宾是指客体认知对象。认知主体具有认知能力，认知客体蕴涵着被认知的理，"以此知彼"，就是以认知主体去认知、穷极客体实在的理。主体之能与客体对象既不能混淆，也不能以此训彼。

　　王夫之海纳先秦后期墨家的所知与所不知，道家庄子的能知与所知以及佛家的能知与所知的思维理论，对能所相资原理予以深刻阐释。王夫之首先论述了能所概念、范畴并非来自印度佛教，而是来自中国传统哲学理论思维。他说："夫'能'，'所'之异其名，释氏著之，实非释氏昉之也。其所谓'能'者即用也，所谓'所'者即体也，汉儒之已言者也。所谓'能'者即思也，所谓'所'者即位也，《大易》之已言者也。所谓'能'者即己也，所谓'所'者即物也，《中庸》之已言者也。所谓'能'者，人之弘道者也，所谓'所'者，道之非能弘人者也，孔子之已言者也。援实定名而莫之能易矣。阴阳，所也；变合，能也。仁知，能也；山木，所也。中和，能也；礼乐，所也。"② "昉"的本义是天方明，引申为"开始"之义。他从孔子的言论，以及《易传》《中庸》等经典文本中说明能所在其中已有论述，是中国传统哲学理论思维的智慧，是中国古典名著固有的概念、范畴。他从体用，思位，己物，人能弘道、非道弘人四个层面对能所相资原理进行了深刻而仔细的分疏，又以变合、仁知、中和为认知主体所具有的认知能力，以阴阳、山水、礼乐为认知客体的对象。

　　就所体能用，体用一依其实而言，王夫之说："乃以俟用者为所，则必实有其体，以用乎俟用而可以有功者为能，则必实有其用……体用一依其实，不背其故，而名实各相称矣。"③ 作为接受主体认知作用的客体对象的所，必须是实有的实体、物体；作为作用于客体对象而产生功效的主体认知能力的能，必须是实有的认知能力。不管是体还是用，都以实有为依据。王船山认为，佛教虽然肯定能所区别，但不能以实有为依据，使能所流于空。

　　就所俟能，能用乎所而观，"境之俟用者曰所，用之加乎境而有功者曰能"④。"所"指有待主体去认知和利用的客体对象，"能"是指主体认知

---

① 朱熹. 朱文公文集：答江德功. 上海：商务印书馆，1919：758.
② 尚书引义//船山全书：第2册. 长沙：岳麓书社，1988：377.
③ 同②376.
④ 同②376.

作用于客体对象而能获得功效。它们的关系是："体俟用，则因所以发能，用乎体，则能必副其所。"① 客体对象有待主体去认知和利用，主体的认知活动是由客体对象作用于主体所引起的。二者都有赖于另一方的相资，才能呈现自己，使自己实现功能和作用。主体的认知活动作用于客体对象，并获得与客体对象相符合的主体认知，即达到主客、能所相资的认知。

能所的思与位关系，是指《周易·艮·象传》中所说的"君子以思不出其位"。"思"象征主体能思，"位"象征客体两山相并。李道平疏："《中庸》所谓慎思也。"② "慎思"是主体认知活动，当为能，"位"相当于客体对象的位置，处境的所。主体认知活动不能超越客体实在，即不能脱离所。

能所的己与物关系，是指《中庸》的"诚者，自成也；而道，自道也。诚者，物之终始，不诚无物，是故君子诚之为贵。诚者，非自成己而已也，所以成物也。成己，仁也；成物，知也。性之德也，合外内之道也，故时措之宜也"③。诚是人与物自然具备的本性，是事物的起点和归宿。没有诚，就没有万物。己指认知主体，物指认知客体。成己即使自己的道德修养达到四德之首的仁的境界，成就外物达到智的标准。王夫之以成己为能，即成就主体的认知能力；成物为所的客体对象。和合内外之道，即使认知主体与认知客体内外能所相资，这是普适原则。

王夫之对能所相资元理进行了全面、系统、深入的探赜，钩沉出能所相资的内涵、作用、地位以及各层面的关系，可说为其集大成者。

三、认知与实践

人类在"认识你自己"的过程中，以自己把握世界的全部方式去创造和合生存、意义、可能三个世界。人类的这种创造性实践活动既是历史性的，亦是现实性的。每个时代的时代精神，都积淀着哲学家用以观照人与世界交感关系的独特的诠释方式和概念框架。人既是自然的存在，也是自为的存在，是"会自我创造的和合存在"。人作为万物之灵既把自己作为

---

① 尚书引义//船山全书：第2册. 长沙：岳麓书社，1988：376.
② 李道平. 周易集解纂疏. 上海：商务印书馆，1936：306.
③ 中庸章句//朱杰人，严佐之，刘永翔. 朱子全书：第6册. 上海：上海古籍出版社，2002：51.

认知的主体，又把自己作为反思的客体。中国哲学思维就从此出发，来构建中国哲学的概念体系。知与行的概念框架是以人的一身二任的特殊性来构建主体与客体关系的逻辑系统的。知是认知主体的意识、知识，行是由主体意识、知识指导下的作用于某一客体的行为活动。

"知"，甲骨文作"智"，亦见于金文。① 智，《说文解字》载："识词也。从白、从亏、从知。"段玉裁注："从知会意，知亦声。"徐灏笺："知智本一字。"知，《说文解字》载："词也。从口、从矢。"徐锴《说文系传》："凡知理之速，如矢之疾也，会意。""知"有"自知""知觉""知道""识别""赏识""知交""交往"等义，"智"有"智慧""机智""知识""知道"等义。

"行"，见于甲骨文、金文。②《说文解字》载："行，人之步趋也。从彳，从亍。"罗振玉所撰《殷虚书契考释》载："行象四达之衢，人之所行也。""行"有"道路""行列""行伍""行阵""商行""行业""处所""规律""道理""出行""运行""施行""行为""行迹""在行""流行"等义。

在中国哲学理论思维体系中，能所相资元理不断发展，能是主体认知能力，这便是中国古人认为能知是人所具有的本性，行是主体能知作用于客体对象施行的活动。因此，知行成为中国哲学元理中流行始终的重要概念、范畴。

知行难易，不行而知。知行究竟何者难，何者易，近人为此而论辩。《尚书·说命中》载："非知之艰，行之惟艰。"孔安国传："言知之易，行之难，以勉高宗。"③ 自清代学者阎若璩、惠栋等考证梅赜所献《古文尚书》为伪书后，便否定了此命题。其实，在《今文尚书》中就有两处知行对举："皋陶曰：'朕言惠可厎行。'禹曰：'俞！乃言厎可绩。'皋陶曰：'予未有知思，曰赞赞襄哉。'"孔安国传："言我未有所知，未能思致于善，徒亦赞奏上古行事而言之。"④ 皋陶向帝舜陈述治国理政的谋略，提出修身、九德、知人、安民等主张，这是顺从天意，是可实行的，禹认为不仅可实行，而且可获得功绩。对话中蕴涵知行对举的意思。后周公对成王

---

①　甲骨文见于《殷墟书契前编》5·17·3；金文见于《毛公鼎》《中山王鼎》。

②　甲骨文见于《殷墟文字甲编》534，《殷墟书契后编》下2·12；金文见于《侯马盟书》《中山王鼎》。

③　尚书正义//十三经注疏．阮元，校刻．北京：中华书局，1980：175．

④　同③139．按：厎，有"必""致""求得"的意思。

诰词:"古之人迪惟有夏,乃有室大竞,吁俊尊上帝迪,知忱恂于九德之行。"① 即古人传说在夏朝时,诸侯竞相招徕贤人,按照上帝的意旨行事,相信他们能诚实地实行他们所认知的九种德行。《说命中》的知行难易关系,在《今文尚书》中虽没有明确的知易行难命题,但亦将知行对举。《左传》载:"非知之实难,将在行之。夫子知之矣,我则不足。"② 郑子皮对子羽说:知道、认知一件事的道理不难,难在把所知道、认知的道理付诸实行。

北宋时,程颐认为行难知亦难。"非特行难,知亦难也。《书》曰:'知之非艰,行之惟艰',此固是也。然知之亦自艰……自古非无美材能力行者,然鲜能明道,以此见知之亦难也。"③ 程颐敢于对被奉为经典的知易行难提出异议,体现出其立论勇气和创新精神。如果说程颐有异议的话,孙中山则是反其道而行之。他说:"予之所以不惮其烦,连篇累牍,以求发明行易知难之理者,盖以此为救中国必由之道也。夫中国近代之积弱不振,奄奄待毙者,实为知之非艰,行之惟艰一说误之也。"④ 他以行易知难为救中国于积弱,振兴中国发展的必由之路,并从饮食、用钱、作文、建屋、造船、筑城、开河、电学、化学、进化十个方面进行论证。因而,他认为,天下事唯患于不能知,若求得真知,则行绝无所难。但孙中山并不否定行的重要作用,行其所不知以致其知,因其已知而进于行,知行互进、互济,犹能所相资。

从先秦知易行难,到宋知难行亦难,再到近代知难行易,构成知行难易的流动的历史。每个时代的知行都由各时代政治、经济、军事等需要而定,因而知行难易是时代精神的体现,是知行的主体认知与行为客体之间的关系,而非不行而知。但老子却说:"不出户,知天下。不窥牖,见天道。其出弥远,其知弥少。是以圣人不行而知,不见而名,不为而成。"⑤ 他否定认知主体与客体对象的接触,否定认知来源于践行,否定实践行为活动在认知过程中的价值,主张不行、不见、不为就能认知、明辨和成就,是一种不出户、不窥牖的先验知识,要涤除感知经验对内心的干扰,"涤除玄览",以保持内在心灵的"致虚极,守静笃"。他主张以体认无形

---

① 尚书正义//十三经注疏. 阮元,校刻. 北京:中华书局,1980:230. 九德是皋陶向舜建议的"宽而栗,柔而立,愿而恭,乱而敬,扰而毅,直而温,简而廉,刚而塞,强而义"。

② 杨伯峻. 春秋左传注:第4册. 昭公十年. 北京:中华书局,1981:1319.

③ 二程集:河南程氏遗书:卷十八. 北京:中华书局,1981.

④ 孙中山. 孙中山全集:第2册. 心理建设:知行总论. 上海:三民公司,1927:55-56.

⑤ 任继愈. 老子新译. 上海:上海古籍出版社,1985:161-162.

无名的形而上之道，达到主体精神与客体精神合一的玄之又玄境界。既然可以不行而知，就无所谓知行难易，"吾言甚易知，甚易行。天下莫能知，莫能行"①。既然易知易行，天下就没有能认知能践行。这显示出老子试图度越知行难易话题，把知识、认知话题扩展为在认知主体和认知客体关系中获得知识的途径和方法。

听言观行，良知良能。孔子重视认知主体的认知作用和认知的来源话题。他说："生而知之者，上也；学而知之者，次也；困而学之，又其次也；困而不学，民斯为下矣。"② 他把认知主体分为生知、学知、困学、不学四种，又把此四种分为上、次、下三等，再将其分为先天的与后天的体知。朱熹认为此四种是因各人的气质不同所致。孔子强调学与行、言与行的一致。"行有余力，则以学文。"朱熹注："愚谓力行而不学文，则无以考圣贤之成法，识事理之当然，而所行或出于私意，非但失之于野而已。"③ 孔子的意思是先行后学，行重于学，但朱熹之注却以为学与行必须相融合，若力行而不学文，则出于私意，流于野。从总体而言，孔子是坚持学与行、言与行一致的。他认为"言之必可行也"④，"听其言而观其行"⑤，批评言而不行，或言过其行的学与行、言与行的相离不一。他看到其间的矛盾，表达了学行、言行一致的愿望，强调学习与实践及言语与实践的统一性。

墨子批判孔子"生而知之"的主体认知的先验论，以后天的察知为认知的来源及检验认知真理性的标准。"天下之所以察知有与无之道者，必以众之耳目之实知有与亡为仪者也。"⑥ 认知的有与无，取决于认知主体对于客体实在的观察和认知，并以众人的耳目感觉所获得的实际认知的有与无为标准。他曾提出"三表法"作为判断认知客体对象真伪性的事实标准和价值尺度。尽管墨子批判孔子的主体认知的先验性，但事实上孔子也重视后天学习的重要性。墨子重实行，其在批评只言不行的空谈时，对孔子的言行一致主张，予以高度赞扬。"言必信，行必果，使言行之合，犹合

① 任继愈. 老子新译. 上海：上海古籍出版社，1985：213.
② 论语集注. 季氏//朱杰人，严佐之，刘永翔. 朱子全书：第6册. 上海：上海古籍出版社，2002：215.
③ 论语集注. 学而//朱杰人，严佐之，刘永翔. 朱子全书：第6册. 上海：上海古籍出版社，2002：69-70.
④ 论语集注. 子路//朱杰人，严佐之，刘永翔. 朱子全书：第6册. 上海：上海古籍出版社，2002：179.
⑤ 论语集注. 公冶长//朱杰人，严佐之，刘永翔. 朱子全书：第6册. 上海：上海古籍出版社，2002：102.
⑥ 吴毓江. 墨子校注. 卷八：明鬼下. 孙启治，点校. 北京：中华书局，1993：337.

符节也，无言而不行也。"① 言语必须讲诚信，说了必须要做到，不能反复无常，出尔反尔；行为实践必须有结果。言与行必须相符合，犹如符节。符节是古代派遣使者或者调兵时所用的凭证，用竹或木或玉或铜等材质制成，刻上文字，分成两半，一半存于朝廷，一半给外任官员或出征将帅，朝廷如有新的调动、调整，必须是朝廷符节与将帅的符节相合才有效。

对孔子认知主体二元化的解读，或趋向先验的生知，或趋向后天的学知。孟子承接生知说："人之所不学而能者，其良能也；所不虑而知者，其良知也。"② 不通过学习的实践而具有某种能力，不经过思虑而具备某种知识，这便是先验的良知良能。学识、知识、技能的获得不是通过实践，也不需要主体感官与客体对象的接合，"耳目之官不思，而蔽于物，物交物，则引之而已矣"③。耳目感官各有司职，而不能思虑，为外物所蒙蔽，耳目感官与外物接触，便有可能被引向迷途。于是必须反求诸己，向自我的心灵世界探索，以扩充自我内心固有的、非外铄我的良知良能。孟子所说的"耳目之官不思"与"心之官则思"，似是悖论，实是指感觉器官与思维器官具有不同的功能，孟子虽否定感觉器官在认知过程中的作用，但肯定主体的认知能力。

二程依据孔子认知的二元化，把认知分为先天的不需经实践而具备的知识，为"德性之知"；后天的经主体认知与客体对象相互交接、交感而获得的认知，为"见闻之知"。"闻见之知，非德性之知。物交物则知之，非内也，今之所谓博物多能者是也。德性之知，不假闻见。"④ "物交物"，第一物是指主体的感觉器官，眼、耳、鼻、舌、身等；第二个物是指被眼、耳、鼻、舌、身所认知的客体对象。认知主体与认知客体相接触而产生的认知为闻见之知。朱熹对孔子的生知、学知、困学、困而不学四等的原因，从人的气质不同上加以诠释：第一等为"生而知之"的圣人，他们"气质之禀清明纯粹，绝无渣滓"。生而有知，不待学而能，全是天理。第二等为"学而知之"的贤人，"其或得于清明之纯粹，而不能无少渣滓者"，"故于其所未通者必知学以通也"的人。第三等为"困而学之"的众人，他们禀气"昏浊偏驳之多，而不能无少清明纯粹者"，塞而不通，然

① 吴毓江. 墨子校注：卷四：兼爱下. 孙启治，点校. 北京：中华书局，1993：177.

② 孟子集注：尽心上//朱杰人，严佐之，刘永翔. 朱子全书：第 6 册. 上海：上海古籍出版社，2002：430.

③ 孟子集注：吉靖句上//朱杰人，严佐之，刘永翔. 朱子全书：第 6 册. 上海：上海古籍出版社，2002：407.

④ 二程集：河南程氏遗书：卷二十五. 北京：中华书局，1981.

后知学其学。第四等为“困而不学”的人，“昏浊偏驳又甚”，少有清明纯粹的气禀，虽有不通而又懵然莫觉，不知学求其通。① 这种气禀有定论，为社会等级的合理性做论证，要民众逆来顺受，为生知安行服务。

知行符验，知行合一。知行必须经过实践的检验，而后才能推致知行合一。荀子说：“凡论者，贵其有辨合，有符验。故坐而言之，起而可设，张而可施行。”② 即不论说什么事，重要的是有经实践检验的符合事实的根据。坐而可言说，起而可布置安排，展开可实践施行。要想做到有辨合、有符验，就要“不闻不若闻之，闻之不若见之，见之不若知之，知之不若行之。学至于行之而止矣。行之，明也，明之为圣人”③。从闻、见、知、行的认知的逻辑过程以观，是步步深入、环环相扣的，整个过程是从行的实践始，最后又落实到行的实践上的。这是因为，从不闻到闻、闻到见、见到知、知到行是一个实践、再实践，认知、再认知的连续过程。如此，才能深刻认知事物的本质或明明德，从而达到最高的圣人境界。

隋唐时，王通撰《中说》，他说：“知之者不如行之者，行之者不如安之者。”阮逸注：“苟不能行，犹不知。委物以能，不劳聪明，安然而事自行。”④ 即行较知更重要，因知识、认知来源于实践，所以知之不如行之。行为、实践要顺应自然，这便是“安”，考核人的政绩、道德，不是听其“终身诵之”，而是考察其能否把学到的知识“终身行之”，以行、实践为符验的标准。

宋代杨万里综合以往知行理论思维，他既同意知易行难说，亦批评知先行后论。他认为知与行、认识与实践并重。他以人的目与趾的关系比喻知行。他在《诚斋文集・庸言》中说：“知，譬则目也；行，譬则趾也。目焉而已矣，离娄而躄也，可乎？趾焉而已矣，师冕而驰也，可乎？人乎人，目趾具而已矣。”即知，就好像一个人的眼睛；行，就好像一个人的脚。离娄的眼睛能察秋毫之末，无脚岂能行？师冕跑得快，无眼岂能行？人作为一个人，只有眼脚并具才行，犹知行并重，不能偏重或执着一方，蕴涵“知行合一”的意思。

明代王守仁在贵州修文县龙场受贵州提学副使席书之聘，讲学于文明

---

① 论语或问//朱杰人，严佐之，刘永翔. 朱子全书：第6册. 上海：上海古籍出版社，2002：871.

② 梁启雄. 荀子简释：性恶. 北京：古籍出版社，1956：332.

③ 梁启雄. 荀子简释：儒效. 北京：古籍出版社，1956：94.

④ 张沛. 中说校注：卷六：礼乐篇. 北京：中华书局，2013：175.

书院，始揭"知行合一"之教。这是对于朱熹等以"知先行后"，分知行为二的批评。他说："今人学问，只因知行分作两件，故有一念发动虽是不善，然却未曾行，便不去禁止。"① 有鉴于此，而要讲"知行合一"。他接着说："我今说个知行合一，正要人晓得一念发动处，便即是行了。发动处有不善，就将这不善的念克倒了，须要彻根彻底，不使那一念不善潜伏在胸中，此是我立言宗旨。"② 知行合一是立言的主要目的和意图。王守仁出于其心体学的理论思维和救世的情怀及社会的责任感，认为知行二分的弊病是给不善的恶念以庇护和生存的空间。于是他把"一念发动处"，说成"即是行了"，以便克制那不善的念头，也是为了纠社会伦理道德沦丧，批社会无序、政治腐败。因而知与行、认知与实践不可分离。"知行工夫，本不可离，只为后世学者分作两截用功，失却知行本体，故有合一并进之说。"③ 王守仁解释知行合一与知行并进，并非如湛若水理解的知行无分别。所谓知行合一并进，是指知行不可偏执偏废，而是相辅相成的，如学问思辨行，从其功能而言，分而有五，从其事而言，则合而为一。无论是学问思辨，还是笃行，都是为了穷理。知行合一并进，在当时得到了一些学者的认同，亦有批评者。王廷相说："世未有不学而能者也。学之术二：曰致知，曰履事，兼之者上也。察于圣途，谙于往范，博文之力也；练于群情，达于事几，体事之功也。然而师心独见，暗与道合，亦有不博文者也。虽然精于仁义之术，优入尧舜之域，必知行兼举者能之矣。"④ 即世上不存在不学习就可以掌握的情况。学习有两种途径：一个是认知，另一个是实践。认知与实践能兼举的是最好的。细察圣人成圣的途径可以发现：他们熟悉以往道德规范，这是博文；练达群情，实践细微，这是事功。只有精纯仁义道德，而能超凡入圣的人，才能做到认知与实践兼举。"讲得一事即行一事，行得一事即知一事，所谓真知矣。"⑤ 王夫之继承批判宋明以来的知行先后、难易、轻重、并进、兼举、合一、分二等种种论述，他认为力行才能出真知："故知者非真知也，力行而后知之真也。"⑥ 唯有奋力实践，并经符验的知识才是真知。在能所相资主体与客体认知的语境下，王夫之提出知行相资说："知行相资以为用，惟其各有致

---

① 王阳明全集：卷三：传习录下. 上海：国学整理社，1936：63.
② 同①.
③ 王阳明全集：卷二：传习录中. 上海：国学整理社，1936：28.
④ 王廷相集：第三册. 慎言：小宗篇. 王孝鱼，点校. 北京：中华书局，1989：788.
⑤ 王廷相集：第二册. 与薛君采二首. 王孝鱼，点校. 北京：中华书局，1989：478.
⑥ 四书训义//船山全书：第7册. 长沙：岳麓书社，1991：975.

功，而亦各有其效。故相资以互用，则于其相互，益知其必分矣。同者不相为用，资于异者乃和同而起功，此定理也。"① 唯有异质的、不同的事物，才能构成相资为用，相同事物之间没有对待合一的相互作用。这里所说的"和同"，即指差分、不同而有对待合一的功效，否则便无此功效，这是知行相资的"定理"。于是他批评王守仁的知行合一说，"不知其各有功效而相资，于是而姚江王氏知行合一之说得借口以惑世，盖其旨本诸释氏"②。知行各有功效，而构成知行相资系统。

定慧相济，知先行后。佛教的终极关怀，是度越自我和在世社会，以求人生苦难的解脱，为此就要探讨如何认知人生，认知客体世界。慧远倡定慧双修。"夫三业之兴，以禅智为宗。"③ 三业指身、口、意，即行动、言语和思维活动的造作；禅是禅定，指宗教实践活动；慧是智慧，指佛教认知、知识活动。禅与智、定与慧的关系，即宗教实践与宗教认知活动互济并重。"禅非智无以穷其寂，智非禅无以深其照。然则禅智之要，照寂之谓，其相济也。照不离寂，寂不离照。"④ 宗教实践活动没有宗教的认知活动便不能穷尽其道，宗教认知活动没有宗教的实践活动就不能照明得深。于是禅定与智慧、宗教实践与宗教认知相济不离，定慧双修。

宋明理学家出入佛道。程颐提出"故人力行，先须要知"⑤ 这一命题，蕴涵实践之先要有认知之意。"须是知了方行得。"⑥ 譬如人欲到京师去，必先知道出哪道门，行哪条路，然后才去，如果不知，虽然有欲去之心，也去不了。知对行有指导、指向的功能和作用。认知要求真知，去京师要真知道要走的路。"学者须是真知，才知得是，便泰然行将去也。"⑦ 真知为真实的、深入的认知，有了如此认知便可泰然去实行。"知之深，则行之必至，无有知之而不能行者。知而不能行，只是知得浅"⑧，认知有深浅，深入认知，实行必定到达目的地。

朱熹传承程颐知先行后说，"就一事之中以观之，则知之为先，行之

---

① 礼记章句//船山全书：第4册. 长沙：岳麓书社，1988：1256.

② 同①.

③ 石峻，等. 中国佛教思想资料选编：第1卷：庐山出修行方便禅经统序. 北京：中华书局，1981：91.

④ 同③.

⑤ 二程集：河南程氏遗书：卷十八. 北京：中华书局，1981.

⑥ 同⑤.

⑦ 同⑤.

⑧ 二程集：河南程氏遗书：卷十五. 北京：中华书局，1981.

为后，无可疑者"①。从主体认知客体事物的过程来说，一般只有先认知事物中的道理，才会去实行，先知后行。每一件事，先须知得，方可行得。知了做不到或不去实践，并非因为行，而是在于知得浅或知未至。朱熹在知先行后的情景下，又强调行、实践的重要性。他说："知、行常相须。如目无足不行，足无目不见。论先后，知为先，论轻重，行为重。"② 知行相须互发，互相需要，如足与目，不离不偏。若用功夫偏在一边，另一边就会受损害。因为只有对亲身实践过的事物，主体对客体实在才能获得真实的认知。"亲历其域，则知之益明"③，强调实践经验对认知获得的重要价值。因为认知的目的是实践。"夫学问岂以他求，不过欲明此理而力行之耳。"④ 明理必须力行。只有着意力行，才能学有所得。力行、实践是检验知之真不真的标准："欲知知之真不真，意之诚不诚，只看做不做如何。真个如此做底，便是知至、意诚。"⑤ 便能知其是非，判其善恶。认知是为了求真，但认知的真不真不能靠认知自身来检验、验证，必须付诸实行、实践，才能得到验证，并在实践中纠正知的不真。张栻赞成程朱的知先行后说，他认为知是人心固有的良知。"知常在先，固有知之而不能行者矣。未有不知而能行者也。"⑥ 认知是实践的前提和条件，从认知的次序、过程来看，是由主体认知到客体实践作用于事物的，而非由行到知。"知之在先，此固不可易之论"⑦，即知在行前，这是不可改变的次序。张栻把认知分为两类。"知有精粗，必由粗以及精；行有始终，必自始以及终。"⑧ 认知是由粗知到精知，即由末及本、由浅入深的过程，而行为、实践则是由始至终的过程。致知与力行互相发，"行之力则知愈进，知之深则行愈达"⑨。认知、认识由于实行、实践的尽力而愈深入；认知、认识的愈深入而促使实行、实践达到目的。认知与实践互发互进。

人类是在实践活动中，把自身超拔为为天地立心的认知世界和改进世界的主体，从而把天地万物（包括宇宙、社会、人生等）当作认知和改进

① 朱熹. 朱文公文集：答吴晦叔. 上海：商务印书馆，1919：710.
② 黎靖德. 朱子语类. 王星贤，点校. 北京：中华书局，1986：148.
③ 同②.
④ 朱熹. 朱文公文集：答郭希吕. 上海：商务印书馆，1919：971.
⑤ 同②302.
⑥ 张栻全集. 南轩集：卷十九. 王蓉贵，杨世文，校点. 长春：长春出版社，1999：817.
⑦ 同⑥824.
⑧ 张栻全集. 南轩集：卷十四. 王蓉贵，杨世文，校点. 长春：长春出版社，1999：751.
⑨ 同⑧.

的客体对象。这样就造成人化的自然与自然的自然，人化的社会与自然的社会、人化的认知与先验的认知，以及客体世界与主体世界等的二重化。人类在反复不断的认知与实践中，把人类所欲求的目的、理想、愿景转化为现实所诉求的世界，使被实践活动二重化的世界成为互发相资、互济辅相的和合世界。

四、概念与实在

认知主体与客体、认知与实践的二重化，亦使概念与实在二重化。概念与名称有别。概念是对真知世界的把握，是认知主体对客体对象性质、内涵的判断词。哲学概念是爱智慧的结晶，它是转知成识、转识成智的流动。概念与其所表示的事实、实在及它们之间的指称关系，在中国哲学理论思维中显现为名和实的关系。

名见于甲骨文和金文。①《说文解字》载："名，自命也。从口，从夕。夕者，冥也。冥不相见，故意口自名。"即"名"为"名称"。《释名·释言语》："名，明也，名实事使分明也。"荀子说："名定而实辨，道行而志通，则慎率民而一焉。"②确定事物的名称，是为了将客体实在分辨清楚，依据制定名称的基本原则去实践，并与人们的思想相互沟通，谨慎地率领人民来遵守。《国语》："言以信名，明以时动，名以成政，动以殖生。"韦昭注："信，审也。名，号令也。视明则动，得其时也。号令所以成政也。"③"名"有"名分""名号""名义""名声"等义。中国诸子百家中的名家，是以辩论名实为主的哲学流派。伍非百认为，在先秦最流行的是名法、名理、名辩三家。"名法"是研究刑名法术，他们都注重"循名责实""综核名实"的法术；"名理"是研究所谓"极微要眇"的理论，辩论天地之终始，风雨雷霆之故、坚白、有穷、无穷、万物之所生恶起等话题；"名辩"是研究名、辞、说、辩四者的元理和应用的，即研究正名、析辞、立说、名辩的规律和有关问题。有时还会涉及思维与存在问题。④

"实"，不见于甲骨文，而见于金文。⑤《说文解字》载："实，富也。

---

①　甲骨文见于《殷墟文字甲编》3488，《殷墟文字乙编》7422；金文见于《召伯簋》《吉日王舞剑》。

②　梁启雄. 荀子简释：正名. 北京：古籍出版社，1956：310.

③　徐元诰. 国语集解：国语下. 王树民，沈长云，点校. 北京：中华书局，2002：109—110.

④　伍非百. 中国古名家言. 北京：中国社会科学出版社，1983：5—6.

⑤　金文见于《散盘》《歔》《鳙》。

从宀，从贯。"段玉裁注："以货物充于屋下，是为实。"《汉书》载："食足货通，然后国实民富，而教化成。"① "实"即指财富充足。《左传》载："贪于饮食，冒于货贿，不可盈厌，聚敛积实，不知纪极。"杜预注："实，财也。"② 这是说缙云氏有个无才能的儿子，喜欢吃喝，贪求财富，任性奢侈，不能满足，聚财积谷，没有限度。这里的"实"即财货，包括物资、器物等。《左传》又载："在军，无日不讨军实而申儆之于胜之不可保。"③ "军实"指军中的指挥员、战士、军器等。在军队里没有一天不管理军官、士兵等，告诫他们胜利不能永远保有，要加强、充实战斗力。"实"有"充实"之义。《左传》又载："及即位，为章华之宫，纳亡人以实之。"④ 楚灵王即位，筑宫于章华之上，接纳逃亡的人，使之充实其中。"实"又指事实的根据。《国语》载："赋事行刑，必问于遗训，而咨于故实。"徐元诰按："赋事，谓施布政事也。"⑤ 施布政事行刑，必按先王的遗训，而基于事实，即要验明、核实。《字汇·宀部》："实，验也。"《淮南子》载："众人以为虚言，吾将举类而实之。"高诱注："实，明。"⑥ 即众人以为（轻天下，细万物，齐生死，同变化）是虚言，我将举实例而验明它。《论衡》载："夫图画，非母之实身也。因见形象，涕泣辄下，思亲气感，不待实然也。"⑦ 母像并非其实身，由于见到母亲的形象，泪水就流了下来。因思念母亲的情绪而激动并不需要母亲真的出现。在中国哲学思维中，名与实相对，指实际内容。《庄子》载："名者，实之宾也。"成玄英疏："实则是内是主，名便是外是宾。"名实为主宾关系。

名实是中国哲学理论思维的重要概念、范畴之一，中国名家对中国逻辑学的发展做出了巨大的、突破性的贡献。

按实定名，以名举实。在殷周时，《周易》《尚书》《诗经》等经典文本中的名、实都为单一概念。"名"有"名称""指称"之义；"实"有"真实"、"事实"或"祭祀的实物"等之义。春秋时名实思维有所发展，

① 班固. 汉书：卷二十四上：食货志上. 北京：中华书局，1962.
② 杨伯峻. 春秋左传注：第2册：文公十八年. 北京：中华书局，1981：640.
③ 杨伯峻. 春秋左传注：第2册：宣公十二年. 北京：中华书局，1981：731.
④ 杨伯峻. 春秋左传注：第4册：昭公七年. 北京：中华书局，1981：1283.
⑤ 徐元诰. 国语集解：周语上. 王树民，沈长云，点校. 北京：中华书局，2002：23.
⑥ 刘文典. 淮南鸿烈集解：卷七：精神训. 冯逸，乔华，点校. 北京：中华书局，1989：231.
⑦ 黄晖. 论衡校释：卷十六：乱龙篇. 上海：商务印书馆，1938.

并开始对举。《左传》载："行也，怀其安，实败名。"① 晋公子重耳到了齐国，齐桓公为他娶妻。重耳安于齐国的生活，跟随他的人认为这样不行。齐姜（重耳妻）对重耳说：走吧！留恋妻子和贪图安逸，确实败坏名声。但"实败名"，也可解为事实与名声，有名与实的关系。《管子》则将名实对举："修名而督实，按实而定名。名实相生，反相为情。名实当则治，不当则乱。名生于实，实生于德，德生于理，理生于智，智生于当。"俞樾曰："'修'当作'循'。"② 即名称、概念是指称实在的，应按照实在来确定名称、概念。概念、名称与外在实在是互相化生的，被指称的实在客体是指称名的根据。指称与被指称要适当、恰当。当与不当，是治与乱的标志，即导致乱名与乱实的状况，出现"礼坏乐崩"、革故鼎新的激烈变动，导致名实不副。孔子有鉴于此，提出正名主张。有一次，子路对孔子说：假如卫国君主请你去治国理政，你首先做什么？孔子说："必也正名乎！"子路说：你的迂阔竟到如此地步，这有什么纠正的必要。孔子说："名不正，则言不顺；言不顺，则事不成；事不成，则礼乐不兴；礼乐不兴，则刑罚不中；刑罚不中，则民无所措手足。"③ 即名不当其实，便言不顺理；言不顺理，就不能考证事实，事便做不成；事做不成，国家的礼乐就实行不起来；礼乐制度实行不起来，刑罚也不会得当；刑罚不得当，百姓就会惶恐得连手脚都不知道往哪里摆。言语与它所描绘的实在之间，有一种对应关系，人可以运用这种对应关系进行主体的认知活动，它是由言语主题介入的一种多项复杂关系。孔子所说的正名，是主体言语介入指称关系的活动。

后期墨家的逻辑思维进一步发展，构建了古代中国的逻辑学，架构起具有中国特色的逻辑思维。"传受之，闻也。方不障，说也。身观焉，亲也。""所以谓，名也。所谓，实也。名实耦，合也。志行，为也。"④ 闻、说、亲，是讲知识的三种来源，相当于三种感性知识；名、实、合、为，是讲认知主体与客体实在的联通关系，检验知识的方法，即认知必须符合实际，并通过行为的实践来检验。如从别人那里得来的认知，为闻知；不受空间的局限，通过推理而获得的知识，为说知；通过直接观察而得到的

---

①　杨伯峻. 春秋左传注：第 1 册：僖公二十三年. 北京：中华书局，1981：406.

②　黎翔凤. 管子校注：卷十八：九守. 北京：中华书局，2004：1046.

③　论语集注. 子路//朱杰人，严佐之，刘永翔. 朱子全书：第 6 册. 上海：上海古籍出版社，2002：179.

④　吴毓江. 墨子校注：卷十（上）：经说上. 孙启治，点校. 北京：中华书局，1993：479.

认知，为亲知。被用来称谓客体对象的是名，实是名所称谓的客体对象。名与实相符合为合。为是主体动机、意志与行动、实践。"举，拟实也。""举，告以文名，举彼实也。"① 举为称谓，拟为拟象。拟实就是模拟其实相。又如《荀子·正名》载："名闻而实喻。"《尹文子》载："名者，名形者也。"《公孙龙子·名实》载："夫名，实谓也。"即以此名举彼实。"以名举实"②，名是指称模拟客体实在的称谓。名称、概念与其所指称的客体实在应相耦合，即名实相副。

指物无有，共名别名。名称、概念，所指称的客体实在的指称，是实在所由生或从属于客体实在。名称、概念由所指称的客体实在来确定。以相对稳定的话语、名称、概念去表达不断变化的客体对象，就会产生无法指称客体对象的困境。"以指喻指之非指，不若以非指喻指之非指也；以马喻马之非马，不若以非马喻马之非马也。"③ 以指称来说明所指称的不是其所指称的，不如以非其所指称的来说明所指称的不是其所指称的。以白马来说明白马不是马，不如以非白马来说明白马不是马。这种名与实之间的指称的错位，会使名称与其所指称的对象之间产生不稳定性和相对性。但认知对象在一定限度内的变化不会引起名称不能指称对象的情况。公孙龙子认为："物莫非指，而指非指。"④ 天地万物无不是有一个概念与其相应，但是，概念却不与另一个概念相应。"指也者，天下之所无也；物也者，天下之所有也。以天下之所有，为天下之所无，未可。"⑤ 概念本来就是天下没有的；物，则是天下所实有的。若把天下所实有的物，都用本不存在的概念来表示，那是不行的。概念是对实物的指称，指不离物，名不离实。"夫名，实谓也。知此之不在此也，知此之不在此也，则不谓也；知彼之非彼也，知彼之不在彼也，则不谓也。"⑥ 名是对实的称谓、指称，但实物是不断变化的，当知道这个或那个实物时其已不是原来的实物，或者已不在原有的位置。即时空有了变化，就不能继续使用原有的称谓来指称它了。称谓应随着实物的性质、时空等的变化而改变自己，以便能名实相副。他针对名实不副，提倡正名。"其正者，正其所实也；正其所实者，

---

① 吴毓江. 墨子校注：卷十（上）：经说上. 孙启治，点校. 北京：中华书局，1993：472.

② 吴毓江. 墨子校注：卷十一：小取. 孙启治，点校. 北京：中华书局，1993：627.

③ 郭庆藩. 庄子集释：齐物论. 王孝鱼，整理. 北京：中华书局，1961：66.

④ 谭戒甫. 公孙龙子形名发微：指物论. 北京：中华书局，1963：18.

⑤ 同④19.

⑥ 谭戒甫. 公孙龙子形名发微：名实论. 北京：中华书局，1963：61. 按：标点有异，今改之.

正其名也。"① 正名与正实同构，以纠正名实不副。若想纠正那种名实混乱的情况，就必须把物体本身的位置摆正，只有如此，其称谓才能被纠正。司马谈在《太史公自序》中评论说："名家使人检而善失真。然其正名实，不可不察也。"即是肯定了正名实的学术价值。

正名是检察是否失真，使名实相副。名称与实在、主体形式与客体对象应相互符合。古希腊哲学家克拉底鲁（Cratylus）以为言辞、语言的本质和来源，在于对客体实在的模仿或对事物本质的模拟。这与后期墨家的"拟实"有相似之处。后期墨家以名实相副，对名进行分类："名，达、类、私。说名。物，达也。有实必待文名也，命之马，类也。若实也者，必以是名也命之。臧，私也，是名也，止于是实也。"② 达名指最普遍、最一般的概念，凡有实有的事物，必然可以使用这个达名来指称。类名是指某一类实有事物的共同的名称，即一般类概念，它介于达名和私名之间：相对于达名来说，它是特殊概念；相对于私名而言，它是一般概念。凡是某类实在的事物，都可以用类名来指称。私名是指个别概念，凡是个别特定实有事物，均可用私名指称。这是根据实有事物的系统认识来做出的概念、范畴分类，有"普遍""特殊""个别"三类，名实相互对应耦合。这个对名的分类，相当于荀子的大共名、大别名和别名。"物也者，大共名也……鸟兽也者，大别名也。推而别之，别则有别，至于无别然后止。"③物这个概念，是最大的共名。鸟或兽的概念，是最大的别名。再推论到别则有别而无可别为别名。荀子认为，之所以要对名加以分类，是由于"圣王没，名守慢，奇辞起，名实乱"④ 的缘故。为了正名，荀子给名下定义："名也者，所以期累实也。"⑤ 期指要约，犹今言概括。名称、概念是通过对许多实物的概括而确定的。名以实为其内容，实以名为其形式，名实耦合，"制名以指实"。名的形成是约定俗成，既是人的感官对事物共同点与差异点的认知，人通过类比交流，约定给予相同或相异实物以相同或相异的称谓；亦是主体人的认知器官的分析辨别功能和作用，如眼、耳、鼻、舌、心，各自有各自感觉的对象，人对客体对象同异的认知，是通过语言符号的表达，对实物进行命名的。对于制名的原则和方法，荀子称"制名

---

① 谭戒甫. 公孙龙子形名发微：名实论. 北京：中华书局，1963：59.

② 吴毓江. 墨子校注：卷十（上）：经说上. 孙启治，点校. 北京：中华书局，1993：479.

③ 梁启雄. 荀子简释：正名. 北京：古籍出版社，1956：314.

④ 同③311.

⑤ 同③318.

之枢要"。一是名闻而实喻。单音词构成单名，双音词构成双名。前者如马、羊，后者如白马。马相对于白马是共名，白马是别名，名依实来制定。二是稽实定数。实物的形状相同，但各占有不同空间。虽可合用一名，但是毕竟是两个实体，应审视实体的实质，区别类属而后定名。三是约定俗成。"名无固宜，约之以命，约定俗成谓之宜，异于约则谓之不宜。名无固实，约之以命实，约定俗成谓之实名。"① 名称、概念没有本来就合适或本来就表示某种实物的，换言之，名称、概念往往指称某一人物、对象、空间、过程等，这种指称的功能，并非固有，亦非名称、概念的本性所决定的必然联系，而是人在社会实践和交往中约定俗成的。一旦指示词与被指示者之间的约定俗成的指称关系被人们接受和运用，就具有了相对的确定性和稳定性。相同语言共同体的成员只能以约定俗成的名称指称实在，命名给定的对象。当名称、概念与实在之间的约定俗成关系确定后，需要通过社会交往实践形成传递链而人们所认同和掌握，历史的传递链就成为名称、概念，在实践和认知活动中为实际地指称实在提供了现实的可能性。这就是说，荀子已体认到名称、概念不仅取决于实，而且是社会历史流动过程中的产物。

循名责实、名物言意。荀子批判十二子，韩非与李斯师事荀子。韩非学说曾得到秦王的推崇。他把名实运用于政治，与法术相结合，而批判儒家思想。"世主美仁义之名，而不察其实。"② 仁义是有名无实的假名、虚名。这便是"名实不称，上空虚于国，内不充满于名实，故臣得夺主"③。名实不相称，就会造成杀天子而无是非的态势。韩非看到了在现实社会中存在名称与实在相分、相对的指称关系，这是因为实在不断变化，具有相对稳定性的名称不适应已变化了的实在。他主张名实应相应不离。"名实相持而成，形影相应而立。"④ 名称与实在是在对待融合中确立指称关系的，犹如形影相依不离而成立。他还主张按名实相应来考察群臣的功过、是非。"循名实而定是非，因参验而审言辞。"⑤ 循名而责实，即遵循名实是否相副来决定是与非，名称、概念通过实践的参验来检验其真伪。韩非认为名实应形影相应，批评"好辩说而不求其用，滥于文丽而不顾其功

---

① 梁启雄. 荀子简释：正名. 北京：古籍出版社，1956：314-315.

② 梁启雄. 韩子浅解：奸劫弑臣. 北京：中华书局，1960：109.

③ 梁启雄. 韩子浅解：安危. 北京：中华书局，1960：213.

④ 梁启雄. 韩子浅解：功名. 北京：中华书局，1960：222-223. 按：张榜本，"持"作"待"，"持"与"待"通用.

⑤ 同②104.

者，可亡也"①。他在《亡征篇》中列举 47 项可使国家灭亡的征象，指出之所以灭亡的原因及其因果关系，否定名辩的明是非之分、审治乱之纪、明同异之处、察名实之理、处利害、决嫌疑的六大功能。荀子、韩非对名辩的批评本是一种学术上的论争，是先秦百家争鸣中的不同学术见解，然而，一旦与政治权力相结合，其后果就不堪设想了。韩非对名辩的批评被李斯承接过去，成为"饰虚言以乱实，人善其所私学，以非上之所建立。今皇帝并有天下，别黑白而定一尊……夸主以为名，异取以为高，率群下以造谤，如此弗禁，则主势降乎上，党与成乎下"②。经秦始皇的赞同和推行，先秦百家争鸣的学术生命被葬送了，这使与古希腊逻辑学、古印度因明学鼎足而立的中国先秦逻辑学从此式微。

魏晋时，清谈时尚兴起，名称、概念与实在的关系和意义得以进入人们的心中。魏晋时期时局动乱，往往诱发人的个体生命意识的觉醒。为了寻求生命的价值，人们开始从玄远视域来探赜言意之辩。《系辞上》载："圣人立象以尽意，设卦以尽情伪，系辞焉以尽其言。"即意通过象来显现，赋象（实在）以意义；象（实在）是穷尽意的中介和工具以存意（概念、名称的意义）。欧阳建撰《言尽意论》，他认为"书不尽言，言不尽意"由来已久，"然则名之于物，无施者也；言之于理，无为者也"③。名称、概念对于客体实在是没有作用的；言辞、话语对于物理，是没有作为的。古今之所以务于正名，是因为"诚以理得心，非言不畅；物定于彼，非名不辩。言不畅志，则无以相接；名不辩物，则鉴识不显。鉴识显而名品殊，言称接而情志畅"④。人们体认了客体实在的规则，非用名称、概念不能表达出来；客体实在存在于外在世界，非用名词、概念不能分别。用名称、概念不能表达出来，就不能相接。名称、概念不能分别实在，就不能明晰地认知客体实在。只有明晰地体认客体实在，才能分别不同的事物；只有名实相连接、沟通，才能使主体情志得到表达。然而，客体实在是不断变化的。"欲辩其实，则殊其名；欲宣其志，则立其称。名逐物而迁，言因理而变。此犹声发响应，形存影附，不得相与为二矣。"⑤ 要体认其实在，就要分别其名称、概念。名称、概念随着客体实在的不同而不

---

① 梁启雄. 韩子浅解：亡征. 北京：中华书局，1960：114.

② 司马迁. 史记：秦始皇本纪. 上海：商务印书馆，1932：87.

③ 中国哲学史教学资料汇编选组. 中国哲学史教学资料汇编（魏晋南北朝部分）. 北京：中华书局，1964：181.

④ 同③.

⑤ 同③.

同。欧阳建的言尽意论引起时人的论争。荀粲和张翰主张言不尽意论。荀粲说:"盖理之微者,非物象之所举也。今称立象以尽意,此非通于意外者也;系辞焉以尽言,此非言乎系表者也。斯则象外之意,系表之言,固蕴而不出矣。"① 理是细微的,不是物象的实体所能表现的。立物象以尽意,这不是所尽象外的意思。系辞以尽言,这不是超乎系辞所表达的意思。物象实在的意思和超乎系辞表达的名称、概念,蕴涵而不表现出来,所以言不尽意。

名实相副,进德修业。韩非对名辩的否定,蕴涵着对中国古代逻辑学的否定。《吕氏春秋》有综合先秦逻辑理论思维的趋向。"名正则治,名丧则乱……故君子之说也,足以言贤者之实、不肖者之充而已矣。"② 如果说孔子的正名是以既有的名称、概念为尺度来纠正发生了变化的实在、实物的,那么,《吕氏春秋》就是以客体实在为标准来端正指称实在的名称、概念的。"以其言为之名,取其实以责其名,则说者不敢妄言,而人主之所执其要矣。"③ 名称、概念是语言构成的元素,依语言以为名,根据实在责求名称、概念,按其实而审其名。以客体实在的真情、类别为依据来审察名称、概念,以使其与指称的实在相符合,纠正名与实的悖逆。在其论述名实指称关系中讲到言与意的关系,涉及思维与语言,"言者,以谕意也。言意相离,凶也"。"夫辞者,意之表也。鉴其表而弃其意,悖。"④ 名称、概念是表示意思、意义的,若言、意相离,必导致政乱国亡,因此凶险。名称、概念是意思、意义的表达,鉴其表达而抛弃其意思、意义,是迷惑。之所以如此,是因为主体在掌握名称、概念的同时也被名称、概念所掌握。名称、概念作为思维成果的妙凝,必然对掌握这种名称、概念的主体发生作用。名称、概念作为代码模式在一定程度上制约着主体人对客体实在的感觉、观察和记忆。

董仲舒主张正名,即对名号进行深入观察,他认为名称、概念是辨别万物的。"万物载名而生,圣人因其象而命之。然而可易也,皆有义从也,故正名以名义也。"⑤ 名称、概念是根据所指称的客体对象而命名的。名称、概念虽是对客体实在的指称,但它们之间没有必然的内在联系,是可

① 中国哲学史教学资料汇编编选组.中国哲学史教学资料汇编(魏晋南北朝部分).北京:中华书局,1964:182.
② 吕氏春秋校释:卷十六:正名.陈奇猷,校释.上海:学林出版社,1984:1019.
③ 吕氏春秋校释:卷十八:审应.陈奇猷,校释.上海:学林出版社,1984:1141.
④ 吕氏春秋校释:卷十八:离谓.陈奇猷,校释.上海:学林出版社,1984:1177,1179.
⑤ 苏舆.春秋繁露义证:卷十七:天道施.钟哲,点校.北京:中华书局,1992:472.

以变易的。名称、概念都有其所指称的内涵和意义，它是构建在名实相副的基础上的。王充认为"夫名异则实殊，质同则称钧"①。名称有差异，是由于实在有分殊，客体实在在本质上相同，名称也一致。譬如圣人与贤人名号虽异而实相同。汉末由地方推举出来准备任用的茂才、孝廉、方正，很多是名不副实的。刘劭主张，名号应与人的实际行为相符合。"夫名非实，用之不效。故曰名由口进，而实从事退。中情之人，名不副实，用之有效；故名由众退，而实从事章。此事创之常失也。"② 名称、概念不符合客观实际，就会失去效用。靠他人吹捧而虚名显扬的人，其与实在功效不符合的虚名是会消退的。反之，有的人虽名号由于他人的轻视而低下，但其实在的事功却使其能力得到彰显。这就是说名胜于实或实胜于名的名实不副的错位，只有通过事功实践的检验，才能得到纠正。北齐刘昼因而接着说："名以订实，实为名源……执名以责实，不弃实而存名，然则言理兼通而名实俱正。"③ 以名责实，客体实在是名称、概念的来源、根据。名称、概念不是客体实在，但其由名称、概念来分辨。只有不抛弃客体实在，名称、概念才有存在的意义，这样语言与道理、元理兼通而名实俱正。名实相副，相依不离。"名之与实，又形之与影也。"④ 名实形影不离。

宋元明清时，周敦颐以名实作为道德意识、伦理情感的评价标准。"实胜，善也；名胜，耻也。故君子进德修业，孳孳不息，务实胜也。德业有未著，则恐恐然畏人知。"⑤ 即以实胜或名胜来审察名实相副。君子的学业，若能修持自己的道德和事业，勤勉不止，这便是实胜于名，是善的、美的。若不修持自己的德业，而有善名美名传闻于社会，则名实不副，这是君子的耻辱。朱熹对周敦颐这段话进行了解说："实修而无名胜之耻，故休；名胜而无实修之善，故忧。"⑥ "实"指君子终日勤勉，进德修业的实践，有了这样的实践就不会有名超过实的羞耻感。名超过进德修业的实际，便会心怀忧患。消除自我羞耻感和忧患感，便可达到名实相副的人生理想境界。程颢说："姑欲循名而遂废其实，此则陋儒之见，何足以论治道哉！"⑦ 应名实相副，而非遵循名称、概念而废弃其所指代的客体

---

①　黄晖. 论衡校释：卷二十六：实知篇. 上海：商务印书馆，1938.

②　刘劭. 人物志：效难. 王玫，评注. 北京：红旗出版社，1996：176.

③　刘书. 刘子校释：卷三：审名章. 傅亚庶，校释. 北京：中华书局，2006.

④　颜之推. 颜氏家训集解：卷四：名实. 王利器，集解. 北京：中华书局，1980：280.

⑤　周敦颐. 周子全书：卷九：通书. 上海：商务印书馆，1937：154.

⑥　同⑤155.

⑦　二程集：河南程氏文集：卷一. 北京：中华书局，1981.

实在，这是陋儒的见识，怎么能用来治国理政呢？胡宏曾师事二程高徒杨时，传承二程的名实论："有实，而后有名者也。实如是，故名如是。实如是而名不如是，则名实乱矣。名实乱于上，则下莫知所从，而危亡至矣。"① 有被指称的客体实在，才有指称的名称、概念。名实同构，相副不乱；若名实乱，则有危亡。

事功学派的陈亮认为，在政事、选官、道德等各方面应名实相副。他在廷对皇帝"名宾于实，而是非不能文其伪"时说："夫今日之患，正在夫名实是非之未辨，公私爱恶之未明，其极至于君子小人之分犹未定也。"② 其指出社会的祸患、弊端在于名实、是非、公私、爱恶、君子小人等五大问题未辨、未明、未定。他建议："陛下苟能明辨名实、是非之所在，公私爱恶之所归，则治乱安危于是乎分，而天下之大计略定矣。"③ 其所谓辨名实，即正实名。名称、概念从属其指称的客体实在，是实在的表述，这样才能名实相副。

王夫之接着名实相副讲："名者，言道者分析而名；言之各有所指，故一理而多为之名，其实一也。"④ 这是王夫之对张载《正蒙》的由太虚有天的名，由气化有道的名，合虚与气有性的名，合性与知觉有心的名的诠释。名称、概念各有指称的对象，但都是一、理、道分析、分殊而各有的名称、概念，其实就是一、理、道。如何认识名称、概念的意义？"知其物乃知其名，知其名乃知其义。"⑤ 认知客体实在，而知道其名称、概念，认知其名称、概念，才能知道名称、概念的意义。

能所相资是中国哲学理论思维体认论的重要元理。它彰显了中国哲学认知主体与认知客体在统摄认知与实践、概念与实在、格物与致知中的价值和意义，构建起中国哲学体认论的逻辑体系。由于先秦认知逻辑学的发展，主体的认知活动与名辩思潮融合，不仅推动了对认知客体对象实在的分析，而且对哲学的概念（名称）的分类、内涵、性质、功能、价值均有明确、清晰的规定。若能通悉《墨经》《公孙龙子》以及惠施，就决不会产生中国没有哲学及中国没有哲学概念、没有逻辑等无稽之谈。尽管名辩思潮一度式微，但中国哲学在开放包容中，不断海纳外

① 胡宏. 胡宏集：知言：汉文. 吴仁华，点校. 北京：中华书局，1987：43.
② 陈亮. 陈亮集：上册：卷十一 策：廷对. 北京：中华书局，1974：117.
③ 同②.
④ 王夫之. 张子正蒙注：卷一：太和篇. 章锡琛，校点. 北京：古籍出版社，1956：15.
⑤ 同④4.

来优秀文化，汉以后印度佛教传入，其名相的分析，认知形而上的建构，在融突和合儒释道三教中，使中国哲学在宋明时达致"造极"，不仅形成儒家文化圈或曰汉字文化圈，而且走向欧洲世界，这是不易之论。

第六章　不离不杂论*

    中国哲学理论思维的理性力量，在于其掌握了唯变所适的魅力，在西方依靠科学之光而照亮客体时，和合学则依靠"天地万物本吾一体"的联通之光而智能网罗世界。世界虽千变万化，但都寓于不离不杂的生生道体之中。人们仰望太空，俯察大地，发现天地万物不动即静，即静即动，动静不离不杂。体现为智动仁静，静能制动，静闭动开，动静相召，动静互根。就物来看，动静相离不杂；就神妙来看，动而无动，静而无静，神妙万物，动静非外。天地万物无时无刻不在变化之中。在中国哲学理论思维中，"变"为"顿变""突变"，相当于质变；"化"为"渐化"，即不显著的、细微的化，相当于量变，体现为变质化量，变通化成。渐化的裁断，由量变转化为质变。宇宙、社会、人生都处在质与量、变与化的流动之中。宇宙、社会、人生的发展变化都具有内在逻辑规则性，相当于理；由人类社会内在矛盾、冲突所形成和推进的社会历史发展变化的趋势，便是所谓的势，体现为理固势常，理势相因，顺势合理，理是势之理，势是理之势，理势互相细缊，互为动因。社会历史发展的必然之理与必然之势，一旦约定俗成，形成各种形式的规范、规定，便具有一定的常规性、经常性、原则性，这便是所谓的经，但随着社会的不断发展变化，原有的规范、规定亦随之而变化，这便是权的变动性、变通性、灵活性，体现为权反于经，阴权阳经，经常权变，经权合一，动静、变化、理势、经权在社会历史发展中均依不离不杂之理而不例外。

---

    * 本章原以《不离不杂论的中国哲学元理义蕴（上）》与《不离不杂论的中国哲学元理义蕴（下）》为题分别载于《船山学刊》2020 年第 2 期和第 3 期。

"百川沸腾，山冢崒崩，高岸为谷，深谷为陵。"江河奔腾，山峰极变，高坡变为深谷，深谷变为山陵。世界在发生天翻地覆般的变化。"涧水流年月，山云变古今。"今日的涧水已非昨日的涧水，今日的山云已非往昔的山云。天地万物始终处于永恒运动之中，处在普遍联通的网络之中。中国哲学元理的和合生生道体由天道的阴阳论而转变为地道的柔刚论，并由生生论、太极论、格致论而变为纲缊论、健顺论；由和生论、道体论、体认论而进于常变论。天地万物就在普遍的联通中生生不息。

一、不离不杂解

中国哲学理论思维的理性力量，在于其掌握为道屡迁、唯变所适的常道，哲学依靠理性之光而照亮客体，和合学则依靠"天地万物本吾一体"的联通之光而智能网罗世界。世界虽千变万化，但都寓于不离不杂的生生道体之中。

不离不杂的"不"，有见于甲骨文和金文。①《说文解字》载："不，鸟飞上翔不下来也，从一，一犹天也。象形。"王国维在《观堂集林》中说："不者，柎也。"高鸿缙在《中国字例》中说："罗振玉曰：'象花不形，花不为不之本义……不，原意为鄂足，象形字，名词。后借用为否定副词，日久而为借意所专，乃另造柎字以还其原。'"《汉语大字典》按："不，孳乳为丕，金文用为丕显字，《说文》解形误，所训为假借义。"王引之在《经传释词》卷10中载："不，非也。"《墨子》载："上之所赏，命固且赏，非贤故赏也。上之所罚，命固且罚，不暴固罚也。"王引之云："不与非同义，故互用。俞樾云：'上之所罚，命固且罚，不暴故罚也。'十三字为衍文。"②"不"主要做副词用，表示否定，等同于"勿""不要"等。

不离不杂的"离"，见于甲骨文和石布。③《说文解字》载："离，离黄，仓庚也。鸣则蚕，从佳，离声。"仓庚即离黄。"离黄"，鸟名，即黄鹂、黄莺。"离"为"失去""去掉"之义。《广雅·释诂二》载："离，去也。"《广韵·真韵》载："离，去也。"《尚书》载："惟时羲和，颠覆厥

---

① 甲骨文见于《戬寿堂所藏殷墟文字》15·2，《殷墟佚存》54，《殷墟文字甲编》1565；金文见于《大丰簋》《矦马盟书》《中山王壶》。
② 吴毓江. 墨子校注：卷九：非命上. 孙启治，点校. 北京：中华书局，1993：400，410.
③ 甲骨文见于《殷墟书契前编》6·4·5·4，《殷墟文字甲编》2270，《殷墟书契后编》上，121；石布：离石布。

德。沉乱于酒，畔官离次。"孔颖达疏："羲和颠倒其奉上之德，而沉没昏乱于酒，违叛其所掌之官，离其所居位次，始乱天之纪纲，远弃所主之事。"① 羲和是掌管天地四时的官员，他沉乱于酒，而失去其应尽的职责，也违背、违反了他官位的责任。《正字通·佳部》载："离，违也。"《管子》载："故圣君置仪设法而固守之……信近亲爱者不能离也。"尹知章注："离，犹违也。"② 贤明君主置礼仪、设明法而固守，就算是信者、近者、亲者、爱者也不能违背礼仪和法。"离"有"分开"的意思。《方言》卷6载："参、蠡，分也。齐曰参，楚曰蠡，秦晋曰离。"《广雅·释诂一》载："离，分也。"《史记》载："秦始与周合，合则离，五百岁当复合。"③ 周平王封秦襄公为诸侯，为分离，至昭王五十二年，西周君臣献邑，凡五百一十六年，五百年为整数。分封诸侯，是为分散。《广雅·释诂三》："离，散也。"钱大昭疏义："离者分之散也。"《吕氏春秋》曰："浑浑沌沌，离则复合，合则复离，是谓天常。"高诱注："离，散。合，会。天之常道。"④ 分散包含着"离开""离别"的意思。《广雅·释言》载："离，剐也。"钱大昭疏义："剐，古别字，离又为别也。"《广韵·支韵》载："离，近曰离，远曰别。"《周易》载："进退无恒，非离群也。君子进德修业，欲及时也。"⑤ 有时要进取，有时候要退守，并不固定。在进退之间，都不离开人群。君子进德修业，要随时而动，便无害。"离"又有"叛离"之义。《左传》载："阻兵，无众；安忍，无亲。众叛亲离，难以济矣。"⑥ 鲁隐公问众仲："卫国的州吁会成功吗？"众仲回答说：州吁这个人，依仗武力而安于残忍。依仗武力就没有群众，安于残忍就没有亲信。大众背叛，亲近离去，难于成功。《国语》载："且夫私欲弘侈，则德义鲜少，德义不行，则迩者骚离，而远者距违。"韦昭注："骚，愁也。离，叛也。迩，境内。远，邻国。"⑦ 假如国君私欲膨胀，不实施德义，就会国内叛离，邻国与其越来越疏远。"离"又有"叛离""离间"之义。孙子讲："亲而离之。"曹操曰："以间离之。"杜牧曰："言敌若上下相亲，则当以厚利啖而离间之。陈平言于汉王曰：'今项王骨鲠之臣，不过亚父，钟离昧、龙且、

---

① 尚书正义//十三经注疏. 阮元，校刻. 北京：中华书局，1980：157-158.
② 黎翔凤. 管子校注：卷十五：任法. 北京：中华书局，2004：905.
③ 司马迁. 史记：封禅书. 上海：商务印书馆，1932：6.
④ 吕氏春秋校释：卷五：大乐. 陈奇猷，校释. 上海：学林出版社，1984：255-258.
⑤ 周易正义//十三经注疏. 阮元，校刻. 北京：中华书局，1980：16.
⑥ 杨伯峻. 春秋左传注：第1册：隐公四年. 北京：中华书局，1981：36.
⑦ 徐元诰. 国语集解：楚语上. 王树民，沈长云，点校. 北京：中华书局，2002：495.

周殷之属，不过数人。大王诚能捐数万斤金，间其君臣，彼必内相诛；汉因举兵而攻之，灭楚必矣。'汉王然之，出黄金四万斤，与平，使之反间。项王果疑亚父，不急击下荥阳，汉王遁去。"① 这是对项羽君臣之间关系的分析又以利诱之。《韩非子》载："彼自离之，吾因以知之。"王先慎集解："离谓分析其所言，彼既分析，吾遂知之所陈之言。"② 汉王遁去，就是一种逃避的方式。《后汉书》载："必欲杀盆子以塞责者，无所离死。"李贤注："离，避也。"③ 这也是一种经历。《史记》载："我离两周而触郑，五日而国举。"张守义正义："离，历也。"④ 我经历两周时间，而触击于郑国。离有罗列、陈列之义。《文言》卷 7 载："罗谓之离，离谓之罗。"郭璞注："皆行列物也。"钱绎笺疏："《广雅》：罗，列也。离与罗一声之转。"《玉篇·佳部》载："离，陈也。"《左传》载："楚公子围设服离卫。"杨伯峻注："设，施陈也，今言设施、设立。服，凡衣饰器用品物皆可曰服……此服泛指围之一切陈设服饰。设服，设君服也……离立离坐谓两人并坐并立。离卫，卫即今之卫兵，卫兵成双成对者，谓之俪卫，亦作离卫。"⑤ 意即楚国公子围排列、陈列国君的仪仗服饰，两个卫士拿着戈并立。《玉篇·佳部》载："离，两也。"《后汉书》载："若并时进见，则不敢正坐离立，行则偻身自卑。"李贤注："离，并也。《礼记》曰：'离坐离立，无往参焉'"⑥ 是谓并立两立。邓皇后明事理，昼修妇业，暮诵经典，家人号曰"诸生"。《广雅·释诂四》载："离，明也。"王念孙疏证："离者，《说卦传》云：'离也者，明也。万物皆相见，南方之卦也。圣人南面而听天下，向明而治，盖取诸此也。'"并与"罹""梨""缡""丽""篱"等相通。

　　不离不杂的"杂"，无见于甲骨文和金文。《说文解字》载："杂，五彩相会。从衣集声。"段玉裁注："原谓五采彰施于五色作服也。"《周礼》载："画缋之事，杂五色。"郑玄注："此言画缋六色所象及布采之第次，缋以为衣。"⑦ 五颜六色，便显驳杂不纯。《方言》载："荆、淮、海、岱杂齐之间。"郭璞注："俗不纯为杂。"《庄子》载："水之性，不杂则清，莫

①　曹操，等. 十一家注孙子. 郭化若，译. 北京：中华书局，1962：16-17.
②　王先慎. 韩非子集解. 上海：国学整理社，1936：32.
③　范晔. 后汉书：卷 11. 北京：中华书局，1965.
④　司马迁. 史记：苏秦列传. 上海：商务印书馆，1932：18.
⑤　杨伯峻. 春秋左传注：第 4 册：昭公元年. 北京：中华书局，1981：1202.
⑥　范晔. 后汉书：卷 10 上. 北京：中华书局，1965.
⑦　周礼注疏//十三经注疏. 阮元，校刻. 北京：中华书局，1980：918.

动则平；郁闭而不流，亦不能清；天德之象也。"成玄英疏："水之性，不
杂则清，莫动则平；郁闭而不流，亦不能清；天德之象也。"① "象"为
"法效"之义，法象自然，与天合德。水性自然清平，纯粹而不杂。不杂
不动，就能保持自然水性。五彩相会是一种配搭的形式。唐慧琳在《一切
经音义》中说："杂，《考声》：参也。"孙武曰："是故智者之虑，必杂于
利害。杂于利，而务可信也；杂于害，而患可解也。"曹操注："在利思
害，在害思利，当难行权也。"杜牧曰："信，申也。言我欲取利于敌人，
不可但见取敌人之利，先须以敌人害我之事，参杂而计量之，然后我所务
之利，乃可申行也。我欲解敌人之患，不可但见敌能害我之事，亦须先以
我能取敌人之利，参杂而计量之，然后有患乃可解释也。"② 必须思考敌我
双方的利害，才能百战百胜。参合、配掺形式，亦是混合、掺杂形式。
《广雅·释诂四》载："杂，厕也。"《玉篇·佳部》载："杂，糅也。"《墨
子》载："杜格，貍四尺，高者十尺，木长短相杂，兑其上，而外内厚涂
之。"③《汉书·元帝纪》载："汉家自有制度，本以霸王道杂之，奈何纯任
德教，用周政乎！"王道与霸道混杂，即德法并用、兼举。屈原曰："杂申
椒与菌桂兮，岂维纫夫蕙茞！"朱熹集注："杂，非一也。椒，木实之香
者。申，或地名，或其美名耳。桂，木名，《本草》云：'花白叶黄，正圆
如竹。'蕙，草名，《本草》云：'薰草也，生下湿地，麻叶而方茎，赤花
而黑实，气如蘼芜，可以已厉。'陈藏器云：'即零陵香也。'言杂用众贤
以致治，非独专任一二人而已也。"④ 杂用众贤，犹兼用众贤致治国家。杂
用、兼用众贤，便聚众贤，《方言》卷3载："杂，集也。"《广雅·释诂三》
载："杂，聚也。"《玉篇·佳部》载："杂，最也。"《周易》载："若夫杂
物撰德，辩是与非。"孔颖达疏："言杂聚天下之物，撰数众人之德，辨定
是之与非。"⑤ "杂"为"众多"之义。唐希麟在《续一切经音义》卷七中
曰："杂，《字林》：'众也。'"若聚众人，必有一共同的目标或主旨。《玉
篇·佳部》载："杂，同也。"《国语》载："其事是以不成，杂受其刑。"
韦昭注："杂，犹俱也。刑，害也。"⑥ 灭亡吴国的事不能成功，而且会同

① 郭庆藩. 庄子集释：刻意. 王孝鱼，整理. 北京：中华书局，1961：544.
② 曹操，等. 十一家注孙子. 郭化若，译. 北京：中华书局，1962：138-139.
③ 吴毓江. 墨子校注：卷十四：备穴. 孙启治，点校. 北京：中华书局，1993：863.
④ 朱熹. 楚辞集注. 上海：上海古籍出版社，1979：5.
⑤ 周易正义//十三经注疏. 阮元，校刻. 北京：中华书局，1980：90.
⑥ 徐元诰. 国语集解：越语下. 王树民，沈长云，点校. 北京：中华书局，2002：581-582.

吴国一起受害。《史记》载："李斯曰：'臣请史官非秦记皆烧之，非博士官所职，天下敢有藏《诗》、《书》、百家语者，悉诣守尉杂烧之，有敢偶语《诗》、《书》弃市。"①"杂烧之"，都烧之，俱烧之。"杂"有"杂乱无章"的意思，《系辞下》载："六爻相杂，唯其时物也。"虞翻注："阴阳错居称杂。时阳则阳，时阴则阴，故唯其时物。"李道平疏："六爻有阴有阳，故云阴阳错居称杂。刚柔者，昼夜之象也，故时阳则阳，时阴则阴。乾阳物也，坤阴物也。阴阳错杂，有时有物，故曰惟其时物也。"②"杂"即阴爻与阳爻错综杂居一起。《墨子》载："日月不时，寒暑杂至。"孙诒让间诂："《易释文》引孟喜云：杂，乱也。谓寒暑错乱，而至失其恒节。"③"杂"为"杂乱""紊乱"之义。"杂"又有"烦琐""细碎"的意思。《周易》载："其称名也，杂而不越。"孔颖达疏："杂，辞理杂碎，各有伦叙。"④其中，"杂碎"即"细碎""杂乱"。《盐铁论》载："群国诸侯各以其方物贡轮，往来烦杂，物多苦恶，或不偿其费。"⑤贡物的运输，往来烦琐、烦杂。而贡物的粗重如盐铁等，手续细碎。就官职而言，犹旧时称等外的小官为杂职，清代九品未入流之类的职务统称为佐杂。"杂"还有"仓促"之义，《方言》卷十三："杂，猝也。"郭璞注："杂，仓猝也。"

　　不离不杂的地道的柔性与刚性的精神气质，把"絪缊""健顺"看成生成和流变作为宇宙、社会、人生的本性，但也企图从纷纭变化的宇宙、社会、人生中找到不变的、静止的存在，在这种相对相反中又包含着相渗相融的关系。这种关系，就体现在不离不杂的中国哲学元理之中。

　　其一，失去与不失去。在中国人的生活中，有失必有得。只有以不失去为得，失去为失，得失才能取得平衡。一味求得，而不肯失，犹杨朱拔一毛以利天下，不为也，是被孟子所批判的。度越得失的计较，就能心旷神怡，心神愉悦。其实，人生中得的路与失的路，是同一的。人们从得失中隐约能看到那动静变化、理势经权的宇宙生命洪流内在的逻辑节奏和规则。在其节奏和规则中，蕴涵着不离不杂的元理。它不是任何神人的创造，而是自然而然的流动的大道。它无处不在，但又看不到，摸不着，因而需要去认知它，用心灵去体悟它，才能在失去时不痛心疾首，得到时不

①　司马迁. 史记：秦始皇本纪. 上海：商务印书馆，1932：88.
②　李道平. 周易集解纂疏. 上海：商务印书馆，1936：458.
③　吴毓江. 墨子校注：卷五·非攻下. 孙启治，点校. 北京：中华书局，1993：220，232.
④　周易正义//十三经注疏. 阮元，校刻. 北京：中华书局，1980：89.
⑤　盐铁论校注：上册. 王利器，校注. 北京：中华书局，1992：4.

骄傲自满。应以平常心看得失，将失去与不失去当作平常事。

其二，分离与分析。物以群分，天地万物存在着既同又不同的现象，事物是一般与个别、共性与个性的融突体。虽然一般与共性包容在个别与个性之中。但一般与个别、共性与个性是分离的，不分无以别，有别蕴涵不杂，又相互包容融合，便为不离。万物都是以不同的形态、不同的性质而存在的。其具有千差万别、千变万化的相离相杂的形态，这是因为万物本身处于运动之中，以运动为其存在形式。凡物均在运动变化，没有无运动变化的物。就具体物的存在形式看，又有静止状态，是为某种相对稳定的形式。即使是处于相对静止、稳定的形式下，仍然有各种运动，这便是静中静动。有动有静，不动不静，静中有动，动中有静，才构成宇宙、社会、人生多姿多彩的画卷。对于宇宙、社会、人生千姿百态的现象，我们需要学问思辨，即博学、审问、慎思、明辨式地反思。在反思思想的前提的过程中，需要对思想的思想进行具体的、真切的分析。分析是一种睿智的理性活动，高明的精神活动。分析是追求中国哲学的真、善、美及和合生生道体的真谛。

其三，离明与感应。《离》为《周易》八经卦之一，《说卦传》曰："离也者，明也，万物皆相见，南方之卦也。圣人南面而听天下，响明而治，盖取诸此也。"①"离"有"火""日""电"等义。李道平疏："日火外景故明，离明照于四方，故'日出照物，以日相见'。又离为目，故曰'万物皆相见'。"②《离卦·象传》曰："明两作，离，大人以继明照于四方。"虞翻曰："两谓日与月也。乾五之坤成坎，坤二之乾成离，离坎日月之象，故明两作离作成也。日月在天，动成万物，故称作矣。或以日与火为明两作也。"③ 在日月、乾坤、坎离中，日、乾、坎为阳，月、坤、离为阴。日月、乾坤、坎离为阴阳互相感应而作成万物。离为火，坎为水，水火感应。离火与日，明照四方。天地万物在交感联通中存在，在感应中呈现其性质和功能，在联通中彰显其价值和意义。唯有对待才能交感，有差分才能感应。有对待差分的个性，才能够对待差分；有其共性，才能构成感应联通；有感应联通才能离明得施，而光照四方。

其四，聚集与共同。中国谚语曰：众人拾柴火焰高。每个人捡柴，聚

---

① 周易本义//朱杰人，严佐之，刘永翔. 朱子全书：第 1 册. 上海：上海古籍出版社，2002：154.

② 李道平. 周易集解纂疏. 上海：商务印书馆，1936：477.

③ 同②197.

集起来就多，火就烧得旺，这意味着群众的力量是无限的。人民群众是世界的开创者，是人类历史的创造者，尽管人类历史是由众多个体的实践活动聚集而成的，每个人都在不同程度、水平上共同参与了历史实践活动，但人在历史实践活动中的参与程度、所起的作用、影响的深度、贡献的大小，是有区别的。正是因为有此区别，所以历史实践活动的参与者，不一定是历史的创造者，而历史的创造者，一定是历史实践活动的参与者。人类历史的创造者，是那些拥有理性智慧，且依照历史发展的规则，胸怀高远，促进历史发展繁荣者，而非开历史倒车者或阻挡历史发展者。然而，开历史倒车者、阻碍历史发展者往往会编织花言巧语，为自己的行为辩解。凡站在所谓道德制高点，以无端的谎言指斥历史发展者，往往会遗臭万年，犹如推动"焚书坑儒"的李斯。在信息智能时代，万有联通，唯有共聚世界各层面、各方面的力量，才能共同推动和平、发展、合作、共赢的实现。

其五，五彩与参合。多元事物互相融突，世界资始资生；多样色彩参合，织成一件光彩夺目的衣服。中国古人已智慧地认识到天地万物是由多元元素、事物构成的。《国语》讲："故先王以土与金木水火杂，以成百物。"韦昭注："杂，合也。成百物，谓若铸冶煎烹之属。"① 杂合、参合五行以成万物。《尚书·洪范》中记载箕子在回答周武王有关于鲧和夏禹治水的经验教训时讲了水、火、木、金、土五行。五行思想经长期演变发展，其外延不断扩展，出现了以五行为基准的多样对应事物。② 如"五帝""五神""五方""五色""五音""五味""五纪""五气""五官""五脏""五脉""五体""五志""五谷"等。五彩即五色，青、赤、黄、白、黑与木、火、土、金、水对应。五行相生相克的思维方式，构成多元事物融突的思维模式。一旦这种思维模式形成，就会成为相对稳定的思维逻辑结构。首先，人们以这种思维逻辑去统摄各相对应的事物；其次，其亦制约和限制思维逻辑的发展，使多元变为一元；最后，相对稳定的思维逻辑结构往往使人们在思考问题时，沿着此而计量彼，以此规定彼，使思维固化，而不能开放变革，不能唯变所适。因此，必须保持多元的五彩参合，换言之，即多样冲突融合而和合。这样才能与时偕行，使思维逻辑保持开放的状态。

天地万物不离不杂的五种存在形式，是事物存在的常态和变态。常与变是万物联通的普适性。常态是此事物之所以区别于彼事物的内在固有的

---

① 徐元诰. 国语集解：郑语. 王树民，沈长云，点校. 北京：中华书局，2002：470.
② 张立文. 中国哲学范畴发展史：天道篇. 北京：中国人民大学出版社，1988：90-106.

规定，若无这种规定，此事物或彼事物就不成其为此事物或彼事物。然而，常态不能不随着宇宙、社会、人生的变化而变化，应当批判那种守常的、僵死的、凝固的、不变的"天不变，道亦不变"的思想。

二、运动的形态

无限宇宙，列星随旋，四时代御，阴阳大化，动静不居，天地万物都处在不离不杂之中，均寓于万物联通的动与静的形态之中。万物联通，有万物自在联通，是指人类存在之前或人类实践活动之外的联通，如日月递照、山泽通气、雷风相薄、水火相射等；有人化联通，是指人类通过实践活动而获得的，如互联网、物联网等。动静亦有自为的动静，如太阳往复东升西落，月亮循环月圆月缺，有人为的动静，如"和谐号""复兴号"动车和汽车的开动、停止等等。

动与静这两种运动形式，不离不杂，动不离静，无动即无所谓静，无静即无所谓动，动静谁也离不开谁。然动是动，静是静，动静不杂而分为二。由其分于二而不杂，由其相依而不离。不离不杂构成动静联通的形态。

"动"不见于甲骨文，而见于金文。①《说文解字》载："動，作也。从力，重声。"金文非作重，而象童。《类寿鼎》作"罔不勤心"。后"勤"省为"动"，有"为实现某种计划、目标而采取某种行动"之义。《尔雅·释诂下》："动，作也。"《易传》载："拟之而后言，议之而后动，拟议以成其变化。"虞翻注："以阳拟坤而成震，震为言。议为后动，故拟之而后言。议之而后动，安其身而后动，谓当时也矣。议天成变，拟地成化。天施地生，其益无方也。"② 后言，后动，而成变化。《孟子》载："为民父母，使民盼盼然，将终岁勤动不得以养其父母。"焦循注："盼盼，勤苦不休息之貌。动，作称举也。言民勤身动作，终岁不得以养食其父母。"③ 即终年勤苦不休息地劳作，也不能奉养其父母。"动"在这里表示为奉养父母而采取的行动。《慎子》载："明君动事分功必由慧。"钱熙祚注："慧作惠。"④ 英明君主做事分功必赐恩惠，而使人感动、感应。《吕氏春秋》载："说与治不诚，其动人心不神。"高诱注："动，感。神，化。言不诚不能

---

① 金文见于《毛公鼎》。
② 李道平. 周易集解纂疏. 上海：商务印书馆，1936：384-385.
③ 焦循. 孟子正义：卷十. 沈文倬，点校. 北京：中华书局，1987：340.
④ 慎子. 钱熙祚，校注. 上海：国学整理社，1936：3.

行其化也。"① 言说与治理不讲诚信，便不能感动人心。晚唐时皮日休诗曰："昨朝残卒回，千门万户哭。哀声动闾里，怨气成山谷。"② 皮氏旅次于许昌传舍，听见哭声，问当地老百姓，百姓说：蛮围我交趾，奉诏征许昌二千士兵，有战死的，哭声发自许兵的家属，反映了战争的残酷，和平的可贵。这种情境，震撼了皮日休的内心。《诗经》载："敷奏其勇，不震不动。"郑玄笺："不震不动，不可惊惮。"震动，即使其惊恐、恐惧。从"震动"而有"发动"之义。《吕氏春秋》载："太蔟之月，阳气始生，草木繁动，令农发土，无或失时。"高诱注："太蔟，正月。冬至后四十六日立春，故曰阳气始生。动，生。"③ 正月阳气开始产生，草木萌动。天子既亲行发土之礼，亦令农民发土，即劝农事，不要失时贡赋。由"草木萌动"又产生了人"动手""动笔""动脑筋"等义。《管子》载："是故人主有能用其道者，不事心，不劳意，不动力，而土地自辟，囷仓自实，蓄积自多，甲兵自强。"④ 如果人主（君主）能够公正大道，那么，其不操心、不费心、不动力，土地、仓蓄、甲兵就自然会充实、强大起来。动作、活动即从一地到另一地的位置改变、地位变动等状态，与静相待。《篇海类编·身体类·力部》载："动，静之对。"《左传》载：鲁庄公三十二年鲁庄公病死，鲁国发生内乱。齐国派仲孙湫到鲁国表示慰问。仲孙湫回国对齐侯说：不除庆父，鲁难不止。齐侯说：怎样才能除掉他。仲孙说：祸难不止，将自毙，等待吧！齐侯说：鲁国可以攻下来吗？仲孙说：不行，他们还执掌周礼。周礼，是立国的根本。臣听说，国将亡，躯干必然先行仆倒，如同大树的树干倒下然后枝叶跟着倒落。鲁国不抛弃周礼，是不能动的，您应该致力于安定鲁国的祸难，并且与之交好。（"鲁不弃周礼，未可动也。君其务宁鲁难而亲之。"⑤）鲁国发生动乱和鲁难不止是动，不能取鲁国是静。动与静相对为二，为不杂；相依为不离。

动静的"静"，不见于甲骨文，而见于金文。⑥《说文解字》载："静，审也。从青，争声。"徐锴曰："丹青明审也。"王筠句读："采色详审得其宜谓之静。"张文虎的《舒艺室随笔·论说文》中载："静字从争，以相反为义，静则不争矣。"

①　吕氏春秋校释：卷十八：具备. 陈奇猷，校释. 上海：学林出版社，1984：1226-1231.
②　皮日休文集：第10卷. 萧涤非，郑庆笃，整理. 上海：上海古籍出版社，1981：102.
③　吕氏春秋校释：卷六：音律. 陈奇猷，校释. 上海：学林出版社，1984：325，329.
④　黎翔凤. 管子校注：卷15：任法. 北京：中华书局，2004：900-901.
⑤　杨伯峻. 春秋左传注：第1册. 闵公元年. 北京：中华书局，1981：257.
⑥　金文见于《静卣》《毛公鼎》《班簋》《秦公钟》等。

不争便能安静、宁静。《广韵·静韵》载："静，安也。"《诗经》载："静言思之，寤辟有摽。"毛亨传："静，安也。"孔颖达疏："故我于夜中安静而思念之，则寤觉之中拊心而摽。"《淮南鸿烈》载："哀斯愤，愤斯怒，怒斯动，动则手足不静。"高诱注："静，宁也。"① 悲哀而愤怒，愤怒而动，动而手足不宁静。《韩非子》载："天下有道，无急患，则曰静。"② 有道的天下，没有紧急的祸患，天下便安定、安静。"静"即没有声响，如"肃静"。《古今韵会举要·敬韵》载："静，寂也。"《国语》载：晋献公攻伐骊戎，获骊姬，立其为夫人，生奚齐，对其十分宠爱。遂废黜太子申生，而立奚齐。里克、丕郑、荀息议论此事。荀息说："国君立谁为太子臣子就得听从，怎么可以有贰心呢？"丕郑说："我听说奉君主，服从其符合正义的事，不阿附其错误的决策。否则就会贻误百姓，贻误百姓就是失德，我拥立太子申生。"里克说："我没有才能，虽不懂道义，但也不附错误决策，还是静观事态的变化吧！"（"我不佞，虽不识义，亦不阿惑，吾其静也。"韦昭注："静，默也。"③）《楚辞》载：宋玉哀闵屈原无罪却被放逐，恐其魂离散不复还魂，遂因楚国风俗，托帝命，假巫语以招魂。"像设君室，静间安些。"④ 设像是指设其形貌于室，以祀屈原，祈其安静而无声响地受人们祭祀。"静"又有"贞静"之义，《诗经》载："静女其姝，俟我于城隅。"毛亨传："静，贞静也。女德贞静而有法度，乃可说也。姝，美色也。俟，待也。城隅以言高而不可踰。"⑤ 美女贞静而不轻佻，有法度，有道德，是令人愉悦的，待礼而动，自防如城隅，所以可爱她。有道德，有礼法的女人，是值得人们爱慕的。"静"又有性格平和之义，《广韵·静韵》："静，和也。"《增韵·劲韵》："静，澹也。"《埤雅·释兽》："猴性躁急，猨性静缓。""静"即有"怡淡""平和"的意思。"静"又有"清洁""干净"之义。《增韵·静韵》："静，澄也。"《诗经》载："其告维何，笾豆静嘉。"郑玄笺："乃用笾豆之物，絜清而美，政平气和，所致故也。"⑥ 成王祭宗庙，谓四方宁静，而无事，为太平。笾豆为禀水草之和气生，威仪祭馔，絜清而美。静是道家修炼的一种境界。《云笈七籤》卷99引《三清经》曰："夫修炼之士当须入静三关，淘炼神气，

① 刘文典. 淮南鸿烈集解：卷八：本经训. 冯逸，乔华，点校. 北京：中华书局，1989：265.

② 梁启雄. 韩子浅解：喻老. 北京：中华书局，1960：168.

③ 徐元诰. 国语集解：晋语一. 王树民，沈长云，点校. 北京：中华书局，2002：256-257.

④ 朱熹. 楚辞集注. 上海：上海古籍出版社，1979：137.

⑤ 毛诗正义//十三经注疏. 阮元，校刻. 北京：中华书局，1980：310.

⑥ 同⑤536.

补续年命，大静三百日，中静二百日，小静一百日。”

在中国哲学的逻辑结构中，动与静是一对不离不杂的概念、范畴。人们仰观太空，俯察大地，发现一切都在动之中，不存在不动的东西，也不存在不静的东西。因其动而有静，因其静而有动。动静相对相关。关于人们如何体认、把握动静，中国的爱智者有致广大而尽精微的探索。

知动仁静，静能制动。孔子认识到动静相对。孔子说：“知者乐水，仁者乐山；知者动，仁者静；知者乐，仁者寿。”即以智与仁、山与水、动与静、乐与寿对言。朱熹注释：“知者达于事理而周流无滞，有似于水，故乐水。仁者安于义理而厚重不迁，有似于山，故乐山。动静以体言，乐寿以效言也。动而不括故乐，静而有常故寿。”① 智者通达事理如流水而没有滞留，所以喜好水。仁者安于义理如山那样厚重而不迁移，所以喜好山。智动仁静是从其本体说的，乐寿是从其效果说的。应从对客体实在特性、效果的比较中，体认事物的不同特性以及概念与概念之间的联通。如果说孔子没有讲动静之间的主次、制约关系，那么《管子》四篇则讲道：“毋先物动者，摇者不定，躁者不静……人主者立于阴，阴者静，故曰动则失位。阴则能制阳矣，静则能制动矣。故曰静乃自得。”原注：“静为躁君，故人主立于阴也。君亦能制臣矣。”② 即是说阴阳、动静相对。不定、不静，均是一种失位的表现。从政治上说，人主立于阴，阴能制约阳，静能制约动，这与老子主静的思想相通。静的修养是去烦。“去欲则宣，宣则静矣。”原注：“宣，通也。去欲则虚自行，故通而静。”③ 无欲则通，通而静，静而清明，清明而智慧。这与老子“不欲以静，天下将自定”④ 的思想相似。庄子传承《老子》《心术》中以静为主的思想，认为天地万物是变动不居的。一切事物像奔驰的骏马，无动而不变，无时而不移动。但相对于动来说：“圣人之静也，非曰静也善，故静也；万物无足以挠心者，故静也……虚则静，静则动，动则得矣。静则无为，无为也则任事者责矣。”⑤ 圣人形同槁木，心若死灰，不知静以为静。万物不扰乱心，便能静。静能明照一切，而尽照明天地万物的情状。虚静是天地万物之本根和道德的极致。从虚到静再动，动便有所得。“静而圣，动而王，无为也而

① 论语集注//朱杰人，严佐之，刘永翔. 朱子全书：第6册. 上海：上海古籍出版社，2002：117-118.
② 黎翔凤. 管子校注：卷十三：心术上. 北京：中华书局，2004：767.
③ 同②.
④ 任继愈. 老子新译. 上海：上海古籍出版社，1985：140.
⑤ 郭庆藩. 庄子集释：天道. 王孝鱼，整理. 北京：中华书局，1961：457.

尊，朴素而天下莫能与之争美。"① 玄圣为静，帝王为动。无为虚静为万物的根本，所以尊贵，怎能与之争美。根本万有，冥合自然之道，便与天和谐，天和人和，天人共和乐。儒、道两家都讲动静：儒家并无动静概念的主宰与被主宰、静制动的差分；道家从其虚静无为的思想出发，而突出静与动关系中静的重要地位与价值。

专直翕辟，静闭动开。尽管《心术上》认为静能制动，但并没有认为静是绝对的，动是相对的；孔子也并不认为动是绝对的，静是相对的。他们都度越了绝对与相对的话题，不使动静陷于二元对立状态，《易传》则认为动静为相依不离、相分不杂的状态。"夫乾，其静也专，其动也直，是以大生焉。夫坤，其静也翕，其动也辟。是以广生焉。"宋衷曰："乾静不用事，则清静专一，含养万物矣。动而用事，则直道而行，导出万物矣。一专一直，动静有时，而物无夭瘁，是以大生也。翕犹闭也。坤静不用事，闭藏微伏，应育万物矣。动而用事，则开辟群蛰，敬导沈滞矣。一翕一辟，动静不失时，而物无灾害，是以广生也。"② 乾，静专动直有时，含养万物大生；坤，静闭动开不失时，应育万物无灾害而广生。《墨经》载："动，或徙也。说动。偏、祭徙，若户枢、兔、瑟。"③ "或"，古"域"字。"偏"与"遍"通。《广雅·释言》载："祭，际也。"运动是物体在空间的移动。全部运动是遍徙，如户枢为常动之物，兔为善走者，为遍徙。鼓瑟为际徙的譬喻。"宇或徙，说在长宇久。说长。宇徙而有处宇。宇南北在旦，有在莫，宇徙久。"④ 孙诒让云："《说文·戈部》：'或，邦也，或从土作域。'"《广雅·释诂四》载："长，挟也。"长宇久，宇藏久，久藏宇，宇宙融合为一。空间在不断迁徙，地域也在不断地变化，即宇徙如有处宇。在旦之南北已非在暮之南北。空间也随时间的变化而怀藏变化，二者相互融合一致。静与动就是徙与处在宇与久中的统一。把动与静看作物体在空间与时间中移动（徙）或停止（处），是对动与静内涵的深层规定。

生静感动，动静相召。《淮南子》接着动开静闭讲："静则与阴俱闭，动则与阳俱开。"⑤ 不过将其与阴阳相结合，使阴阳随动静开闭。进而认为

---

① 郭庆藩. 庄子集释：天道. 王孝鱼，整理. 北京：中华书局，1961：458.

② 李道平. 周易集解纂疏. 上海：商务印书馆，1936：381.

③ 吴毓江. 墨子校注：卷十（上）：经说上. 孙启治，点校. 北京：中华书局，1993：475.

④ 吴毓江. 墨子校注：卷十（下）：经说下. 孙启治，点校. 北京：中华书局，1993：531.

⑤ 刘文典. 淮南鸿烈集解：卷七：精神训. 冯逸，乔华，点校. 北京：中华书局，1989：226.

动静是人物的本性与作用。"人生而静，天之性也。感而后动，性之害也。"俞樾云："害乃容字之误。"① 静是人天然的本性，动是本性感应作用。扬雄将动静与有无相联通。"其动也，日造其所无而好其所新；其静也，日减其所有而损其所成。"② 运动不断创造以前所没有的东西，要爱护新生的东西；静止不断减少原有的东西，并损坏其所成就的东西。然动静需要一定的规矩。"天道成规，地道成矩。规动周营，矩静安物。周营故能神明，安物故能类聚。"③ 天圆为规，地方为矩。天圆而动便运转周遍，矩方而静使物安宁。天循环往复运动便神妙而明亮；地静使物得安宁而万类聚合。扬雄在当时谶纬迷雾中，融突儒道阴阳家思想，将之合作一股动静的清流。特别是在一些自然科学著作中，还动静概念、范畴以本来面貌。在《黄帝内经》中，阴阳五行学说是其理论基础。"天地动静，五行迁复。"④ 即天动地静，五行的递迁和往复。地静承天动而运行，五行随天动而运转。天地阴阳，上下相召。地以五运，应天而动；天以六气应地而静守其位。"动静相召，上下相临，阴阳相错，而变由生也。"⑤ 动静互相感召、联系、作用；上下天气与地气互相加临、会合、交感，阴阳互相错综、渗透、交错。如此，变化就发生了。动为天的纪，静为地的理，神明为纲纪、统摄。《系辞上》载："动静有常，刚柔断矣。"孔颖达疏："天阳为动，地阴为静，各有常度，则刚柔断定矣。"⑥ 动静有常而成刚柔。若动静无常，便刚道不成、柔道不立。刚柔杂乱，动静无常，刚柔不可断定。孔颖达认为，万物禀于阳刚之气多而为动、禀于阴柔之气多而为静。

静慧动昏，无动无静。运动与静止的形式，是中国哲学中普遍被运用的概念、范畴，道教与佛教对动静运动形式均有论述。《太平经》载："人生具备阴阳，动静怒喜皆有时，时未牝牡之合也。"⑦ 人生备具阴阳两面特性，天阳主生，地阴主养，天道主生，德兴主养。动静、怒喜、牝牡（雌雄），与天地、阴阳、生养相依相分，不离不杂。葛洪认为，以道教为养生之事，是一种误解，道为内以治身，外以为国。《抱朴子》载："其动

① 刘文典. 淮南鸿烈集解：卷一：原道训. 冯逸，乔华，点校. 北京：中华书局，1989：10-11.

② 扬雄. 太玄校释. 郑万耕，校释. 北京：北京师范大学出版社，1989：263.

③ 同②357-358.

④ 谢华. 黄帝内经. 北京：中医古籍出版社，2000：262.

⑤ 同④257.

⑥ 周易正义//十三经注疏. 阮元，校刻. 北京：中华书局，1980：76.

⑦ 王明. 太平经合校. 北京：中华书局，1960：217.

也，善观民以用心；其静也，善居慎而无闷。此所以为百家之君长，仁义之祖宗也。"① 葛洪在儒道的比较中，认为儒者所爱势利，道家所宝无欲。道家认为动便善于观察人民其心所想，静以真心、无欲而无烦闷。这才是百姓的君主，仁义的祖宗。道士王玄览主张坐忘行心，度越世俗动静。他说："眼摇见物摇，其物实不摇，眼静见物静，其物实不静，为有二眼故，见物有动静，二眼既也无，动静亦不有。"② 人们囿于眼见的摇动和静止的事物现象，以为事物有动静，其实事物并没有动静，如果没有眼见的动静偏见，也就没有动静了。这就是说，一切眼见物的现象，都是人们的囿见。只要消除这种囿见，人们便可以获得超脱，即当天知见，知见灭尽，才能得道。他认为灭知见、囿见的过程，就是通过坐忘，舍去形体，而升入道的境界。司马承祯主张主静去欲。他说："夫心者一身之主，百神之师，静则生慧，动则成昏。"③ 习静坐忘之功，要收心离境，住无所有，不著一物，形如槁木，心若死灰，无感无求，寂泊之至。虚静至极，便道居而慧生。若动于贪爱浊乱，遂至昏迷。如果净除心垢，开释神本，与道冥合，是谓归根，守根不离，名曰静定。李筌注疏《阴符经》：阴，暗；符，合。阴符为天机暗合行事之机。"观天之道。则阴阳动静之宜尽矣。"④ 阳的精气轻清，上浮于天；阴的精气重浊，下沉于地。相连而不相离，动静各尽所宜。如果作战，就要激人心，励士气。"木石无心，犹可危而动，安而静，况于励士乎？"⑤ 发号施令，使人乐闻；兴师动众，使人乐战；交兵接刃，使人乐死。木石无心，犹能危动安静，战士自然危动安静。"重权不审，不知轻重强弱之称；揣情不慎，不知隐、匿变化之动静。"⑥ 古代善于用兵者必定会审察敌我双方轻重和强弱，不谨慎地估计情况，不知道隐匿变化的动静，就不能百战百胜，若要百战百胜，或不战而屈人之兵，就必须重于周知，揣于悉举，事于必成。

东晋时佛教与玄学融合。僧肇的《肇论》与小乘佛教以事物的生灭、变迁、不常住来论证事物的虚幻和空无异趣，他承认事物在现象层面是不断变迁的，但这是不真的。他说："夫人之所谓动者，以昔物不至今，故

---

① 抱朴子内篇校释：卷十．王明，校释．北京：中华书局，1980：171．
② 中国哲学史教学资料汇编选组．中国哲学史教学资料汇编（隋唐部分）．北京：中华书局，1965：329．
③ 同②331．
④ 同②348．
⑤ 同②375．
⑥ 同②381．

曰动而非静。我之所谓静者，亦以昔物不至今，故曰静而非动。动而非静，以其不来。静而非动，以其不去。"① 即一般人认为过去的事物不会延续到现在说明事物是动的，是不断变化的；我认为这种情形恰恰表示事物是静止的。之所以认为事物是动、是变化的，是因为过去的事物没有原封不动地延续到现在，现在的事物已与过去不同；之所以认为事物是静止的，是因为现在的事物只停留在现在，并没有延续到将来。即动即静，动静一如，动静是糊涂人做的区分。

禅宗六祖慧能认为天地万物都存在相对的现象：无情外境如天与地、日与月、暗与明、阴与阳、水与火，共五种相对。语与言、法与相有十二对，逻辑概念、范畴等共为三十六对，实为三十八对。"动与静对，清与浊对，凡与圣对，僧与俗对，老与少对，大与小对。"② 这是属法与相对的逻辑范畴。从有情与无情方面说："有情即解动，无情即不动，若修不动行，同无情不动。""若见真不动，动上有不动，不动是不动，无情无佛种。"③ 有情是动，无情为不动（静），要使有情之动而无情不动，动上有静，不动是静。有情为动，无情为不动。有情有佛性，无情无佛性。神会继承慧能无情无佛性思想。后来天台宗湛然认为有情无情都有佛性，佛性遍及一切。

动静互根，不离不杂。动静是运动普遍的形态。宋明理学对动静性质、作用、变化的多样性进行了深入的探讨。周敦颐说："太极动而生阳，动极而静，静而生阴，静极复动。一动一静，互为其根。"④ 无极而太极，无极借助太极的动静而生阴阳。这样动静就成为太极与阴阳之间联通的中介。周敦颐激发了太极动静的性格，在动静中分阴分阳，使两仪成立。阐明动静到了极致，都向其反面转化，形成互根的形式，这种形式也影响水火、阴阳互根。周敦颐进而将动静分为三种不同形式："动而无静，静而无动，物也。动而无动，静而无静，神也。动而无动，静而无静，非不动不静也。物则不通，神妙万物。"⑤ 物作为形而下的器，动就是动，静就是静，如阳只是阳，阴只是阴。神作为形而上之理，神妙莫测，动而静，静而动：动中有静，静中有动，是体；动不能静，静不能动，是用。

---

①　中国哲学史教学资料汇编选组. 中国哲学史教学资料汇编（魏晋南北朝部分）. 北京：中华书局，1965：395.

②　慧能. 坛经校释. 郭朋，校释. 北京：中华书局，1983：96.

③　同②101.

④　周敦颐. 周子全书：卷一：太极图说. 上海：商务印书馆，1937：6.

⑤　周敦颐. 周子全书：卷九：动静. 上海：商务印书馆，1937：157.

张载探讨了运动的原因。他说："凡圜动之物，动必有机；既谓之机，则动非自外也。"① 机为机括，即发动所由的意思。他反对运动的动力是外力所致，认为动力源于事物的内部，动静互根、互待。"天地之道，惟有日月、寒暑之往来，屈伸、动静两端而已。"② 他依据其诠释《周易》的思想，认为凡物都有两端，各自分别而不杂，犹如闭门与开门。"阖户，静密也；辟户，动达也。"③ 闭户静而密，开门动而通达。一动一静、一开一合是门户运动的规则。动静开合是不杂，其融合是不离。"天行何尝有息？正以静，有何期程？此动是静中之动，静中之动，动而不穷，又有甚首尾起灭？自有天地以来以迄于今，盖为静而动。"④ 天的运行没有停息，此动是静中之动，静与动都不是绝对的，动静互根互融，相互作用，才能动静无穷。

尽管张载与二程在气体论与理体论上相别，然而在动静话题上，二程亦主张"静中便有动，动中自有静"⑤，所以说动静一源。于是他提出动静相因的命题："动静无端，阴阳无始。非知道者，孰能识之？动静相因而成变化，顺继此道，则为善也。"⑥ 因为缘也，托也，引申为原因或条件。动静各以对方为自己存在的原因或条件。动静互相依赖、互相联系而不离。因此，动静无所谓开端，阴阳也无所谓开始。动静相因，动则有静，静则有动。

朱熹整合张载与二程的动静论。动静相对、不离不杂而存在。"太极未动之前便是阴，阴静之中，自有阳动之根；阳动之中，又有阴静之根。动之所以必静者，根乎阴故也；静之所以必动者，根乎阳故也。"⑦ 动静互根，根于阴阳。因静具阴性，动具阳性，阴静阳动，阴中有阳，静中有动，阳中有阴，动中有静。阴阳动静互涵互渗。阴阳动静之所以互涵互渗，是由于不杂相待。"动静二字，相为对待，不能相无，乃天理之自然，非人力之所能为也。若不与动对，则不名为静，不与静对，则亦不名为动矣。"⑧ 动静对待不杂而存在，并非人力所为，是自然的规则。又因其相依

---

① 张载集：正蒙：参两篇. 章锡琛，点校. 北京：中华书局，1978：11.

② 同①126.

③ 同①54.

④ 同①113.

⑤ 二程集. 北京：中华书局，1981.

⑥ 同⑤.

⑦ 黎靖德. 朱子语类. 王星贤，点校. 北京：中华书局，1986：2376.

⑧ 朱熹. 朱文公文集：答胡广仲. 上海：商务印书馆，1919：702.

不离，"若以天理观之，则动之不能无静，犹静之不能无动也"①。动静相须不离，相辅相成。

程朱是宋明理学中的理体学派，陆九渊、王守仁为心体学派，主张"心即理"，内外、心理合一。陆九渊说："《记》曰：'人生而静，天之性也；感于物而动，性之欲也。'若是，则动亦是，静亦是，岂有天理物欲之分？若不是，则静亦不是，岂有动静之间哉？"②没有天理人欲之分，亦没有动静是与不是之别。动静不分便由王守仁发展为动静合一。"静未尝不动，动未尝不静。戒谨恐惧即是念，何分动静？"③"动静只是一个，分别不得。知得动静合一，释氏毫厘差处，亦自莫掩矣。"④动时应事接物的心与静时空静的心同一，动静不分，戒谨恐惧的意念不分动静，动静合一。

气体学派集大成者王夫之认为动静是相依不离的，这样才能构建动静的理论。"动静异而神之不息者无间。圣能存神，则动而不离乎静之存，静而皆备其动之理，敦诚不息，则化不可测。"⑤动静无间，动不离静而存在，无静无所谓动，静皆因具备动的理，动之理是静所固有的。"方动即静，方静旋动，静即含动，动不舍静。"⑥"静亦动也"的内在逻辑根据是静本身含动，动亦不舍弃静，动静互相包含。王夫之一方面强调动的价值，"不动则不生"，认为动是万物造化的萌芽或开始；另一方面，重视静止在事物发展过程中的重要作用。"知此，则能弗守其静，以听其动乎！静不倚则动不匮，其动必正，其留必成，其生必顺。"⑦动生万物，若无静止，万物就不能存在。动生物后，各物之所以为各物，动的形式之所以是这种形式，就是"留而形成"，即留动而生物后的形态，就需要使物稳定下来，使其处于某种相对静止的状态。王夫之以动静不离不杂来解释人生、政治等，他反思中国历史上的治与乱，认为天下之人都希望安定静治，而不希望动乱，古今一也。

---

① 朱熹. 朱文公文集：答张钦夫. 上海：商务印书馆，1919：513.
② 陆九渊集：卷三十五：语录下. 钟哲，点校. 北京：中华书局，1980：475. 按：《记》即《礼记·乐记》。
③ 王阳明全集：卷三：传习录下. 上海：国学整理社，1936：59.
④ 同③64.
⑤ 张子正蒙注//船山全书：第12册. 长沙：岳麓书社，1996：114.
⑥ 思问录外篇//船山全书：第12册. 长沙：岳麓书社，1996：430.
⑦ 庄子通//船山全书：第13册. 长沙：岳麓书社，1996：507.

三、质量的互变

动与静是运动的两种形态，运动的活力是其自身固有的质与量所规定的。宇宙、社会、人生的演化是为道屡迁的过程；亦即质变与量变互通、互变的过程。在中国哲学理论思维中，变与化的概念、范畴、性质、内涵，似为质变与量变。质变与量变是事物发展中的两种状态或形式。质是指此事物区别于彼事物的规定性；量是指事物数量增加或减少，以及场所的变换，并不改变事物原有的性质。

在中国传统哲学中，"变"有"改变""权变""变幻""变法""变革""变故""变通""变异""变态""变置"等义。《小尔雅·广诂》："变，易也。"《广雅·释诂三》："变，㪔也。""易"与"㪔"通假。《广雅·释诂三》又作："变，匕也。"《说文解字》载："匕，变也。从倒人。"段玉裁注："变，更也。"

"化"见于甲骨文和金文。[1]《说文解字》载："化，教行也。从匕，从人，匕亦声。"朱芳圃在《殷周文字释丛》中说："化象人一正一侧之形，即今俗所谓翻跟头。《国语·晋语》：'胜败若化。'韦注：'化，言转化无常也。'《荀子·正名》：'状变而实无别，而为异者谓之化。'杨注：'化者改旧形之名。'皆其引申之义也。""化"有"感化"之义，即转变人心、风俗。《尚书》载："肆予大化，诱我友邦君。"孔颖达疏："我欲尽文王所谋，故我大为教化，劝诱我所友国君，共伐叛逆。"[2] 感化与教化都为化的一种方式、形式。王充说："天地之性，本有此化，非道术之家所能论辩。"[3] 化为造化，不是道术家所说的鬼与人触犯即生病。《素问》载："人有五脏，化五气，以生喜、怒、思、忧、恐。"人有五脏生化五志之气，即生喜、怒、思、忧、恐五种情志变化。"化"又有"消化"之义。韩非说："有圣人作，钻燧取火，以化腥臊，而民说之，使王天下，号之曰燧人氏。"[4] 即取火熟食，以化解腥臊的味道。

中国哲学在致知事物运动量变与质变及质量互变演进的过程中，进行了丰厚而生动的规定。如质变称"顿变""倏然之变""著变"等；量变称

---

① 甲骨文见于《殷墟文字乙编》2268，《甲骨续存》2215；金文见于《中子化盘》等。
② 尚书正义//十三经注疏. 阮元, 校刻. 北京：中华书局, 1980：199.
③ 黄晖. 论衡校释：卷二十二：订鬼篇. 上海：商务印书馆, 1938.
④ 梁启雄. 韩子浅解：五蠹. 北京：中华书局, 1960：465.

"渐化""渐渐消磨将去"等。质变是对事物内部固有规定性的突破，即对其原有度的度越，是其性质的变化。量变的渐化是其在原有度的范围内的延续和渐进，是不显著的、细微的化。如十月怀胎，婴儿在母亲身体内渐渐成长，即量变；一朝分娩，婴儿出生就是一种突变，即质变。质变与化的关系体现为以下几个方面。

化神变智，变质化量。春秋时期，变与化的概念、范畴是单一的，并未相对连用。《孙子兵法》曰："兵无常势，水无常形；能因敌变化而取胜者，谓之神。"曹操曰："势盛必衰，形露必败，故能因敌变化，取胜若神。"① 这里"变"与"化"在同一意义上使用，并未区分变与化的不同含义、性质，为一个概念。

《管子》四篇将"变"与"化"连用，"过在自用，罪在变化"，"变化则为生，为生则乱矣"②。即不变无过，罪过在于任意变化，变化就会生乱象，这里没有对变化进行分别规定，但《内业》篇则赋予变化以不同的对象："凡心之形，过知失生。一物能化谓之神，一事能变谓之智。化不易气，变不易智。惟执一之君子能为此乎！"③ 安心的方法，成智便理足，若过其度，则失其生。无心于物事，而物事自变化。物化为神，事变为智。以化与变说明神与智，即神化与智变。变与化既不离，又不杂；既融合，又相异，说明其所对应的不同的对象和状态。

庄子继老子而有思辨理性，在庄周梦为蝴蝶中提出物化的概念。他把将要化、未曾化，或不化、已化的情况，看作做梦。庄子借孔子之口，将变与化予以差分。"仲尼曰：'死生亦大矣，而不得与之变，虽天地覆坠，亦将不与之遗。审乎无假而不与物迁，命物之化而守其宗也。'"④ 死生是大变，是显明的变，有质变之义。事物的化，不离其根本，蕴涵着不改其宗的量变的意思。变为质变，化为量变。

天地变化，变通化成。《易传》论变与化，着眼于宇宙、社会、人生的总体形相，并对变与化分别进行了规定。所谓变，其一，有"通"的意思。"易，穷则变，变则通，通则久。"陆绩曰："阴穷则变为阳，阳穷则变为阴，天之道也……穷则变，变则通，与天终始故可久，民得其用故无

---

① 曹操，等. 十一家注孙子. 郭化若，译. 北京：中华书局，1962：103.
② 黎翔凤. 管子校注：卷十三：心术上. 北京：中华书局，2004：776.
③ 黎翔凤. 管子校注：卷十六：内业. 北京：中华书局，2004：937.
④ 郭庆藩. 庄子集释：德充符. 王孝鱼，整理. 北京：中华书局，1961：189.

所不利也。"① 上古庖牺氏教民取禽兽而食，民众兽少，其道穷。后神农氏教民种殖以食。通即贯通，通达无碍。若不通，就会陷于困境之中。变通才能使事业成功。"一阖一辟谓之变，往来不穷谓之通"②。犹如门户一闭一开和人一来一往不穷称为变通。变通才能持续不断，这是讲变的作用和功能。其二，变是一事物转化为性质相反的另一事物。"剥，剥也。柔变刚也。"③《剥》卦卦象，五阴爻居下，一阳爻居上，阴为柔，阳为刚。五阴柔强盛，一阳刚微弱。因而，柔能变刚，刚被柔所战胜。在这里，变是指一方克服、战胜一方，或一方吃掉一方，是一种质变的形式。其三，变是运动的形式。"变动不居，周流六虚，上下无常，刚柔相易，不可为典要，唯变所适。"虞翻注："变，易。动，行。六虚、六位也。日月周流，终则复始，故周流六虚。刚柔者，昼夜之象也。在天称上，入地为下，故上下无常也。"④ 爻的变动不固定，它周流六爻之位。天、地、人三才之道，都处在变动之中。

所谓"化"，是"渐化""化生"的意思。"天地变化，草木蕃。"⑤ "是故天生神物，圣人则之；天地变化，圣人效之。"陆绩曰："天有昼夜四时变化之道，圣人设三百八十四爻以效之矣。"⑥ 天成象，地成形，体现了天地变化，而成万物。"天地感而万物化生。"⑦ 感是指对待天地之间的交感、相荡、相摩的作用，而后万物化生。天地万物如何化生？"天地絪缊，万物化醇，男女构精，万物化生。"朱熹注："絪缊，交密之状。醇谓厚而凝也，言气化者也。化生，形化者也。"⑧ 天地元气交密作用，万物气化，犹男女阴阳絪缊构精，万物化生。

化裁为度，生化变极。《易传》对变与化的概念、内涵、性质、作用进行了深刻的规定。变与化作为对偶范畴，其在中国哲学理论思维中具有特殊价值，其质变与量变的规定为："化而财之谓之变，推而行之谓之通。"李道平疏："财与裁通，阳变阴化，阳刚阴柔，故云化变刚柔。""化

① 李道平. 周易集解纂疏. 上海：商务印书馆，1936：427.
② 同①407.
③ 周易正义//十三经注疏. 阮元，校刻. 北京：中华书局，1980：38.
④ 同①455-456.
⑤ 同①46.
⑥ 同①411-412.
⑦ 同①202.
⑧ 周易本义//朱杰人，严佐之，刘永翔. 朱子全书：第1册. 上海：上海古籍出版社，2002：141.

而财之存乎变，推而行之存乎通，神而明之存乎其人。"崔憬曰："言易道陈阴阳变化之事，而裁成之，存乎其变。推理达本而行之，在乎其通。"①"裁"有"裁断""裁剪"等义。渐化的裁断，或量变到一定程度或阶段将其裁断，为质变，即化转为变，由量变转为质变。变必以化为基础，变存乎化，由渐化的量变积聚而来，才能裁断而成质变。《易传》对化与变的规定，既是来自对宇宙、社会、人生的化与变的观察，也是对经验思维的提升，是一种理性的理论思维。

荀子把变与化作为对偶范畴与形神、天地、阴阳、同异等范畴相联通，相互说明。"诚心守仁则形，形则神，神则能化矣。诚心行义则理，理则明，明则能变矣。变化代兴，谓之天德。"② 以变与化和行义与守仁相对应，既有仁内义外、化内变外之意，亦有迁善改恶之义。若变与化二者互相交替，就是最高德行。

如果说《系辞传》由渐化而引起质变的话，那么《中庸》则是先变后化。"诚则形，形则著，著则明，明则动，动则变，变则化。天下至诚为能化。"人通过修养以扩展内心固有的那部分的诚。内心诚了，就会表现出来，而为显著，显著而有光辉照人，而能感动人，使人转变，便能化育万物。只有至诚的人才能化育万物，这种人无异于圣人。对此化变先后之说，后来王夫之有所评论：《易传》是德的由衰而盛，先化积而后变盛；《中庸》是先体认义，即知义，先变后化。虽可从此两层面上理解其区分，但也说明对变与化两概念的内涵并未取得一致的认知。然《黄帝内经》依据望闻问切的实践经验，认为"夫物之生，从于化；物之极，由乎变。变、化之相薄，成败之所由也。故气有往复，用有迟速，四者之有，而化而变"③，将化与变作为事物发展的两个阶段。质变之前为事物生的渐化阶段，渐化的量变到了极限、极点，产生变与化的互相冲突与转化，乃是由渐化的量变转为质变的成败关键。

变著化渐，变化体用。宋明理学家从"本然之全体"境域探索运动的不同形态，对变化范畴的内涵、性质及其互相关系都进行了创新性的诠释。张载作为理学的奠基者，把千变万化的天地间万物，归为相对稳定的量化与显著的质变两种形态。张载说："变，言其著，化，言其渐。"④ 微

① 李道平. 周易集解纂疏. 上海：商务印书馆，1936：416-417.
② 梁启雄. 荀子简释. 北京：古籍出版社，1956：29.
③ 谢华. 黄帝内经. 北京：中医古籍出版社，2000：271. 按：标点有异.
④ 张载集：横渠易说：上经. 章锡琛，点校. 北京：中华书局，1978：70.

小的、渐缓的化，是事物量变过程中所呈现的形态；显著的、迅速的变，是事物质变过程中所呈现的形态。著变与渐化互相转化，"变则化，由粗入精也，化而裁之谓之变，以著显微也"①。在每次显著的质变以后，就会进入渐化量变的阶段。从现象上看，由大变的粗进入细微的渐化，渐化到一定的时候就会发生性质上的变。

朱熹综罗百代。他在"乾道变化"下注曰："变者化之渐，化者变之成。"②《语类》记载：当学生以变化二字相问时，朱熹以渐化与顿变作答。化为渐化前人已言，顿变则是他的创新。渐化与顿变概括了宇宙、社会、人生中量变与质变的运动形态。朱熹对变化进行了规定：化为无痕迹，变是有头面。"阳化为柔，只凭地消缩去，无痕迹，故曰化；阴变为刚，是其势浸长，有头面，故曰变。"③ 渐缓地消缩而无痕迹为化，这是量变；有头面而显露，这是质变。此其一。其二，变与化是自无而有与自有而无："化则渐渐化尽，以至于无；变则骤然而长。变是自无而有，化是自有而无。"④ 化尽而无，即某一事物之所以是某事物的性质在渐化过程中消失殆尽，而转变为另一不同事物；变是本没有此事物，是骤然而长而有此事物的。其三，化为化解，变为顿断。"变、化二者不同，化是渐化，如自子至亥，渐渐消化，以至于无。如自今日至来日，则谓之变，变是顿断有可见处。"⑤ "化是个曾曾地去，有渐底意思。且如而今天气渐渐地凉将去，到得立秋，便截断，这已后是秋，便是变。"⑥ 渐化的顿断、截断便是变。

王夫之吸收张载、朱熹等人的思想，对变与化的概念进行了规定："变者，自我变之，有迹为粗；化者，推行有渐而物自化，不可知为精，此一义也。"⑦ 变是有形迹的、粗的、能看得见的、显著的；化是逐渐、精微的，不易被人所觉察和看见的。这是一义。又一义为："化之所自裁，存乎变易不测，不失其常之神。化见于物，著也，裁之者，存乎已微也。"⑧ 一旦化而裁断，表现于事物，便是从化向变转化，即由原事物向新

---

① 张载集：正蒙：神化篇．章锡琛，点校．北京：中华书局，1978：16.

② 周易本义//朱杰人，严佐之，刘永翔．朱子全书：第1册．上海：上海古籍出版社，2002：90.

③ 黎靖德．朱子语类．王星贤，点校．北京：中华书局，1986：1886.

④ 同③1887.

⑤ 同③1936.

⑥ 同③1937.

⑦ 王夫之．张子正蒙注：卷二：神化篇．章锡琛，校点．北京：古籍出版社，1956：58.

⑧ 同⑦.

事物转化。尽管这种质变是显著的，但它其实来自事物自身细微的渐化的量变。再一义是："变者，化之体；化之体，神也。精微之蕴，神而已矣。"① 化是在原来事物内部的延续和渐进，而不改变其常态的量变。变是化的体，化是变的用，是变的必要准备。无变仍是化，唯有变才能改变化的事物原有的性质，而转变为新事物。变不仅体现了化之成，而且可引起新的化。变无化不能变，是为不离；化的切断而为变，是为不杂。不离不杂贯穿了变化概念演变的全过程。

四、社会的理势

宇宙、社会、人生为道屡迁，处于量变渐化与质变顿变的发展之中，人类社会历史也处于错综复杂的变化之中。其变化的根据是社会实践，实践是社会发展变化的动力。人类社会是人与自然、人与人、人自身关系的统一体，遵循不离不杂之元理。人类社会发展变化具有内在的逻辑性和规则性，此相当于理。由人类社会内在矛盾、冲突动因所形成和推进的社会历史发展变化趋势，便是所谓的势。人类社会历史的内在逻辑规则和发展趋势，是人追求自己目的的实践活动的规则和趋势。

理势的"理"的内涵诠释已见于上述。"势"不见于甲骨文和金文，亦不见于许慎的《说文解字》。《说文新附》载："势，盛力，权也。从力，埶声。"郑珍新附考："势，经典本皆借作埶。古无势字，今例皆从俗书。《史》、《汉》尚多作'埶'，《外黄令高彪碑》、《先生郭辅碑》并有势，是汉世字。"

"势"为"权势""权力"之义。《字汇·力部》载："势，权势。"《尚书》载："无依势作威，无倚法以削。"孔安国传："无乘势位作威人上，无倚法制以行刻削之政。"② 周公死后，成王命君陈，为政当弘扬周公的大训。不要乘权势而作威作福、不要依法而实行刻削人民的政治。"势"又指权势的威力、力量。《集韵·祭韵》："势，威力也。"《字汇·力部》："势，势力；威势。"《商君书》曰："今夫飞蓬遇飘风而行千里，乘风之势也。"③ 韩非说："故当世之重臣，主变势而得固宠者，十无二三。"梁启雄解："势，指势位。主变势，谓先君薨，后君立，君位转变。秦孝公卒，

---

① 王夫之. 张子正蒙注：卷二：神化篇. 章锡琛，校点. 北京：古籍出版社，1956：58.
② 孔颖达. 尚书正义：卷十八. 北京：中华书局，1980：237.
③ 麦孟华. 商君评传. 上海：国学整理社，1936：39.

秦惠王即车裂商鞅。"① 这就是说，形势变了。《玉篇·力部》："势，形势也。"《易传》载："地势坤，君子以厚德载物。"孔颖达疏："地势方直，是不顺也；其势承天，是其顺也。"② 其顺与不顺，是其他势与承天势的不同，即其形势的有别。"势"又有"态势""样子"之义。"计利以听，乃为之势，以佐其外。"李筌曰："计利既定，乃乘形势之变也。"③ 计其利，听其谋，得敌之情，制造出迷惑敌军的态势，然后或傍攻，或后蹑，以佐正陈。

社会历史发展的规则性，是一种社会历史发展演化的必然的、确定不移的关系、联通网络，其中蕴涵着必定如此的道理或元理，是错综复杂的历史现象中相对稳定的内容和本质关系，具有制约、指引历史现象的功能，并以其普适性的形式起着必然性的作用。所谓"势"即指社会发展过程的必然趋势、趋向。人可以体认和把握历史发展的规则和趋势，创造和利用有利的趋势，为人类服务。然而，在社会历史发展中，掌握一定经济、政治、军事权势、势力集团和个人，以获取一般公民依法享有的权力以外的特殊权力、权势，在社会的经济、政治及各种分配中以获取更多、更大的特殊利益和特权，在法制社会应予以消除。一般来说，一定社会总是要求权力、权势的实施与一定的经济、政治、道德原则相适应的。

知理识势，理固势常。商鞅历史哲学的理论贡献，在于提出理势对举范畴。"圣人知必然之理，必为之时势，故为必治之政……丽丽巨巨，日行千里，有必走之势也；虎豹熊罴，鸷而无敌，有必胜之理也。圣人见本然之政，知必然之理，故其制民也，如以高下制水，如以燥湿制火。"④ 必然之理与必为之势，必走之势与必胜之理，理势对举。从自然禽兽和社会人事的行为活动势力及社会人事的实践活动的规则，阐释理与势的内涵及价值。理标志着事物和历史发展的必然道理或规则，势标志着事物和历史发展的客观必然趋势。只有圣人才能体认和把握必然之理与必为之势的相对相成、不离不杂的关系。

贾谊总结秦速亡的原因在于专恃权势，仁义不施。他认为仁义之理与权势是"芒刃"与"斤斧"的关系，既不离又不杂，理势兼备。《新书·阶级》载："高者难攀，卑者易陵，理势然也。"人类社会的发展，表现为

---

① 梁启雄. 韩子浅解：孤愤. 北京：中华书局，1960：88.

② 周易正义//十三经注疏. 阮元，校刻. 北京：中华书局，1980：18.

③ 曹操，等. 十一家注孙子. 郭化若，译. 北京：中华书局，1962：11.

④ 商君书. 严可均，校. 上海：国学整理社，1936：33. 按："丽丽""巨巨"为良马名。

一定的必然之理。高贵者与卑贱者的分别，是其必然趋势。王符认为，交友之道，汉代有竞趋富贵，争去贫贱的情形。"势有常趣，理有固然。富贵则人争附之，此势之常趣也；贫贱则人争去之，此理之固然也。"① 原来是昆弟世疏，朋友世亲。随着社会的发展，人们的道德价值观也逐渐发生变化。人们都思远而忘近，背故而向新，并不讲究世故世亲，而以富贵与贫贱作为附与去的标准，这是一种势利价值观。王符虽不赞同，但不得不承认世俗的价值原则，这便是理固势常的元理。

顺理乘势，理主势宾。高宗内禅，孝宗即位，诏求直言，朱熹便应诏上封事："方今天命之眷顾方新，人心之蕲向方切，此亦陛下端本正始，自贻哲命之时，因时顺理乘势有为之会也。"② 应顺应天命、人心方新方切的道理、原则，依此导向，乘势而端本正始；顺理乘势，富国强兵，然后收复中原失地。"少迟数年久之，而理得势全，名正实利，其与讲和请地。苟且侥幸，必不可成之虚计"③，即依敌我力量对比，造成有利于我的形势、道理，顺此发展趋势，而取得抗金胜利；决不能侥幸借讲和请地，必须罢讲和之说，否则"天下之事无一可成之理"。

陆九渊认为，理势关系犹如道势，既不离又不杂，"窃谓理势二字，当辨宾主。天下何尝无势，势出于理，则理为之主，势为之宾。天下如此则为有道之世"④。理主势宾，理不离势，势出于理，理势主宾之分，是为不杂。

理势相因，顺势合理。刘因不仕元朝，潜心学术，授徒而终。他认为，天地万物生生不息的道理亦包括自然与社会的成毁、代谢，"夫天地之理，生生不息而已矣……成毁也，代谢也，理势相因而然也"⑤。万物之有生、有毁、有代谢，是自然、社会内在固有元理与发展趋势互相作用、相对融合的结果。"理势相因"形成"以理之相对，势之相寻，数之相为流易者而观之，则凡事物之肖夫道之体者，皆洒然而无所累，变通而不可穷也"⑥。从理、势、数、相对、相寻、相为的视域来观察道体，道体虽出物而不出于物，制物而不制于物的本体，但必须通过物而显现，物因道体而变通不穷。

---

① 王符. 潜夫论笺. 汪继培，笺. 彭铎，校正. 北京：中华书局，1979：333.
② 朱熹. 朱文公文集：壬午应诏封事. 上海：商务印书馆，1919：160.
③ 同②163.
④ 陆九渊集：卷十二：与刘伯协. 钟哲，点校. 北京：中华书局，1980：168.
⑤ 刘因. 刘因集. 商聚德，点校. 北京：人民出版社，2017：187.
⑥ 同⑤181.

明代王廷相认为，社会的治乱是有历史发展的规则和必然趋势可循的。"民苦思乱，乱久思治，治则思休，乃理势必至之期也。"① 民苦而活不下去，便发生动乱，使民造反；动乱时间长了，而思治理，以便安居乐业；长期动乱以后，就需要与民休养生息，发展生产。这是理与势必然的思维状态和历史发展的元理及必然趋势。

王夫之认为，宇宙、社会、人生呈现的发展趋势，体现为事物内在的一种价值导向，便构成一种势。他将其哲学理论思维结构的理事关系展开为理势关系。"势者事之所因，事者势之所就，故离事无理，离理无势。势之难易，理之顺逆为之也。理顺斯势顺矣，理逆斯势逆矣。"② 这阐释了势、事、理三者之间的关系。势与事可互为因果，理与事相依不离，势不离理，离理无势。势随理的顺逆为顺逆。王夫之分别对理与势的内涵进行了规定。所谓理是社会历史必然趋势中所呈现的原则、原理，"理者，当然之宰制"③。宰制是当然合理的必然趋势，"理，当然而然，则成乎势矣"④。理是当然如此的所以然，是应当如此的趋势的根据或动因所在，"顺必然之势者，理也"⑤。理是社会历史发展趋势中合理的、确定不移的必然性。所谓势："凡言势者，皆顺而不逆之谓也"⑥，是指事物之间互相联系和发展变化中顺而不逆的趋势和价值导向；"势者，亦自然之气机"⑦，是事物发展内在动因的一种趋势。王夫之对理势范畴之间相对待、融合、不离不杂的关系进行了深刻的阐释，认为理势相依不离。"言理势者，犹言理之势也，犹凡言理气者，谓理之气也。"⑧ 理是势之理，势是理之势，犹如理与气的关系；理势相辅相成，相互纲缊，互为动因。"纲缊太和未分之本然，相荡其必然之理势。"⑨ "阴阳和合之气"纲缊相荡，而成必然的理势。如秦始皇变封建制为郡县制为"势之所趋，岂非理而能然哉"⑩。这是社会历史发展的必然趋势和必然之理。这是"势相激而理随以易，意

---

① 王廷相集：第三册：雅述上篇. 王孝鱼，点校. 北京：中华书局，1989：833.
② 尚书引义//船山全书：第 2 册. 长沙：岳麓书社，1988：335.
③ 四书训义//船山全书：第 8 册. 长沙：岳麓书社，1991：431.
④ 读四书大全说//船山全书：第 6 册. 长沙：岳麓书社，1991：990.
⑤ 宋论：哲宗//船山全书：第 11 册. 长沙：岳麓书社，1996：477.
⑥ 同④992.
⑦ 同③.
⑧ 同④992.
⑨ 张子正蒙注//船山全书：第 12 册. 长沙：岳麓书社，1996：15.
⑩ 读通鉴论//船山全书：第 10 册. 长沙：岳麓书社，1996：67.

者其天乎"①。社会历史发展的必然趋势和元理的融合，并非天意，而是社会历史相激的冲突而引起社会制度的变革，这不是以人的意志为转移的社会历史发展的必然趋势和元理。非以情，以理；非以意，以势。有大智慧的应该体认到以理为势，以势从理。理势不杂而分而有矛盾，有矛盾而融合而不离。

五、原则与灵活

社会历史发展有其必然的元理、原则和趋势、趋向。这些元理、趋势一旦约定俗成，形成各种形式的规范、规定，便成为人们要遵守的行为规范、活动方式，它具有相对稳定的常规性、经常性、原则性，这便是经。但随着社会的发展变化，原有的规范、规定也会随之而变，这就是权的变动性、灵活性、变通性。

"经"无见于甲骨文，而见于金文。②《说文解字》载："经，织也。从糸，巠声。"姚文田、严可均校议："经，《御览》卷八百二十六引作'织从丝也。'此脱'从丝'二字。从与纵同。"认为"经"非如《说文》所言从糸，而从丝。"经"有"经常""常久"之义。《玉篇·糸部》载："经，常也。"《淮南子》载："其事经而不扰，其器完而不饰。"③ 其事经久，经常而不干扰，便是官无烦治，士无伪行，上无苛令，而能保持相对稳定。《春秋繁露》载："《春秋》有经礼，有变礼。为如安性平心者，经礼也。"④经常的礼，谓为心安性平，也有权变之礼。经礼为正常的礼。《史记》载："所忠视其书不经，疑其妄书。"⑤ 不经为不正常的妄书。王守仁说："或略而多漏，或诞而不经，其间固已不能无憾。"⑥ 高平县即先秦时的长平，秦国白起坑赵投降士兵40万于此，今天下冤之。汉以来的《地理郡国志》等书都略而多漏，或荒诞不经。赵国之所以失败，是治理用人不当，或经营失策。《字汇·糸部》载："经，经理。"《尚书》载："论道经邦，变理阴阳。"孔安国传："此惟三公之任，佐王论道以经纬国事和理阴阳，言有德

---

① 读通鉴论//船山全书：第10册．长沙：岳麓书社，1996：68.
② 金文见于《虢季子白盘》《毛公鼎》《齐陈晏簠》。
③ 刘文典．淮南鸿烈集解：卷十一：齐俗训．冯逸，乔华，点校．北京：中华书局，1989：374.
④ 苏舆．春秋繁露义证：卷三：玉英．钟哲，点校．北京：中华书局，1992：74.
⑤ 司马迁．史记：孝武本纪．上海：商务印书馆，1932：9.
⑥ 王阳明全集：卷二十九．上海：国学整理社，1936：591.

乃堪之。"① 有德的人才能辅佐成王经国理政，和谐阴阳。《周礼》载：大宰的职责，"以经邦国，以治官府，以纪万民"。郑玄注："国典，常也，经也，法也。王谓之礼，经常所秉以治天下也。邦国官府谓之礼法常所守以为法式也。"② 经纪国事，依据的是礼法、义理、法则。《玉篇·糸部》载："经，义也。"《周易》载："拂经。"孔颖达疏："拂，违也；经，义也。"③ 经又指"度量""划界"。《字汇·糸部》载："经，经界。"《诗经》载："经始灵台，经之营之。庶民攻之，不日成之。"郑玄笺："经，度之也。"孔颖达疏："文王有德，民心附之。既徙于丰。乃经理而度量，初始为灵台之基址也。"④

"权"，无见于甲骨文和金文。《说文解字》载："权，黄华木。从木，雚声。一曰反常。"王筠句读："《释草》曰：'权，黄华'，郭注以牛芸草当之。《释木》：'权，黄英'，郭云未详。许君合二条为一，而以'木也'定之，谓即是一物，两篇重出耳。"徐灏的《说文解字注笺》中载："借为权衡之权，今所谓秤锤也。衡主平，秤物之轻重。"孟子曰："权，然后知轻重；度，然后知长短。物皆然，心为甚。"朱熹注："权，称锤也。度，丈尺也。度之，谓称量之也。言物之轻重长短，人所难齐，必以权度度之而后可见。"⑤ 称量事物的轻重长短，要依秤锤、丈尺。如果以心去度量，就很难取得本然的轻重长短。"权"有"衡量""比较"之义。《吕氏春秋》载："且人固难全，权而用其长者，当举也。"⑥ 衡量其轻重而用其长者当举而任用之。衡量以取得平衡，"权"又有"平衡"之义。《广韵·仙韵》："权，平也。"《周礼》载："九和之弓，角与干权。"郑玄注："权，平也。"孙诒让正义引戴震补注曰："权之使无胜负……谓角与干平。"孔颖达疏："九和之弓，轻重相参，不可妄为加减之事。"⑦ 角与干轻重平衡。"权"又有"权力""权柄"之义。《庄子》载："亲权者，不能与人柄。"成玄英疏："亲爱权势，矜夸于物者，何能与人之柄！柄，权也。"⑧ 掌握权力、

---

① 尚书正义//十三经注疏. 阮元, 校刻. 北京：中华书局, 1980：235.

② 周礼注疏//十三经注疏. 阮元, 校刻. 北京：中华书局, 1980：645.

③ 周易正义//十三经注疏. 阮元, 校刻. 北京：中华书局, 1980：41.

④ 毛诗正义//十三经注疏. 阮元, 校刻. 北京：中华书局, 1980：524.

⑤ 孟子集注//朱杰人, 严佐之, 刘永翔. 朱子全书：第6册. 上海：上海古籍出版社, 2002：256.

⑥ 吕氏春秋校释：卷十九：举难. 陈奇猷, 校释. 上海：学林出版社, 1984：1311.

⑦ 同②936.

⑧ 郭庆藩. 庄子集释：天运. 王孝鱼, 整理. 北京：中华书局, 1961：521.

权柄，就会实行专权，而不与人以权柄。有权力就会拥有权威、威势。《周书》载："权先申之，明约必遗之。"孔晁注："权为势重。"①"权"有"权变""变通"之义，在中国哲学的概念、范畴逻辑结构中常与"经常""经久"相对。《说文解字》载："权，反常。"朱骏声在《说文通训定声》中曰："权，又为权变之权。"《广韵·仙韵》载："权，变也。反常合道，又宜也。"《系辞》载："井以辨义，巽以行权。"韩康伯注："权，反经而合道，必合乎巽顺，而后可以行权也。"②若经为经常，权则为依据时宜，即事情的具体情况而可变通。换言之，若经是一种经久的原则性，权就是一种暂时的灵活性；或经为常规性、一般性、守常性，权为变动性、特殊性、变革性。经与权相对相离，而又相融相杂。

经权在中国哲学理论思维逻辑结构中，是一个很活跃的、生机盎然的概念，是一个互相论争、否定之否定的范畴。它没有执一、泥常，而是开放包容的，在实践中不断改造自身，在实际中不断丰富自己，在争论中不断深化自己，经权的概念、范畴虽活跃于历史哲学、政治哲学和伦理哲学，但亦涉及天人之学和自然哲学。它体现为以下几个方面。

中权善经，友经援手。春秋时，经与德相联通外，还与作为国家典章制度的礼和作为宇宙、社会、人生最高原则的道相联通。《左传》载，宣公十二年，晋军救郑，到了黄河，听说郑、楚已经媾和。这时晋军三军将士意见不一，上军士会说："茅敖为宰，择楚国之令典，军行，右辕，左追蓐，前茅虑无，中权，后劲。百官象物而动，军政不戒而备，能用典矣……德立、刑行、政成、事时，典从、礼顺，若之何敌之？见可而进，知难而退，军之善政也。兼弱攻昧，武之善经也。子姑整军而经武乎！""中权"，杜预注："中军制谋。"③"权"为"权谋""谋略"，"经"为"治理""筹划"，"经武"为"筹划""治理武备"。

孟子认为，君子要使一切事物回归经常正道，并使之不被歪曲。"君子反经而已矣。经正，则庶民兴；庶民兴，斯无邪慝矣。"朱熹注："经，常也，万世不易之常道也。兴，兴起于善也。邪慝，如乡原之属是也。"④这与"反经合道为权"的反经有异。《孟子》载："淳于髡曰：'男女授受

①　汲冢周书：卷五. 孔晁，注. 上海：商务印书馆，1919：32.
②　周易正义//十三经注疏. 阮元，校刻. 北京：中华书局，1980：89.
③　杨伯峻. 春秋左传注：第2册：宣公十二年. 北京：中华书局，1981：723－725.
④　孟子集注//朱杰人，严佐之，刘永翔. 朱子全书：第6册. 上海：上海古籍出版社，2002：458.

不亲，礼与?'孟子曰'礼也。'曰：'嫂溺，则援之以手乎?'曰：'嫂溺不援，是豺狼也。男女授受不亲，礼也。嫂溺援之以手者，权也。'"赵岐注："权者，反经而善也。"① 嫂子溺水，出于仁者爱人的恻隐之心，援手去救，这是应然的经常正道，不援手去救，是豺狼之心。男女授受不亲，又是不易的常礼。在此两难中，宁可违背常礼，而完成常道。孟子把这种选择叫作权，即权变。违背男女授受不亲的常礼，便是反经；反经并非不合理，而是合乎人皆有不忍人之心的仁道。孟子的反经合道思想引起后人的论争，影响深远。

权反于经，阴权阳经。按着孟子讲"反经合道为权"。《春秋公羊传》载："权者何？权者反于经，然后有善者也。权之所设，舍死亡无所设。行权有道，自贬损以行权，不害人以行权。"② 郑庄公死后，按常经、常礼应立忽而不应立突为王。然而，宋国执郑相祭仲，并以武力胁迫郑出忽而立突，因突是宋国的外甥。在这种出忽立突而违常礼，不出忽立突则面临君死国亡的两难之中，祭仲与宋国盟，突归于郑，立为厉公。人们肯定祭仲的反经行为是合理、合道的。这就为反经合道为权留下论争的空间。

在千变万化、错综复杂的社会环境中，往往会遇到两难的困局，于是就面临知权、不知权的选择。董仲舒认为，"夫权虽反经，亦必在可以然之域。不在可以然之域，故虽死亡，终弗为也"③，认为反经之权，有可以然与不可以然之域的分别，即合道与不合道之分。若不合道，虽君死国亡亦不为。这显然是不同意郑国祭仲的反经的行为。董仲舒依据其阴阳理论来说明经权的关系。"是故天以阴为权，以阳为经。阳出而南，阴出而北。经用于盛，权用于末。以此见天之显经隐权，前德而后刑也。"④ 以阴阳所具有的规定性来规定经权，便有经南权北、经盛权末、经显权隐、经顺权逆，也有"先经而后权，贵阳而贱阴"⑤ 的次序和等级的差别。

唐朝柳宗元认为经权相分不杂，又相依不离。"果以为仁必知经，智必知权，是又未尽于经权之道也。何也？经也者，常也；权也者，达经者也。皆仁智之事也。离之，滋惑矣。经非权则泥，权非理则悖。是二者，强名也。"⑥ 经是常经，权是经的表达。仁与智知经知权为一事，经权互为

① 焦循. 孟子正义：卷十五. 沈文倬，点校. 北京：中华书局，1987：520—521.
② 春秋公羊传注疏：卷五. 何休，解诂. 徐彦，疏. 北京：中华书局，1980：2220.
③ 苏舆. 春秋繁露义证：卷三：玉英. 钟哲，点校. 北京：中华书局，1992：79.
④ 苏舆. 春秋繁露义证：卷十一：阳尊阴卑. 钟哲，点校. 北京：中华书局，1992：327.
⑤ 同④.
⑥ 柳宗元集：卷3. 北京：中华书局，1979.

价值导向，而使经非拘泥，权非悖逆，以符合大中之道。经权合一而不疑。

权只是经，经常权变。宋代王安石认同"反经合道为权"，邵雍认为，只得一端，而失一端，执一端为偏。二程则持否定态度，"可与立，未可与权。"朱熹引程颐语："汉儒以反经合道为权，故有权变、权术之论，皆非也。权只是经也。自汉以下，无人识权字。"① 程颐认为，反经为权，权就有产生权术之弊端。若权轻重合乎义，权不违经，怎么以反经合道为权？因而，权只是经。"古今多错用权字，才说权，便是变诈或权术。不知权只是经所不及者，权量轻重，使之合义，才合义，便是经也。今人说权不是经，便是经也。"② 他否定对权的片面的理解和错误的解释，以为权就是变诈和权术。权是衡量轻重，这是经所不能的。权若合义，便是经，经权融合不离。

朱熹以其不离不杂、对待融合的思维为元理。一是要阐发孟子的观点，二是要化解程氏经是权与汉儒"反经合道为权"的矛盾。朱熹认为，从经权对待不杂而言，不可与程氏的"经即权"苟同。朱熹说："权与经，不可谓是一件物事。毕竟权自是权，经自是经。"③ 不能以权为经，不能以反经合道为权。"经者，道之常也；权者，道之变也。"④ 经权之所以差分不杂，是因为经是道的常规性、原则性；权是道的权变性、灵活性。从经权的不离而言。经权"虽有异，而权实不离乎经也"⑤。离经无所谓权，离权亦无所谓经，经权互相渗透。"经有不可行处，而至于用权，此权所以合经也。"⑥ 经权相辅相成。经权之所以能不离不杂是由于道是统体或曰统摄。"道是个统体，贯乎经与权。"⑦ 经权如何统体，如何联通？"然虽是反那经，却不悖于道；虽与经不同，而其道一也。"⑧ 道贯通经权，道为道义。"义字大，自包得经与权，自在经与权过接处。"⑨ 道义使经权相对说，转为相合说。

---

① 论语集注//朱杰人，严佐之，刘永翔. 朱子全书：第 6 册. 上海：上海古籍出版社，2002：147.

② 二程集. 北京：中华书局，1981.

③ 黎靖德. 朱子语类. 王星贤，点校. 北京：中华书局，1986：987.

④ 同③989.

⑤ 同③992.

⑥ 同③.

⑦ 同③989.

⑧ 同③995.

⑨ 同③995.

经本权时，经权合一。明清时，经权论争接着宋而未衰。高拱对经权进行了进一步论述。他既批评汉儒的反经合道论，亦批评理学家的"常则守经，变则行权论"。他说："既曰反经，安能合道？既曰合道，何谓反经？若曰反经可以合道，是谓背其星子而可以得其分两也，有是理乎？"①反经无异于反道，犹违秤衡上的星子，如何知道其分量？对理学家，他说："若谓常则守经，变则行权，是常则专用衡而不用锤，变则专用锤而不用衡也，而可乎？"②有其偏颇之弊。在清理各种论断之后，高拱提出自己的主张。"经也者，立本者也，犹之衡也。权也者，趋时者也。"③经权为本末体用的差别，经以权为用，权非用于经，经权不杂相分，然经权亦相依不离。"权自是权，固也，然不离经也；经自是经，固也，然非权不能行也。"④经权不离不杂，既相分不杂，又相依不离。

王夫之批评朱熹"曲全汉人'反经合道'之说，则终与权变、权术相乱"，并指出："'经'字与'权'为对。古云'处经事而不知宜，遭变事而不知权'，就天下之事而言之，'经'字自与'变'字对。以吾之所以处事物者言之，则在'经'曰'宜'，在'变'曰'权'，权亦宜也。"⑤若经是宜，权亦宜，经权融合。经既与权、权变相对。"行权"之权，即权变，有其灵活性，但不能脱离经的原则性。非权不足以经，而经外亦无权，经权合一。

近代中日甲午战争失败，为救国救民，康有为领导戊戌变法。在其《论语注》（1902年）中规定"权"为"盖转移而后得其平，变置无常而后得其正，谓之权"⑥。权作为秤锤，在转移、变置而后获得平衡和正确斤两，这便是权而后知轻重。康有为并不满足于回归孔子的"主于时，归于权"，而是以阴阳不离不杂的思维为元理。他说："天有阴阳，故教有经权……能思其反，乃为合道，若从常道，反不合道矣。故循常习故之人，不知深思天理人事之变，则不能行权。"⑦即应以阴阳相反相成、相分相依的规定性来规定经权的性情特点，以权的灵活性、权变性来思量便合道，若从其常规性、原则性来思量反不合道，所以循常习故的人，不考虑天理

---

① 高拱. 高拱论著四种：问辨录. 流水，点校. 北京：中华书局，1993：161.
② 同①159.
③ 同①163.
④ 同①160.
⑤ 读四书大全说//船山全书：第6册. 长沙：岳麓书社，1991：793.
⑥ 康有为. 论语注. 北京：中华书局，1984：141.
⑦ 同⑥142.

人事的变化，就不能实施其权力。这种"能思其反"的思维，可称之为"反经思维"，康有为在为其戊戌变法辩护的同时，亦为中国的哲学思维带来积极、创新之风。

动静、变化、理势、经权彰显天地万物、人类社会历史永远处在多样性的普遍联通之中，相分而不离，相依而不杂。无论是以现代的视界，还是以以往的视界观察，宇宙、社会、人生都处在流变的运动之中，动为动静，静为静动，非不动不静。动表现为常驻性，静显现为暂时性，具有两种运动形态和方式。宇宙、社会、人生在动静中，呈现了其变与化，变是其质态的转变，是其性质的变，表现为显著的顿变或倏忽之变；化为渐化，是宇宙、社会、人生在原有基础上数量的增减或位置、地位的变更，是量态的化，表现为微少的、不显著的化。在变化中标志着新事物的创生，新旧事物的更替。动静、变化在人类社会历史和人生经历中，显得更为错综复杂，形式多样。其动静、变化具有联通性、规则性、合理性，蕴涵着必定如此的道理、元理，相当于理；社会历史发展的内在矛盾、动因所决定或推进的社会历史发展的必然趋向、趋势便是势。它的实现又与人的实践活动相关联。社会历史的运动发展和人类实践交往活动必须遵循一定的规则、规范、原则，并具有一定的经久性、常驻性、稳定性，这相当于经，它是客体社会历史的趋势和主体意志要求的融合。但时移事异，随着人类历史和人生经历的变化发展，原有的常驻性、经久性、稳定性的经便转化为变动性、灵活性、相对性，这相当于权。理与势、经与权是人类社会历史与人们实践活动的动力源，是其生生不息的活水。无论是动静、变化还是理势、经权在其运动、发展、演化中，都依不离不杂的元理，而概无例外。

第七章 内圣外王论*

　　人类社会的存在和发展，是人类实践活动的凝聚。社会的演化是多元质料的融突和合。其间始终离不开人，因而必然要回答人之为人的话题，这必然要涉及人的本质、人性、心性、性命、性情等及其相互之间的关系。人性从"食色性也"的自然属性，进入仁义礼智的道德社会属性，而有内圣与外王的探赜。内圣外王命题首见于《庄子·天下篇》。人想要超凡入圣，首先要解决修身养性的课题。尽心知性，存心养性，以待天命；各正性命，才能保合太和。但由于各人对心性的体认有所差别，其认知亦异。孟子主心性融合论，庄子倡心性合一论，荀子讲心性二分论，韩非提任法不任心，佛教以心性本净，道教讲心、性、命圆融。宋明理学家融突和合儒释道三教，主张性体心用，心性为一，而止于至善。性是人之为人的本性，情是人对现实对象、现象，依据人和社会的需要而产生的一种体验，是人有意识地控制生理和心理变化而获得的一种心理机制和情感活动。性情不离，从性顺情；性情为一，心统性情；性正情变，性情中和。性命、心性、性情构成中和为大本达道的内圣论，以成就圣贤的理想人格。内圣必外化为事功，表现为王道与霸道两条不同的治国理政的路线，体现王仁霸法，又霸道王道杂之，王霸义利，尊王贱霸。然中国古人都祷求王道之治，使人民安居乐业，天下太平。

　　人类社会是由人构成的。社会的存在和发展是人类实践活动的凝聚。由于社会发展阶段不同、地域不同、民族不同，而存在多元社会形态。它是一定的政治、经济、文化、军事、制度结构妙凝而成的多元社会共同

---

　　* 本章原以《中国哲学元理：内圣外王论》为题载于《学术界》2020 年第 6 期。

体，在一定时期内具有一定的稳定性。这是"千磨万击还坚劲，任尔东西南北风"的共同体。然而，社会的演化是多元质料的融突和合，其间离不开人，是在人的有意识、有目的的实践活动中实现的。因而不可避免地、自然而然地要首先回答人之为人的问题，由"立人之道曰仁与义"，经明明德的伦理道德的修身养性，使人的本质、人性、心性、性命，达至中和状态，以止于至善，既能超凡入圣，又能转霸道为王道之治。于是，《中庸》提出："天命之谓性，率性之谓道，修道之谓教"。人性从"食色性也"的自然属性，迈入仁义礼智的道德社会属性，由格物、致知、诚意、正心、修身的内圣之路进入齐家、治国、平天下的外王之途。

一、内圣外王说

内圣外王是中国哲学理论思维的重要元理之一，它是人的内在世界与外在世界、精神世界与事功世界的融合体，而与草木禽兽世界相区别。

内圣外王的"内"，见于甲骨文和金文。[①]《说文解字》载："内，入也。从口，自外而入也。"桂馥义证："凡自外入为内，所入之处亦为内。今人分去、入二声，而入声之内以纳为之。""内"有"里面"之义。《广雅·释言》载："内，里也。"《论语》载："车中，不内顾，不疾言，不亲指。"[②]即在车中，应不向里面回顾，不很快地说话，不用手指别的地方。韩愈任潮州刺史，当地鳄鱼为患。他以一羊一猪投溪供其食，并驱之于大海。"四海之外，六合之内，皆抚而有之。"[③]天下之内皆为天子所抚养。韩愈自称受天子之命治理潮州，鳄鱼既敢食民兽，必杀之。"内"又有"心里"之义。孔子说："见贤思齐焉，见不贤而内自省也。"[④]即见贤人应向其看齐，见不贤的人要在心里反省自己。"内"又有"亲近"之义。《周易》载："内阳而外阴，内健而外顺。内君子而外小人。"崔憬曰："阳为君子，而内健于行事；阴为小人，在外顺以听命。"[⑤]"内君子"即亲近君子。《草木子》载："元朝自混一以来，大抵内北国而外中国；内北人而外

① 甲骨文见于《铁云藏龟》13·2；金文见于《井侯簋》《内心爵》《侯马盟书》《中山王壶》等。
② 论语集注：乡党//朱杰人，严佐之，刘永翔. 朱子全书：第6册. 上海：上海古籍出版社，2002：155.
③ 韩愈. 韩昌黎集. 北京：商务印书馆，1933：10.
④ 论语集注：里仁//朱杰人，严佐之，刘永翔. 朱子全书：第6册. 上海：上海古籍出版社，2002：97.
⑤ 李道平. 周易集解纂疏. 上海：商务印书馆，1936：98.

南人。"① 即亲近北国北人，疏远中原南人。"内"又指房屋的内室或皇宫。《古今韵会举要·队韵》："天子宫禁谓之内。"《周礼》载："内宰。"郑玄注："内宰，宫中官之长。"贾公彦疏："释曰：名内宰者，对大宰治百官，内宰治妇人之事，故名内宰。然则大宰不称外者，为兼统内也。"② 皇宫内的内宰是治理、管理妇人的。大宰既治百官，亦管理内宰。"内"与"讷"通，其意为"迟钝"。《论语》载："刚、毅、木、讷，近仁。"朱熹引程颐的话："木者，质朴。讷者，迟钝。四者，质之近乎仁者也。"③ 即有刚强、果决、质朴、迟钝这四种品德的人近于仁。

内圣外王的"圣"，见于甲骨文和金文。④《说文解字》载："圣，通也。从耳，呈声。"李孝定的《甲骨文字集释》中载："（甲骨文）象人上着大耳，从口，会意。圣之初谊为听觉官能之敏锐，故引申训通；圣贤之义，又其引申也……许君以形声说之，非是。听、声、圣三字同源，其始当本一字。"《左传》载：以前高阳氏有有才能的子孙八人，他们中正、通达、宽宏、深远、明亮、信守、厚道、诚实，天下的百姓称他们为八和。"齐、圣、广、渊、明、允、笃、诚，天下之民谓之八恺。"孔颖达疏："齐者，中也，率心由道，举措皆中也。圣者通也，博达众务，庶事尽通也……"杜预注："恺，和也。"⑤ 荀子说："上则能尊君，下则能爱民；政令教化，形下如影；应卒遇变，齐给如响；推类接誊，以待无方，曲成制象，是圣臣也。"杨倞注："圣者，无所不通之谓也。"⑥"圣"又指精通某种学问、技艺，而取得极高成就的人。《抱朴子》载："世人以人所尤长，众所不及者，便谓之圣。"⑦ 学问、技艺超越众人的人就被称为圣人。这犹行行出状元，而非仅限于圣王、素王等。圣人是指道德高尚的人。《论语》载："子贡曰：'固天纵之将圣，又多能也。'"朱熹注："纵，犹肆也，言不为限量也。将，殆也，谦若不敢知之辞。圣无不通，多能乃其余事，故言又以兼之。"⑧ 圣无不通，且道德高尚。于是称颂有关帝王为圣。《史记》载："大圣作治，

① 叶子奇. 草木子：克谨篇. 北京：中华书局，1959：55.
② 周礼注疏//十三经注疏. 阮元，校刻. 北京：中华书局，1980：642.
③ 论语集注：子路//朱杰人，严佐之，刘永翔. 朱子全书：第6册. 上海：上海古籍出版社，2002：186.
④ 甲骨文见于《殷墟文字乙编》5161；金文见于《禹鼎》《井人钟》《中山王壶》.
⑤ 杨伯峻. 春秋左传注：第2册：文公十八年. 北京：中华书局，1981：636-637.
⑥ 梁启雄. 荀子简释：臣道. 北京：古籍出版社，1956：175-176.
⑦ 抱朴子内篇校释：卷十二：辨问. 王明，校释. 北京：中华书局，1980：204.
⑧ 论语集注：子罕//朱杰人，严佐之，刘永翔. 朱子全书：第6册. 上海：上海古籍出版社，2002：141.

建定法度，显著纲纪。外教诸侯，光施文惠，明以义理，六国回辟。"① 大圣指秦始皇。"圣"又指才智过人、聪明的人。《老子》："绝圣弃智，民利百倍。"王弼注："圣智，才之善也。"② 王弼非认为老子抛弃圣智，而认为圣智为通达、聪明过人的人。"圣"亦指"精灵"。《北齐书》载：斛律光屡建奇功，然其性少言刚急，治兵督众，唯仗威刑，鞭挞士人，颇称其暴虐，后遭诬告其谋反而被杀。北齐后主高纬对何洪珍说"人心亦大圣，我前疑其欲反，果然"③。"圣"指有关神明的事物。《论衡》载："以圣典而示小雅，以雅言而说丘野，不得所晓，无不逆者。"黄晖认为第一个"雅"疑当作"稚"④。以圣经示小孩，以雅言说与文化水平不高之人，道理便无法为人所知晓。神明之事物具有一定的神秘性。

　　内圣外王的"外"，不见于甲骨文，而见于金文。⑤ 《说文解字》载："外，远也。卜尚平旦，今夕卜，于事外矣。"俞樾的《儿笘录》中载："外，远也。是外之本义为疏外字。""外"有"疏远"之义。《周易》载："内小人而外君子，小人道长，君子道消也。"崔憬曰："君子在野，小人在位之义也。"⑥ 亲小人而远君子；小人在位掌权，君子无位在野。荀子说："人主则外贤而偏举，人臣则争职而妒贤，是其所以不合之故也。"⑦ 君主疏远贤人而任用自己偏爱的人，人臣为争权力职位而嫉妒贤人。荀子又说："曾子曰：'无内人之疏而外人之亲。无身不善而怨人，无刑已至而呼天。内人之疏而外人之亲，不亦反乎？身不善而怨人，不亦远乎？'"⑧ 不要疏远本家族的人，而亲外人；不要自身不善而去埋怨别人；不要等遭到刑罚时才去求天。"外"从"疏远"之义又产生"排斥"之义。据《公孙龙子》载，客人诘难说，如果天下无白色，人们便无法辨认既坚又白的石；如果天下无坚性，人们也不会称谓出坚白石来。坚性、白色、石形本来就是不相排斥的，要人为地隐藏坚性与白色，能办到吗？（"坚、白、石不相外，藏三可乎？"⑨）"外"由"排斥"又引申出"抛弃"的意思。《吕氏

①　司马迁. 史记：秦始皇本纪. 上海：商务印书馆，1932：85.
②　王弼集校释：老子道德经注. 楼宇烈，校释. 北京：中华书局，1980：45.
③　李百药. 北齐书：上册：斛律光传. 北京：中华书局，1972：226.
④　黄晖. 论衡校释：卷三十：自纪. 上海：商务印书馆，1938.
⑤　金文见于《外叔鼎》《静簋》《子禾子釜》《中山王壶》。
⑥　李道平. 周易集解纂疏. 上海：商务印书馆，1936：105.
⑦　梁启雄. 荀子简释：王霸. 北京：古籍出版社，1956：150.
⑧　梁启雄. 荀子简释：法行. 北京：古籍出版社，1956：397.
⑨　谭戒甫. 公孙龙子形名发微：坚白论. 北京：中华书局，1963：47.

春秋》载："许由非强也，有所乎通也。有所通则贪污之利外矣。"高诱注："外，弃也。"① 尧让天下于许由，许由不受，是不贪天下之利，即抛弃天下之利。"外"由"抛弃"又产生"背离"之义。《管子》载："骤令而不行，民心乃外，外之有徒，祸乃始牙。"② 尹知章曾注："外，有外叛之心。"即不执行紧急的法令，百姓就会生出背离、背叛的心。有背离的人，祸灾就会开始发生。"外"指"外表""外层"。《广雅·释诂》载："外，表也。"《周易》载："刚中而柔外，说以利贞。是以顺乎天而应乎人。"虞翻曰："刚中谓二五，柔外谓三上。"③ 兑卦的第二、五爻为阳爻，均为下卦和上卦的中爻，故为刚中。第三、六爻在第二、五爻的外面、外表、外层，为阴爻，为柔。二、三、四爻不当位、不正位，利变之使正，所以说以利贞。"外"亦指"外卦"。卦分内外卦，如《否》，坤下为内，乾上为外。《象传》曰："内阴而外阳，内柔而外刚。"崔憬注："阴、柔谓坤，阳、刚谓乾也。"④ "外"又指外国、诸侯国。《周礼》载："暴内陵外，则坛之。"郑玄注："内谓其国，外谓诸侯。"⑤ "外"为邦国之外的诸侯国。

内圣外王的"王"，见于甲骨文和金文。⑥ 王为古代最高统治者。《尔雅·释诂》载："王，君也。"《六书故·疑》载："王，有天下曰王。帝与王一也。周衰，列国皆僭号自王。秦有天下，遂自尊为皇帝。汉有天下，因秦制称帝，封同姓为王，名始乱矣。"《尚书》载："天子作民父母，以为天下王。"⑦ "王"又指朝谒天子。《诗经》载："昔有成汤，自彼氐羌。莫敢不来享，莫敢不来王。"郑玄注："氐羌，夷狄国在西方者也。享，献也。世见曰王。"孔颖达疏："氐羌远夷，一世而一见于王。"⑧ 即是说没有人敢不来朝谒天子，没有人敢不献礼物。"王"又为汉以后古代社会最高的封爵。《正字通·玉部》载："王，天子伯叔兄弟分封于外者亦曰王。"《汉书》载："诸侯王，高帝初置，金玺盭绶，掌治其国……景帝中五年令诸侯王不得复治国，天子为置吏，改丞相曰相。"⑨ "王"指首领。老子说：

---

① 吕氏春秋校释：卷二十五：有度. 陈奇猷，校释. 上海：学林出版社，1984：1651，1655.

② 黎翔凤. 管子校注：卷21：版法. 北京：中华书局，2004：1198.

③ 李道平. 周易集解纂疏. 上海：商务印书馆，1936：337.

④ 同③105.

⑤ 周礼注疏//十三经注疏. 阮元，校刻. 北京：中华书局，1980：835.

⑥ 甲骨文见于《殷契佚存》386，《殷墟文字甲编》426；金文见于《大丰簋》《利簋》《王子午鼎》。

⑦ 尚书正义//十三经注疏. 阮元，校刻. 北京：中华书局，1980：190.

⑧ 毛诗正义//十三经注疏. 阮元，校刻. 北京：中华书局，1980：627.

⑨ 班固. 汉书：卷十九上：百官公卿表. 北京：中华书局，1962.

"江海所以能为百谷王者，以其善下之，故能为百谷王。"① 江海之所以能成为一切小河流的首领，是由于它善于处在一切小河流的下游，所以能做一切小河流的首领。江海比小河流要大，因而"王"又有"大"之义。《广雅·释诂》载："王，大也。"《周礼》载："春献王鲔。"郑玄注："王鲔，鲔之大者。《月令》季春荐鲔于寝庙。"② 大而胜小，"王"又有"胜"之义。《庄子》载："常季曰：'彼兀者也，而王先生，其与庸亦远矣。'"成玄英疏："王，盛也。庸，常也。先生，孔子也。"陆德明释文引李颐曰："王，胜也。"③ 他是一个断了脚的人，而能胜过你，他与平常人极为不同。"王"又有"匡正"之义。《春秋繁露》载："王者皇也，王者方也，王者匡也。"苏舆注："皇，君也，美也，大也，天人之总，美大之称也。"④ 道不正直需使之正直，德不匡正就不能周遍。《法言》载："昔在周公，征于东方，四国是王。"李轨注："王，正。"⑤

人的意愿，是把人类所在的世界变成人所意愿的世界，在此过程中，人自身与世界存在会发生密切的交往关系。这种交往的实践，使人自觉到人是天地万物中唯一具有认识自我本质、本性的存在物，唯一能"认识你自己"的存在者，唯一能通过自我修身而能中和的人之为人者。内圣外王的内涵广大而深厚，且源远流长。

其一，表面内外之分。天地万物多姿多彩，变化万千。然而，任何事物都可以简单地区别为表里内外。《周易·序卦传》说："有天地，然后有万物；有万物，然后有男女；有男女，然后有夫妇；有夫妇，然后有父子；有父子，然后有君臣；有君臣，然后有上下；有上下，然后礼义有所错。"这种二分法，就阴阳而言，天、男、夫、父、君、上为阳，地、女、妇、子、臣、下为阴；就表里内外而言，天、男、夫、父、君、上为表为外，地、女、妇、子、臣、下为里为内。就人身而言，躯体为表为外，腑脏为里为内。就树叶而言，向阳一面为表为外，背阳一面为里为内。就礼义而言，礼为表为外，义为里为内。心有所思，为里为内，具体行为，为表为外。这是一种经验的、现象的、朴素的思维方式。由此抽象、超拔为内圣外王的理论思维。

① 任继愈. 老子新译. 上海：上海古籍出版社，1985：204.
② 周礼注疏//十三经注疏. 阮元，校刻. 北京：中华书局，1980：664.
③ 郭庆藩. 庄子集释：德充符. 王孝鱼，整理. 北京：中华书局，1961：189.
④ 苏舆. 春秋繁露义证：卷十：深察名号. 钟哲，点校. 北京：中华书局，1992：289.
⑤ 汪荣宝. 法言义疏：先知. 陈仲夫，点校. 北京：中华书局，1987：286.

其二，无所不通为圣。圣在道德、知识、技艺、事功等方面都胜过一般的人。孔子是不是圣人？"太宰问于子贡曰：'夫子圣者与？何其多能也？'"① 孔夫子是位圣人吗？为什么这样多才多艺。子贡回答说：这本是上天让他成为圣人。孔子听说后说：太宰知道我呀！我小时候穷苦，所以学会了很多技艺。然而，孔子并不认为自己是圣人。"昔者子贡问于孔子曰：'夫子圣矣乎？'孔子曰：'圣则吾不能，我学不厌而教不倦也。'子贡曰：'学不厌，智也。教不倦，仁也。仁且智，夫子既圣矣。'夫圣，孔子不居，是何言也？"② 孟子说："孔子尚且不敢安居于圣，我何敢自谓圣人。""如有博施于民而能济众"，孔子认为"必也圣乎！尧舜其犹病诸！"朱熹注曰："则虽尧舜之圣，其心犹有所不足于此也。"③ 唯有仁智合一，才能达到圣人的境界。

儒家与《左传》对何谓为圣有共同的认知。据《左传》载，随侯说：我祭祀神灵的东西很完备，为什么不能取信于神灵。季梁回答说：百姓是神灵的主人，因此圣王首先要成就人民的愿望，而后才致力于神灵。（"夫民，神之主也，是以圣王先成民而后致力于神。"杜预注："言鬼神之情，依民而行。"④）这是由神灵崇拜向突出人的价值和地位的转化，宣告人是神灵的主人，人处于主导地位，圣王应重民、先民。人民和谐而灵神降福。《左传》载：古代的君王知道人的寿命不能长久，于是选立贤能，为他们制订法度，公布准则，树立表率，作为引导，给予规章以便遵守，告诉他们先王的遗训，以便合乎礼仪，这一点圣人和先王都是相同的。（"古之王者知命之不长，是以并建圣哲……予之法制，告之训典，教之防利，委之常秩，道之礼则，使毋失其土宜，众隶赖之，而后即命。圣王同之。"⑤ 圣哲在这里泛指贤能的人。）《左传》又载：晋国的栾武子救援郑国，与楚军相遇。晋军袭击蔡国，楚军救援蔡国，当时军官想要作战。有人对栾武子说：圣人的愿望与大众相同，因而成事，您何不听从大众的意见。（"圣人与众同欲，是以济事，子盍从众。"⑥）大众与圣人

① 论语集注：子罕//朱杰人，严佐之，刘永翔. 朱子全书：第6册. 上海：上海古籍出版社，2002：140.

② 焦循. 孟子正义：卷六. 沈文倬，点校. 北京：中华书局，1987：213—214.

③ 论语集注：雍也//朱杰人，严佐之，刘永翔. 朱子全书：第6册. 上海：上海古籍出版社，2002：117—118.

④ 杨伯峻. 春秋左传注：第4册：桓公六年. 北京：中华书局，1981：111.

⑤ 杨伯峻. 春秋左传注：第2册：文公六年. 北京：中华书局，1981：548—549.

⑥ 杨伯峻. 春秋左传注：第2册：成公六年. 北京：中华书局，1981：830.

被视为一体，大众不仅是神灵的主人，而且与圣人同体。这是中国古代的大智慧。

如果说儒家心目中的圣、圣人是有为的、刚健的，那么，道家的圣人则是无为的、柔顺的。老子说："是以，圣人处无为之事，行不言之教。"① "为无为，则无不治。"② "是以，圣人无为，故无败；无执，故无失。"③ 无为，便无不治理、无败、无失。圣人治理国家，使民无知无欲。"是以圣人之治，虚其心，实其腹，弱其志，强其骨，常使民无知无欲。"④ 即空虚人的思想，削弱人的意志，而填饱人的肚子，强壮人的筋骨，使人无知识、无欲望。"圣人在天下，歙歙为天下浑其心，百姓皆注其耳目，圣人皆孩之。"⑤ 圣人在天下使人心归于混沌，使人像婴儿一样无知无欲。圣人不经实践即可获得认知。"是以圣人不行而知，不见而名，不为而成。"⑥ 圣人不实行就能知道，不亲见就能明了，不去做就能成功。老子的圣人与孔子儒家的圣人在对待治国理政、事功的态度及知识的获得方面，明显是两种路向。但亦有其同，"且夫圣人者，不耻身之贱，而愧道之不行，不忧命之短，而忧百姓之穷……圣人忧民，如此其明也"⑦。忧道忧民，这是其同。

其三，疏离而神通。天下万事万物，各有其特性、个性，其特性、个性是对于共性的疏离，由其疏离，使万事万物互相区别，给人形成分门别类的认知的可能。如果人的认知仅来源于经验或表象，那么，是否有不赖于经验与表象的可被认知的东西。人们在反思事物的共相与殊相、共性与个性的时候，不能不加以疏离，这是把握万象世界的需要。然而，在"天地万物本吾一体"的万物联通的信息智能情境下，殊相、个性往往被削弱、被边缘化，而共相、共性得到高扬，并普适化。这种变化，便有"变则通，通则久"的历史性的必然趋势，名之曰：神通。它使宇宙、社会、人生的一切冲突、矛盾、紧张在融突和合中得以化解，这是圣人的智能创造。

---

① 任继愈. 老子新译. 上海：上海古籍出版社，1985：64.

② 同①67.

③ 同①200.

④ 同①66-67.

⑤ 同①166.

⑥ 同①161-162.

⑦ 刘文典. 淮南鸿烈集解：卷十九：修务训. 冯逸，乔华，点校. 北京：中华书局，1989：632-633.

其四，首领与神明。王为天子而成王业，是时势造成的。王的名号，由来已久。在春秋战国时，东周是一个联邦型国家，各诸侯为富国强兵，提出了各不相同的主张，而百家争鸣，概括起来为天、地、人三道。《周易》的《系辞传》与《说卦传》认为，尽管有百虑与殊途，但亦有一致与同归，便归于三才之道。秦汉时，国家统一，为"一道德"。董仲舒撰《王道通三》，便将天道、地道、人道三道贯通为王。王统领天、地、人，以匡正天下，使六合之内万国咸宁，圣人感人心而天下和平，人民安居乐业。

其五，内圣外王。此命题出自《庄子·天下篇》："判天地之美，析万物之理，察古人之全，寡能备于天地之美，称神明之容。是故内圣外王之道，暗而不明，郁而不发，天下之人各为其所欲焉以自为方。"① 它以致广大的视域探赜天地造化的神灵从哪里降下，人类的智慧由哪里而来……关于宇宙、社会、人生本原的学问，即道术。然而，由于天下大乱，圣贤不明，道德不一，天下的人各执一偏而各是其是。他们分离天地的完美，分散万物的常理，不能把握古人学问的全体，而具备天地的全美，所以内圣外王之道暗而不明，抑郁不发，天下人各自所欲而自为方术。可悲啊，道术将为天下所割裂。割裂道术，抛弃传统，就是割裂中国人的命脉。因而要继承、弘扬中华民族内圣外王之道，从内修养圣贤之道，即立德；从外立功、立言、立业成就外王之道，以振兴中华民族。

二、各正性命

内圣外王既是对于宇宙、社会、人生全面性、整体性的把握，亦是人的价值理想的人格形式，更是和合生生道体的一种原理和形态。人是什么？中外哲学家、思想家有各种既相同又相异的主张。② 然而百虑而一致，追寻人与动物相区别的一致性，这个一致性是指人类的本质、本性，凡是人所具有的特性与属性，均可谓人性，它包括人的自然性、社会性、精神性。人的自然性是指人与动物共有的肉体、生物特性，可谓"性相近"；"习相远"则是人从社会环境与其关系实践中所获得的人之为人的特性。这就是"孟母三迁"的因缘所在，是塑造人的世界观、价值观、道德观、审美观、人生观的关节点。于是人就具有人之为人的人性、人格、人情等。

---

① 郭庆藩. 庄子集释：天下. 王孝鱼，整理. 北京：中华书局，1961：1069.
② 张立文. 新人学导论：中国传统人学的省察. 北京：职工教育出版社，1989：2-36.

内圣外王的内圣，如何超凡入圣，首先就面临修身养性这一课题。《中庸》讲"天命之谓性，率性之谓道"的性命话题。"性"又见于金文。①《说文解字》载："性，人之阳气，性善者也。从心，生声。"《孟子》载："生之谓性。"赵岐注："凡物生同类者，皆同性。"焦循疏："正义曰：《荀子·正名篇》云：'生之所以然者，谓之性。'《春秋繁露·深察名号篇》云：'如其生之自然之资，谓之性。'《白虎通·性情篇》：'性者，生也。'"②与生俱来的性，是指人的自然属性。《左传》载："吾闻抚民者，节用于内，而树德于外，民乐其性，而无寇仇。"③"性"同"生"。百姓乐于生活，而没有仇敌。"性"为人的姿态。《淮南子》又载："曼颊皓齿，形夸骨佳，不待脂粉芳泽而性可说者，西施、阳文也。"高诱注："曼颊，细顺也。夸，弱也。佳，好也。性，犹姿也。"④像西施、阳文那样的美女，不需打扮粉饰，其美丽的姿态就人人都喜欢。"性"又指美人的资质、特质、性质。《广雅·释诂三》载："性，质也。"《左传》载："则天之明，因地之性。"杜预注："高下，刚柔，地之性也。"⑤日、月、星辰为天的明，地的性质为高下、刚柔。这种特质、特性，也体现了一种脾性、性情。《国语》曰："先王之于民也，懋正其德而厚其性。"高诱注："懋，勉也。性，情性也。"⑥先王勉励百姓正德而重视其情性。"性"为"性命"。《玉篇·心部》："性，命也。"《诗经》载："岂弟君子，俾尔弥尔性，似先公酋矣。"郑玄笺："俾，使也。乐易之君子来在位，乃使女终女之性命，无困病之忧，嗣先君之功而终成之。"⑦贤人在位，即实行善政，便可以保全性命。

性命的"命"，见于甲骨文和金文。⑧《说文古籀补》载："古文命令为一字，齐太仆归父盘。"《说文句读》载："金刻多借令为命，史伯《硕父鼎》'永令万年'，是其征也。"林义光在《文源》中说："按诸彝器令命通用，盖本同字。"殷人的"王令""帝令"，即王或上帝的命令，是一种不

---

① 金文见于《蔡姑簋》。
② 焦循. 孟子正义：卷二十二. 沈文倬，点校. 北京：中华书局，1987：737.
③ 杨伯峻. 春秋左传注：第4册：昭公十九年. 北京：中华书局，1981：1405.
④ 刘文典. 淮南鸿烈集解：卷十九：修务训. 冯逸，乔华，点校. 北京：中华书局，1989：639.
⑤ 杨伯峻. 春秋左传注：第4册：昭公二十五年. 北京：中华书局，1981：1457.
⑥ 徐元诰. 国语集解：周语上. 王树民，沈长云，点校. 北京：中华书局，2002：2.
⑦ 毛诗正义//十三经注疏. 阮元，校刻. 北京：中华书局，1980：545.
⑧ 甲骨文见于《甲骨文合集》8；金文见于《命簋》《贤簋》。

可抗拒的必然性。周人虽"命""令"并用，但"命"的使用已较为普遍，在龟卜、筮占中都存在。"命"有"生命""性命""命运""命令""命名""奉命"等义。《尚书》载："乃命羲和，钦若昊天。"① 《周易》载："大君有命，开国承家，小人勿用。"② "命"在这里有"命令"的意思。

春秋战国时期，人逐渐成为自觉主体。性命的概念、范畴为各家所关注，而成为哲学思维的概念。春秋时，"性""命"两字都未对待并举，战国时，"性"与"命"才联通起来。它体现为以下几个方面。

养性立命，性命之情。孟子说："存其心，养其性，所以事天也。夭寿不贰，修身以俟之，所以立命也。"③ 保存人的本心，培养人的本性，命长命短，都不三心二意，修身养性以待天命，这是安身立命的方法。孟子是如何将性与命联通起来的？孟子说："口之于味也，目之于色也，耳之于声也，鼻之于臭也，四肢之于安佚也，性也。有命焉，君子不谓性也。仁之于父子也，义之于君臣也，礼之于宾主也，智之于贤者也，圣人之于天道也，命也。有性焉，君子不谓命也。"④ 其联通的方式既是经验的也是理性的。从经验而言，口、目、耳、鼻、四肢对于味、色、声、臭、安的爱好，是主体人内在的本性。但是能否实现或得到这些爱好，却决定于外在的必然的命，而不是本性的必然结果，这是说主体人的爱好受制于客体实在的命运，内在主体人的性与外在客体实在的必然性并非同构。从理性来说，仁、义、礼、智、圣人对于父子、君臣、宾主、贤者、天道之间的道德规范和天道的体认能否实现是外在的必然的命，也是主体人性的必然；从经验、理性两方面而观，是由不同的价值取向所引发的。

儒家孟子将性与命对称，主客体不离不杂。道家庄子性命之间直接联通，性是主体的自然本性，命指客体自然的必然性。《庄子》载："君将盈耆欲，长好恶，则性命之情病矣！"⑤ 徐无鬼对魏武侯说：你若嗜欲盈满，好恶长进，性命的情感就要受损了。庄子认为性命是天地赋予的，人为地追求嗜欲，并不是其真性本命。性命的错乱是由于爱好明、聪、仁、义、礼、乐、圣、智八者，而迷惑于声、色、德、理、技、淫、艺、疵的结

① 尚书正义//十三经注疏. 阮元，校刻. 北京：中华书局，1980：119.
② 周易正义//十三经注疏. 阮元，校刻. 北京：中华书局，1980：25.
③ 孟子集注：尽心上//朱杰人，严佐之，刘永翔. 朱子全书：第6册. 上海：上海古籍出版社，2002：425.
④ 孟子集注：尽心下//朱杰人，严佐之，刘永翔. 朱子全书：第6册. 上海：上海古籍出版社，2002：450.
⑤ 郭庆藩. 庄子集释：徐无鬼. 王孝鱼，整理. 北京：中华书局，1961：818.

果。"天下将安其性命之情，之八者，存可也，亡可也；天下将不安其性命之情，之八者，乃始脔卷猾囊而乱天下也。"① 能不能安于性命的真情实感，就在于对此八者的价值选择。价值选择是主体对于客体所持的爱好与不爱好的态度。

作为"备天地万物古今之事"的《吕氏春秋》接着《庄子》讲性命之情。它从四方面展开。其一，顺从性命之情。"君服性命之情，去爱恶之心，用虚无为本，以听有用之言谓之朝……上服性命之情，则理义之士至矣。"② 君主服从性命自然的真情，养神修德，知理义的有智慧的人士就会为君主服务。其二，能贯通性命之情。"诸能治天下者，固必通乎性命之情者，当无私矣。"③ 治天下无私，而能贯通性命的真情。其三，对性命之情慎重施行。"有慎之而反害之者，不达乎性命之情也。不达乎性命之情，慎之何益？"④ 贵贱、轻重、安危这三者有道者都应谨慎，而有慎却反伤害其身者，是不达于性命之情所导致的。其四，违反性命之情。"耳之可以断也，反性命之情也。今夫惑者，非知反性命之情。"⑤ 唐尧和虞舜以听说舜和禹贤，而选择舜、禹，乃是违反性命自然的真情的。《吕氏春秋》以虚无为本、以法为用、以儒为方阐发性命之情。

各正性命，性命不易。人类理想的价值愿景是保合太和。《周易》有言："乾道变化，各正性命，保合太和，乃利贞。首出庶物，万国咸宁。"⑥ 天道变化，万事万物各自得到真正的性和命，若能保持最大的和合，便大吉大利，万物生长，万国安宁。这是圣人"将以顺性命之理"而作《易》，才能"穷理尽性以至于命"⑦。穷尽万物的道理，竭尽天地的善性，以至于必然之命。这对于宋明理学有重要的、深远的影响。

荀子所说之命，是指自然的秩序或生命。"故知既已知之矣，言既已谓之矣，行既已由之矣，则若性命肌肤之不可易也。"⑧ 对于自己的所知、所言、所行，就要像保护自己的生命与体肤一样，不可轻易地改变，否则就不诚信了。

---

① 郭庆藩. 庄子集释：在宥. 王孝鱼, 整理. 北京：中华书局, 1961：367.
② 吕氏春秋校释：卷十七：知度. 陈奇猷, 校释. 上海：学林出版社, 1984：1092.
③ 吕氏春秋校释：卷二十五：有度. 陈奇猷, 校释. 上海：学林出版社, 1984：1651.
④ 吕氏春秋校释：卷一：重己. 陈奇猷, 校释. 上海：学林出版社, 1984：33.
⑤ 吕氏春秋校释：卷十三：谨听. 陈奇猷, 校释. 上海：学林出版社, 1984：704-705.
⑥ 李道平. 周易集解纂疏. 上海：商务印书馆, 1936：8.
⑦ 同⑥473.
⑧ 梁启雄. 荀子简释：哀公. 北京：古籍出版社, 1956：401.

《淮南子》以性命为生命、本性的意义。"审生死之分，别同异之迹，节动静之机，以反其性命之宗。"① 从对生死、同异、动静的审察、辨别、节制中，体认性命的宗旨，即从原本人的所由生中，认知人的生命和本性。从理性思维来观性命，若"嗜欲连于物，聪明诱于外，而性命失其得"②，便丧失了性命自然的本性，人们也不能真正得到满足。于是《淮南子》给性命做了规定："古之圣人，其和愉宁静，性也；其志得道行，命也。是故性遭命而后能行，命得性而后能明。"③ 性与命互补互济，性依必然之命而践行，命得清静本性而能明白。

天命质性，性成命定。如果说《淮南子》是以和愉清静来规定性命的自然性的，那么董仲舒的性命就是天的主宰的作为。因此，他给性命的规定与《淮南子》异："命者天之令也，性者生之质也。"④ 即命是主宰之天的命令，性是生来的本质。性命该如何实现？"天令之谓命，命非圣人不行；质朴之谓性，性非教化不成；人欲之谓情，情非度制不节。是故王者上谨于承天意，以顺命也；下务明教化民，以成性也；正法度之宜，别上下之序，以防欲也；修此三者，而大本举矣。"⑤ 即天命由圣人来实行，人性由教化而成，人的欲望必须由制度来节制。人明白此大本，就知道人自贵于物，就会有知仁义、重礼节、安处善道的自觉。

董仲舒把性命的根源归于天，王充则认为应归于气，气是天与性命的中介。他说："人禀元气于天，各受寿夭之命，以立长短之形……用气为性，性成命定。体气与形骸相抱，生死与期节相须。"⑥ 性禀于气，性成命定，禀气厚薄，立形长短，形不变，命不可加减。但性命的性质、功能、程序有别。"凡人受命，在父母施气之时，已得吉凶矣。夫性与命异，或性善而命凶，或性恶而命吉。操行善恶者，性也；祸福吉凶者，命也。"⑦ 性自有善恶，命自有吉凶。行善得祸，是性善而命凶；行恶而得福，是性恶而命吉。二者错位，但错位并不对应，正命对正性，随命对随性，遭命

---

① 刘文典. 淮南鸿烈集解：卷二十一：要略. 冯逸，乔华，点校. 北京：中华书局，1989：703.

② 刘文典. 淮南鸿烈集解：卷二：俶真训. 冯逸，乔华，点校. 北京：中华书局，1989：65.

③ 同②77.

④ 班固. 汉书：卷五十六：董仲舒传. 北京：中华书局，1962：2501.

⑤ 同④2515-2516.

⑥ 黄晖. 论衡校释：卷二：无形篇. 上海：商务印书馆，1938.

⑦ 同⑥.

对遭性，对应是一种互相联通的形式，联通便使秉性受命、同一。

性命通一，理性命一。《周易·说卦传》曰："穷理尽性以至于命"，对宋明有很大的影响。周敦颐作《理性命》章，司马光亦撰《理性命》章。邵雍对此三概念加以解释："所以谓之理者，物之理也；所以谓之性者，天之性也；所以谓之命者，处理性者也。所以能处理性者，非道而何？"① 把理、性、命总归于道。道为天地之本，天地为万物之本。理、性、命联通。"天使我有是之谓命，命之在我之谓性，性之在物之谓理。穷理而后知性，性尽而后知命，命知而后知至。"② 构成天、命、性、理双向互动的序列。他按《易传》的思维框架来确立性命概念、范畴形而上的地位与意义。

张载性命学说的思维特点是"知虚空即气，则有无、隐显、神化、性命通一无二"③。性与命由于其存在的形态、方式，如气的聚与散、出与入的有与无、隐与显、神与化的变化，是通一无二，即联通为一的。张载对性命做了一而二、二而一的思辨的解释，但他提出命亦性、性亦命，即外在于客体的自然法则的自在之物的命，亦可转化为内在于主体的为我之物的性，并没有对二者做出分梳。二程则对此做了有益的探索。他们沿着理、性、命的路径，把理作为由命转化为性的中介和过渡，"穷理、尽性、至命，一事也。才穷理便尽性，尽性便至命"④，因而指柱说：柱的木为理，木的曲直是木的性，其所以曲直，是命，"理、性、命，一而已"⑤。朱熹进而又对性、命做了分梳："性也，有命焉，性字兼气禀而言。命也，有性焉，此性字专言其理。"⑥ 性有命，命有性，性命合一，合而有分，为气与理之别。性从气言，有气禀清浊厚薄的圣愚的气质；性从理言，人得仁义礼智以为性，为理性。但二者都为性命。

从周敦颐到朱熹的天、理、性、命为一分为多，又联通而一，便为多合为一。王守仁则改理为心，为天、心、性、命。他说："经常道也。其在于天谓之命，其赋于人谓之性，其生于身谓之心。心也，性也，命也，一也。"⑦ 天、心、性、命一体的良知体认哲学，它是通人物、达四海、塞

---

① 邵雍. 皇极经世书. 黄畿，注. 卫绍生，校理. 郑州：中州古籍出版社，1992：253.
② 同①358.
③ 张载集：正蒙：太和篇. 章锡琛，点校. 北京：中华书局，1978：8.
④ 二程集：河南程氏外书：卷十一. 北京：中华书局，1981.
⑤ 同④.
⑥ 黎靖德. 朱子语类. 王星贤，点校. 北京：中华书局，1986：1462.
⑦ 王阳明全集：卷七：稽山书院尊经阁记. 上海：国学整理社，1936：65.

天地、亘古今的形而上者。尽管程朱的理体学与王守仁的心体学有所差别，然一分为多、多合为一的思维模式却无别。

三、尽心知性

从《孟子》、《大学》、《中庸》，以至《通书》都教人明白性善。李觏说："命者，天之所以使民为善也；性者，人之所以明于善也。观其善则见人之性，见其性则知天之命。"① 命与性是使人为善与明善的所以然者，善体现人的本性，知性则知天命。于是由"性命"至"人"至"心性论"而进入主体。由此，主体大本始立。形而上学道德主体的人性学说，通过心性论而普遍展现。这是修身中和论内圣的所以然的根基。

"心"见于金文。② 《说文》："心，人心。土臧，在身之中。象形。博士说以为火臧。"古代以心为思维器官。《孟子·告子上》曰："心之官则思。"荀子说："心者，形之君也而神明之主也。"杨倞注："心出令以使百体，不为百体所使也。"③ 心是身体的主宰，智慧的主使。"心"有"心思""思虑"之义。《尔雅·释言》载："谋，心也。"王引之述闻："心者，思也。""心"又有"心思""谋划"的意思。《诗经》载："他人有心，予忖度之。""心"又指揣度、思量他人的心思。《吕氏春秋》有言："纣虽多心，弗能知矣。"④ 纣王虽然多思虑，然而对周的谋划却不得而知。"心"为"心性"。《韩非子》载："西门豹之性急，故佩韦以自缓；董安于之心缓，故佩弦以自急。"⑤ 韦为皮绳，性柔韧，性情急的人身上佩韦可用以警诫自己。西门豹佩韦以使自己不要情性急躁；董安于心性迟缓，弦常紧绷，其便佩弦在身上，以时刻警诫自己。

性因其从心，具有主体性，所以与心融合为对偶概念、范畴。心与性的关系，既具有自然性，又具有社会性，是社会伦理对自然之心的制约，道德理性对自然本能的价值导向。但社会伦理之性和道德理性都是以自然本能之心和情感心理之心为基础的，它展开为以下几个方面。

尽心知性，心性四型。孟子联通心性，改变以往以心性为单一概念的

① 李觏. 李觏集：卷四：删定易图序论：论六. 王国轩，校点. 北京：中华书局，1981：66.
② 金文见于《散盘》《克鼎》《矦马盟书》。
③ 梁启雄. 荀子简释：解蔽. 北京：古籍出版社，1956：296.
④ 吕氏春秋校释：卷十八：精谕. 陈奇猷，校释. 上海：学林出版社，1984：1167.
⑤ 梁启雄. 韩子浅解：观行. 北京：中华书局，1960：209.

观念。他说："尽其心者，知其性也。知其性，则知天矣。"焦循疏："故尽其心即极其心。性之善，在心之能思行善，故极其心以思行善，则可谓知其性矣。"① 人若能极尽其心，以思行善，就可以知其性，从而开出道德主体性的理路，构建儒家心性论一系。心是性的来源，二者是体认者与被体认者的关系。道家崇尚自然，超越世俗仁义伦理，度越善恶，以善恶为有为，是自然心性的扰乱。荀子重外王，与孟子重内圣异。孟子以心为道德意识、情感，荀子以心为认知功能与情感意志，认为心对性起选择作用。他说："性之好、恶、喜、怒、哀、乐谓之情。情然而心为之择谓之虑。"② 人的情感的六方面，是性的流出；心对情感六方面的选择判断，便是思虑；思虑的积聚，形成一种言行规范，便是人为。韩非认为人人都有"欲利之心"，这正是社会运行机制的动因。人没有固定的仁义之性，而只有欲利相交的性，因而不能以仁义规范人心，只能"以法教心"，使私心不纵，奸恶不生，国家治平，以达于善。

孟、庄、荀、韩的心性论为四型。孟子主张心性融合论，他以尽心知性、存心养性为入圣之路；庄子主心性合一论，不像孟子有主次之分，他反心于内，神明应化，使外驰之心而复内心以复性；荀子主心性二分，心为"形之君"，是神明之主，心主性化，为入圣之途；韩非主法，任法不任心，以道德仁义为放纵私心、民多奸恶的根源，否定修身养性。然孟、庄、荀都肯定内心修养的内圣课题。

初心性善，害性累心。内圣是指内在的精神世界。《淮南子》认为应清心寡欲，不湎名利，返归初心。"神明定于天下而心反其初，心反其初而民性善。"刘文典注："初者，始也，未有情也。未有情欲，故性善。"③ 返回到心的初始的性善之本，即恢复人的初始本性。这是一种追根究底的思量。

玄学心性论是对儒家道德形而上学心性论的批判。何晏、王弼贵无的心性论，以自然出于名教，提升自然的价值，否定名教对人身心的束缚，追求个性自由。阮籍、嵇康鄙弃礼法，蔑视名教，主张"越名教而任自然"。阮籍认为，在名教中找不到自我的精神境界和人性的由来，而只能在自然中去寻求，主张心性与形而上学的自然融合，反对残生害性。"心

---

① 焦循. 孟子正义：卷二十六. 沈文倬，点校. 北京：中华书局，1987：877.
② 梁启雄. 荀子简释：正名. 北京：古籍出版社，1956：310.
③ 刘文典. 淮南鸿烈集解：卷八：本经训. 冯逸，乔华，点校. 北京：中华书局，1989：250.

奔欲而不适性之所安，故疾疢萌而生不尽，祸乱作则万物残矣。"① 心性不一，又如目视色而不顾耳的所闻。其主张超越世俗名教，而任自然人性。嵇康说："知名位之伤德，故忽而不营，非欲而强禁也；识厚味之害性，故弃而弗顾，非贪而后抑也；外物以累心，不存神气，以醇白独著。"② 欲逐物而害性，智外驰而伤生，否定欲望和知识，认为"少私寡欲"以养性，"清虚静泰"以养生。养生以全身，养性以保神，不要害性累心，伤害心性。

心性本净，存心养性。佛教心性学说与佛性论相关联。佛性是关于佛的本性、众生成佛的根据和方法。尽管大小二乘、空有二宗主张有异，但基本上是围绕佛性的净、染从何而生，染如何得净而展开的。小乘大众部认为，众生心性本净，染来自客尘烦恼。"心性本净，客尘随烦恼之所杂染，说为不净。"③ 除去烦恼染污，便可呈现清净本心。禅宗慧能以"天常清，日月常明"比喻"众生心性本净"，主张"不识本心，学法无益，识心见性，即悟大意"④。明心以见佛性本自具足，见性以明自心本来是佛。这是禅宗的心性内在融合论，与心性内外、主客融合论异趣。中国佛教天台、华严、禅宗经从心外佛、佛性，向心内佛、佛性转变，是主体精神的开显。佛性的心性论从天台宗的本具染净、善恶，经华严宗性起唯净、纯善的内外心性融合论，到禅宗心性内在融合论，再到后期禅宗超佛越祖，呵佛骂祖，导致自我否定。

道教心性论，吸收综合佛儒。宋元时南宗张伯端认为"心者，神之舍也。心者，众妙之理，而主宰万物。性在乎是，命在乎是"⑤。心、性、命圆融，修心即修性命。北宗王喆的全真道亦把性功落实到炼心，重视心性的修炼。他们都重儒释道三教合一，主张"存心养性"。

佛道的心性论启发了宋明理学家心性论的构建。李翱援佛道入儒，他说："心寂不动，邪思自息。惟性明照，邪何所生。"⑥ 心性不动明照，邪思不生自息，便可达至诚境界。周敦颐注重道德主体的能动性和自主性。尽管他认为性是至善的，但又主张圣贤的理想人格并非取决于性善：

① 阮籍. 阮籍集：达庄论. 李志钧，季昌华，柴玉英，等校点. 上海：上海古籍出版社，1978：33.

② 嵇康集校注：养生论. 戴明扬，校注. 北京：人民文学出版社，1962：156.

③ 大正藏：卷50：异部宗轮论.

④ 慧能. 坛经校释. 郭朋，校释. 北京：中华书局，1983：15.

⑤ 玉清金笥青华秘文金宝内炼丹诀：心为君论.

⑥ 李翱. 李文公集：卷三：复性书. 上海：上海古籍出版社，1993.

"圣贤非性生，必养心而至之。养心之善，有大焉如此，存乎其人而已。"① 即认为是后天主体自觉存心养性而成圣贤，内圣是修身养性而得的。

性体心用，心性为一。宋明理学的奠基者之一张载，提出人性主体性原则。"心能尽性，人能弘道也；性不知检其心，非道弘人也。"② 心能推致、有扩充性，离心性便无其承受的载体；性是主体内在道德自律的规范，而非外在的他律。但当主体扩展人性时，道德自律可转化为他律。其心性的由来是"合虚与气，有性之名；合性与知觉，有心之名"③。心性的称谓，是虚与气、性与知觉诸多概念融合而成的，是多元杂合的。因而，他为化解先秦以来人性善恶争论，提出作为太虚纯善的本性为"天地之性"；作为有善有恶的人性为"气质之性"。这种人性的二重论对宋明理学产生了重大影响。

程颐把心性度越化、本体化。他说："在天为命，在义为理，在人为性，主于身为心，其实一也。心本善，发于思虑，则有善有不善。"④ 命、理、性、心在相同的层面有不同的称谓，其实为一；其间互相圆融、包摄、联通，心即性即理即命，离了心，理、性、命便无承担者、体现者、所主者。如果说张载、程颐的心性论是通过多层次的转换，而上升为形而上之体的，那么，胡宏则直接以性为体、心为用。"圣人指明其体曰性，指明其用曰心。性不能不动，动则心矣。"⑤ 心性都处在动态之中，即体用均动。就性体而言，它是天地之所以立的根据和本根，然性之所以为体，是因为心的存在。"夫性无不体者，心也。"⑥ 心统万物，心知天地、宰万物而成性。

心体学者陆九渊直承孟子，以自主自立的主体精神，认为心性合一无二。他说："且如情、性、心、才，都只是一般物事，言偶不同耳。"⑦ 但不要泥于其不同，实为一。王守仁绍承陆九渊心体学而集大成，他主张心外无理、无事、无物，亦包无性。"夫心之一体，性也；性之原，天也。

① 周敦颐. 周子全书：卷十七：养心亭说. 上海：商务印书馆，1937：334.
② 张载集：正蒙：诚明篇. 章锡琛，点校. 北京：中华书局，1978：22.
③ 同②9.
④ 二程集：河南程氏外书：卷十八. 北京：中华书局，1981.
⑤ 胡宏. 胡宏集：附录一：宋朱熹胡子知言疑义. 吴仁华，点校. 北京：中华书局，1987：336.
⑥ 胡宏. 胡宏集：知言：仲尼. 吴仁华，点校. 北京：中华书局，1987：16.
⑦ 陆九渊集：卷三十五：语录下. 钟哲，点校. 北京：中华书局，1980：444.

能尽其心，是能尽其性矣"①，他不同意程朱认为主体道德意识先于道德行为的观念，而认为二者是同步、同一的，"心即性"。"心之本体即是性，性即是理。"② 心的本体是至善的，性亦是至善的。

气体学者吴廷翰认为，"天地之初，一气而已"③。他主张"道也、理也、诚也、天也、帝也、神也、命也、性也、德也、太极也，名虽不同，其实一也"④，一于太极，太极即气。王夫之认为，万物与人是由阴阳五行之气而生的。心性相涵相丽。他说："心性固非有二，而性为体，心为用，心涵性，性丽心。"⑤ 心性互相蕴涵，互相附丽，尽管性体心用，不可分而为二。

无论是儒释道的心性论，抑或是宋明理学各派的心性论，其终极的标的都是通过修身养性，以达至善。这是为家为国保合太和的大本达道、位育天地万物的根基，是内圣外王的根据和本源。

四、性情中和

中国哲学由性命论、心性论逐渐进入对性情论的求索。性是人之为人的本性，情感是指人对现实对象、现象依据人和社会需要而产生的一种体验，是人有意识地控制生理和心理变化而获得的一种心理机制，是人的道德本性与外物接触、感应而产生的情感活动，它是人对现实世界的一种特殊的感受形式。

性情是中华民族理论思维的重要概念范畴。"情"，《说文解字》载："人之阴气有欲者。从心，青声。"徐灏注笺："发于本心谓之情。"王充说："情接于物，形出于外，故谓之阳；性不发，不与物接，故谓之阴。"⑥ 情即好恶喜怒哀乐的情感、情绪。情有发与不发之别。发与外物相接触，便形于外为阳；不发不与外物接触为阴。发与不发，是为常情、常理。孙武说："兵之情主速，乘人之不及，由不虞之道，攻其所不戒也。"杜牧注："此统言兵之情状，以乘敌间隙。由不虞之道，攻其不

---

① 王阳明全集．卷二：传习录中．上海：国学整理社，1936：29.
② 王阳明全集．卷一：传习录上．上海：国学整理社，1936：16.
③ 吴廷翰．吴廷翰集：吉斋漫录．容肇祖，点校．北京：中华书局，1984：5.
④ 同③12.
⑤ 中庸//船山全书：第6册．长沙：岳麓书社，1991：555.
⑥ 黄晖．论衡校释：卷三：本性篇．上海：商务印书馆，1938.

戒之处，此乃兵之深情，将之至事也。"① 用兵之常情是以神速为主。常理为实情，《左传》载："鲁有名而无情，伐之，必得志焉。""情，实也。"② 吴国为了邾国，打算攻打鲁国，询问叔孙辄是否可行。叔孙辄说：鲁国有名无实，攻打必能如愿以偿，鲁为大国，但非真有实书。《淮南子》载："情系于中，行形于外。凡行戴情，虽过无怨；不戴其情，虽忠来恶。"高诱注："戴，心所感也。情，诚也。"③ 诚实之心，系于心中，而行于形外。心中若感受得到诚，有过无怨，若感受不到诚，即便忠诚也使人厌恶。"情"有"意志""志向"的意思。《南史》载，刘湛"弱年便有宰物情，常自比管、葛"④。即是说，刘湛少年时就有主宰事物的志向，常常自比管仲、诸葛亮，要像他们一样建功立业。这是一种为人的情性。《孟子》曰："夫人之不齐，物之情也。"赵岐注："夫万物好丑异贾，精粗异功，其不齐同，乃物之情性也。"⑤ 因物的好坏、精粗、轻重、大小等的不同，其价钱不一样，这是物的情性所决定的。"情"有"情性""情欲"之义。《楚辞》载："何繁鸟萃棘，负子肆情。"朱熹集注："谓晋大夫解居父聘吴，过陈之墓门，见妇人负其子，欲与之淫泆。"⑥ "情"也有"情致""情趣""私情""情面"等义。

人性和情感是现实社会、生命心灵中最现实、最常见的善恶、亲情话题。

性情不离，从性顺情。管子认为，人的喜怒哀乐爱恶惧七情虽受外在的刺激，但发自主体内在道德情感活动的流露，"是以明君顺人心，安情性，而发于众心之所聚"⑦。道德情感活动与人的道德本性是明君为政的依据，若顺从民心、民意，便是天道人情的价值境界。

然而，庄子认为，若有道德性情活动，便会损害人的自然本性。"道德不废，安取仁义！性情不离，安用礼乐！"⑧ 之所以有仁义礼乐的规范，是自然道德的废弛和自然本性的分离使然，若性情不分离，就不需要礼乐

---

① 曹操，等. 十一家注孙子. 郭化若，译. 北京：中华书局，1962：192.
② 杨伯峻. 春秋左传注：第4册. 哀公八年. 北京：中华书局，1981：1647.
③ 刘文典. 淮南鸿烈集解：卷十：缪称训. 冯逸，乔华，点校. 北京：中华书局，1989：320.
④ 南史：刘湛传. 北京：中华书局，1975：907.
⑤ 焦循. 孟子正义：卷十一. 沈文倬，点校. 北京：中华书局，1987：399.
⑥ 朱熹. 楚辞集注. 上海：上海古籍出版社，1979：64—65.
⑦ 黎翔凤. 管子校注：卷10：君臣上. 北京：中华书局，2004：565.
⑧ 郭庆藩. 庄子集释：马蹄. 王孝鱼，整理. 北京：中华书局，1961：336.

道德规范。庄子主张回到自然，"文灭质，博溺心，然后民始惑乱，无以反其性情而复其初"①。文饰损害质朴本性，博学沉溺心灵，使人迷乱，也就无法恢复本初的情性。

荀子认为，人为了满足自己的欲望，任由自己的自然本性和情欲发挥作用，这是荀子性恶论的要旨。"从其性，顺其情，安恣睢，以出乎贪利争夺。故人之性恶明矣，其善者伪也。"② 每个人都有贪利争夺和满足情欲的本性，顺从、放纵人的这种本性，就会破坏社会的安定，这是性恶的明证。人性善是虚伪的，虚伪是违礼义的小人。因而要兴礼义、制法度，使人的性情归之正。因而，韩非认为，人的性情喜贵恶贱，于是"人之情性，贤者寡而不肖者众"③，这会导致社会动乱，需要用刑法去治理。

性情阴阳，性正情变。董仲舒认为，人的本性是生之质，情是人的欲望。"身之有性情也，若天之有阴阳也。言人之质而无其情，犹言天之阳而无其阴也。"④ 以性情喻阴阳，二者相依不离，"情亦性也"，与天道为一。这是对存性灭情的否定。其认为应树立人的情感活动的合理性和重要地位，并以性情阴阳作为构建社会秩序的依据。

魏晋南北朝时，品鉴人物的本性、性情成为当时选拔官吏的需要。刘劭认为"盖人物之本，出乎情性"⑤，人才取决于性情。王弼认为，人的情感活动应顺从道德原则。他说："不性其情，焉能久行其正，此是情之正也。若心好流荡失真，此是情之邪也。以情近性，故云性其情。"⑥ "性其情"意味着本性有节制情感活动的功能，若不节制，情感活动就不能保持其正能量，会流于邪。应该使情感活动与道德原则相接近、相符合。阮籍认为，"性者，五行之正性也。情者，游魂之变欲也"⑦。其认为，名教是对于人性的压抑，主张性情任自然。这是因为性情乃是自然五行的正性，情是灵魂的变化。北齐刘昼对竹林名士到元康名士的顺性肆情纵欲以危身展开批评。他认为"人之禀气，必有性情。性之所感者，情也；情之所安

---

① 郭庆藩. 庄子集释：缮性. 王孝鱼，整理. 北京：中华书局，1961：552.
② 梁启雄. 荀子简释：性恶. 北京：古籍出版社，1956：333.
③ 梁启雄. 韩子浅解：难势. 北京：中华书局，1960：392.
④ 苏舆. 春秋繁露义证：卷十：深察名号. 钟哲，点校. 北京：中华书局，1992：299.
⑤ 刘劭. 人物志：九征. 王玫，评注. 北京：红旗出版社，1996：12.
⑥ 王弼集校释：论语释疑：阳货. 楼宇烈，校释. 北京：中华书局，1980：631-632.
⑦ 阮籍. 阮籍集：达庄论. 李志钧，季昌华，柴玉英，等校点. 上海：上海古籍出版社，1978：32-33.

者，欲也。情出于性而情违性，欲由于情而欲害情"①。性情的根源是人的禀气，情感是由人的本性为外物所感而展现出来的，情由于欲望的满足，而违戾人的本性，情由于欲而损害情感。情欲炽而灭本性。

性情为一，心统性情。传统性情论经唐末五代动乱的冲击，在宋代面临重建的课题。李觏肯定圣人与众人的性情具有相同性，王安石则认为二者是融合的："性情一也。世有论者曰'性善情恶'，是徒识性情之名而不识性情之实也。"② 他批评李翱的性善情恶论，否定情的价值。性是喜怒哀乐好恶欲七情未发存于心，情是七情发于外见于行。性情的关系是性本情末、性体情用："性者情之本，情者性之用，故吾曰：性情一也。"③ 情以性为本、为体；性以情为末、为用。体用、本末一源无间。王安石进而论性情相须不离："是以知性情之相须，犹弓矢之相待而用。若夫善恶，则犹中与不中也。"④ 性情相须相依，犹如弓矢，善恶犹射中与不中，二者相对为用。

张载对以往错综繁杂的性情论，创造性地提出"心统性情"说。"心统性情者也。有形则有体，有性则有情。发于性则见于情，发于情则见于色，以类而应也。"⑤ 有性有情，互相发，心与性情一而二，二而一，心统性情。二程认为，性情既相依不离，又相分不杂。"问：'喜怒出于性否？'曰：'固是。才有生识，便有性，有性便有情。无性安得情？'"⑥ 情依性而存在，犹波浪依水而存有，无水哪有波浪，无性哪有情？胡宏同意二程性情关系是水与波的关系，他将张载"心统性情"改为"心妙性情之德"⑦，是指人的意识活动通过视、听、言、动等知觉以体认道德理性和情感活动。

性体心用，性情中和。朱熹绍承以往性情论，并进行深入诠释。其一，性是心之体，情是心之用。"性情字皆从心，所以说'心统性情'。心兼体用而言，性是心之理，情是心之用。"⑧ 这说明了"心统性情"的所以然，又以性为体（理），情为用。其二，性静情动。"性情则一，性是不

---

① 刘书. 刘子校释：卷一：防欲章. 傅亚庶，校释. 北京：中华书局，2006.
② 王临川全集：卷67：性情. 上海：国学整理社，1935：425.
③ 同②.
④ 同②426.
⑤ 张载集：性理拾遗. 章锡琛，点校. 北京：中华书局，1978：374.
⑥ 二程集：刘元承手编. 北京：中华书局，1981.
⑦ 胡宏. 胡宏集：知言：事物. 吴仁华，点校. 北京：中华书局，1987：21.
⑧ 黎靖德. 朱子语类. 王星贤，点校. 北京：中华书局，1986：96.

动，情是动处"①。性情融合为一。性是隐在情感活动背后不显露、不动的，情感活动以道德理性为其内在的道德依据。其三，性情为已发未发。"喜怒哀乐，情也。其未发，则性也。"② 喜怒哀乐的情绪、情感是性之已发，发而皆中节为和。朱熹的诠释都是其对待融合、相依相分、不离不杂思维原则的运用和贯彻。

王守仁接受张载和朱熹的心统性情说和性体情用说。他说："心统性情。性，心体也；情，心用也。"③ 但朱熹心统性情的心，是指心的本然的性质、状态、形相，是纯粹的主体。王守仁所说的心，是道德形上学的本体，二者异趣。

罗钦顺在沿用性情体用、动静等命题之外，提出以道心、人心来释性情。他说："道心，性也。人心，情也。心一也，而两言之者，动静之分，体用之别也。"④ 一心两面，而有道人、性情、动静、体用的分别。他是依据《尚书·大禹谟》的"人心惟危，道心惟微，惟精惟一，允执厥中"十六字先圣密旨而发挥的。王夫之不讲心体与性体的合一，而说分合统一："故圣人尽心，而君子尽性。心统性情，而性为情节。"⑤ 心统性情，即人应在性的节制下扩充自己的感情，承认性情有差别并对二者进行统合。心统应包括性、情、才，他说："心者，函性、情、才而统言之也。"⑥ 性是心的质，情是心的显，才是心的能。心是一个综合性的概念、范畴，带有普适性。颜元接着说："是情非他，即性之见也；才非他，即性之能也；气质非他，即性、情、才之气质也；一理而异其名也。"⑦ 由于性、情、才理一而异名，所以推致三者皆善。

近代以来，康有为目睹人性有偏，情发有戾，他把性情好恶同社会政治相联通，把性情概念从纯粹的价值理性转变为现实的实践理性，为其政治改革变法服务。为了不使发生畸轻畸重、畸刚畸柔之失，他主张要使"性情一念之得中和，则生理益然；及其极也，天地同清，万物得所"⑧。

---

① 黎靖德. 朱子语类. 王星贤，点校. 北京：中华书局，1986：96.
② 中庸章句//朱杰人，严佐之，刘永翔. 朱子全书：第 6 册. 上海：上海古籍出版社，2002：33.
③ 王阳明全集：卷四：答汪石潭内翰. 上海：国学整理社，1936：2.
④ 罗钦顺. 困知记. 阎韬，点校. 北京：中华书局，1990：2.
⑤ 诗广传：召南//船山全书：第 3 册. 长沙：岳麓书社，1988：308.
⑥ 尚书引义//船山全书：第 2 册. 长沙：岳麓书社，1988：366.
⑦ 存性篇：性图//颜元. 颜元集. 北京：中华书局，1987：27.
⑧ 康有为. 中庸注. 北京：中华书局，1987：191.

性情得中和，便可位育天地万物，使天地万物同情得所，譬如孔子使性情得中和之极，而可配天地、本神明、育万物，正其性情，保合太和。

性命、心性、性情的中和的大本达道内圣论，是从事诚意正心的内在精神修养，提升仁义道德境界，以成就圣贤的理想人格。孔子的"修己以安人""修己以安百姓""博施于民而能济众""己所不欲，勿施于人""克己复礼为仁"，讲的是内圣的理想人格塑造。孟子的"反身而诚"、四德四端，荀子的"化性起伪""积善成德"，《大学》的"自天子以至于庶人，一是皆以修身为本"，即追求超凡入圣的精神世界。道家追求虚静无为、逍遥自由的道德境界，通过心斋、坐忘，以同于大道。墨家追求兼相爱、交相利的精神世界。禅宗以"明心见性"的成佛为精神世界。他们皆由内超越转化为外超越，又由外超越转化为内超越，把主体人格升华为形而上学道体，又由形而上学道体内化为道德原则，变成主体实践的自律，这便由主体的性命、心性、性情的理论思维概念、范畴，通过主体中和的选择，变成主体外在的实践活动，追求道德价值和外王事功。

五、霸王道杂

人类社会是人与自然及人与人之间双向实践交往活动的融合和总和。人的实践活动和活动的人构成了社会历史，并在其间确立了自己的主体地位，但主体的一切实践活动必然与活动的客体对象相联通，由此构成政治、经济、文化、思想、制度等关系，王霸概念、范畴就是这些关系的综合和曲折的投射。

王与霸是指王道与霸道。"王"见于甲骨文和金文。[①]《说文解字》载："王，天下所归往也。董仲舒曰：'古之造文者，三画而连其中，谓之王。三者，天、地、人也；而参通之者，王也。'孔子曰：'一贯三为王'。"1898年殷墟甲骨发现后，有人否定许慎的解释。吴其昌说："王"，从二或从工，非数之三，"王字之本义，斧也。云天下所归往者，汉人不明古义，引申之说也。"[②] 林沄进一步论证："王字本象斧钺形，而斧钺本为军事统率权的象征物……最高行政权力的王，也是军事首长为其前身的。"[③]《尔

---

① 甲骨文见于《殷墟文字甲编》426，《殷契佚存》386、427；金文见于《大丰簋》《利簋》《王子午鼎》。

② 吴其昌. 金文名象疏证·兵器篇. 山西：三晋出版社，2009.

③ 林沄. 说"王". 考古，1965（6）.

雅·释诂》曰："王，君也。"《六书故·疑》曰："王，有天下曰王。帝与王一也。周衰，列国皆僭号自王。秦有天下，遂自尊为皇帝。汉有天下，因秦制称帝，封同姓为王，名始乱矣。"秦以前诸侯在自己国内称王。《国语》载："庄王使士亹傅太子葴。"① 汉以后，王为社会最高封爵。《正字通·玉部》："王，天子伯叔兄弟分封于外者，亦曰王。""王"为统治者，便引申出占有一国或一地之义。《新唐书》载："唐据关内，郑王河南，夏有冀方，此鼎足相持势也。"② "王"又指首领，《老子》曰："江海所以能为百谷王者，以其善下之，故能为百谷王。"③ 江海为小河流的领袖，之所以为领袖，是因为江海胜过小河流。《庄子》载："常季曰：'彼兀者也，而王先生，其与庸亦远矣。'"陆德明释文引李颐曰："王，胜也。"崔云："庸，常人也。"④ 王骀是被刖一足的人，而能胜过孔子，那他比一般人就强多了。首领为大，因而，"王"又有"大"的意思。《广雅·释诂一》："王，大也。"《周礼》载："春献王鲔。"郑玄注："王鲔，鲔之大者。"⑤ "王"亦有"匡正"之义。《春秋繁露》曰："王者，匡也。"⑥《法言》载："昔在周公，征于东方，四国是王。"李轨注："王，正。"⑦ 周武王死后，成王年幼，周公摄政。周王室内部发生矛盾，纣王的儿子武庚乘机串通管叔、蔡叔、霍叔，并联合奄等四国，起兵反周。周公率兵东征，用三年时间才平定叛乱，巩固了周王朝的统治。

"霸"，见于金文。⑧《说文》："霸，月始生，霸然也，承大月二日，承小月三日。从月，䨣声。"徐锴的《说文系传》认为，《汉书》引《尚书》"哉生霸"之文，"魄皆作霸字"。王国维撰《生霸死霸考》，根据一月四分的方法，破刘歆、孟康"既生霸为望、既死霸为朔"之说。其认为既生霸非望，自当在朔望之间，为第 8；既死霸非朔，自当在望后朔前的第 23 日。这是由于 23 日以后月无光之处，8 日以前月有光之处。由此而释霸为月光之光体，此乃金文之义，即本义。⑨ "霸"指古代诸侯联盟的首领，也

---

① 徐元诰. 国语集解：楚语上. 王树民，沈长云，点校. 北京：中华书局，2002：483.

② 欧阳修. 新唐书：第十二册：卷八十五：窦建德. 北京：中华书局，1975：3701.

③ 任继愈. 老子新译. 上海：上海古籍出版社，1985：204.

④ 郭庆藩. 庄子集释：德充符. 王孝鱼，整理. 北京：中华书局，1961：189.

⑤ 周礼注疏//十三经注疏. 阮元，校刻. 北京：中华书局，1980：664.

⑥ 苏舆. 春秋繁露义证：卷十：深察名号. 钟哲，点校. 北京：中华书局，1992：289.

⑦ 扬雄. 扬子法言：先知. 上海：国学整理社，1936：25.

⑧ 金文见于《令簋》《吕鼎》《昌鼎》《作册大鼎》。

⑨ 王国维遗书. 上海：上海古籍书店，1983：1-4.

作"伯"。《玉篇·月部》："霸，霸王也。"唐慧琳《一切经音义》卷八十五："霸，贾注《国语》云：'霸，把也，把持诸侯之权，行方伯之职也。'《考声》云：'长也，伯也，居众之长方伯之任也。'"《孟子》载："五霸，桓公为盛。葵丘之会诸侯，束牲载书而不歃血。"① 桓公为霸主。"霸"亦指依其权势、实力而称霸，或横行一方的人。此外，"霸"同"魄"，指月体黑暗的部分。《增韵·陌韵》："魄，月体黑者亦谓之魄，或作霸。"

"王""霸"在中国哲学思维系统中是较早出现的概念、范畴。殷周之际，二者为单独概念：王道是指三代先王所实行的正道，其核心是以仁义治天下；霸道是以武力、刑罚、权势等治天下，或以力假仁。二者的关系表现为以下几个方面。

王民霸战，力霸德王。王霸之别是中国古代治国理政的两条不同的外王路向。管子王霸合称："霸王之形，象天则地，化人易代。创制天下，等列诸侯，宾属四海，时匡天下。"② 即所谓霸王，是指象天明，则地义；美教化，移风俗；更制度，列爵宜；宾礼四方，一匡天下。王霸的差别体现在各个方面。有以利的大小分王霸的："大者欲王天下，小者欲霸诸侯"③，即诸侯欲大利以王天下，欲小利以霸诸侯。有以丰富其国与兼正他国来区分王霸的："夫丰国之谓霸，兼正之国之谓王。"④ 国力丰盛而称霸诸侯。有以得人与失人、得天下众人或仅得其半来区分王霸的："夫争天下者，必先争人，明大数者得人，审小计者失人。得天下之众者王，得其半者霸。"⑤ 人为邦本，得众即得民心为王道，失民心或得其半为霸道，即"王主积于民，霸主积于将战士"⑥。王道主要依靠民，霸道主要靠养战士。这便是王道与霸道的分道，其在于"明一者皇，察道者帝，通德者王，谋得兵胜者霸"⑦。皇、道、德者为皇帝、王道，用谋略和兵胜的强者为霸道。

荀子认为，王道、霸道、强道的分野在于争取人心与夺取土地之别："王夺之人，霸夺之与，强夺之地。夺之人者臣诸侯，夺之与者友诸侯，

①　孟子集注：告子章句下//朱杰人，严佐之，刘永翔. 朱子全书：第6册. 上海：上海古籍出版社，2002：418.

②　黎翔凤. 管子校注：卷九：霸言. 北京：中华书局，2004：463.

③　黎翔凤. 管子校注：卷三：五辅. 北京：中华书局，2004：191.

④　同②.

⑤　同②465.

⑥　黎翔凤. 管子校注：卷四：枢言. 北京：中华书局，2004：243.

⑦　黎翔凤. 管子校注：卷六：兵法. 北京：中华书局，2004：316.

夺之地者敌诸侯。臣诸侯者王，友诸侯者霸，敌诸侯者危。"① 王道征服人心，霸道争取友邻，强道夺取他国土地。征服人心而行王道，使诸侯称臣；与诸侯为友而成为霸王；夺他国土地，便同诸侯为敌。在春秋战国时期礼崩乐坏的境况下的王道、霸道，以及强道治国理政的外王之道，是三条不同的路向。

王仁霸法，霸王道杂。春秋以来，诸侯争霸，使人民陷于水深火热之中，孟子因而对霸道深恶痛绝。"五霸者，三王之罪人也；今之诸侯，五霸之罪人也。"② 五霸一般指齐桓、晋文、秦穆、宋襄、楚庄，三王一般指夏禹、商汤、周文武。他认为"以力假仁者霸，霸必有大国。以德行仁者王，王不待大。……以力服人者，非心服也，力不赡也；以德服人者，中心悦而诚服也"③，即依恃实力然后假借仁义之名号召征伐以称霸，称霸要凭国力强大；依靠道德求仁义可以使天下归服，实行王道不必凭借强国。依仗实力称霸，人们不会心悦诚服；依靠仁义道德，人们才会心悦诚服。此外，他还描绘了王道实施的方案。

荀子认为，王道推崇礼，霸道注重法。"隆礼尊贤而王，重法爱民而霸，好利多诈而危，权谋倾覆幽险而亡。"④ 他认为，国之命在礼，所以王道崇礼尊贤。霸道好利而行为诡秘，要权术、阴险而反复无常。关于如何治国理政，荀子讲："粹而王，驳而霸，无一焉而亡。"杨倞注："粹，全也。驳，杂也。"⑤ 王道完全按照礼义，立足于大处来治国理政；霸道不完全按照礼义，立足于小处来治理国家，导致国危而亡。

汉宣帝在总结自汉高祖以来治国理政经验时说："汉家自有制度，本以霸王道杂之。"以软硬、宽猛两手来治理国家。然以当时的哲学、思想界来说，皆以王道为重。司马迁说："夫春秋上明三王之道，下辨人事之纪，别嫌疑，明是非，定犹豫，善善恶恶，贤贤贱不肖，存亡国，继绝世，补敝起废，王道之大者也。"⑥ 明确规定了王道的内涵、作用及其价值。董仲舒也说："道，王道也。王者，人之始也。王正，则元气和顺，

① 梁启雄. 荀子简释：王制. 北京：古籍出版社，1956：103.
② 孟子集注：告子章句下//朱杰人，严佐之，刘永翔. 朱子全书：第6册. 上海：上海古籍出版社，2002：417.
③ 孟子集注：公孙丑章句上//朱杰人，严佐之，刘永翔. 朱子全书：第6册. 上海：上海古籍出版社，2002：286.
④ 梁启雄. 荀子简释：强国. 北京：古籍出版社，1956：208.
⑤ 梁启雄. 荀子简释：王霸. 北京：古籍出版社，1956：144.
⑥ 司马迁. 史记：太史公自序. 上海：商务印书馆，1932：62.

风雨时，景星见，黄龙下。王不正，则上变天，贼气并见。"① 王道能带来社会、自然的和谐和祥瑞时现；批判夏桀、商纣的霸道，天变、贼气并见。王充又说："是故王道立事以实，不必具验。圣主治世，期于平安，不须符瑞。"② 他认为，汉代在治国理政的外王方面，以及出现祥瑞方面，都超过了周代，因而襃扬汉代。

王霸不二，王霸异同。宋代司马光认为，周代王室衰微，二伯之职废，齐桓公、晋文公纠合诸侯尊周天子，天子命他们为侯伯，后来"伯之语转而为霸，霸之名自是兴。自孟、荀氏而下，皆曰：由王道而王，由伯道而霸，道岂有二哉？得之有浅深，或功有小大耳"③。王道、霸道，道同不二，只是深浅、小大有差分。

二程不赞同司马光的观点，认为王道、霸道之道不同。程颢说："故诚心而王则王矣，假之而霸则霸矣。二者其道不同，在审其初而已。"④ 为什么道有不同？得天理之正，极人伦之至者，是尧舜之道。他们本乎人情，出乎礼义。霸道是用私，依仁义之偏，终究不入尧舜的王道。王道是本于主体自我的道德情感和礼义原则的自觉；霸道则出于私心，陷于人欲，而行霸道暴政，二者其道不同。二程将王道与儒道融合，以提升儒道的价值。"王道与儒道同，皆通贯天地，学纯则纯王纯儒也。"⑤ 王道与三王五帝相融合，重在外王的治平；王道与儒道相圆融，既重内圣的诚、正，又关注外王的治、平。王道向儒道的内圣转化而道德化，儒道向王道转化为外王的政治化。换言之，"王道之本，仁也"即"己所不欲，勿施于人"；霸道为"己所不欲，要施于人"。

胡宏赞成二程的观点。他说："天下之道，为人、为己二端而已，惟圣人合内外之道，得时措之宜，故不塞不流而王道行，百姓宁。"⑥ 圣人合为人、为己内外之道，而王道行。辟杨墨、墨子重己、重人之偏陋，有大功于王道。霸道是"霸者，务施报图大权而共小节，据实势而崇虚名者也。……所以明王霸异道，义利异途，示后人以天理之所在，使人欲不得

① 苏舆. 春秋繁露义证：卷四：王道. 钟哲，点校. 北京：中华书局，1992：101.
② 黄晖. 论衡校释：卷十九：宣汉篇. 上海：商务印书馆，1938.
③ 司马光. 司马文正公传家集：卷七十四：道同. 上海：商务印书馆，1937：911.
④ 二程集：河南程氏文集：卷一. 北京：中华书局，1981.
⑤ 二程集：河南程氏外书：卷十一. 北京：中华书局，1981.
⑥ 胡宏. 胡宏集：皇王大纪论：孟子辟杨墨. 吴仁华，点校. 北京：中华书局，1987：281.

而泊之也。"① 霸道图大权、崇虚名，王霸、义利异道，而非道同，这是不知天理之本，驰心功利的缘故。

王霸义利，尊王贱霸。朱熹与陈亮曾展开王霸义利的辩论，在当时的学术界产生了较大的影响。论争的焦点是道所体现的王霸义利之别。朱熹致信陈亮说："兄高明刚决，非吝于改过者，愿以愚言思之，绌去'义利双行、王霸并用'之说，而从事于惩忿窒欲、迁善改过之事，粹然以醇儒之道自律。"② 陈亮以其"推倒一世之智勇，开拓万古之心胸"坚持说："来教乃有'义利双行、王霸并用'之说，则前后布列区区，宜其皆未见悉也。"③ 他认为不仅三代王霸并用、义利双行，而且汉唐也是如此，批驳朱熹认为三代纯为王道，讲仁义之观点。道统在孟子既没以后，利欲之私流行，王道不行，而行霸道。如果说刘邦私意未甚炽的话，那么李世民之心恐其无一念不出于人欲。陈亮认为，霸道本于王道，王霸并用。王道的三代也有征伐及谋位的霸道，如夏禹启征伐有扈氏，商汤流放夏桀而建商朝，武王伐纣而建周，从中可见王道杂霸道，王道是通过霸道的征伐来实现的，无霸道便不能出现王道。

王廷相提出"尊王贱霸"论，认为孔孟道术并没有断，前人都说孔孟之道不传，"要之，秦汉以下诸儒，虽所造醇疵不齐，而斯造托之不坠，亦不可诬"④。秦汉以来的儒者，虽然各人的学术不同，但孔孟之道未曾失坠。"尊王贱霸，增光孔氏矣，而何以指为申韩之流？潜心求道，所得于圣人者多矣。"⑤ 尊王贱霸，并非申不害、韩非的思想，而是增光孔孟的王道。王夫之亦主张"明王道，黜霸道"。他在《四书训义》卷二十七中说，这是因为"王霸之分，学术邪正之辨，即世运盛衰之别也。王之所以异于霸者无他，仁而已矣"。王夫之认为，明王黜霸、尊王贱霸，是有关国家的盛衰危亡、学术邪正的分别的关键。

外王的王道与霸道两种治国理政的方案，在中国古代历史上都有实践，其核心话题，是是否实行仁义、礼仪、义利以及实行的真假、深浅、大小等差别。或"无偏无党，王道荡荡；无党无偏，王道平平；无反无侧，王道正直"⑥，而无好恶私欲之生，天理流行；或有偏有党，有反有

---

① 胡宏. 胡宏集：皇王大纪论：管仲相齐. 吴仁华，点校. 北京：中华书局，1987：272.
② 朱熹. 朱文公文集：与陈同甫. 上海：商务印书馆，1919：578.
③ 陈亮. 陈亮集：下册：卷二十. 北京：中华书局，1987：280.
④ 王廷相集：第二册：策问. 王孝鱼，点校. 北京：中华书局，1989：542.
⑤ 同④543.
⑥ 尚书正义//十三经注疏. 阮元，校刻. 北京：中华书局，1980：190.

侧，以力假仁、重法以利，私欲横行；或主王霸杂之，王霸不二，义利双行，王霸并用，互渗互补。这三种外王之道，都与内圣紧密相连，内圣既可指导外王的实践，制约外王的各种活动，纠正外王的错误；亦可使外王回归正道，改私从公，惩恶迁善。在当今信息智能时代，要礼敬中华优秀传统文化，充分发掘内圣外王积极的思想观念、哲学智慧，把作为中华民族道德精髓的内圣与治国理政的外王融合起来，构建新的体现时代精神的"立人之道曰仁与义"的中国哲学的内圣外王元理。

第八章　融突和合论[*]

融突和合是中国哲学的核心话题，是中国哲学的重要元理，是中国人自强不息、钩深致远地追求智慧的历程，是智能创造、唯变所适的时代精神的体现。中国自古以来主张为天地立心、天人合一，人与天地宇宙、社会、人生存在道义与功利、整体利益与个体利益、道德价值与物欲价值的融突。"利者，义之和"。忘利行义，义利双行，构成不同时代的不同主张的流动状态。人生在世，随时会面临公与私的选择。它是主体所追求的两种互相联通又相互差分的伦理道德价值指向，是内在和外在的伦理道德行为活动，体现为"天下为公"，大公无私，理公欲私。随着经济的繁荣，商品经济和市民经济不断发展，一些人认为私是人类为维持生命存在的必需，主张"人各有私"，为私的合理性进行论证；后又对以权谋私、假公济私、化公为私进行批判。公私、理欲是具有中国特色的伦理道德哲学的概念、范畴。人的道德理性与欲望既冲突又融合。孔子主张人有欲，老子提倡人无知无欲，孟子主张养心莫善于寡欲，庄子讲少私寡欲，荀子认为欲是人所普遍具有的自然共性，可以道制欲。宋明理学家主存天理，灭人欲。明清之时，有主"天理从人欲中见"，天理寓于人欲之中，理欲融合。理欲话题又与善恶的道德评价相连，以理为善，以欲为恶。对于人性善恶问题的论辩，各家有不同主张，成为中国人性论的重要话题，贯穿中国哲学的始终。

性命、心性、性情的内圣道德主体，通过中和的调节，明德的选择，可外现为义利、公私、理欲、善恶的有形相、无形相的道德实践活动。这

---

* 本章将以《融突和合论——中国哲学元理》为题于《江汉论坛》发表。

是一种特殊的与外王相关的主体与客体关系的联通，是主体所需要的融突和合的价值导向，是道德本性、理性、价值的内圣与外王实践行为活动的彰显，是道德本性与功利、道德公理与私欲、道德原则与物欲利益、主体行为活动的善恶评价等内圣外王的融突和合。

一、融突和合解

融突风云四海均，和合际会一脉香。融突和合论是中国哲学的核心话题，是中国哲学的重要元理，是中国人自强不息、钩深致远地追求智慧的历程，是智能创造、唯变所适的时代精神的体现。

冲突融合而和合的"融"，见于甲骨文和金文。① 《说文解字》载："融，炊气尚出也。从鬲，虫省声。籀文融不省。"（按：金文从土，不从鬲。）徐锴《说文系传》："气上融散也。"炊水成气，水气上通，引申为"变通""融通""通融"之义，又作和乐，其乐融融，有"和合"之义。通则久，通则明，因此，"融"又有"大明""大亮"之义。《广韵·东韵》载："融，朗也。"《左传》有言："明而未融，其当旦乎？"杜预注："融，朗也。"孔颖达疏："明而未融，则融是大明，故为朗也。"② "融"又有"融化""消溶"之义。《墨子》载："以车两走，轴间广大，以圉犯之，融其两端，以束轮。"③ 应让两个车轮之间的距离大一些，可以融化其两端，以便束缚两轮。"融"有"融合"之义，唐杨炯《王勃集序》云："契将往而必融，防未来而先制。"融合、融通，融通而长久，因此，"融"又有"长久"之义。《尔雅·释诂》载："融，长也。"邢昺疏："《说文》云：'长，久远也。'"《方言》卷1载："融，长也……宋、卫、荆、吴之间曰融。"《诗经》载："昭明有融，高朗令终。"毛亨传："融，长。朗，明也。"孔颖达疏："郑以为天既助汝王以光明之道，不但一时而已，又使之长远也。"④ 长久而明朗，便有善终，因而"融"又有"和乐"之义。《左传》载："公入而赋大隧之中。其乐也融融。"杜预注："融融，和乐也。"⑤ 郑武公的妻子姜氏，生庄公和共叔段。庄公出生时难产，姜氏因而讨厌

---

① 甲骨文见于《殷墟文字乙编》7012；金文见于《邾公钘钟铭文》等。
② 春秋左传正义//十三经注疏. 阮元, 校刻. 北京: 中华书局, 1980: 2040-2041.
③ 吴毓江. 墨子校注: 卷十四: 备蛾传. 孙启治, 点校. 北京: 中华书局, 1993: 862.
④ 毛诗正义//十三经注疏. 阮元, 校刻. 北京: 中华书局, 1980: 536.
⑤ 同②1716-1717.

他，而喜欢共叔段，要立其为太子。庄公即位，共叔段（太叔）扩张自己势力，准备袭击都城，并由姜氏做内应。于是庄公把姜氏安置到城颍，发誓说："不及黄泉无相见也。"庄公说后就后悔了，颍考叔建议掘地见泉水，在隧道中相见，"其乐也融融"。"融"古代又指火神祝融。

融突和合的"突"，见于甲骨文和金文。① 《说文解字》载："突，犬从穴中暂出也。从犬在穴中。一曰滑也。"犬从穴中突然而出。徐锴《说文系传》："犬匿于穴中伺人，人不意之，突然而出也。""突"有"忽然""猝然"之义。《方言》卷 10 曰："莱，猝也。江、湘之间，凡卒相见谓之莱相见，或曰突。"《广雅·释诂二》曰："突，猝也。"《周易》载："突如其来如。"孔颖达疏："突然而至，忽然而来。"② "突"又有"袭击"之义，《三国志》载："青州兵奔，太祖陈乱，驰突火出，坠马，烧左手掌。"③ 吕布袭击曹操军队，曹操突围而出，两军冲撞。慧琳的《一切经音义》卷十六中载："突，《韵诠》云：冲也。""突"又有"触犯""凌犯"之义。《荀子》载："乱世不然，污漫突盗以先之。"杨倞注："突，凌触。盗，窃也。"④ 在昏乱的社会中，人往往肮脏放荡，凌犯盗窃。"突"又有"欺诈"之义。《广雅·释诂二》："突，欺也。"王念孙疏证："谓欺诈也。""突"又有"突出""凸出"之义。《集韵·没韵》："突，出貌。"《庄子》载："然吾王所见剑士，皆蓬头突鬓垂冠。"成玄英疏："发乱如蓬，鬓毛突出。"⑤ 犹怒发冲冠之状。因而"突"又有"穿""破"之义。《玉篇·穴部》："突，穿也。"《左传》载："郑子展、子产，帅车七百乘伐陈，宵突陈城，遂入之。"杜预注："突，穿也。"⑥ "突"也可表示穿过洞穴、隧道。《三国志》载："十二月，诸葛亮围陈仓。"裴松之注引"《魏略》曰：'亮又为地突，欲踊出城里。昭又于城内穿地横截之。'"⑦ "突"又指恶马、烟囱。

融突和合的"和"，见于金文。⑧ 《说文解字》载："咊，相应也。从口，禾声。"后作"和"。《玉篇·口部》载："咊为和。"《广韵·过韵》曰："和，声相应。""和""龢"同字异体，"龢"为古字，甲骨文从龠，

---

① 甲骨文见于《铁云藏龟拾遗》5·7；金文见于《古钵》。
② 周易正义//十三经注疏. 阮元, 校刻. 北京：中华书局，1980：43.
③ 陈寿. 三国志：魏书：武帝纪. 陈乃乾, 校点. 北京：中华书局，1959：11.
④ 王先谦. 荀子集解：王霸篇. 上海：国学整理社，1936：147.
⑤ 王先谦. 庄子集解：说剑. 北京：中华书局，1961：1017.
⑥ 春秋左传正义//十三经注疏. 阮元, 校刻. 北京：中华书局，1980：1984.
⑦ 陈寿. 三国志：蜀书：明帝纪. 陈乃乾, 校点. 北京：中华书局，1959：94-95.
⑧ 金文见于《史孔盉》《陈簠》等。

禾声。龠为编管乐器，表示乐调协和、调和。"龢"自春秋时的多口演变为单口，出现"和"字。《周易》载："鸣鹤在阴，其子和之。"孔颖达疏："鹤之鸣于幽远，则为其子所和。"① "和"有"响应""附和"之义。《商君书》载："论至德者不和于俗，成大功者不谋于众。"② "和"又谓"和谐""协调"。《广雅·释诂三》："和，谐也。"《周易》载："保合大和，乃利贞。"王弼注："不和而刚暴。"③ 保持最大的和谐，而有利于正道。和顺、平和才能和谐，因而，"和"又有"和顺"之义。《广雅·戈韵》载："和，顺也。"《左传》载："高辛氏有才子八人，伯奋、仲堪、叔献、季仲、伯虎、仲熊、叔豹、季狸，忠、肃、共、懿、宣、慈、惠、和，天下之民，谓之八元。"孔颖达疏："和者，体度宽简，物无乖争也。"④ 即这八人忠诚、恭敬、勤谨、端美、周密、慈祥、仁爱、和顺。"和"由"平和和谐"而又产生出"和睦""融洽"之义。《尚书》载："同寅协恭，和衷哉。"孔安国传："衷，善也。以五礼正诸侯，使同敬合恭而和善。"⑤ 由"和善"而引申出"调和"之义，《集韵·过韵》："和，调也。"《周礼》曰："食医掌和王之六食、六饮、六膳、百羞、百酱、八珍之齐。"郑玄注："和，调也。"⑥ 即食医掌管调和君王的六食。由"调和"而又有"和解""和平"之义。《周礼》载："调人掌司万民之难，而谐和之……凡和难，父之仇，辟诸海外；兄弟之仇，辟诸千里之外。"贾公彦疏："调人至和之。"⑦ 和调、和解父亲及兄弟之仇恨。和解而适中，因而产生恰到好处之义。《广韵·戈韵》载："和，不坚不柔也。"《周礼》载："以乐德教国子，中、和、祗、庸、孝、友。"郑玄注："中犹忠也；和，刚柔适也；祗，敬也；庸，有常也；善父母曰孝；善兄弟曰友。"⑧ 和即不刚不柔而适中，是一种恰到好处的结合。《礼记》载："乐由阳来者也，礼由阴作者也。阴阳和合而万物得。"孔颖达疏："和犹合也。得谓各得其所也。若礼乐由于天地，天地与之和合，则万物得其所也。"⑨ 礼乐、天地和合，即和乐、喜悦。

---

① 周易正义//十三经注疏. 阮元，校刻. 北京：中华书局，1980：71.

② 商君书：更法. 严可均，校. 上海：国学整理社，1936：1.

③ 同①14.

④ 春秋左传正义//十三经注疏. 阮元，校刻. 北京：中华书局，1980：1862.

⑤ 尚书正义//十三经注疏. 阮元，校刻. 北京：中华书局，1980：139.

⑥ 周礼注疏//十三经注疏. 阮元，校刻. 北京：中华书局，1980：667.

⑦ 同⑥732.

⑧ 同⑥787.

⑨ 礼记正义//十三经注疏. 阮元，校刻. 北京：中华书局，1980：1446-1447.

《尚书》载："周公初基，作新大邑于东国洛，四方民大和会。"孔安国传："初造基建作王城大都邑于东国。洛汭居天下土中，四方之民大和悦而集会。"孔颖达疏："惟以周公摄政七年之三月，始明死而生魄，月十六日己未，于时周公初造基趾，作新大邑于东国洛水之汭，四方之民大和悦而集会。"① "和"又指古代军门。《周礼》载："以旌为左右和之门。"郑玄注："军门曰和，今谓之垒门，立两旌以为之。"② 即"和"为军营的正门，以两旌为标志。"和"又为车铃，悬于车轼，一说悬于车衡。《广雅·释器》载："和，铃也。"《诗经》载："和鸾雍雍，万福攸同。"毛亨传："在轼曰和，在镳曰鸾。"孔颖达疏："和亦铃也。"③ "和"又是古代乐器术语。《尔雅·释乐》："徒鼓瑟谓之步，徒吹谓之和。"此外，打麻将牌已符合规定的要求而赢了，叫作和。

融突和合的"合"，见于甲骨文和金文。④《说文解字》载："合，合口也。从亼，从口。"徐锴《说文系传》作"亼口也"。朱芳圃的《殷周文字释丛》中载："字象器盖相合之形。""合"指口合拢。《山海经》载："西北海之外，大荒之隅，有山而不合，名曰不周负子。"郭璞曰："《淮南子》曰：'昔者共工与颛顼争帝，怒而触不周之山，天维绝，地柱折。'故今此山缺坏不周匝也。"⑤ 即不周山不能合拢。"合"有"聚合"之义。孔子说："桓公九合诸侯，不以兵车，管仲之力也。如其仁！如其仁！"⑥ 即齐桓公多次主持诸侯间的聚会，停止战争，这都要归功于管仲的力量。"合"又有"联合""联络"之义。《战国策》载："秦与齐合，韩氏从之。楚兵大败于杜陵。"⑦ 即秦国与齐国联合，韩国也跟从两国，楚国军队大败于杜陵（故城在今陕西旬阳县西）。"合"又有"结合"之义。《韩非子》载："君臣也者，以计合也。"⑧ 即君臣以计结合。所谓计，君以爵禄以易下死，臣竭智力以取上赏。"合"又有"合并""吞并"之义。《史记》载："夫秦之

① 尚书正义//十三经注疏. 阮元, 校刻. 北京：中华书局, 1980：202.

② 周礼注疏//十三经注疏. 阮元, 校刻. 北京：中华书局, 1980：838.

③ 毛诗正义//十三经注疏. 阮元, 校刻. 北京：中华书局, 1980：420.

④ 甲骨文见于《殷墟书契菁华》7·10；金文见于《召伯簋二》《秦公钟》。

⑤ 袁珂. 山海经校注：大荒西经. 上海：上海古籍出版社, 1980：387.

⑥ 论语集注：宪问//朱杰人, 严佐之, 刘永翔. 朱子全书：第6册. 上海：上海古籍出版社, 2002：192.

⑦ 王守谦. 战国策全译：秦策二. 喻芳葵, 王凤春, 等译注. 贵州：贵州人民出版社, 1992：99.

⑧ 梁启雄. 韩子浅解：饰邪. 北京：中华书局, 1960：137.

所以不出兵函谷十五年以攻齐、赵者，阴谋有合天下之心。"① 在这里，"合"有合并、统一天下的意思。天下一统是适合形势发展的，因而，"合"又有"适合""匹配"之义。"（赵）括徒能读其父（赵奢）书传，不知合变也。"② 用兵之道，据天地人的实际情况而适时变化，与其相适合、相匹配。《尔雅·释诂上》："仇、偶、妃、匹、会，合也。"郭璞注："皆谓对合也。"《诗经》载："文王初载，天作之合。"毛亨传："合，配也。"③ "对合"有"配偶"之义，指配偶之间和睦、融洽。《诗经》载："妻子好合，如鼓琴瑟。"郑玄笺："好合，志意合也。合者如鼓琴瑟之声相应和也。"④ "合"由"匹配"又产生"坚密"之义。《周礼》载："秋合三材则合。"郑玄注："合，坚密也。"三材指胶、丝、漆，秋天是作弓之时，至冬天定体而紧密。"合"除有上述之义外，另有"配制""制作""应该""给""盒子""整个""合计"等义。

综上所述，融突和合是中国哲学重要的体现时代精神精华的话题之一，是贯通中国始终的概念、范畴。融突和合在中国哲学五千年来的发展过程中，不断探赜索隐，并以开放包容的态势，海纳各方面哲学思维，内涵体厚而深刻，博大而精深。

其一，矛盾冲突的矛盾是用来体现和说明人物之间关系及其发展过程的概念、范畴。矛盾在一定条件下会演变为冲突。冲突是表达、说明人与人、人与物、物与物之间关系的互相对待、冲撞或触犯的概念、范畴。《周易》中天地人三才之道的阴阳、柔刚、健顺都是古代对矛盾冲突观念的理解。在宇宙之间、人类社会、人生自我中，矛盾冲突无处不在，无时不有。它不是仅由对待两方面构成的，而是错综复杂的，具有多样性和多元性。例如相生相克的五行，就是矛盾冲突的融合体。相生而相依不离，相克是一方、多方胜于另一方、多方。相胜不是消灭矛盾冲突的另一方，而是另一相生的起始，构成往复不断的既相生又相胜。于是构建了生存世界、意义世界，以及可能世界的本然性、能动性、存在性的根据。矛盾冲突的各方面都互相联通，互相渗透，你中有我，我中有你，构成存在的共同基础，这样才能使五行相生相克，相互转化，互相完善。

其二，冲突与融合构成不离不杂的关系。融是表达、说明天地万物之

---

① 司马迁. 史记：张仪列传. 上海：商务印书馆，1932：29.
② 司马迁. 史记：廉颇蔺相如列传. 上海：商务印书馆，1932：29.
③ 毛诗正义//十三经注疏. 阮元，校刻. 北京：中华书局，1980：507.
④ 同③408.

间多元、多样、多层面海纳百川式地融合一起。突与融一方的存在是以另一方的存在为前提的，无突也就无融，即无冲突也无须融合，它们处在同一共同体之中。突的多方之间具有互相限制、互相排斥的关系。突是普遍存在的，无论是物质运动，还是精神运动，都是矛盾冲突作用的结果。但这些运动又处在一个共同体的中国哲学文化的"太极图"之中。"太极图"的阴阳鱼共处同一体，相待相分，又互渗互济，构成在阴鱼中有阳的"眼睛"，在阳鱼中有阴的"眼睛"，而成阳中有阴，阴中有阳，即你中有我，我中有你的态势。矛盾冲突多方在互相依赖中才得以存在和发展，互相吸收才能演变，互相联通才能转化，互相转化而创新。

其三，天地间万事万有都是相，无论是物相、事相、心相，还是道相、法相、名相，都是存有的相。存相分殊，分殊而有别，有别即有对待。千差万别存相的差异，便是殊相，殊相而有矛盾，对待矛盾而有冲突，冲突就需要选择，最佳的选择便是协调、调和、调治。因为矛盾冲突既是对既有宇宙、社会、人生、文明逻辑结构方式或方式结构的突破、破坏，又是对秩序结构、秩序方式的冲击、打散。由无构、无序、无式而需要结构、秩序、方式。重构结构、秩序、方式的过程，便是融的过程。融以其和解、和平、和顺、和睦、融洽的方式、方法，化解矛盾冲突，才能使打散的结构方式重新凝聚，使破坏的秩序得到恢复，标志着新结构方式与方式结构的化生，在这里，突是融的因，融是突的果。融与突共同体的更高境界便是和合。

其四，和是声音相应、附和、响应。经传多假"和"为"龢"，龢为用竹管编成的乐器，似笛而稍短小，有三孔、六孔、七孔之别，即多个孔而发出不同高低等声音，而相互协调、和谐、相应。和声入耳，心悦则乐。和是什么？《左传》记载齐景公与晏婴有一段对话："公曰：'和与同异乎？'对曰：'异。和如羹焉，水、火、醯、醢、盐、梅，以烹鱼肉，燀之以薪，宰夫和之，齐之以味，济其不及，以泄其过，君子食之，以平其心。'"[1] "和"与"同"是对待概念，"和"是各种差别、矛盾的食材、调料，经主体人的加工和合，济其不及，以泄其过的相对相济、相反相成的形式，使食物味道鲜美，即成美食。"同"是什么？晏婴说："若以水济水，谁能食之？若琴瑟之专一，谁能听之？同之不可也如是。"[2] 即同是相同的东西相加，水加水，仍是水，水的性质没有变化；"和"则是矛盾冲

---

[1] 杨伯峻. 春秋左传注：第4册：昭公二十年. 北京：中华书局，1981：1419.
[2] 同[1].

突的多样东西调和、融合，多样的食材、调料相对相济，是济不及与泄其过的过程，多样食料、调料的原有的性质、食味融合在一起，而成为美味。食用和羹，能够平和人心。史伯与郑桓公的对话，也论及和与同的话题。史伯认为，周幽王之所以失败就在于"去和而取同"，"以同裨同，尽乃弃矣"①。和是多样、多元物质融合的产物，万物丰长、人就心平德和；同的单一、一元相加，万物就不能继生而衰败，这就是"同则不继"。

其五，和合是中华文化的精髓，是哲学思想的核心话题，是治国理政的指导原则，是伦理道德的和谐至善，是价值观念的和乐怡适。和合是新生事物或新质事物产生的根据、因缘；是和合多样、多元存有的方式；是多样、多元动态的、开放的、包容的体系；是心灵宁静安详、心绪和平恬淡、精神和乐愉悦的境界；是形上学的道体，或曰和合生生道体。和合的诸性相是通过一定方法才能实现的，其以一定的具体形式表现出来：和合是多元、多样异质的因素、要素的冲突融合而和合，而非一元、一样。一元、一样是同、单一、唯一。"声一无听，物一无文"；和合是东西南北中诸多优质东西、要素、因素的融合。这种融合是扬弃、选择的过程，扬弃、选择是按照和合道体的需要和原则，以定可否、能否；和合是有机的、有序的和合。它不是机械性的打散组装，也不是机械拼凑，而是一种有机的发展和升华，是一种有序的演化，有序才能和谐、协调、联通。然而，有序是无序的新生，无序为有序创造了条件，无序也是对有序的互换；和合是动态分析的理论结构。这种理论结构具有相对论和对称论的方式，也具有综合论和相济论的方式。在和合之中的多元、多样的要素、元素（形相、无形相），其自身不是被凝固的，亦不是被确定的、已完成的，而是一个连续的、反复的、不断被完成的过程。当某一和合体呈现时，又如赫拉克利特所说："结合物是既完整又不完整，既协调又不协调，既和谐又不和谐的。"② 和合体永远处在和谐、协调、完成的过程中。

二、和合的源流

和合融突是人对生存、意义、可能三世界反思的思想的智能创造。它纵贯整个中国哲学思想发展的全过程，横摄各个时代各家各派的哲学思

---

①　徐元诰. 国语集解：郑语. 王树民，沈长云，点校. 北京：中华书局，2002：470.

②　北京大学哲学系外国哲学史教研室. 赫拉克利特著作残篇：上卷. 北京：商务印书馆，1981：24.

想。无论是天地万物从哪里来的，还是人与自然、社会、人际、心灵和不同文明之间的关系，抑或是自然生态、社会伦理、人际关系、心理结构、价值观念、思维方式、行为方式、审美情感，都联通着和合，构成一个和合网。

"和"与"合"在殷周时期为单一概念，到春秋战国时"和合"才成为一个概念、范畴。周幽王八年，郑桓公作王室司徒，与太史史伯谈论"兴衰之故"和"死生之道"，当论及远古帝王成就"天地之功"时，史伯说："虞幕能听协风，以成物乐生者也。夏禹能单平水土，以品处庶类者也。商契能和合五教，以保于百姓者也。周弃能播殖百谷蔬，以衣食民人者也。"① 虞幕能"听知和风，因时顺气，以成育万物，使之乐生"；夏禹熟悉水性，因地疏导，"使万物高下，各得其所"；商契了解民情，因伦施教，使百姓和睦，皆得保养。（韦昭注："五教：父义，母慈，兄友，弟恭，子孝。"）周弃能播种百谷，繁育蔬菜，让人民丰衣足食，安居乐业。

《国语》作为"春秋外传"，使我们能够得闻当时智慧之士围绕"天时人事"的精彩对白，切身感受"礼崩乐坏"时期民族精神及其生命睿智的深沉忧患，因而为时人所发挥。管子说："畜之以道，养之以德。畜之以道则民和，养之以德则民合，和合故能习，习故能偕，偕习以悉，莫之能伤也。"② 另在《兵法》中有一段相似的记载："畜之以道则民和，养之以德则民合。和合故能谐，谐故能辑，谐辑以悉，莫之能伤。"③ 要做到和合人民，必须蓄养道与德。道是人类最根本的原理、原则、规范，亦是人的精神境界；德既是天地万物的本性、属性，也指人的本性、品德。人民有了道德修养，便和合，和合所以和谐，和谐所以团聚，就不会受到伤害。和合是蓄养道德的目标和对于这个目标的追求。

墨子从"兼相爱，交相利"的思想出发，认为和合是人与家庭、国家、社会关系的根本原则。"内者父子兄弟作怨恶，离散不能相和合。天下之百姓，皆以水火毒药相亏害。"④ 家庭内若父子兄弟相互怨恨，互相使坏，推及天下百姓，国家就会离散灭亡。和合使国家、社会、家庭凝聚在一起，而成为一个整体结构。如果"内之父子兄弟作怨仇，皆有离散之

---

① 徐元诰. 国语集解：郑语. 王树民，沈长云，点校. 北京：中华书局，2002：466. 按：虞幕为舜帝后代的虞思，周弃为后稷。（均据韦昭注。）

② 黎翔凤. 管子校注：卷三：幼官. 北京：中华书局，2004：183.

③ 黎翔凤. 管子校注：卷六：兵法. 北京：中华书局，2004：323.

④ 吴毓江. 墨子校注：卷三：尚同上. 孙启治，点校. 北京：中华书局，1993：109.

心，不能相和合"①，就不会有君臣、上下、长幼之节，父子兄弟之礼，天下就会大乱。"昔越王句践好士之勇，教驯其臣和合之。"② 君臣、诸臣之间都能和合，国家和谐而富强。天下大乱的原因，是天下的病症，必须进行医治。"譬若医之药人之有病者然，今有医于此，和合其祝药之于天下之有病者而药之。"③ 要对天下有病者进行治疗，其最佳的药方便是和合。和合是消除怨恶、怨仇，使离散聚合的药方。

《易传》是对《易经》的解释，赋予经以义理哲学的意蕴，主张乾坤天地万物的资始资生。"乾道变化，各正性命，保合太和，乃利贞。首出庶物，万国咸宁。"④ 保合太和使天地万物的创生，在人类社会的道德的发端中起着联通性命、阴阳、刚柔的作用，而具有普遍性、一般性。这是因为它把宇宙万物、社会人生看成了一个生生不息的和合体。和合对人的精神情感唤起有重大作用。荀子说："祭者，志意思慕之情也。革诡唈偨而不能无时至焉。故人之欢欣和合之时，则夫忠臣孝子亦革诡而有所至矣。"杨倞注："革，变也。诡，异也。皆谓变异感动之貌。唈偨，气不舒愤郁之貌。"⑤ 祭祀是人们的心意和思慕感情的表达，使人们在欢乐和合的时候，受感动而哀思自己的双亲或君主。若没有祭祀这种形式，人们的哀思就不能表达，而只能把哀思积在心中。

《吕氏春秋》与《荀子》都把"合"作为万物产生的根源。《吕氏春秋》所说的"合"实乃"和合"。不过他以"合和"来表述。"天地有始，天微以成，地塞以形，天地合和，生之大经也。"⑥ 吕不韦的天地有始论，与《庄子》天地"有未始有夫未始有始者"⑦ 的追究异。他认为，天阳之微而生万物，地阴之塞以成形。这是对天地化生万物的追究，其根底是合和，即和合。秦始皇并没有采纳《吕氏春秋》的思想。陆贾、贾谊认为强秦之所以速亡的原因是"坚甲利兵，深刑刻法"和"仁义不施故也"。因而陆贾主张"《乾》《坤》以仁和合，八卦以义相承"⑧。乾坤天地，八卦万物都应以仁义作为和合的原则和尺度。因为"仁者道之纪，义者圣之学。

---

① 吴毓江. 墨子校注：卷三：尚同上. 孙启治，点校. 北京：中华书局，1993：116.
② 吴毓江. 墨子校注：卷四：兼爱中. 孙启治，点校. 北京：中华书局，1993：159.
③ 吴毓江. 墨子校注：卷五：非攻中. 孙启治，点校. 北京：中华书局，1993：203.
④ 李道平. 周易集解纂疏. 上海：商务印书馆，1936：8.
⑤ 梁启雄. 荀子简释：礼论. 北京：古籍出版社，1956：274.
⑥ 吕氏春秋校释：卷十三：有始. 陈奇猷，校释. 上海：学林出版社，1984：657.
⑦ 郭庆藩. 庄子集释：齐物论. 王孝鱼，整理. 北京：中华书局，1961：79.
⑧ 王利器. 新语校注：卷上：道基. 北京：中华书局，1986：30.

学之者明，失之者昏，背之者亡"①。仁义是道的纲纪和圣人之学，背离仁义就会亡国。

汉代公孙弘为长治久安，人民安居，主张和合。他说："臣闻之，气同则从，声比则应。今人主和德于上，百姓和合于下。故心和则气和，气和则形和，形和则声和，声和则天地之和应矣。"② 阴阳和，则祥瑞不断出现，气形和，则无疾病而长寿，就不会发生父丧子、兄哭弟的情状。德配天地，河出图，洛出书，远方的君主都来归附，来朝奉献，是乃天下和合之极。

《淮南子》亦主张和合，与《吕氏春秋》同："道曰规，始于一，一而不生，故分而为阴阳，阴阳合和而万物生。"③ 有分才有合，有差分矛盾才有和，无差异就不能合和生物。"天地之合和，阴阳之陶化万物，皆乘人气者也。"④ 天地和合阴阳之气，化生万物。国家的长治久安，需行仁义。《史记》讲：秦国准备攻魏国，然魏文侯礼敬贤人，国内的人称其行仁政，上下和合，不能攻伐。（"秦尝欲伐魏。或曰：魏君贤人是礼，国人称仁，上下和合，未可图也。"⑤）实行仁礼的国家，就会得到人民的拥护，是正义的国家。攻伐这样的国家被诸侯认为是违背仁义的、非正义的行为。

秦汉时国家统一，先秦的和合学哲学转换为中和哲学，作为天下的大本达道和位育天地万物的根据，并与气、阴阳相联通，而被理解为和气、合气等，构成天地生成论与存有论，以及宇宙、社会、人生所遵循的最高原则、原理。《三国志》载，孙权与诸葛亮书曰：刘备死后，蜀主幼弱，诸葛亮派邓芝去吴国与孙权说联合二国。孙权寄书与诸葛亮讲丁厷言多浮艳，能和合二国，以便与魏鼎足而立的唯有邓芝。（"丁厷掞张，阴化不尽；和合二国，唯有邓芝。"⑥）

魏晋时的有识之士在恶劣的政治环境中，人身安全朝不保夕。如何实现人生价值，便由外向现实追求转为对内向的心灵玄远的追寻。王弼主贵无论，其依据的经典文本是"三玄"（即《周易》《老子》《庄子》）。他在

---

① 王利器. 新语校注：卷上：道基. 北京：中华书局，1986：34.

② 班固. 汉书：卷五十八：公孙弘传. 北京：中华书局，1962.

③ 刘文典. 淮南鸿烈集解：卷三：天文训. 冯逸，乔华，点校. 北京：中华书局，1989：112.

④ 刘文典. 淮南鸿烈集解：卷八：本经训. 冯逸，乔华，点校. 北京：中华书局，1989：249.

⑤ 司马迁. 史记：魏世家. 上海：商务印书馆，1932：62.

⑥ 陈寿. 三国志：蜀书：邓芝传. 陈乃乾，校点. 北京：中华书局，1959：1072.

注《周易·贲》的"贲如濡如"一句时说："处下体之极，居得其位，与二相比，俱履其正，和合相润，以成其文者也。"① 《贲》卦为离下艮上。九三爻位居下体离之极，九三为阳爻，为得位；六二为阴爻，亦为得位。三爻与二爻都为履正位，阴阳爻和合相润泽，以成就其文饰，能永保其贞。王弼和合论的旨趣是要主体心灵与动直，不失大和。并以"崇本举末"的内圣外王之道，使自然万物、人类社会有序地、和谐地运作。

随着印度佛教的传入与道家向道教的演变，中国哲学理论思维异彩纷呈。道教是中国本土宗教文化，其早期代表作为《太平经》，它在理论思维上突破了传统"太极生两仪"的二分法，而采取三分与多分法。"凡事悉皆三相通，乃道可成也。"② 譬如元气有三名：太阳、太阴、中和；形体有三名：天、地、人；天有三名：日、月、星，北极为中；人有三名：父、母、子；治有三名：君、臣、民。如此，才能太平。如何才能太平，要三和合，或多和合。"天地之行，尚须阴阳相得和合，然后太平。"③ 和合太平是一种愉悦、快乐。"夫乐于道何为者也？乐乃可和合阴阳，凡事默作也，使人得道本也。"④ 阴阳矛盾冲突而和合，自是快乐的事，其效果为："元气自然乐，则合共生天地，悦则阴阳和合，风雨调。"接着，《太平经》说："人莫不悦乐喜，阴阳和合同心为一家，传相生。"⑤ 即宇宙、社会、人生和合同心为一家，便能共生天地万物，风调雨顺，天下太平，这是最大的愉悦快乐。若天下和合同心为一家，便不会有战争、战斗。（"阴阳和合，无复有战斗者。"⑥）人人顺善而忠信，无刑罚而治理即是和合天下。寇谦之以和合为合和。他说："是以天地合和，万物萌生，华英熟成；国家合和，天下太平，万姓安宁；室家合和，父慈子孝，天垂福庆。贤者深思念焉，岂可不和。"⑦ 天地、国家、家庭合和而万物生，万姓安，道士成玄英在《庄子疏》中说："阳气下降，阴气上升，二气交通，遂成和合，因此和气而物生焉。"⑧ 阴阳对待二气在升降中交通、交感而和合，而生万物。

---

① 王弼集校释：周易注. 楼宇烈，校释. 北京：中华书局，1980：327.
② 王明. 太平经合校. 北京：中华书局，1960：149.
③ 同②706.
④ 同②13.
⑤ 同②647—648.
⑥ 同②411.
⑦ 张宇初. 正统道藏：第30册. 台北：艺文印书馆，1977：24254—24255.
⑧ 郭庆藩. 庄子集释：田子方. 王孝鱼，整理. 北京：中华书局，1961：713.

佛教无论是小乘还是大乘，都把缘起论作为其宗教理论和实践的基础或基本精神。缘起是指世界一切结果所赖以生起的条件。因为世界一切事物都被置于因果关系之中。因是原因，是能生；果是结果，为所生。纷纭万象的世界万物都由因缘和合而起。"由此有法至于缘已和合升起，是缘起义。"① 亲者，强力者为因，疏者、弱者为缘，如种子为因，雨露、农夫为缘。因缘和合而生起万物。和合（梵文 Sanigha）是指"众缘聚会"。因缘和合是讲世界上一切事物或现象都在相互联系、依持，并互为原因、条件中会聚和合而生起的原理。窥基所撰《成唯识论述记》中载："论曰：'二果俱有，谓与之所生现行果法俱现和合，方成种子。'"② 所生现行果法俱时现有，"现"有"显现""现在""现有"三义。显现为果，现有为因，现在通因果，和合不相离，现行和合之果，方成种子。

印度佛教中因缘既二又一、既分又合的倾向在中国受融突和合的影响，并在佛学中国化的过程中得以彰显。《大乘起信论》以思辨的形式，融摄中国和合精神。"所谓不生不灭与生灭和合，非一非异，名为阿黎耶识。""不生"指寂灭湛然，"不灭"指常住不动。《起信论》以一心开真如、生灭二门，主张"性相不二"，二门不相离，来和合佛教内部佛性与心识关系，圆融《地论》《摄论》，论师们有关阿赖耶识染净之争，融合阿赖耶识与如来藏法性关系。

宋明理学在融突和合儒、释、道三教思想中建构起来。朱熹在论述道心、人心、天理、人欲时说："所谓人心者，是气血和合做成，嗜欲之类，皆从此出，故危。"③ 这是指《尚书·大禹谟》的"人心惟危，道心惟微"。以人心为人欲，道心为天理，所以说由血气和合而成的人心，一切嗜欲都由此发生，是危险的。王夫之认为作为实有的诚和道，都是阴阳二气缊缊冲突融合而和合。和合是一个动态的过程，其源不在和合之外，而在和合本身。"动而趋行者动，动而赴止者静，皆阴阳和合之气所必有之几，而成乎情之固然，犹人之有性也。"④ 几为动之微，即事物最原初、最端始的动，是太虚和气的必动之几。"升降飞扬，乃二气和合之动几，虽阴阳未形，而已全具殊质矣。"⑤ 船山认为，最原始的"二气和合"，是一种混沌

---

① 俱舍论：卷 9.

② 石峻，等. 中国佛教思想资料选编：第 2 卷. 北京：中华书局，1983：59.

③ 黎靖德. 朱子语类. 王星贤，点校. 北京：中华书局，1986：2018.

④ 张子正蒙注//船山全书：第 12 册. 长沙：岳麓书社，1996：15.

⑤ 同④27.

状态，阴阳二气虽未构成形象，但已蕴涵有不同的性质。这种殊质的相互作用，构成阴阳运动变化的动几。船山的"太和"，是和合所缊缊的最佳境界。"阴阳未分，二气合一，缊缊太和之真体。"① 亦即和合的真体，可称之为"和合之体"。"圣人成天下之盛德大业于感通之后，而以合缊缊一气和合之体。"② 即把和合超拔为形上学之体。

三、道义与功利

人与天地自然的和合。中国自古以来认为人为"天地立心"，"天人合一"。作为有思想、有目的、有道德的主体人与客体天地自然，是相依和合的。西方认为，人与天地自然是互相冲突的两极，解决冲突的方法是征服自然，以满足主体人的利益、欲望、需要，与中国哲学融突和合异，从而引导出主体人的利益与道义、整体利益与个体利益、道德价值与物欲价值以及特定的义务与权利等话题，以及其间关系能否及怎样融突和合的问题。

义利是中国哲学概念、范畴系统中纵贯始终而又横摄各家的概念，影响深远。"义"见于甲骨文和金文。③《说文解字》载："义，己之威仪也，从我羊。羛（义），《墨翟书》羛从弗，魏郡有羛阳乡，读若锜，今属邺，本内黄北二十里。"王筠释例："义下当云'我亦声'。""我"的本义是戈形兵器，后借为第一人称代词，羊形冠饰为仪礼的需要。段玉裁在《说文解字注》中说："言己者以字之从我也。己，中宫，象人腹，故谓身曰己。义各本作仪，今正。古者威仪字作义。"高田忠周说："铭用本字本义，经传借仪为义，又借义为仁谊字，义仪两字义殆混乱矣。""义"为"适宜"之义。《释名·释言语》："义，宜也。裁制事物使合宜也。"《周易》载："其义焚也。"陆德明释文："马云：'义，宜也。一本作其宜焚也。'"④ 上九爻辞为旅客的住处被焚，犹如鸟的巢被烧，旅客先笑而后哭，《象传》说：因为旅客在上位，他的住处适宜被烧。"义"有"正当""正派""合理"之义。《周易》载："理财、正辞、禁民为非曰义。"孔颖达疏："圣人

① 张子正蒙注//船山全书：第12册. 长沙：岳麓书社，1996：35.

② 同①36.

③ 甲骨文见于《殷墟书契后编》下30·12，《殷契拾掇》2·49；金文见于《师旂鼎》《墙盘》《蔡侯盘》等。

④ 周易正义//十三经注疏. 阮元，校刻. 北京：中华书局，1980：69，74.

治理其财用之有节，正定号令之辞出之以理，禁约其民为非辟之事，勿使行恶，是谓之义。"① 禁止、制约民做犯法、违法之事，不使行恶，为义。荀子曰："义，理也，故行。"② 义是合乎礼的，所以能行。这种行为是公平、公正的。《管子》载："唯无不流，至乎而止，义也。"黎翔凤注："方圆邪曲，无所不流。平则止，不可增高。如此者，义也。"③ 公平、正义，这是合乎善的，因此，"义"又有"善"之义。《诗》载："宣昭义问，有虞殷自天。"毛亨传："义，善。"④ 义有"正义感"之义。《史记》载："（武王）东伐纣，伯夷、叔齐叩马而谏曰：'父死不葬，爰及干戈，可谓孝乎？以臣弑君，可谓仁乎？'左右欲兵之。太公曰：'此义人也。'扶而去之。"⑤ 宋洪迈在《容斋随笔》卷8中载："至行过人曰义，义士、义侠、义姑、义夫、义妇之类是也。"这些人的行为超出常人而具有正义感，亦是道德高尚的人。《孟子》载："其为气也，配义与道。无是，馁也。"赵岐注："言此气与道义相配偶俱行。义谓仁义，可以立德之本也。道谓阴阳大道。"⑥ 仁义是人之品德的根本伦理原则。

"利"见于甲骨文和金文。⑦《说文解字》载："利，铦也。从刀；和然后利，从和省。《易》曰：'利者，义之和也。'"屈翼鹏所撰《殷虚文字甲编考释》中载："按：利当是犁之初文。从禾，从刀。其小点当象犁出之土块也。""利"又有"锋利"之义。《玉篇·刀部》载："利，剡也。"《周易》载："二人同心，其利断金。"孔颖达疏："二人若同齐其心，其铁利能断截于金。金是坚刚之物，能断而截之，盛言利之甚也。"⑧ 该句显示了二人同心的力量，故言团结就是力量。"利"又有"利落""灵便"之义。《荀子》载："论百工，审时事，辨功苦，尚完利，便备用，使雕琢文采不敢专造于家，工师之事也。"杨倞注："论其巧拙。功谓器之精好者，苦谓滥恶者。完，坚也。利，谓便于用。"⑨ 各种手艺工匠，根据时节确定要做的事，辨别产品的好坏，注重产品的坚固性和灵便度，使设备器具便于使

---

① 周易正义//十三经注疏. 阮元，校刻. 北京：中华书局，1980：86.
② 梁启雄. 荀子简释：大略. 北京：古籍出版社，1956：367.
③ 黎翔凤. 管子校注：卷十四：水地. 北京：中华书局，2004：814.
④ 毛诗正义//十三经注疏. 阮元，校刻. 北京：中华书局，1980：505.
⑤ 司马迁. 史记：伯夷列传. 上海：商务印书馆，1932：27.
⑥ 焦循. 孟子正义：卷六：沈文倬，点校. 北京：中华书局，1987：200.
⑦ 甲骨文见于《殷契佚存》457，《殷契粹编》673，《殷墟书契后编》下18·8；金文见于《侯马盟书》等。
⑧ 同①79.
⑨ 梁启雄. 荀子简释：王制. 北京：古籍出版社，1956：112.

用、雕刻、绘画，禁止其私自在家制造，这是管理手工艺官的职责。这样管理，产品的质量就能优良，因而，"利"又表示美好的、善的。《玉篇·刀部》载："利，善也。"《汉书》载："十一月，徙齐楚大族昭氏、屈氏、景氏、怀氏、田氏五姓关中，与利田宅。"颜师古曰："利，谓便好也。"①迁徙齐楚五大族于关中，给予其优质、肥沃的土地和房屋，使之富饶。《战国策》载："大王之国，西有巴、蜀、汉关之利。"②国土的西边有巴、蜀、汉中这些富饶的地方，这是大吉大利的。故而，"利"又有"顺利"之义。韩愈说："时有利不利，虽贤欲奚为？"③张道士闻朝廷将治东方贡赋之不如法，三献书不报，长揖而去，京师士大夫多以诗相赠，韩愈作序：时有吉利与义，吉利，虽为贤人又欲如何？"利"有"利益"之义。《墨经》载："利，所得而喜也。""说利，得是而喜，则是利也。其害也，非是也。"④得到利益，这是主体的喜悦，同时以不妨害他人为限，若妨碍他人，己虽喜悦，但非义利。"利"有"有利"之义。《广雅·释诂四》："爱……利，仁也。"王念孙疏证："爱，利者，《庄子·天地篇》：'爱人利物之谓仁。'"犹苦药利于病。爱人有利于事物，这便是仁爱。"利"又有"喜爱"之义，《荀子》载："不利传辟者之辞。"杨倞注："利谓说爱之也。"⑤即不喜爱身边人讨好的言辞。"利"有"疾""迅猛"之义。《淮南子》载："轻土多利，重土多迟。"⑥高诱注："利，疾也。"又如清水音小，浊水音大。轻土迅猛，重土迟缓。

　　义利之辩是中国几千年来的热门话题之一，中国哲学家、思想家无不参与辩论，其实质是整体与个体的义利之辩，具中有诸多道德精髓，需继承弘扬。

　　利义之和，义利诸说。《周易》曰："利者，义之和也。……利物足以和义。"荀爽曰："阴阳相和，各得其宜，然后利矣。"⑦孔颖达疏："言君子利益万物，使物各得其宜，足以和合于义，法天之利也。"⑧利益万物而

①　班固. 汉书：卷一下：高帝纪下. 北京：中华书局，1962.
②　王守谦. 战国策全译：秦策一. 喻芳葵，王凤春，等译注. 贵州：贵州人民出版社，1992：58.
③　韩愈. 韩昌黎集. 北京：商务印书馆，1933：28.
④　吴毓江. 墨子校注：卷十（上）：经说上. 孙启治，点校. 北京：中华书局，1993：471.
⑤　王先谦. 荀子集解：正名篇. 上海：国学整理社，1936：282.
⑥　刘文典. 淮南鸿烈集解：卷四：坠形训. 冯逸，乔华，点校. 北京：中华书局，1989：141.
⑦　李道平. 周易集解纂疏. 上海：商务印书馆，1936：11.
⑧　周易正义//十三经注疏. 阮元，校刻. 北京：中华书局，1980：15.

和合于义。义利虽有差分，但利可与义和合。《左传·襄公九年》载《周易·乾文言》原文："利，义之和也。"此为义利和合说，是其一。其二，义利拒斥说。《论语》载："君子喻于义，小人喻于利。"① 义利是君子和小人所追求的两种截然相对的价值导向，是对立的道德价值。其三，义以制利说。小人喻于利，是一己的私利，或称为专利。《国语》载："夫荣夷公好专利而不知大难。夫利，百物之所生也，天地之所载也，而或专之，其害多矣。"② 利为普遍的存在，人物无不取利为其满足主体生命或生存的需要，因此，利只能为天地人物所分享，而不能为一人所专有，若荣夷公一人专利，必遭大难。所以必须确立以义为本的思想。"义，利之本也。蕴利生孽。"③ 积聚利必生妖害。孔子主张以义制约利。"见利思义"。思是主体人的自觉性、主动性，见利就应该反思义，以义的价值标准和道德导向来衡量利。其四，义利双弃论。老子说："绝圣弃智，民利百倍；绝仁弃义，民复孝慈；绝巧弃利，盗贼无有。"④ 抛弃聪明与智慧，人民会得到百倍的利益；抛弃仁与义，人们才会恢复孝慈；抛弃技巧与货利，盗贼才会被消灭。义利皆抛弃，主体人的价值导向就会回到像婴儿一样的自然无为的状态，这样就无所谓利益、功利了。其五，贵义重利。墨子作《贵义》篇，认为"万事莫贵于义"。利是其兼相爱的行为标准，为"爱利万民"，为利天、利鬼、利人、利天下的利。"此仁也，义也，爱人利人，顺天之意，得天之赏者也"⑤。据天意重利即为贵义，义利互涵。后期墨家将其概括为"义，利也。说义。志以天下为芬，而能能利之，不必用"⑥。义利内涵融合，但非混淆不清，因此解释说，志在使天下美好，善利天下，而不居功自用。利作为普遍的道德价值导向，义利和合。其六，义利两有说。荀子从主体论出发，认为"义与利者，人之所两有也"⑦。义与利对主体人来说是两种必然的存有和选择，其两有是以利融合于义，而非墨子的以义融合于利。主体人的价值活动的导向是"先义而后利者荣，先利而后义者

① 论语集注：里仁//朱杰人，严佐之，刘永翔. 朱子全书：第6册. 上海：上海古籍出版社，2002：96.
② 徐元诰. 国语集解：周语上. 王树民，沈长云，点校. 北京：中华书局，2002：13.
③ 杨伯峻. 春秋左传注：第4册：昭公十年. 北京：中华书局，1981：1317.
④ 任继愈. 老子新译. 上海：上海古籍出版社，1985：99. 按：《郭店楚简本老子》，"绝圣弃智"作"绝知弃辩".
⑤ 吴毓江. 墨子校注：卷七：天志中. 孙启治，点校. 北京：中华书局，1993：306.
⑥ 吴毓江. 墨子校注：卷十（上）：经说上. 孙启治，点校. 北京：中华书局，1993：469.
⑦ 梁启雄. 荀子简释：大略. 北京：古籍出版社，1956：375.

辱"①。荣辱的根本区分，是义利二者谁先谁后的问题，义胜利为治世，利克义为乱世。其七，重利贱义说。韩非说："见大利而不趋……而务以仁义自饰者，可亡也。"② 见大利而不去争，以仁义为自好，是亡国的象征。

这七种类型的义利观，是春秋战国"礼崩乐坏"之世百家智者的反思。这种反思，各家从各自的价值观出发，是人为保障主体生存的一种觉解，是人对宇宙、社会、人生为实现发展的价值追求，是在物质生产活动及政治、经济、文化、精神中价值探索的升华，而成为后来各家各派义利之辩的源头活水。

忘利行义，让利争义。吕不韦门客编著的《吕氏春秋》是以道家思想为主，兼容儒、墨、名、法、阴阳家的思想。《吕氏春秋》曰："士之为人，当理不避其难，临患忘利，遗生行义，视死如归。"高诱注："理，义也。杀身成义，何难之避也。"③ 忘利行义、视死如归，是处理大利与私利的原则。陆贾说："义者行方，君子以义相褒，小人以利相欺。"高诱注："行方，非正道不为也。"④ 君子喻于义，小人喻于利，以义利分君子小人。"君子笃于义而薄于利。"⑤ 义利对待差分，二者中以义为价值导向的主要方面。《淮南子》认为，义利相依不离，有其相融合的方面。"盖闻君子不弃义以取利"，"故仁者不以欲伤生，知者不以利害义"⑥。义是为人的大本，智者不以利损害义，君子不弃义取利。义利相兼，不可弃彼取此，彼此不弃不害。

董仲舒的名言是"仁人者正其道不谋其利，修其理不急其功"⑦。《汉书·董仲舒传》作"正其谊（义）不谋其利，明其道不计其功"。董氏这是对当时"富者田连仟佰，贫者无立锥之地"的社会危机的忧患和反思，他呼吁不要与民争利，不与民争业。王弼的思想与董仲舒相通，他说："见利忘义，贪进忘旧，凶之道也。"⑧ 王弼以名教出于自然，贬仁义。王通则与其相反，他说："君子之学进于道，小人之学进于利。"⑨ "道"为

①　梁启雄. 荀子简释：荣辱. 北京：古籍出版社，1956：38.

②　梁启雄. 韩子浅解：亡征. 北京：中华书局，1960：118.

③　吕氏春秋校释：卷十二：士节. 陈奇猷，校释. 上海：学林出版社，1984：622，624.

④　王利器. 新语校注：卷上：道基. 北京：中华书局，1986：34，35.

⑤　王利器. 新语校注：卷下：本行. 北京：中华书局，1986：147-148.

⑥　刘文典. 淮南鸿烈集解：卷十八：人间训. 冯逸，乔华，点校. 北京：中华书局，1989：609，608.

⑦　苏舆. 春秋繁露义证：卷九：对膠西王越大夫不得为仁. 钟哲，点校. 北京：中华书局，1992：268.

⑧　王弼集校释：周易注. 楼宇烈，校释. 北京：中华书局，1980：485.

⑨　张沛. 中说校注：卷一：天地篇. 北京：中华书局，2013：49.

"道义"。这是接着孔子的"君子喻于义，小人喻于利"说的。君子与小人进学的目标异趣，其价值选择亦有差别。作为君子，应让利争义。"见利争让，闻义争为，有不善争改。"① 君子固然有争，争什么？这是分辨君子小人、义与利、善与恶、吉与凶的标志，是伦理道德价值选择的分野。

义利天下，以利和义。宋明理学是一次儒学复兴运动，也是一次思想解放运动。他们在重建儒家伦理道德和价值理想中，对义利颇为重视。程颢说："大凡出义则入利，出利则入义。天下之事，惟义利而已。"② 于是，便把义利天下事作为一个普遍的、核心的问题，制约着诸多论争的价值导向和价值评判。李觏认为，所谓贵义贱利是陋儒之论。他说："愚窃观儒者之论，鲜不贵义而贱利，其言非道德教化则不出诸口矣。"③ 不能贱利，治理国家，本于财用。若贱利而无财用，国就不治而乱。利国利民，为公利、大利，实即为义。

张载认为，义作为人所以为人的应然的原则，在深层内涵上即为公利。"义，公天下之利。"④ 二程并非完全否定利。"人无利，直是生不得。"作为人的生命所需要的利不能不要，但不能忘义而利。他们说："圣人于利，不能全不较论，但不至妨义耳。乃若惟利是辨，则忘义矣。故罕言。"⑤ 圣人于利亦非完全不较论，因为圣人亦要生命的存在，主要在于辨别义利，以义为价值标准，讲利不能妨义或忘义，要"见利思义，见危授命"⑥。义是利的价值规定和价值指向，以义致利，而不见利忘义。

朱熹重视义利之辨，他认为"义利之说，乃儒者第一义"⑦。他在恢复白鹿洞书院的学规中，以董仲舒的"正其义不谋其利，明其道不计其功"为"处事之要"。并以此区别君子与小人。"盖是君子之心虚明洞彻，见得义分明。小人只管计较利，虽丝毫底利，也自理会得。"⑧ 小人之心，只理会利；君子之心，只理会义。尽管义利对待，但亦融合。"然义未尝不利，但不可先说道利，不可先有求利之心。"⑨ 义本身就存有大利，义蕴涵着

① 张沛. 中说校注：卷八：魏相篇. 北京：中华书局，2013：222.
② 二程集：河南程氏遗书. 北京：中华书局，1981.
③ 李觏. 李觏集：卷十六：富国策第一. 王国轩，校点. 北京：中华书局，1981：133.
④ 张载集：正蒙：大易篇. 章锡琛，点校. 北京：中华书局，1978：50.
⑤ 二程集：河南程氏外书：卷七. 北京：中华书局，1981.
⑥ 二程集：河南程氏遗书：卷十一. 北京：中华书局，1981.
⑦ 朱熹. 朱文公文集：与李延平先生书. 上海：商务印书馆，1919：378.
⑧ 黎靖德. 朱子语类. 王星贤，点校. 北京：中华书局，1986：702.
⑨ 同⑧1218.

利，然不应说为求利，这样便会害义。"盖义者，利之和也。"① 义利和合。朱熹的学生陈淳说："义者，天理之所宜；利者，人情之所欲。欲是所欲得者。"② 天理所宜是当然而然，无所为而然，是合宜于天理的义；不当然而然，有所为而然，便是人情所欲的利。义利之分便是天理人欲之分。叶适认同朱熹义为利之和的思想，他说："故古人以利和义，不以义抑利。"③ 主张以利和义，批判董仲舒的"正义不谋利，明道不计功"的思想的疏阔。"既无功利，则道义者乃无用之虚语尔。"④ 叶适作为永嘉事功学派的代表人物，认为利是义的体现者和落实者，若无功利，义便是空的虚语。功利是公利，是整体利益，私利是个体利益。

义利天理，分合义利。明清之时，王守仁认为，仁义圣人之学日晦，功利之学日盛。吴廷翰与王守仁大异其趣。他说："义利原是一物，更无分别。故曰：'利者，义之和也。'又曰：'利物足以和义。'盖义之和处即是利，必利物而后义乃和。"⑤ 此较陈亮义利双行更深入地追究义的来源，从源头上说，义利原是一物，而非对待二分，义之和的出处，即是利。后人不探究义的源头，而只知义利之分，君子小人之别，皆非圣人之言。不能以义为天理，利为人欲。"义利亦只是天理，人欲不在天理外也。""若寻天理于人欲之外，则是异端之说，离人伦出世界而后可。然岂有此理乎？"⑥ 义利都是天理，天理蕴涵人欲，吴氏以其卓越的智慧，推倒程朱、陆王的以天理人欲、君子小人分义利的主流的意识形态，指出天理于人欲之外是非圣人之言的异端之说。

王夫之则认为义利有分有合，不离不杂。从分的不杂而言，是公私、是非、善恶的区别。"是与非原无定形，而其大别也，则在义利。义者，是之主；利者，非之门也。"⑦ 是非之别在义利。作为道德价值的评估标准来说，义是公、是，利是私、非。义善利恶之分，又如舜与盗跖。"孟子曰：欲知舜与盗跖之分，无他，利与善之间。"⑧ 即以善为义，利为恶。然此分并非绝对，譬如盗跖窃仁义，君子不废食色，是那善中有恶，恶中有

①　黎靖德. 朱子语类. 王星贤，点校. 北京：中华书局，1986：1221.
②　陈淳. 北溪字义：卷下：义利. 熊国桢，高流水，点校. 北京：中华书局，1983：53.
③　叶适. 习学记言序目：卷二十七：魏志. 北京：中华书局，1977：386.
④　叶适. 习学记言序目：卷二十三：汉书三. 北京：中华书局，1977：324.
⑤　吴廷翰. 吴廷翰集：吉斋漫录. 容肇祖，点校. 北京：中华书局，1984：66.
⑥　同⑤.
⑦　孟子//船山全书：第8册. 长沙：岳麓书社，1991：249.
⑧　尚书引义//船山全书：第2册. 长沙：岳麓书社，1988：388.

善。义利融合，利物和义，相依不离。"《易》曰：'利物和义'。义足以用，则利足以和。和也者，合也。言离义而不得有利也。天之所以厚人之生，正人之德者，统于五行而显焉。"① 义不离利，离利便无其用；利不离义，离义便不会有真正的、正当的利。无义无所谓利，无利亦无所谓义，义利和合。

四、伦理价值的取向

人生活在社会之中，无时无刻不面临公与私的抉择。公私是主体所追求的两种互相联通又互相差分的伦理道德价值指向，是一种特殊的主客关系的投射，是满足主体不同需要的价值内涵，是主体的物质利益需要和精神需要，是内在和外在的伦理道德行为活动，是心性道德主体通过中和明德的中介选择的成果。

在中国伦理哲学、政治哲学、价值哲学中，公私是通贯始终又是现代具有现实价值和意义的概念、范畴。"公"见于甲骨文和金文。② 《说文解字》载："平分也。从八从厶，八犹背也。韩非曰：'背厶为公'。""公"有"公正""无私""公允"之义。《玉篇·八部》载："公，平也，正也。"《尚书》载："以公灭私，民其允怀。"孔安国传："从政以公平，灭私情，则民其信归之。"③ 治国理政若公平无私，人民就会信任政府而归从。应公正地对大众一视同仁，共同遵守公约。《玉篇·八部》载："公，通也。"《广韵·东韵》载："公，共也。"荀子说："凡万物异则莫不相为蔽，此心术之公患也。"杨倞注："公，共也。"④ 一切事物都有差异，只看到事物的一面就会造成认知上的片面和局限，这是思想方法上共同的毛病。"公"还指公众的、公家的。"言私其豵，献豜于公。"毛亨传："豕一岁曰豵，三岁曰豜。大兽公之，小兽私之。"⑤ 猪一岁与三岁的大小有别，大猪归公，小猪归自己。韩非说："人主说贤能之行，而忘兵弱地荒之祸，则私行立而公利灭矣。"⑥ 即忘记兵弱地荒的灾祸，私行实施而公利亡了。应忘私行公，一心为公，而不能一切为私。《尔雅·释诂上》载："公，事也。"

① 尚书引义//船山全书：第2册. 长沙：岳麓书社，1988：277.
② 甲骨文见于《殷墟书契前编》23·7，《殷墟文字甲编》1778，《殷墟粹编》405；金文见于《利簋》《墙盘》《鲧公簋》等。
③ 尚书正义//十三经注疏. 阮元，校刻. 北京：中华书局，1980：236.
④ 梁启雄. 荀子简释：解蔽. 北京：古籍出版社，1956：288.
⑤ 毛诗正义//十三经注疏. 阮元，校刻. 北京：中华书局，1980：391.
⑥ 梁启雄. 韩子浅解：五蠹. 北京：中华书局，1960：475-476.

《诗经》载："被之僮僮，夙夜在公。"郑玄笺："公，事也。"① 即人们竦惧而恭敬，早晚为公事。"公"又指公然地、公开地。《汉书》载：朝错景帝时为御史大夫，他对景帝说，吴王濞前有其太子被杀，心中怨愤，今诈称病不朝，于古法当诛，又不改过自新，反益骄恣；公然开矿铸钱，海边制盐，诱亡人阴谋作乱。（"公即山铸钱，煮海为盐，诱天下亡人谋作乱逆。"颜师古注："公谓显然为之也。即，就也。"②）此外，"公"亦为古代爵位名称。

"私"，《说文解字》载："禾也，从禾厶声。北道名禾主人曰私禾人。"邵瑛的《说文解字群经正字》中载："以私为禾，经典无见，而凡公厶义并作厶。"以正《说文解字》之谬。杜义光所撰《文源》中载："私为禾名，经传无考，当与厶同字。"惠栋所撰《惠氏读说文记》中载："厶，俗作私，非是。"不同意厶与私同字。以禾训私，与公私之私无涉。段玉裁所撰《说文解字注》中载：公私之私，"古只作厶，不作私"，"今字私行而厶废矣"。厶，见于甲骨《殷墟文字类编》，以及《殷墟文字后编》上。《说文解字》训厶为"奸衺也"。段玉裁以"衺"为"浅人所增，当删"。王筠的《说文系传校录》亦认为："厶，奸邪也。《玉篇》同。"奸邪而不能公开或见不得人为厶，这是公私之厶的本意。"私"有"奸邪"之义。《淮南鸿烈》载："是故公道通而私道塞矣。"高诱注："公，正也。私，邪也。塞，闭也。"③ 正道通畅，邪道闭塞，认为法令、法律、规定制定以后，就要严格遵守执行，尊者犯法不轻其罚，卑贱者犯法公正不重刑，这便是公道。"私"也指对家族亲属一视同仁。《诗经》载："诸父兄弟，备言燕私。"郑玄笺："祭祀毕，归宾客豆俎，同姓则留与之燕，所以尊宾客亲骨肉也。"④ "私"有"爱亲""亲爱"之义。《释名·释言语》载："私，恤也。"又"私，所恤念也"。《吕氏春秋》载："子，人之所私也，忍所私以行大义，钜子可谓公矣。"高诱注："私，爱也。忍，读曰仁，行之忍也。"⑤ 墨者之法，杀人者死。禁杀伤人，乃天下之大义。给予，荀子说："故明主有私人以金石珠玉，无私人以官职事业，是何也？曰：本不利于

---

①　毛诗正义//十三经注疏. 阮元，校刻. 北京：中华书局，1980：284.
②　班固. 汉书：吴王濞传. 北京：中华书局，1962.
③　刘文典. 淮南鸿烈集解：卷九：主术训. 冯逸，乔华，点校. 北京：中华书局，1989：295.
④　同①469.
⑤　吕氏春秋校释：卷一：去私. 陈奇猷，校释. 上海：学林出版社，1984：56，60.

所私也。"① 明主给予人金石珠玉，然私自给人官职，这从根本上讲是不利于你所爱的那个人的。要正确地选择，才能给人以利益。《吕氏春秋》载："安虽长久，而以私其子孙，弗行也。"高诱注："私，利也。"② 处处给予子孙以利益，这是不行的。此外，"私"也指私下的言行，与"思"通。

在中国传统伦理哲学思维方式中，公与私的价值取向，已成为比较稳定的概念、范畴思维结构。

雨及公私，废私立公。中国古代曾实行井田制，以田九百亩为一里，划为九区，各百亩，中为公田，八家为私田，同养公田。《诗经》载："雨我公田，遂及我私。"郑玄笺："古者阴阳和，风雨时……其民之心，先公后私，令天主雨于公田，因及私田，尔此。"③ 井田制体现了先公后私的民心。如果说《诗经》的公私包含着时间上的次序问题，那么《春秋左传》的公私关系就是指价值指向。季文子死，依据大夫入殓的礼仪，襄公要亲自监临，家臣收集他家里的器物作为葬具。季文子的家里没有穿丝绸的妾，没有吃粮食的马，也没有收藏的铜、玉器。他为相宣、成、襄三公，凡三十三年，没有私人的积蓄，难道这还不算是忠心的吗？（"君子是以知季文子之忠于公室也：'相三君矣，而无私积，可不谓忠乎？'"④）忠于公的道德规范，是为人的应然之则，其价值选择是不以私害公。《左传》又载："以私害公，非忠也。"⑤ 以私害公，这不是忠诚。荀子说："志忍私然后能公，行忍情性然后能修。"杨倞注："忍，谓矫其性。"⑥ 意志上克制私欲而后才能一心为公，行动上克制感情而后才能有好的品德。

管子学派明公私之别，公为公平无私。"天公平而无私，故美恶莫不覆。地公平而无私，故小大莫不载。"⑦ 天地都公平无私。在人们心中，天地是最高的信仰，亦是最高的自然法则，人世应遵照而行。所谓私，"夫私者，壅蔽失位之道也"⑧。有私就会壅蔽失位，离公道而行私术，法制毁

---

① 梁启雄. 荀子简释：君道. 北京：古籍出版社，1956：170.

② 吕氏春秋校释：卷二十：长利. 陈奇猷，校释. 上海：学林出版社，1984：1335.

③ 毛诗正义//十三经注疏. 阮元，校刻. 北京：中华书局，1980：477.

④ 杨伯峻. 春秋左传注：第3册：襄公五年. 北京：中华书局，1981：944-945.

⑤ 杨伯峻. 春秋左传注：第2册：文公六年. 北京：中华书局，1981：553.

⑥ 梁启雄. 荀子简释：儒效. 北京：古籍出版社，1956：96-97.

⑦ 黎翔凤. 管子校注：卷二十：形势解. 北京：中华书局，2004：1178.

⑧ 黎翔凤. 管子校注：卷十五：任法. 北京：中华书局，2004：917.

而令不行，甚至侵法乱主。因此，他主张"废私立公，能举人乎"①，认为公而无私，便不会妄举人，便合于公道。

天下为公，无私至公。《吕氏春秋》在首卷《孟春纪》中专撰《贵公》《去私》两篇，论述公的价值、地位与意义，私的危害与去私的必要性。圣王治天下必先公，公便天下太平；若行私，天下就不会太平。公是普遍的人类之公，亦是自然宇宙之公，人与自然宇宙同体，以宇宙为私，就会戕害人类自己。《淮南鸿烈》认为，古代圣王凡事为公，神农治天下"养民以公"。尧则"公正无私，一言而万民齐"。刘文典注："无私，无所爱憎也。一言，仁言也。"②《礼记·礼运》提出："大道之行也，天下为公。"即为大同世界，是人不独亲其亲，不独子其子地为公，财货不为私己，事业、工作不为己私。贾谊鉴于秦末道德沦丧，私欲膨胀，主张"无私谓之公，反公为私"，对"公""私"做了互训。傅玄从政治的治乱来反思公私。他在《问政篇》中说："夫去私者，所以立公道也。惟公，然后可正天下也。"治国理政，在于去私，去私才能立公道，只有公道才可以正天下。嵇康认为，主体自我应超越公私之辩，虽然"公私者，成败之途，而吉凶之门乎"③。公私是成败吉凶的道路和门户。心应无措于公私、是非，主体自我应投入到宇宙本体之中，主体与本体若融合为一，便可达到无私大公的境域。因而，王通认为，只有无私，才能至公，公成私败。"无私，然后能至公，至公，然后以天下为心矣，道可行也。"④ 无私而至公，至公而超越主体自我以天下之心为心，大道之行，天下为公。

大公无私，理公欲私。将公私的概念、范畴系统地与义利、理欲相联通，而构成伦理哲学体系的是宋明理学。二程认为，公是仁之理，私失仁，如何是仁，只是一个公字。私胜而失仁，失仁即失公。"圣人以大公无私治天下，于显比见之矣。"⑤ 圣人治理天下，大公无私，便可光明正大地辅佐。"至公无私，大同无我，虽眇然一身，在天地之间，而与天地无以异也。"⑥ 度越自我而无我，无私才能无我，把自身融合到天地之中，天地万物与吾一体而无异，这是至公无私的大同理想世界。这是把现实人世

---

① 黎翔凤. 管子校注：卷十五：正第. 北京：中华书局，2004：896.

② 刘文典. 淮南鸿烈集解：卷十九：修务训. 冯逸，乔华，点校. 北京：中华书局，1989：641.

③ 嵇康集校注. 释私论. 戴明扬，校注. 北京：人民文学出版社，1962：236.

④ 张沛. 中说校注：魏相篇. 北京：中华书局，2013：211.

⑤ 二程集：周易程氏传：比卦. 北京：中华书局，1981.

⑥ 二程集：河南程氏粹言：卷一：论道篇. 北京：中华书局，1981.

的公私道德价值与天地万物融合为一。朱熹绍承二程，认为公私是主体自身关系的一种特殊的体现，是主体用以指导自己的两种道德价值方向和选择。"将天下正大底道理去处置事，便公；以自家私意去处之，便私。"①公与私是处理一切事物的道德原则，价值选择。因为"凡一事便有两端：是底即天理之公，非底乃人欲之私"②。须事事作公私、天理人欲的价值判断，公为天理，私为人欲。人必须时时体察、反思，若为自欲所蔽，自须猛省，急急摆脱出来。克去人欲之私，便是天理之公。王守仁亦主张"存天理，去人欲"。去人欲的下手处，就是克去己私，便是天理。

大私大公，公私诚伪。明代随着商品经济的发展，市民经济也得以繁荣。李贽认为，私可以满足人的物质需要，是人类生存的基本条件。他说："夫私者，人之心也。人必有私而后其心乃见。若无私则无心矣。"③譬如种田私有秋收之获，则种田必勤；当官的有俸禄之私，若无俸禄则召之不来。为私，这是自然的道理，不是可以架空而臆说的。那种无私之说，都是画饼之谈。这为私的价值合理性进行了论证。黄宗羲的思想与李贽相似，他认为，人初生的时候，人各有私，因是人的生理需要。后来人依赖自己劳动而获利的这种自私，是人情的所欲，这是合理的私。但有一种非理性的私，以天下之利尽归于己，天下之害尽归于人，他在《明夷待访录·原君》中说："以我之大私为天下之大公。"由于天下之权都出于我，便可以权谋私，假公济私，化公为私，公然以自己的大私为天下的大公，这便是权的非合理的功能。

随着西学东渐，传统的公私关系受到冲击，公私价值观发生变化。"但开风气不为师"的龚自珍认为，私是天、地、人中普遍存在的现象，"天有私也"，有闰月、凉风、燠日；"地有私也"，有附庸闲田；"日月有私"，不照入床闼之内。这都为"私自贞私自葆也"④。龚自珍把主体的情感、心理、意识及主体的行为活动对象化为天、地、日、月的客体公与私，使私具有时空上的自然存有性，给予私以天经地义的最高价值和形而上的意义。

王夫之生活在明清之际大变局、大动乱之时。他认为，公私、理欲既有冲突的一面，亦有融合的一面，既冲突又融合。公私理欲有诚伪的差

---

① 黎靖德. 朱子语类. 王星贤，点校. 北京：中华书局，1986：228.
② 同①225.
③ 李贽. 藏书：德业儒臣后论. 北京：中华书局，1974：544.
④ 龚自珍. 龚自珍全集：论私. 北京：中华书局，1959：92.

分。"天理、人欲，只争公私诚伪。"① 公是指公欲，是人所共同的欲求；私指私欲，是人自然生理的欲望；公诚是天理，私伪是出于自身的人欲。公私理欲是在物在己之差分，亦是轻重、内外的差异。差分而有矛盾，矛盾而有冲突，冲突而又融合。王夫之认为，天理寓于人欲之中。"礼虽纯为天理之节文，而必寓于人欲以见。"② 天理必须通过人欲来呈现，不可离人欲而另觅天理，反之亦然。公私理欲之辩，是既相依不离，又相分不杂的，不杂为突，不离为融，融突而和合。

五、道德理性与欲望

公私理欲之间为融突和合，人的本能的情感、欲望的冲动和生存活动，只有纳入宇宙、社会、人生关系网中，才能由饮食男女的自然之欲，升华为美食、爱情之理。这就需要通过诚正明德的修身养性，使人的自然人欲转化为社会伦理道德，使天理与人欲融突和合。

"理"的内涵已见"理一分殊"元理，兹不赘言。"欲"，《说文解字》载："贪欲也。从欠，谷声。"段玉裁注："从欠者，取慕液之意；从谷者，取虚受之意。"徐灏笺："从欠，非慕液也。人心所欲，皆感于物而动，故从欠。欠者，气也。欠之义引申为欠少，欲之所由生也。""欲"有"欲望"之义，即想要得到某种东西或达到某种目的的要求。《广雅·释诂二》："欲，贪也。"《礼记》载："敖不可长，欲不可从。"孔颖达疏："心所贪爱为欲。"③ "欲"又有"贪爱""爱好"之义。《尚书》载："仡仡勇夫，射御不违，我尚不欲。"孔颖达疏："仡仡然壮勇之夫，虽射御不有违失，而智虑浅近，我庶几不欲用之，自悔往前用壮勇之计失也。"④ 爱好用壮勇之人的人，自悔不能使用他们。"欲"有"想要"之义。《大学》曰："古之欲明明德于天下者，先治其国；欲治其国者，先齐其家……"⑤ "欲"亦有"邪淫""色欲"之义。《玉篇·欠部》："欲，邪媱也。"《素问》载："以欲竭其精，以耗散其真，不知持满，不时御神，务快其心。"⑥ 即恣情

① 论语//船山全书：第6册. 长沙：岳麓书社，1991：763.
② 孟子//船山全书：第6册. 长沙：岳麓书社，1991：911.
③ 礼记正义//十三经注疏. 阮元，校刻. 北京：中华书局，1980：1230.
④ 尚书正义//十三经注疏. 阮元，校刻. 北京：中华书局，1980：250.
⑤ 大学章句//朱杰人，严佐之，刘永翔. 朱子全书：第6册. 上海：上海古籍出版社，2002：17.
⑥ 谢华. 黄帝内经：素问. 北京：中医古籍出版社，2000：2.

纵欲而使阴精竭绝，因满足嗜好而使真气耗散，不知谨慎地保持精气，不善于统驭精神，而专求心态的一时之快，这违逆了人生的乐趣。

理欲是具有中国特色的伦理道德哲学概念、范畴。应从理欲概念的历史演变中，把握人性在道德理性哲学转变中的社会历史本质。伦理道德是在主体人与宇宙、社会、人生关系中追求真善美的理想生活的一种愿景。

寡欲依理，灭理穷欲。先秦时理欲概念是指主体道德意识和道德行为活动。道德意识是主体对道德对象的观念把握，对内心需要、动机和外在行为、状态的价值的感性体验。道德意识指导道德实践。尽管由于每个人的社会地位、条件、经历时空的差分，也会有不同的道德意识，但社会道德意识和行为是指社会共同体道德意识与行为。孔子主张有欲，富与贵是人之所欲，老子主张无欲，恒使民无知无欲。孟子认为，养心莫善于寡欲。庄子讲少私寡欲，并较早地提出天理的概念，"去知与故，循天之理"①。内去心知，外忘事故，即顺其自然的妙理。

荀子既不赞成老子的无欲，也不同意孟子的寡欲，认为欲是人所普遍具有的自然共性，如饥而欲饱，寒而欲暖，劳而欲休，是人的情性。所以欲不可去，但可节欲。节欲的方法，在于以道制欲。"君子乐得其道，小人乐得其欲。以道制欲，则乐而不乱；以欲忘道，则惑而不乐。"② 君子与小人喜欢音乐的目的有所差别，君子是为提升道德修养，小人则为满足个人欲望，要以道德制约欲望。《礼记·乐记》把天理与人欲作为对待概念。"夫物之感人无穷，而人之好恶无节，则是物至而人化物也。人化物也者，灭天理而穷人欲者也。于是有悖逆诈伪之心，有淫佚作乱之事。"③ 世间的万物感诱人无穷无尽，人的好恶没有节制，人就会丧失道德理性而被物所感化，成为与禽兽无区别的物化人，即把人之所以为人的社会伦理道德性转化为只有食色性也的动物性的人。《乐记》反对灭理穷欲的物化人，认为人之所以为人就应该人化物，使人成为具有崇高的伦理道德的人。

欲得理胜，逐欲灭理。秦汉之际，理欲得到诸家关注。《吕氏春秋》的《明理》论述治乱之理；《过理》讲亡国之君，过于理而不乐；《论欲》肯定人是欲望的人，但不能纵欲无度，因此主张适欲、节欲，使道德理性与情感欲望互相融合。"四欲之得也，在于胜理，胜理以治身，则生全以，

---

① 王先谦. 庄子集解：刻意. 北京：中华书局，1961：539.
② 梁启雄. 荀子简释：乐记. 北京：古籍出版社，1956：281.
③ 礼记正义//十三经注疏. 阮元，校刻. 北京：中华书局，1980：1529.

生全则寿长矣。胜理以治国则法立，法立则天下服矣。"① 四欲是指人渴求寿、安、荣、逸，而厌恶夭、危、辱、劳。四欲得，四恶除，便是理胜。《淮南鸿烈》主张"灭欲循理，循理而动"。

魏晋时的嵇康、阮籍主张越名教而任自然，郭象试图调和名教与自然、现实与超越。天理自然就在现实人欲之中。天理自然与合理的人欲融突和合，若追求无节制的欲望的满足，就会导致灭天理。"物之感人无穷，人之逐欲无节，则天理灭矣。"② 应超越逐欲的意识和行为，而与天理自然相符合。他以道家真人的标准，谴责那种贪欲和违反天理的意识行为。

存理灭欲，损欲复理。宋朝理学家对理欲概念、范畴进行了多层次、多视角的探索。李觏认为，欲是人的自然情欲，若合乎礼的规定，则应肯定欲的存在。周敦颐主张"无欲故静"。张载认为，天理是为天下人所诚心悦服、会通众人意志的道理，与性命之理想融合，是普遍的、超越的道德原则；人欲是指现实人的口腹饮食等感性欲望。尽管天理不能绝对排斥人欲，但二者具有对待关系。他批判"今之〔人〕灭天理而穷人欲，今复反归其天理"③。泯灭道德理性而纵穷感性欲望，就会把人之所以为人的理性自我降格为与禽兽无别的感性存在。因此，人的理性自觉反归天理，在现实中实现人的自我价值。

二程把天理人欲与道心、人心相联通。"人心私欲，故危殆。道心天理，故精微。灭私欲则天理明矣。"④ 天理就是人之所以为人的理性人本身的自觉，是人的价值所在；人欲是人的目、耳、鼻、口、体的色、声、香、味、安等迷惑了主体道德理性，而不知反归天理本体。于是他主张，"损人欲以复天理"⑤，二者相对待，"不是天理，便是私欲……无人欲即皆天理"⑥。度越自我欲望，便可使天理复明；追求外在物欲，便会丧失天理。

理欲同异，理寓欲中。胡宏与二程亦认为天理人欲对待相异，主张"天理，人欲，同体而异用，同行而异情"⑦。体同用异，行同情异，前提

① 吕氏春秋校释：卷五：适音. 陈奇猷，校释. 上海：学林出版社，1984：272.
② 郭庆藩. 庄子集释：大宗师. 王孝鱼，整理. 北京：中华书局，1961：230.
③ 张载集：经学理窟：义理. 章锡琛，点校. 北京：中华书局，1978：273.
④ 二程集：河南程氏遗书：卷二十四. 北京：中华书局，1981.
⑤ 二程集：周易程氏传：卷三. 北京：中华书局，1981.
⑥ 二程集：河南程氏遗书：卷十五. 北京：中华书局，1981.
⑦ 胡宏. 胡宏集：附录一：宋朱熹胡子知言疑义. 吴仁华，点校. 北京：中华书局，1987：329.

是同，同中有异。吕祖谦基本同意胡宏的观点，主张"天理常在人欲中"。天理人欲构成一共同体。朱熹认为"今以天理人欲混为一区，恐未允当"①。之所以未允当，是因为天理是人生而有之的先天禀赋，人欲是人生后的狃于习、乱于情的结果，二者不同体；本体实只一天理，更无人欲；好恶同为性，但不能理解为天理人欲同时并有。所谓天理是指自然的伦理纲常，是心的本然，是人性的善；人欲是心的毛病，心私而邪，是嗜欲之心，是恶的心。此外，朱熹还对程颐的"人心人欲也"做了修正，人心是普遍的概念，圣人的心、众人的心都是心，人心与人欲应加以区别。

陆九渊不同意天理人欲之分，认为若天是理，人是欲，则是对天人合一的否定，这"不是圣人之言"。陈亮认为"天理人欲可以并行"。王守仁认为"良知即是天理"，"心的本体原只是个天理"，心即理。

刘宗周的学生陈确发挥师说，明确讲理欲融合论。"确尝谓人心本无天理，天理正从人欲中见，人欲恰好处，即天理也。向无人欲，则亦并无天理之可言矣。"② 又说："盖天理皆从人欲中见，人欲正当处，即是理，无欲又何理乎？"③ 天理寓于人欲，人欲中见天理。天理就是人欲的恰好处或正当处。此外别无天理，不能将天理与人欲判然分作两件。黄宗羲与陈确为同门师兄弟，但其对理欲的看法与陈确相左。黄宗羲在《与陈乾初论学书》中说："天理人欲，正是相反……至于无欲，而后纯乎天理。"天理人欲相互对待，如果从人欲中求天理的所谓天理，那是改头换面的人欲而已。王夫之认为，理欲既对待又融合，天理寓于人欲。"天理充周，原不与人欲相为对垒。理至处，则欲无非理。"④ 天理并非超越人欲。若离欲去求理，就会陷入佛教废弃君臣、父子大伦，违反自然生理的需求。天理无非是人情，人情通天下而一理。因此，天理人欲相接。欲合乎理，性通乎情。"理尽则合人之欲，欲推即合天之理。于此可见，人欲之各得，即天理之大同。"⑤ 天理与人的情欲相融合，人欲合于天理，天理寓于人欲。理欲对待融合而和合构成王夫之的理欲观。

近代中国屡遭西方列强的侵略，一批为救国救民的仁人志士，要求改革图强，他们的思想与传统既继承，又相左。谭嗣同继承王夫之的"天理即在人欲

---

① 胡宏. 胡宏集：附录一：宋朱熹胡子知言疑义. 吴仁华，点校. 北京：中华书局，1987：330.

② 陈确. 陈确集：别集. 北京：中华书局，1979：461.

③ 同②468.

④ 论语：宪问篇//船山全书：第6册. 长沙：岳麓书社，1991：799.

⑤ 同④639.

之中"，又批判程朱等的"存天理，灭人欲"的思想。谭嗣同说："世俗小儒，以天理为善，以人欲为恶，不知无人欲，尚安得有天理！吾故悲夫世之妄生分别也。天理，善也；人欲，亦善也。"① 天理人欲构为善，而非理善欲恶。

六、道德评价的褒贬

由人生理想和人格塑造中认同的道德原则和价值目标，通过诸多中介和传统习惯以及心理活动等形式，对人的本性及其行为活动进行道德评价，而做出善与恶的判断，是人对某一对象所持褒贬的表现方式与提升其社会伦理道德水平的有力方法。因此，善恶伦理道德评价是人自我修身养性、自我完善的实践活动。它既包含外在的伦理道德客观世界，也包括内在的伦理道德精神世界。"行善如同春园之草，不见其长，日有所增；行恶如磨刀之石，不见其消，日有所损"。人们要在这增损之间做出选择，即善恶之间做出抉择。

"善"，见于甲骨文和金文。②《说文解字》载："善，吉也。从誩，从羊。此与义、美同意。善，篆文善从言。"徐锴《说文系传》："芊，美物也。故于文誩芊为譱……俗作善。""善"的商代金文象羊头形。"善"有"美好""吉祥"之义。孔子谓：《韶》：'尽美矣，又尽善也。'谓《武》：'尽美矣，未尽善也。'"朱熹注："《韶》，舜乐。《武》，武王乐。美者，声容之盛。善者，美之实也。"③《韶》乐尽美尽善，《武》乐尽美而未尽善。之所以未尽善，是以征诛而得天下。"善"又有"和善""慈善"之义。玄奘说："谷稼丰盛，花果繁茂。气序和畅，风俗善顺。"④ 风俗和善而柔顺。"善"有"亲善""友好"之义。《正字通·口部》载："善，与人交懽曰友善。"《左传》载：郑伯侵袭陈国，获得俘虏和财物。后郑伯请与陈国媾和，陈侯不答应。五父劝说：亲近仁义，而结交邻国，是国家重要的原则（"亲仁善邻，国之宝也。"⑤），还是答应媾和吧。媾和是修好、友好的表现，因此，"善"有"友好""喜爱"之义。《左传》又载：郑国人在乡校里议论政事得失。然明对子产说："毁了乡校，怎样？"子产说："为什么

---

① 谭嗣同全集：仁学. 北京：中华书局，1981：301.
② 甲骨文见于《殷契佚存》276；金文见于《父丁盘》《善鼎》《此簋》《盂卣》。
③ 论语集注：八佾//朱杰人，严佐之，刘永翔. 朱子全书：第6册. 上海：上海古籍出版社，2002：92.
④ 玄奘. 大唐西域记：阿踰陀国. 章巽，校点. 上海：上海人民出版社，1977：114.
⑤ 杨伯峻. 春秋左传注：第1册：隐公六年. 北京：中华书局，1981：50.

呢？人们早晚事情忙完了到乡校议论政事好坏。他们认为好的，我就推行它，他们讨厌的，我就改掉它。这是我的老师。"（"然明谓子产曰：'毁乡校何如？'子产曰：'何为？夫人朝夕退而游焉，以议执政之善否。其所善者，吾则行之；其所恶者，吾则改之，是吾师也。'"①）因而没有毁掉乡校。孔子听到这些话，说："别人说子产不仁，我就不信。"孔子认为子产是行仁的，这是对子产的赞许。"宣成侯光宿卫忠正，勤劳国家。善善及后世，其封光兄孙中郎将云为冠阳侯"。颜师古注："善善者，谓褒宠善人也。"② 善待善人及其后世，即赞许霍光忠正勤劳。因此，"善"又指善人、善行。《论语》载："举善而教不能则劝。"朱熹注："善者举之，而不能者教之，则民有所劝而乐于为善。"③ 推举善人，是正确的。《释名·释言语》载："善，演也。演尽物理也。"孟子说："善政，不如善教之得民也。善政民畏之，善教民爱之；善政得民财，善教得民心。"④ 政是指法律禁令，是外律；教是提升其道德修养，是内律。善政使民畏惧，可得民财；善教使民爱之，可得民心。二者相比，教更可取。这是一种高明的选择。老子说："善行，无辙迹；善言，无瑕谪；善数，不用筹策；善闭，无关楗而不可开；善结，无绳约而不可解。"⑤ 只有很高明、很有智慧的人，才能如此。"善"又有"擅长"之义。孙武说："故善用兵者，避其锐气，击其惰归，此治气者也。"杜牧曰："待敌气衰，陈久卒饥，必将自退，退而击之，何往不克。"⑥ 此外，"善"还有"领悟""熟悉""应诺""大""多"等义。

"恶"，《说文解字》载："过也。从心，亚声。"《广韵·铎韵》："恶，不善也。"《周易》载："君子以遏恶扬善，顺天休命。"⑦ 制止奸恶，弘扬善良，以顺应天道，求得美好的命运。奸恶为坏、不好。韩非说："不明臣之所言，虽节俭勤劳，布衣恶食，国犹自亡也。"⑧ 英明的君主要诚明于臣子的建言，汇集并听取众人的意见。否则，即使很节俭，也会亡国。

① 杨伯峻. 春秋左传注：第 3 册：襄公三十一年. 北京：中华书局，1981：1192.

② 班固. 汉书：卷六十八：霍光传. 北京：中华书局，1962.

③ 论语集注：为政//朱杰人，严佐之，刘永翔. 朱子全书：第 6 册. 上海：上海古籍出版社，2002：80.

④ 孟子集注：尽心章句上//朱杰人，严佐之，刘永翔. 朱子全书：第 6 册. 上海：上海古籍出版社，2002：430.

⑤ 任继愈. 老子新译. 上海：上海古籍出版社，1985：117-118.

⑥ 曹操，等. 十一家注孙子. 郭化若，译. 北京：中华书局，1962：121.

⑦ 周易正义//十三经注疏. 阮元，校刻. 北京：中华书局，1980：30.

⑧ 梁启雄. 韩子浅解：说疑. 北京：中华书局，1960：418.

"恶"又谓"丑陋"。《尚书》载："五曰恶，六曰弱。"孔安国传："恶，丑陋。"① "恶"有"严重"之义。韩非说："有恶病使之事医。"② 恶病为严重的病。人畏惧患恶疾，因而，"恶"又有"畏惧"之义。韩非又说："使人不衣不食，而不饥不寒，又不恶死，则无事上之意。"③ 假如人不用衣食而又不致饥寒且不怕死的话，那么人就无意于事上了，这是因为不畏惧没有食衣。《释名·释言语》："恶，扼也。扼，困物也。""恶"又有"讨厌""憎恨"之义。《广韵·暮韵》："恶，憎恶也。"《论语》载："唯仁者能好人，能恶人。"能喜好人和憎恶人。"恶"又有"诋毁""中伤"之义。《尚书》载："人之有技，冒疾以恶之。"孔颖达疏："大佞之人，见人之有技艺，蔽冒疾害以恶之。"④ 这种事是人所忌讳的，因而"恶"又有"忌讳"之义。《礼记》载："大史典礼，执简记，奉讳恶。"孔颖达疏："大史之官，典掌礼事，国之得失是其所掌，执此简记策书，奉其讳恶之事，奉谓进也。讳谓先王之名，恶谓子卯忌日谓奉进于王以所讳所恶。"⑤ "恶"有"羞耻"之义。《集韵·莫韵》载："恶，耻也。"孟子说："无恻隐之心，非人也；无羞恶之心，非人也。"朱熹注："羞，耻己之不善也。恶，憎人之不善也。"⑥ 人之为人，要有恻隐、羞恶、辞让、是非之心，无此，就不是人。

善恶的道德评价渗透于主体外在的道德传统、行为、舆论、秩序、关系，以及内在的道德心理、观念、情感、理想等动机之中。因而，善恶的概念、范畴成为中国伦理道德哲学的重要价值原则。

彰善瘅恶，善成恶灭。在《今文尚书》中，"善"与"恶"都是单一概念，但在《古文尚书》中，"善"与"恶"为对偶概念。"彰善瘅恶，树之风声。"孔安国传："言当识别顽民之善恶，表异其居里，明其为善，病其为恶，立其善风，扬其善声。"⑦ 表彰善的道德行为于乡里，以树立善的社会风尚，消除恶的社会风气。善的道德行为导向自我和社会的完善，反之导向动乱、败亡。据《左传·隐公六年》记载，要以农民除草绝根的精

---

① 尚书正义//十三经注疏. 阮元，校刻. 北京：中华书局，1980：193.

② 梁启雄. 韩子浅解：八说. 北京：中华书局，1960：443.

③ 同②445.

④ 同①256.

⑤ 礼记正义//十三经注疏. 阮元，校刻. 北京：中华书局，1980：1345.

⑥ 孟子集注：公孙丑章句上//朱杰人，严佐之，刘永翔. 朱子全书：第6册. 上海：上海古籍出版社，2002：289.

⑦ 同①245.

神去恶，使其不能生长，以使善得到弘扬和发展。《国语》认为，人外在的道德活动是与内在的道德意识相关的。"夫民劳则思，思则善心生；逸则淫，淫则忘善，忘善则恶心生。"① 民勤劳于事业，使思考简约，而生善心；安逸而淫，就会产生作恶的意识、心思。勤劳并珍惜自己的劳动成果而俭约，就有善良的心思。淫逸就会堕落，腐败而生恶心。

孔子认为善恶对待，他说："不如乡人之善者好之，其不善者恶之。"② 不能以乡里都赞扬他或厌恶他作为善恶评价的标准，而应该以乡人中的善者赞扬他，不善者厌恶他作为评价的标准。好与恶对应，不是严格意义上的善恶道德对举。墨子将善恶对举，他说："有谗人、有利人、有恶人、有善人。"③ 道德与人类物质资料的生产及能否满足相关联。"故时年岁善，则民仁且良；时年岁凶，则民吝且恶。"④ 在农业社会，年成的丰收与无收，是关系民生的大事，若丰收则人民仁爱善良，若遇灾荒，人便吝啬而凶恶，以至人相食的现象。

《周易》载："善不积不足以成名，恶不积不足以灭身。小人以小善为无益，而弗为也；以小恶为无伤，而弗去也。故恶积而不可掩，罪大而不可解。"⑤ 不慢慢积累善与恶，便不会构成名誉的损失和杀身之祸。然而，小人认为小善无益，所以不做小善，认为小恶无伤，而不杜绝小恶，于是恶便得到不断积累，终于罪大恶极灭身。

化性起伪，人性善恶。善恶的辩论由人的行为和事件的道德价值评价，转而追究人性的善恶话题。人性从根底上说是善的还是恶的？孟子认为人性为善，荀子认为人性本恶。他说："人之性恶，其善者伪也。"⑥ 人之本性是恶的，善是后天人为的。由此，他批评孟子的性善论是没有分清性伪问题。主体人道德完善，要自存、自好、自省，是严于律己的过程，也是化性起伪的过程。"凡所贵尧、禹、君子者，能化性，能起伪，伪起而生礼义"⑦，"故圣人化性而起伪"⑧。圣人能变化人的恶的本性，兴起人

① 徐元诰. 国语集解：鲁语下第五. 王树民，沈长云，点校. 北京：中华书局，2002：194.

② 论语集注：子路//朱杰人，严佐之，刘永翔. 朱子全书：第6册. 上海：上海古籍出版社，2002：185.

③ 吴毓江. 墨子校注：卷十五. 褋守. 孙启治，点校. 北京：中华书局，1993：955.

④ 吴毓江. 墨子校注：卷一. 七患. 孙启治，点校. 北京：中华书局，1993：36.

⑤ 周易正义//十三经注疏. 阮元，校刻. 北京：中华书局，1980：88.

⑥ 梁启雄. 荀子简释：性恶. 北京：古籍出版社，1956：327.

⑦ 同⑥333.

⑧ 同⑥330.

为的善，从而确立礼义，制定法度。韩非将善恶与阴阳相联通："阴相善而阳相恶，以示无私，相为耳目以候主隙。"① 大臣暗里互相勾结，以蒙蔽君主，表面上关系不好以显示无私。他们互通信息，伺机危害君主。

先秦由道德行为的善恶而追根至人性的善恶，各家以至自家由于个体的价值观的差别而论争，各家又各是其是。于是在汉统一后，扬雄企图综合各家，提出一个折中的方案，主张善恶混。他说："人之性也，善恶混。"李轨注："混，杂也。"② 善恶杂合，融合。修身为善是善人，修其恶为恶人，即否定先验人性善恶论。善恶是道德主体修持实践的结果，体现了道德主体的主体性和能动性。王充否定董仲舒人性善恶是天施予阴阳二气所形成的，认为人的善恶取决于其所禀受的自然元气，由于禀受元气有厚薄，所以性有善恶。③

善恶报应，阴阳善恶。佛教传入中土后，慧远把佛教的因果报应论与中国世俗的因果感应论融合起来，提出三报说。"经说业有三报：一曰现报，二曰生报，三曰后报。现报者。善恶始于此身，即此身受。生报者，来生便受。后报者，或经二生、三生、百生、千生，然后乃受。"④ 佛教宣扬善有善报，恶有恶报。人所做的善恶之业，是人内心的思维活动所造作的言语和身体行为，这便是意、口、身所做的业。众生作业必得果报。禅宗六祖慧能认为，人人本有真如佛性，恒常清净的佛性，是不染污的善性。"世人性本自净，万法在自性。思量一切恶事，即行于恶；思量一切善事，便修于善行。"⑤ 从内在的善恶道德意识活动到外在的善恶道德行为活动，尽在自性。思量善恶，就可得到报应。一念恶，报应千年善行亡；一念善，果报千年的罪恶灭。自悟自修，念念善以报身。

佛教是外来的，道教是本土的。道教接着人性善恶之辩，提出阳善阴恶说。"夫天地之性，半阳半阴。阳为善，主赏赐。阴为恶，恶者为刑罚，主奸伪。"⑥ 阳善阴恶，以阴阳二气为善恶人性的根据。然而，社会风气、环境变化、教化作用，都能改变人的善与恶。学善其人善，学恶其人恶。这就是所谓种善得善，种恶得恶。成玄英在《庄子疏》中以夏桀和盗跖为

① 梁启雄. 韩子浅解：备内. 北京：中华书局，1960：126.
② 汪荣宝. 法言义疏：修身. 陈仲夫，点校. 北京：中华书局，1987：85.
③ 黄晖. 论衡校释：卷二：率性篇. 上海：商务印书馆，1938.
④ 中国哲学史教学资料汇编编选组. 中国哲学史教学资料汇编（魏晋南北朝部分）. 北京：中华书局，1964：423.
⑤ 慧能. 坛经校释. 郭朋，校释. 北京：中华书局，1983：39.
⑥ 王明. 太平经合校. 北京：中华书局，1960：702.

恶，圣贤为善。善恶二途，并把善恶纳入其双遣双非思维框架中，而达两忘境界。

善恶天理，四句善恶。宋明时，融突儒释道人性善恶论，进行了致广大而尽精微的探索。邵雍认为，君子乐善，小人乐恶。司马光与邵雍异，不是以善恶君子小人相对待，而是圣人、愚人兼有善恶。"夫性者，人之所受于天以生者也，善与恶必兼有之，是故虽圣人不能无恶，虽愚人不能无善，其所受多少之间则殊矣。"① 无论是什么人，在善恶道德价值平台上都是相同的，只是多少的差别，而不是有无的差分。

张载以天地之性与气质之性二分法否定人性的上、中、下三分法，天地之性纯善，气质之性有善有恶。然"纤恶必除，善斯成性矣；察恶未尽，虽善必粗矣"②。变化气质，去恶从善，而达天地之性。二程认为，张载所说的天命之性是极本穷源之性。他们认为"天下善恶皆天理，谓之恶者非本恶，但或过或不及便如此"③。否定恶为本恶，因其非本恶，所以善恶皆天理，从根源上把善恶放在同一平台上。由此而言，善恶皆是人性。但程颐认为性即理，即善，即普遍的道德理性原则。为什么不是人人皆善？是因为有气禀的清浊之分。

朱熹分析、融合以往各种人性论，以"性即天理，未有不善"④ 为评价标准。朱熹认为，以天命之性专指理，是纯善；气质之性是理与气杂，有善有恶，这样便可化解以往的人性善恶话题的论争。他认为，孟子只论性善的大本，未见气质之性的细微处；荀子、扬雄只论争气质之性的有善有恶，大本不明，大害事；韩愈性三品，只说气质之性，若分气质何止三品，千百品均可。⑤ 尽管朱熹提出"遏人欲而存天理"，但他并不否定人生为维持生命基本欲望的需要。

王守仁同意朱熹遏人欲、存天理的观点，但在人性善恶话题上，王守仁有自己的智能创新思想。王守仁晚年将其学术思想妙凝为四句，作为立教宗旨，后被称为王门"天泉证道"四句教："无善无恶是心之体，有善有恶是意之动，知善知恶是良知，为善去恶是格物。"⑥ 对此四句教，王畿

① 司马光. 司马文正公传家集：卷六十六：性辩. 上海：商务印书馆，1937：821.

② 张载集：正蒙：诚明篇. 章锡琛，点校. 北京：中华书局，1978：23.

③ 二程集：河南程氏遗书：卷二上. 北京：中华书局，1981.

④ 孟子集注：告子章句上//朱杰人，严佐之，刘永翔. 朱子全书：第 6 册. 上海：上海古籍出版社，2002：396.

⑤ 黎靖德. 朱子语类. 王星贤，点校. 北京：中华书局，1986：70.

⑥ 王阳明全集：卷三：传习录下. 上海：国学整理社，1936：76.

体认为"四无"，钱德洪领悟为"四有"。他们在天泉桥请教王守仁。王守仁认为，二人的意见可相资为用，不可各执一边，这是就接引不同人而言，使中人上下的人皆可接引入道。四句教是王守仁主体精神发扬的心学教言，是其心体学思想的核心话题。尽管其两大弟子在体会上发生分歧，但其实四句教既非"四无"，亦非"四有"，而是即四无即四有，是一体两面、统摄四无四有的融突和合体。

　　中国人道论所体现的义利、公私、理欲、善恶概念、范畴，在历史的长河中，通过激浊扬清。人类的道德价值思维在由单一概念、范畴到多元、多边，由具体到抽象，再由抽象到具体的流动中，都在冲突、融合而和合中为化解时代矛盾、冲突做出了贡献。无论是义利、公私，还是理欲、善恶，既矛盾冲突，对待相离，但又协调融合，和而不二；既衣食足而知荣辱，又为天灾人祸而忧患。在立人之道曰仁义的统摄下，仁者爱人的人道主义得到了高扬。尽管义利、公私、理欲、善恶分论，然均为中国伦理道德的自然原则与价值原则的融合。人生活于社会之中，社会的伦理道德原则是维系人的社会性存在的基石。反思义利、公私、理欲、善恶伦理道德文化精神，体认伦理道德哲学精神在历史激流中的潮起潮落，是人类社会伦理生活的批判性、规范性、理想性的体现。尽管伦理道德在社会的价值体系中，各个时期、每个个体的伦理道德价值目标和取向有多元差分，但却殊途同归，因为社会的伦理道德哲学精神是时代精神的体现，伦理道德的价值理想、价值规范和价值导向，唯有符合时代精神，才能指引着未来，且具有主导的、支配的作用。如此，便可在义利、公私、理欲、善恶的融突和合中而推致真善美的伦理道德境界。

后　记

"玉不琢，不成器；人不学，不知道"。玉石不雕琢，便无以成为美观的器具；人不好学，便无以知爱智的道理。我因不慎摔倒而骨折，在住院治疗期间，陆续有诸多教授和博士生前来看望，我把它作为向大家学习、请教、问道的一个大好时机。当时我正在思考中国哲学元理问题，于是我便将诸多教授、博士的看望转变为此课题的学术研讨会、思想交流会。其间李甦平、陆玉林、罗安宪、彭永捷、林美茂、方国根、洪军、李亚彬、李永强、段海宝、谢海金、刘畅、董凯凯、高晓峰、何晓等教授、博士参与其中。大家敞开心胸、各抒己见，于是智慧火花迸发，哲学真知闪光。我自觉茅塞顿开、豁然贯通，真可谓"问道之乐何处寻，数点梅花天地心"。问道之乐，顿觉与天地之心相通，而忘了那疾病的痛楚。我们就数个中国哲学元理进行反复琢磨、再三推敲，并制定了中国哲学元理的基本架构，从而体贴出统摄天、地、人三才道心的形而上学智慧道体。我写出手稿后，承蒙董凯凯、何晓、王茂林、刘畅、罗鸿、王羿龙博士等录入电脑。谢海金博士依出版格式要求，将脚注进行统一，颇费心力。修改后再由张健整理、编排。又蒙各杂志社主编、编辑惠顾，不以拙稿浅薄，而予以发表。再蒙中国人民大学出版社杨宗元编审和张杰编辑的无私帮助及本书责任编辑吴冰华、刘健煊的精心审阅纠误，若没有他们的鼎力相助，就不可能将拙著呈现在读者案头。我对上述诸位教授、博士、主编、编审、编辑表示衷心的感谢。对中国哲学元理这个大课题，我自知力不胜任。但为破除自黑格尔以来"东方思想必须排除在哲学史之外""这里找不到哲学知识"的偏见，为争中国哲学在世界哲学舞台上应有的地位，而试着撰写这本《中国哲学元理》，其间定有不少纰缪，请各位读者不吝赐教。是所祷也。

张立文

于中国人民大学孔子研究院，时年八十有五

2020 年 2 月 25 日

图书在版编目（CIP）数据

中国哲学元理/张立文著. --北京：中国人民大
学出版社，2021.4
ISBN 978-7-300-29224-3

Ⅰ.①中… Ⅱ.①张… Ⅲ.①哲学-研究-中国
Ⅳ.①B2

中国版本图书馆 CIP 数据核字（2021）第 055129 号

中国哲学元理

张立文 著

Zhongguo Zhexue Yuanli

出版发行	中国人民大学出版社		
社 址	北京中关村大街 31 号	**邮政编码**	100080
电 话	010－62511242（总编室）	010－62511770（质管部）	
	010－82501766（邮购部）	010－62514148（门市部）	
	010－62515195（发行公司）	010－62515275（盗版举报）	
网 址	http://www.crup.com.cn		
经 销	新华书店		
印 刷	涿州市星河印刷有限公司		
规 格	165 mm×235 mm　16 开本	**版 次**	2021 年 4 月第 1 版
印 张	16.75 插页 3	**印 次**	2021 年 4 月第 1 次印刷
字 数	285 000	**定 价**	78.00 元